Ulrich Schacht
Gewissen ist Macht

SERIE PIPER
Band 1464

Zu diesem Buch

Die Texte dieses Bandes, wiewohl einige schon vor einem Jahrzehnt geschrieben, sind heute immer noch erstaunlich aktuell. Denn was damals Phantasie zu sein schien – die Einheit Deutschlands in Freiheit – ist heute Wirklichkeit. Dies vorauszusehen, so Ulrich Schacht, war keine Kunst – die Kunst bestand eher darin, es nicht vorauszusehen.

So versammelt dieser Band zornig-polemische Gegen-Reden, alternative Analysen, aber auch Texte, die ohne falsches Pathos die Liebe zur einmal verlorenen Heimat bekunden – oder zu gewonnenen Büchern: von Uwe Johnson bis Paul Gratzig, von Peter Huchel und Fritz Rudolf-Fries bis Jürgen Fuchs, Uwe Kolbe, Bernd Jentzsch und vielen anderen mehr.

Ulrich Schacht, 1951 im Frauengefängnis Hoheneck/DDR geboren, wo seine Mutter aus politischen Gründen inhaftiert war, wuchs im mecklenburgischen Wismar auf, wurde 1973 selbst verhaftet und wegen »staatsfeindlicher Hetze« verurteilt, 1976 aber in die Bundesrepublik entlassen. Er lebt als Schriftsteller und Journalist in Hamburg, leitet seit 1987 das Ressort Kulturpolitik bei der Welt am Sonntag. Er ist PEN-Mitglied und Träger zahlreicher Auszeichnungen: So erhielt er u.a. für den Lyrikband »Traumgefahr« (1981) den Andreas-Gryphius-Förderpreis und das Stipendium des Alexander-Zinn-Preises der Freien und Hansestadt Hamburg, für seine dreiteilige Serie über das Gefängnis Hoheneck 1990 den Theodor-Wolff-Preis für herausragende journalistische Leistungen.

Weitere Veröffentlichungen: Scherbenspur (1983), Hohenecker Protokolle. Aussagen zur Geschichte der politischen Verfolgung von Frauen in der DDR (hrsg. v. U. Schacht, 1984), Letzte Tage in Mecklenburg. Erinnerungen an eine Heimat (hrsg. v. U. Schacht, 1986), Dänemark – Gedichte (1986), Brandenburgische Konzerte (1989), Lanzen im Eis (1990).

Ulrich Schacht

GEWISSEN IST MACHT

Notwendige Reden, Essays, Kritiken zur Literatur und Politik in Deutschland

Piper
München Zürich

ISBN 3-492-11464-4
Originalausgabe
März 1992

Umschlag: Federico Luci
Photo Umschlagrückseite: Isolde Ohlbaum
Gesamtherstellung: Clausen & Bosse, Leck
Printed in Germany

Meinem Freund Jürgen Ritter gewidmet

INHALT

II REDEN

III KRITIKEN

I ESSAYS

»... Objektivität ist bisweilen Selbstgefälligkeit. Heute sind die Dinge klargestellt, und es muß als konzentrationslagerartig dargestellt werden, was konzentrationslagerartig ist, sogar der Sozialismus. In gewissem Sinne werde ich nie mehr höflich sein.«

Albert Camus, 1949

Die sinn-lose Freiheit?

Zur Präsenzkrise der gerechteren Gesellschaft in den neuen Bundesländern Deutschlands

I

Am 9. November 1989 stürzte die Berliner Mauer und ihre innerdeutsche Verlängerung unter den Augen der Weltöffentlichkeit in sich zusammen. Am 18. März 1990 fand die erste und letzte freie Wahl zu einer Volkskammer der DDR statt; sie endete mit einem überwältigenden Sieg der »Allianz für Deutschland« aus CDU, CSU, DSU und Demokratischem Aufbruch. Am 1. Juli 1990 trat die in einem Staatsvertrag zwischen der Bundesrepublik Deutschland und der DDR vereinbarte Währungs-, Wirtschafts- und Sozialunion in Kraft. Am 3. Oktober desselben Jahres schließlich verabschiedete sich die DDR als Staat von der historischen Bühne, indem sie dem Geltungsbereich des Grundgesetzes beitrat.

Vier Daten deutscher Gegenwartsgeschichte, die auch bei nüchternster Rückbesinnung nicht nur als logische Kettenreaktion gelesen werden dürfen, sondern begriffen werden müssen als gravierende Etappen einer weltgeschichtlichen Zäsur. Aber nicht ihre globale Bedeutung interessiert hier; vielmehr soll die sozial- und nationalpsychologische Brisanz des Vorgangs ins Blickfeld gerückt werden. Denn dieser – in ganzen elf Monaten zur historischen Urteils-Verkündung geführte – *kurze* Prozeß hatte ein Vor-Spiel, das fast ein halbes Jahrhundert währte, was wiederum Rückschlüsse auf das vor uns liegende Nach-Spiel zuläßt. Mit anderen Worten: Der historisch *kurze Prozeß* über die Existenz der DDR, der zweiten deutschen Diktatur also, der mit einem mehrheitlich gewollten »Todesurteil« endete, hat im Anschluß daran bei den Prozeßbetreibern ein Gefühlschaos ausgelöst, das den zuvor noch konsensfähigen Sinn jenes Urteils, seiner Begründung und Vollstreckung in die Nähe von Sinn-Losigkeit treibt.

Was ist im Deutschland dieser Tage geschehen, um aus einer diesbezüglichen Zu-Stimmung mehrheitsfähiger Natur eine Un-Stimmigkeit ebenso mehrheitsfähiger Natur werden zu lassen? Oder besser: Was alles ist *nicht* geschehen, das diese Entwicklung hätte verhindern oder wenigstens soweit eindämmen können, daß der nationale Diskurs über das Projekt »Freiheit für ganz Deutschland« *befreiter* und nicht *denunzierbarer* stattfinden könnte?

Anders gefragt: Warum werden jene vorhin genannten Daten immer weniger als wirkliche Befreiungs-Etappen von denen verstanden, die sich befreiten, indem sie *diejenigen* in die moralische Pflicht nahmen, die sich im freien Teil der Nation auf genau diese Befreiungs-Pflicht hin Jahrzehnt um Jahrzehnt hatten vereidigen lassen? Warum also endet bei denen, die es zwischen dem 9. November 1989 und dem 3. Oktober 1990 so wollten, wie es dann wurde, in einem subjektiven Niederlage-Gefühl, was sich objektiv als atemberaubende Serie von Positiv-Zäsuren erkennen läßt? Warum kann *Freiheit* als sinn-los erfahren werden, wenn zugleich die Erfahrung des Abwerfens von Un-Freiheit als originäres Sinn-Ereignis unverrückbar im jeweils individuellen Lebens-Raum stehengeblieben ist? Oder liegt gerade in dieser Charakteristik der Situation, daß etwas als wesentlich Erfahrenes *stehengeblieben* ist, mithin scheinbar schon wieder ein Ende gefunden hat, der Punkt, auf den es ankommt?

Ich meine, daß tatsächlich an genau diesem Punkt, der einen Soll-Bruch markiert, das festzumachen ist, was ich die *Präsenzkrise* der gerechteren Gesellschaft in den neuen Bundesländern Deutschlands nennen möchte, die zugleich mit einer kontextuellen Motivationskrise in den alten korrespondiert.

Untermauert wird diese Vermutung auch dadurch, daß demoskopische Erhebungen zum Problem verdeutlichen, daß wir es mit einer *psychosozialen* Krise zu tun haben, deren Basis keineswegs, oder nur in sehr begrenztem Maße, materielle Defizite sind, sondern vielmehr der Verlust von gesellschaftlicher, d. h. lebensperspektivischer Orientierungsfähigkeit. Aus genau diesem Grunde greifen alle Maßnahmen von seiten der amtierenden Regierung, die den langen Prozeß der *inneren* Wieder-Vereinigung Deutschlands nur »sozialverträglich« zu organisieren versuchen, entschieden zu kurz, weil wir erfahren haben, daß das Sozial-Verträgliche als Identifikationsangebot nicht unbedingt deckungsgleich ist mit dem Emotional-Verträglichen. In dieser Differenz hat die konstatierte Krise meines Erachtens ihre Hauptursache, und genau hier sammelt sich, auf ganz Deutschland bezogen, so etwas wie eine kritische Masse in jedem Sinne des Wortes.

II

Lange – und besonders in den Jahren der Entspannungspolitik – haben wir uns im freien Teil der Nation suggerieren lassen, daß die Mehrheit der Menschen im unfreien Teil Deutschlands das verwandte Gegen-Über primär als den *reicheren* Bezirk im nationalen Un-Gefüge erkennt. Daß er zugleich *auch* der *gerechtere* für sie sein könnte, wenn es darauf ankommt, wurde in zunehmendem Maße als unangemessene Selbstüberhebung denunziert oder sogar vehement bestritten.

Die Erfinder dieser ideologisch motivierten Pseudo-Bescheidenheit, die sich oft genug gar nicht sattsehen konnten am Macht-Haben und -Gehabe der von Moskau mit begrenzter Gewalt-Herrschaft belehnten SED-Funktionäre, wurden in den Tagen und Monaten des Umsturzes eines Besseren belehrt, das zugleich auf Böseres verwies, das sie nicht hatten wahrhaben wollen – ähnlich jener pathologischen Blickverengung aus anthropologischem und nationalpsychologischem Mentalitätsfundus, die Musil nach dem Ersten Weltkrieg diagnostizierte: »... wir haben viel gesehen und nichts wahrgenommen«. Wahrnehmen mußten wir inzwischen jedoch, daß von unserer Gesellschaftsordnung, der repräsentativen parlamentarischen, gewaltengeteilten Demokratie, *mehr* verlangt wurde als nur das geschwinde Auffüllen der Ladenregale; verlangt wird darüber hinaus die Materialisierung der immateriellen Werte-Gemeinschaft, d.h. die Sichtbar-Machung ihres Selbst-Verständnisses.

An genau diesem Punkt jedoch versagt sich die gerechtere Gesellschaftsordnung des Grundgesetzes. Warum? Weil sie eine extrem symbolreduzierte, ja symbol*verarmte* Gesellschaft ist. Gesellschaften dieser Art aber sind zutiefst gefährdet, denn die semiotisch-symbolische Gleich-Gültigkeit aller Gesellschaftsebenen und -Institutionen provoziert Orientierungsvakua, in denen das Gesamtgefüge und seine Werte-Basis beliebig werden. Diese Beliebigkeit wiederum läßt es wertlos erscheinen. Die so wert-los erscheinende Gesellschaft aber wird – in Sinn- und/oder ökonomischen Krisen, die seriell psycho*logisch* irrationale Kurz-Schlüsse auslösen – zur *Wegwerf*gesellschaft, an deren Stelle die *Ein*-Ordnung als rettender Orientierungs-Rahmen tritt. Die gerechtere Gesellschaft darf deshalb, wenn es darauf ankommt, nicht nur *funktionieren*, also der *bessere* Funktionär und damit eine rein mechanische Größe sein –

sie muß vielmehr *überzeugen* durch die sinnlich erfahrbare Präsenz, d. h. Verteidigung oder Durch-Setzung ihrer Grund-Werte, die ihre historische Qualität ausmachen, aus der sich dann wiederum Orientierungsmargen für Entwurf und Erarbeitung individueller Lebens-Qualität ableiten lassen. Das Identifikationspotential der gerechteren Gesellschaft muß also *erkennbar* werden, um über den Tag hinaus *wirksam* zu sein. Die Frage ist deshalb: Wie viele und welche Zeichen braucht der Mensch, um sich in einer historischen Situation, die ihm – wie immer er sie grundsätzlich für sich bewertet – chaotisch vorkommt, zurechtzufinden? Und wenn er die Zeichen hat, sie aber nicht ausreichen, weil er mehr noch Symbole braucht, die den *Sinn* des Geschehens markieren – was hat dann zu geschehen?

Zunächst und vor allem doch wohl dies: Demontage der Symbole, Namen, Zeichen und Institutionen des ancien regime sowie Installierung der Symbole und Zeichen der gerechteren Gesellschaft. Aber welche hat sie, um sich – wenn wir vom Design der westdeutschen Waren-Welt und dem Kürzel für ihr Äquivalent, DM, einmal absehen – *sichtbar* zu machen, um Präsenz, also *Flagge* im genauen und übertragenen Wortsinn zu zeigen?

Was die Bundesrepublik betrifft, so hat sie davon wenig genug, und das Wenige wird zumeist auch noch schamhaft in den Hintergrund gerückt oder boshaft mit inhumaner Tradition identifiziert.

Dabei ist – und ein Blick nach Prag, Warschau, Budapest oder auch Moskau reichte aus, um uns im Vergleich zu beruhigen – die temporäre Über-Präsenz nationaler und regionaler Symbolik, die die traditionelle oder neu geschaffene politische Gegen-Symbolik einschließt, eben nicht identisch mit dem Betreiben einer Archäologie untergegangener nationalistischer oder politischer Hysterie, sondern das genaue Gegenteil geschieht: nämlich die Rekonstruktion verschütteter und/oder verhinderter Selbst-Bestimmung. *Sichtbar* gemacht wird also nichts Destruktives, sondern etwas zutiefst Konstruktives: die Aufhebung der Unter-Präsenz eines grundlegenden Rechts, das Rechtsgrund legt. Das heißt: Die Symbole des revolutionären Um-Bruchs und seiner nationalpolitischen Tradition, die auch im deutschen Falle eine geschichtliche Konstante humaner Gesinnung ins Gegenwärtige hinein profiliert, müssen nach dem Sieg, wenn der sinn-reiche Ausnahme-Zustand All-Tag und also unsichtbar wird, erst recht zu sichten sein, da sie die Dauerhaftigkeit des

Ersehnten und Erkämpften signalisieren. Mit solcher Sichtbarkeit – man denke nur an die antizipatorische Renaissance der Länderflaggen in den 1989/90 noch nicht rekonstruierten Bundesländern zwischen Elbe und Oder, zu der die *bezeichnende* Über-Präsenz der vom Spaltersymbol befreiten schwarzrotgoldenen Nationalflagge gehörte – läßt sich nicht nur leben, sondern vor allem *über*leben, denn selbst der sicherste Revolutionär gerät nach erfolgreicher Revolution in eine Krise.

III

Diese Not-Wendigkeit von Symbolik kann sowohl politisch wie auch philosophisch begründet werden. Die amerikanische Historikerin Lynn Hunt hat am Beispiel der Französischen Revolution über die »Macht der Symbole« nachgedacht und den »Entwurf einer politischen Kultur« in Zusammenhang mit den »Symbolen der Macht« gesetzt, wenn sie schreibt: »Diese Symbole brachten nicht einfach politische Positionen zum Ausdruck; sie waren das Mittel, durch das die Menschen sich ihrer Position bewußt wurden...« Die Ausübung von Macht erfordere stets »symbolische Praktiken«; es gäbe »keine Regierung ohne Rituale und Symbole, so entmystifiziert und frei von magischen Elementen sie auch erscheinen mag. Regieren ist nicht möglich ohne Geschichten, Zeichen und Symbole, die auf tausenderlei unausgesprochene Weisen vermitteln und bestätigen, daß dieses Regieren legitim ist.« Symbole sorgten so zum einen für »psychopolitische Kontinuität«; zum anderen würden sie zu »greifbaren Erinnerungsmarken« einer neuen Tradition, auf die Verlaß sei. (Lynn Hunt, Frankfurt a. M. 1989, S. 71 ff.) Philosophisch gewendet, bedeutet dies: »Symbol ist dasjenige, woran man etwas wiedererkennt... Aber was ist Wiedererkennen? Wiedererkennen ist nicht: etwas noch einmal sehen. Wiedererkennungen sind nicht eine Serie von Begegnungen, sondern Wiedererkennen heißt: etwas als das, als was man es schon kennt, erkennen... In Wiedererkenntnis liegt immer, daß man jetzt eigentlicher erkennt, als man in der Augenblicksbefangenheit der Erstbegegnung vermochte. Wiedererkennen sieht das Bleibende aus dem Flüchtigen heraus. Das nun ist die eigentliche Funktion des Symbols... In Wahrheit ist das Symbol eine Aufgabe des Aufbaus.« (Hans-Georg Gadamer, Stuttgart 1977, S. 62 ff.) Doch der Aufbau, um den es derzeit in Deutschland geht, wird so symbollos wie nur irgend möglich bewerkstelligt. Es herrscht das verkümmerte Symbol-Bewußtsein Westdeutschlands vor, das sich aber nicht nur in Symbol-Bewußtlosigkeit erschöpft, sondern auch bewußt Symbol-Feindschaft anstrebt. Allenthalben dominieren falsche Skrupel und wahre Abneigung. Die mögliche Gefahr der Verwechslung eines berechtigten Siegesgefühls (angesichts der historischen Niederlage eines zutiefst inhumanen Regimes) mit einer unangebrachten Sieger-Pose durch die Vertreter der gerechteren Gesellschaft endet wieder und wieder in habitueller und rhetorischer Zurücknahme, wenn es um die *anhaltende* Größe der Stunde, die eine Rückkehr zur Tagesordnung ante verbietet, geht. Solche – psychologisch noch zu deutende – falsche Bescheidenheit zieht in der Endkonsequenz eine Degradierung des Ereignisses im Bewußt-Sein der Menschen zu einem Problem des Staatsetats nach sich, über das es – psychologisch und nicht nationalökonomisch gesehen – nur kleinlich anmutendes Gezänk geben kann. Gefordert ist aber eine extraordinäre mentale Anstrengung und kein ordinärer fiskalischer Streit, der die Banalisierung des Epochalen zwangsläufig provoziert.

Der Publizist und Historiker Arnulf Baring hat in einem Zeitungs-Beitrag (»Warum ich an die Humboldt-Universität will«, FAZ, 11. Mai 1991, S. 27) über eine Begegnung mit einem typischen Vertreter solcher falschen Bescheidenheit Auskunft gegeben: »Kürzlich sagte mir ein Berliner Senator der gegenwärtigen Großen Koalition, als wir über ein verwandtes Thema sprachen, ich ihm nämlich die Notwendigkeit nahezubringen versuchte, den sogenannten Palast der Republik abzureißen: Man solle solche ›Siegerposen‹ vermeiden. Ich war sprachlos. Zur historischen Reinigung gehören immer auch symbolische Akte... Dieser Palast einer sogenannten Republik war *das* Symbol der Diktatur. Er ist so etwas wie unsere Bastille gewesen.«

IV

All das kollidiert nicht zuletzt mit einem elementaren Gerechtigkeits-Bedürfnis der Mehrheit der Menschen in den neuen Bundesländern. Diese Mehrheit verfügt gewiß nicht über ein dezidiertes Rechtsbewußtsein, woher auch! Aber in den Kämpfen vom Herbst 1989, die sich bis ins Frühjahr 1990 hinzogen, hat sich ein *Sinn* für die gerechte Sache manifestiert, der sich nicht aufgehoben fühlen kann im kodifizierten Recht der alten Bundesrepublik, das in seiner Normen-Differenziertheit und Anwendungs-Undurchschaubarkeit unbegreifbar geworden ist – ein hochkompliziertes Terrain selbst für Experten; ein abstrakter Mechanismus für die, die erst jetzt damit konfrontiert werden. Das heißt: Es wird erwartet, daß die Justiz der gerechteren Gesellschaft – deren dritte Gewalt und Stütze sie ist – über die Täter der ungerechten Ordnung Recht spricht, es aber nicht mit Hilfe eines neurotisierten Über-Rechts, das im Kern auf plattestem Rechtspositivismus basiert, verhindert. Das In-dubio-pro-reo-Prinzip verpflichtet auf vieles, aber nicht darauf, dümmer zu sein, als die Geschichte erlaubt! Damit zusammen hängt auch eine rechtsphilosophische Vor-Entscheidung: Daß die zweite deutsche Diktatur, wie die erste, mit Hilfe von *Gesetzen* Unrecht praktizierte, kann *keine* Legitimation sein, auf die sich berufen darf, wer dieses Unrecht anstiftete, organisierte oder durchsetzte! Gustav Radbruch hat in seiner »Rechtsphilosophie« schon vor langem darauf hingeweisen, daß es der Rechtspositivismus war, der »mit seiner Überzeugung ›Gesetz ist Gesetz‹ den deutschen Juristenstand wehrlos gemacht« habe »gegen Gesetze willkürlichen und verbrecherischen Inhalts«. Im Hinblick auf die NS-Zeit und den strafrechtlichen Umgang mit ihren schuldig gewordenen Justiz-Vertretern nach 1945 mahnte Radbruch deshalb: »Das aber muß sich dem Bewußtsein des Volkes und der Juristen tief einprägen: es kann Gesetze mit einem solchen Maße von Ungerechtigkeit und Gemeinschädlichkeit geben, daß ihnen die Geltung, ja der Rechtscharakter abgesprochen werden muß.« (Norbert Horster, München 1980[2], S. 42ff.) Die Stunde verlangt also nichts Geringeres als rechtsphilosophische Bewegung in den Köpfen der Juristen der gerechteren Gesellschaft, die zu rechts*politischen* Entscheidungen und rechts*schöpferischen* Akten führen muß. Aber was erleben die Menschen in dieser Hinsicht von der neuen Gesellschaft, die die *gerechtere* sein will? Daß die Täter der ungerechten Ordnung nur schwer oder gar nicht vor Gericht erscheinen, obwohl ihre Verbrechen geschichtsnotorisch sind. Daß die erfolgreichen Funktionäre und Mitläufer der gestürzten Diktatur im wirtschaftlichen oder Advokaten-Bereich Positionen innehaben, die sie wieder zu Einflußreichen und Mächtigen machen, während man selber den Folgen von »Abwicklungsprozessen« ausgeliefert ist. Daß sich alles politische und wirtschaftliche Gewicht der neuen Bundesrepublik Deutschland im westlichen Teil der Nation konzentriert und der Egoismus von Regional- und Lokalpolitikern – quer durch die Parteien – fast dafür gesorgt hätte, daß nicht einmal Jahrzehnte alte Treuegelöbnisse, die Jahr um Jahr erneuert wurden, Gültigkeit behielten. Von Berlin ist die Rede und davon, was unter dem Begriff Hauptstadt zu verstehen ist. Berlin aber war und ist *das* Symbol der deutschen Einheit. Es hat konstitutive Bedeutung für die zukünftige psychische Befindlichkeit der deutschen Nation, und nicht nur dies: Aus solcher Befindlichkeit erwachsen, wie wir wissen, Hoffnung oder Frustration, Perspektiven oder Sinnlosigkeit. Schon jetzt stoßen in die zeichenleeren Räume der symbolverarmten Gesellschaft die Bataillone der Kahlköpfigen von Dresden und Leipzig mit den erschreckend leicht *hand*habbaren Symbolen und Gesten der ersten deutschen Diktatur. Noch ist das Randphänomen, gewiß; noch können wir sie zählen, die jungen alten Feinde der endlich gesamtdeutschen Demokratie. Aber schon liefern wir »Argumente«. Die »Hauptstadtlüge« wäre so eines – (miß-)brauchbar wie wenige andere – gewesen. Die Parlamentsabstimmung am 20. Juni fiel knapp zugunsten Berlins aus; von den Volksparteien hat einzig die CDU eine Mehrheit ihrer Bundestagsabgeordneten für die Einhaltung des gegebenen Versprechens begeistern können; SPD und CSU brachen es mehrheitlich. Dabei wäre gerade in dieser Frage die repräsentative Demokratie in der Lage gewesen, glanzvoll Wahrhaftigkeit zu demonstrieren, indem sie unisono betont hätte: Bonn hat seine Pflicht erfüllt; das ist sein Verdienst. Berlin muß sein Recht bekommen, das ist seine Chance. Denn was gegen Bonn sprach, war ja gewiß nicht sein Provinz-Sein, weil das per se kein Fehler sein kann. Was gegen Bonn sprach, war (und ist) seine *symbolische* Dimension: es symbolisierte nur die Hälfte der Nation, und das von Anfang an und für immer! Bonn ist aus *gutem* Grund Distanz gewesen; in Berlin wurde sie überwunden – aus *besseren* Gründen. Berlin ist deshalb auch nicht die neue Zentrale, die die Länder und Regionen in ihren Rechten und Bedeutungen beschneidet oder auch nur begrenzt. Berlin ist vielmehr *das* Symbol für die Ankunft der gerechteren Gesellschaft – der wirklichen Demokratie – auf dem Territorium der *ganzen* Nation, die von diesem Symbol her nicht Befehls-Signale empfängt, sondern Beruhigungs-Zeichen: die Nation ist *wirklich* einig und frei, sie ist *grenzenlos* zu sich gekommen, ist humaner Spiel-Raum geworden, der nie wieder verspielt werden darf. Das signalisiert einen potentiellen Grad von gesellschaftlicher Geborgenheit im Um-Bruch, der das Individuum nicht nivelliert, sondern geradezu ermöglicht, weil er es zugleich voraussetzt und antizipiert. Auf solchem Grund wächst historische Zeitweite, in der sich Lebensdynamik entfalten kann. Die »Extremisten des Status quo« (Václav Havel) wollen das bis heute nicht wahrhaben.

V

Wie kommen wir dazu, dies alles zu verkennen, zu verdrängen oder gar kalt zu ignorieren? Haben wir schon vergessen, mit wem wir es in den neuen Bundesländern zu tun haben? Mit Menschen, die am 18. März 1990, dem Tag der ersten und letzten freien Volkskammerwahlen, nichts Geringeres erkämpft haben als einen *erfolgreichen* 17. Juni. Dieser 18. März 1990 entwertet dabei nicht die Herbstrevolte *vor* dem Mauersturz. Aber er verweist auf die moralische Qualität des Tages, an dem die Mauer fiel. Das psychopolitische Profil des Tages des Mauersturzes war die radikale Bereitschaft der Massen zur institutionalisierten Revolution. Das heißt: Die Deutschen haben in der Konsequenz jener Nacht vom 9. November 1989 am 18. März 1990 einen unglaublich *reifen* Akt politischer Natur vollbracht, indem sie nicht die *Revolution* gewählt haben, sondern sie haben die Revolution *gewählt*, also die Wahl zur Revolution erhoben. Sie haben damit zugleich all jenen die Grenzen ihres Denkens und Handelns gezeigt, die sich mit revolutionärem Pathos oder unbelehrbarer Entspannungs-Ideologie lediglich eine reformierte DDR – also eine politisch-moralische Absurdität – an den begrenzten Horizont malten. Die siegreiche Wählermehrheit vom 18. März 1990 ist deshalb der wirklich revolutionär handelnde Teil des deutschen Volkes gewesen, und die skizzierte Präsenzkrise der gerechteren Gesellschaft, die er so konsequent gewählt hat, trifft ihn deshalb um so härter. Sie kann aus diesem Grund durch keine noch so oft wiederholte Solidar-Rhetorik des Gebens oder den Zahlen-Rationalismus abstrakter Subventions- oder Investitionssummen behoben werden. Vielmehr verlangt sie das Vertrauen stiftende oder fortsetzende *Symbol*, das den *Sinn* der revolutionären Entscheidung vom 18. März 1990 in die Zukunft prolongiert. Es geht, wenn wir genau hinhören, *nicht* um die oft unterstellte sofortige Realisierung der Wohlstands-Utopie, sondern um Sicherung und Sichtbar-Machung einer Sinn-Perspektive.

VI

In normalen Zeiten haben demokratisch legitimierte Regierungen die Pflicht, derartige Bedürfnisse nur minimal zu befriedigen. In psychopolitisch revolutionären dagegen maximal. Das ist die schwierigere Übung, gewiß; aber es ist vor allem eine, die auch die Westdeutschen bereichern könnte, denn die symbolreduzierte Gesellschaft hat unsere politische Mentalität verarmen lassen. Die Semantik der sozialen Strukturen in der neuen Bundesrepublik Deutschland muß eine semiotische Ausdrucks-Form erhalten, an der die Bedeutung und Dauerhaftigkeit des – im Verhältnis zur gestürzten zweiten deutschen Diktatur – gesellschaftlichen Gegen-Konzepts *signalhaft* erkenn- und ablesbar wird. Dieses Signal orientiert im historischen Prozeß des Entstehens der dritten deutschen Demokratie, der zur Zeit immer noch als chaotisch erfahren wird, den Bürger dieser Republik in Richtung Sinn. Dieser Sinn wiederum muß über das reine Zeichen hinausgehen und Symbol werden: Sinn-Symbol, das nicht so sehr formale Zielvorstellungen meint, sondern substantielle Grund-Legung: also jene Ziel-Potenz des gesellschaftlichen Prozesses, die die Unumkehrbarkeit des revolutionären Aktes garantiert.

Gelingt uns dies nicht, bestätigt sich offenbar eine Charakteristik der Deutschen durch den spanischen Philosophen Ortega Y Gasset: »Deutschland hat im Gesamtverlauf seiner Geschichte die Unfähigkeit bewiesen, eine kulturelle Einheit zu bilden. Die innere Harmonie, jener einzigartige Stil, der allen Äußerungen eines Volkes eine gewisse Gleichartigkeit verleiht, hat der germanischen Rasse von jeher gefehlt... Daß ich diese soziale Harmonie bei den Deutschen vermisse, soll jedoch nicht heißen, daß es sie bei den sogenannten lateinischen Ländern schon immer gegeben hat... Nun ist es aber gerade kennzeichnend für Deutschland, daß man dieser sozialen Widersprüche und Disharmonien nicht gewahr wird, nicht vor Durst nach Einigkeit verschmachtet...« Ortega hat dies 1908 geschrieben, in einem Essay mit der Überschrift: »Das zweigeteilte Deutschland«. (Ortega Y Gasset, Stuttgart 1978, V, S. 27ff.)

Man wagt nicht an die Zukunft zu denken, wenn er recht behielte.

Autobiographisches

Von Deutschland nach Deutschland. Über Prag

Autobiographische Notizen

»Paradies«, »Gelobtes Land«, »Heile Welt« – dies waren nicht die Reiz- und Stichworte, dachte ich – noch DDR-Bürger – an diesen Teil der Nation, der sich 1949 den prosaischen Namen Bundesrepublik Deutschland gegeben hat. Aber das heißt nicht, daß ich nicht oft an ihn dachte. Der deutsche Staat, dem ich verdanke, seit 1976 ein freier Mensch zu sein, diese zweite deutsche Republik hat mich frühzeitig interessiert, ihr Alltag – vermittelt durch persönliche Kontakte, Rundfunk und Fernsehen – fesselte mich rechtzeitig. So verkam sie in meinem sich entwickelnden und wachen Bewußtsein nie zu einem schillernden Ziel, wurde nie illusionäres Fluchtmotiv, sondern war von Anfang an und im Verein mit Prager Erfahrungen Grundlage meines politischen Handelns gegen die politischen Verhältnisse in der DDR. Ich benötigte keine Utopie, um zu wissen, was ich in der DDR gegen die DDR zu tun hatte. Mir reichte das sehr wohl als fragmentarisch begriffene Wissen um die hiesigen Verhältnisse aus, damit ich meinen Weg konsequent voranschreiten konnte.

Folgerichtig wurde ich im März 1973 auch nicht wegen eines Fluchtversuchs verhaftet, sondern wegen des Verdachts auf »systematisch betriebene ›staatsfeindliche Hetze‹«, was sich konkret auf von mir geschriebene und im Freundeskreis verbreitete Aufsätze, Gedichte und Geschichten bezog, aber auch auf meine Korrespondenz und im Besitz befindliche oder weitergereichte Bücher mit »staatsfeindlichem Inhalt« – eines, auf das die Anklage ausführlich einging, hieß: »Die siebente Nacht. Erkenntnis und Anklage eines Kommunisten«, geschrieben von Ladislav Mnačko, einem weltbekannten slowakischen Schriftsteller und Mann des »Prager Frühlings«, wenige Wochen nach dem Einmarsch von Truppen des Warschauer Paktes in die ČSSR.

Das alles brachte in einem rund acht Monate später stattfindenden Geheimprozeß stolze sieben Jahre Freiheitsentzug, die abgesessen werden sollten in jenem Zuchthaus, das den heutigen Partei- und Staatschef der DDR, den Saarländer Erich Honecker, rund acht Jahre einschloß. In Brandenburg an der Havel kann man den mächtigen Komplex bewundern, der im Verein mit über fünfzig weiteren Gefängnissen, Untersuchungshaftanstalten und Arbeitslagern nichts anderes belegt als die traurige Tatsache, daß die DDR – und jetzt meine ich das konkrete politische System und seine Herrschaftsprinzipien – lediglich die Fortsetzung des nationalsozialistischen Regimes mit *anderen* Mitteln ist. Die Totalitarismus-Theorie ist für mich jedenfalls keine Frage politikwissenschaftlicher Moden, sondern das sehr nüchtern erkannte Ergebnis realer Erfahrungen, die seit Jahrzehnten gemacht werden und die ich mit unzähligen Menschen teile – eingeschlossen die, die nicht überlebt haben. Und weil mir diese Erfahrungen, bevor sie auch die eigenen wurden, im Familienbereich vorgegebene – im Sinne von vermittelten – waren, war ich mit dem System der DDR, salopp gesprochen: *frühzeitig* fertig. Mein ganzes Sinnen und Trachten, im politischen Bereich jedenfalls, galt spätestens seit August 1968 nur noch der Frage: Wie schaffe ich es – ohne dabei selbstmörderisch vorzugehen –, das menschenfeindliche System »DDR« effektiv zu bekämpfen? Denn ich hatte begriffen, daß es diesem System, trotz immer wieder einmal stattfindender Schminkversuche, im Kern nur darum ging, aus seinen Untertanen Figuren zu machen, die »zur gleichen Zeit Gefangene von Konzentrationslagern und Agenten der Geheimpolizei sind« (Leszek Kolakowski).

Das mag heute, im Jahre 1981, übertrieben klingen, zu eindeutig, möglicherweise gar konstruiert und deshalb meinem damaligen Alter unangemessen. Dennoch kann ich nur betonen: Was ich mit diesen Notizen versuche, ist tatsächlich gewissenhafte *Rekonstruktion* – lediglich die Sprache, in der ich sie betreibe, mag »klüger« geworden sein.

Sicherheit, dies so zu betonen, geben mir nicht zuletzt erhalten gebliebene Briefe aus jenen Jahren, die hiesige Freunde erreichten und eindeutig belegen, daß ich seit 1968 fast lückenlos auch das bundesrepublikanische politische Geschehen in mein Blickfeld rückte. Ein Einzelbeispiel mag das verdeutlichen: Es gab kaum eine große

Plenardebatte im Bundestag, die ich nicht über Stunden hinweg verfolgte, und in einem der erhalten gebliebenen Briefe weiß ich die Möglichkeit eines freien Parlaments ausgiebig zu würdigen, nicht zuletzt durch ein emphatisches Bekenntnis und den Wunsch, einmal selber in diesem Parlament Politik betreiben zu können.

Damals, als ich diesen Brief formulierte, war ich gerade ein Anhänger der Sozialdemokratie geworden – Heinemanns Wahl zum Bundespräsidenten, Brandts beginnende Kanzlerschaft, das waren auch mich überzeugende Ereignisse. Die besonders mit Brandts Namen verbundene neue Deutschland- und Ostpolitik begrüßte ich, wie so viele Mitteldeutsche, begeistert – und der Erfurt-Besuch des sozialdemokratischen Kanzlers wurde für uns zu einem grandiosen Festtag, begriffen wir ihn doch als einen ersten Höhepunkt, als eine taktische Meisterleistung in einem strategischen Plan – der, sobald wir davon Kenntnis hatten, auch der unsere war. Heute sehe ich die Dinge nüchterner, kritischer – Brandts Position ist nicht mehr die meine, seine fehlende Bereitschaft zur ideologischen Auseinandersetzung macht mich betroffen, denn sie produziert Verwirrung besonders in der jungen Generation, der suggeriert wird, wir hätten es im Osten tatsächlich mit gewandelten Gesprächspartnern zu tun. Ich wundere mich deshalb auch nicht über die selbstmörderische Pazifismus-Tendenz, die seit einiger Zeit zu beobachten ist. Hier sehe ich einen Kausalzusammenhang, und ich bin erfreut, daß Männer wie Bruno Kreisky oder François Mitterrand in diesem Punkt klare Ansichten vertreten – denn, und dies erklärt meine Freude darüber: Ich bin immer noch Sozialdemokrat, und ich kann die Anekdote verraten, daß ich mein SPD-Mitgliedsbuch eher in den Händen hielt als meinen Personalausweis. Das hat möglicherweise seinen banalen Grund in der Schlampigkeit der zuständigen Meldebehörde gehabt. Dennoch neige ich bis heute dazu – auch eine Form von Selbst-Erhaltung –, den Umstand symbolisch zu sehen. Ein paar Mythen gehören immer ins Spiel, meine ich. Auch wenn es nur selbstgeschaffene sind. Zumal: Der prosaische Partei-Alltag hat mich schneller eingeholt als gedacht. Denn bei aller vermittelten Kenntnis der hiesigen Verhältnisse: Die *unmittelbare* Anschauung kann sie nicht ersetzen. Das jedenfalls merkte ich recht bald, ohne daß mir deshalb eine gänzlich andere Welt entgegengetreten wäre. Aber die Nähe rückt eben das notwendige Detail ins Auge, sorgt dafür, daß Wirklichkeit unter die Haut gehen kann, und so erst wird aus einer abstrakten Gestalt das konkretergreifende Ereignis. Diese Sätze verraten und beweisen die unleugbare Ambivalenz eines solchen Annäherungsprozesses.

Ich hatte im übrigen – und um keine Irrtümer aufkommen zu lassen – das Glück, nie Marxist, geschweige denn Kommunist oder gar SED-Mitglied gewesen zu sein, und der Prager Einstieg in demokratisch-sozialistisches, sozialdemokratisches Denken und Handeln verhinderte endgültig den ohnehin unwahrscheinlichen »falschen« Schritt. So brauchte ich mich hierzulande von keiner biographischen Periode zu distanzieren, mußte aber auch nicht krampfhaft an der Illusion von der gütigeren Variante des im Kern unveränderbar, also strukturell Bösen festhalten. Als Schreiber von Gedichten, was ich übrigens schon seit meinem 13. Lebensjahr versuche, fiel mir deshalb der berühmtberüchtigte »Vom Regen in die Jauche«-Vergleich auch nicht im Traum ein. Statt dessen lief ich im Januar 1977, wenige Wochen nach meiner Befreiung, die laut Diplomaten- und Amtsdeutsch lediglich das Ergebnis »besonderer Bemühungen der Bundesregierung« war, wie ein kleines Kind am winterlichen Ostseestrand entlang, umarmte kahle Bäume, sprang – stiefelgeschützt natürlich – ins bleigraue, anstürmende Wasser und freute mich meiner wiedergewonnenen Freiheit und darüber, daß mir bisher fremde Menschen, holsteinische Bauern, Erholungsaufenthalt boten in einer Landschaft, die meiner mecklenburgischen so ähnlich ist, daß der Schmerz über ihren vorläufigen Verlust gering blieb, ohne allerdings aufhören zu können.

»Wolfsgesellschaft!« – so hatten wir es gehört: immer wieder, pausenlos, vom Kindergarten bis zur Universität, mal plumper, mal verklausuliert, seit Brandts Erfurt-Besuch hysterischer denn je. Davon, so merkwürdig es klingen mag, blieb auch bei mir etwas hängen. Ein Quentchen jedenfalls. Und auch die schamlosen Lügen von der nicht vorhandenen oder unerschwinglichen Kultur, von den wenigen Bibliotheken, Spielplätzen, Schwimmhallen. In diesem Zusammenhang erlebte ich schon nach wenigen Wochen des Hierseins die ersten Enttäuschungen – außerordentlich *angenehme* allerdings: Bibliotheken mit traumhaften Beständen, Schwimmhallen en masse und nicht gesperrt für die Sportautomatenzucht, dann Kinderspielplätze – so einfallsreich und bunt, wie ich sie in der DDR nie gesehen hatte, ganz zu schweigen von der Flut kultureller Veranstaltungen, durchaus zu erschwinglichen Preisen, von Kunst am Bau, von herrlichen Parks und anderen Menschenfreundlichkeiten, die es – laut DDR-Propaganda – hierzulande, also in einem Hauptland des »menschenfeindlichen Imperialismus«, gar nicht geben durfte. Vor allem jedoch erlebte ich Menschen. Und keine Wölfe. Menschen, die mir (und vielen anderen) selbstlos unter die Arme griffen. Die mir Wohnung gaben, Güte, Verständnis, die Betroffenheit zeigten und mir seelisch und materiell halfen, wo sie nur konnten. Es waren Fremde und Freunde. Menschen unterschiedlicher Schichten und Herkunft. Aber das wurde mir erst später klar – und die Bedeutungslosigkeit dieses Unterschieds ebenfalls.

Einzelfälle! wird jetzt mancher sagen. Ich sage: Es waren mehr. Viel mehr! Und selbst wenn es nur wenige gewesen wären: Es gibt in der Bibel, im Alten Testament, die Geschichte von Sodom und den zehn Gerechten. In Sodom gab es die offensichtlich nicht. Wo es aber in diesem Sinne zehn Gerechte gibt, wenigstens zehn, ist nichts verloren. Solcher Weisheit stimme ich zu. Sie gibt dem Menschen eine Chance und zeichnet ihn dennoch realistisch.

Inzwischen liegen diese ersten Wochen fast ein halbes Jahrzehnt zurück, und trotzdem hat sich diese spezielle Erfahrung fortgesetzt, was nicht heißt, daß sie die einzige war und ist. Auch hier gibt es Streit, Neid, Mißgunst, Haß, Kampf, Auseinandersetzungen zwischen Freunden, Niederlagen und Bedenklichkeiten. Ich erlebe sie täglich – an Fremden, an mir. Aber eben auch ihre Gegensätze. Das macht mein hiesiges Leben so reich im Endeffekt, und der Umstand, daß ich mich in meinem Leben noch nie so oft so frei entscheiden konnte wie hier, potenziert von Jahr zu Jahr ein Glücksgefühl, das demjenigen, der in dieser Republik immer gelebt hat, absurd und lächerlich vorkommen muß.

Ich denke oft über diesen Widerspruch nach, denn ich fliehe ja nicht vor der Wirklichkeit, die mich umgibt, auch wenn ich gereist bin inzwischen bis ins ferne China, halb Westeuropa abgeklappert habe wie viele.

Jeden Tag werde ich per Zeitung und Fernsehen über die Kämpfe in und gegen diese Republik informiert, spreche mit Menschen, die diesen alltäglichen Zustand bestimmen, indem sie die Auseinandersetzungen initiieren oder mittragen – und ich stelle sehr oft fest: Ihr

Kampf ist nicht der meine, kann nicht der meine sein – obwohl ich viele der lautstark gebrandmarkten Probleme erkenne, anerkenne, manche sogar verstehe oder mich um ein Verständnis bemühe. Aber ich habe, wenn es um die Endkonsequenz geht, um die Summe unter dem Strich, andere Erfahrungen und deshalb andere Kriterien. Ich messe diese Republik nicht an Campanellas Sonnenstaat oder an Che Guevaras Heilsvorstellungen – ich messe sie zuerst und zuletzt an den real existierenden Konzentrationslagern in Geschichte und Gegenwart und an den entsprechenden materiellen Lebensbedingungen. Daß ich selber jahrelang Gefangener war, spielt dabei eine untergeordnete Rolle, aber es erhöht meine Wachsamkeit.

Vor meiner Ankunft in dieser Republik habe ich jedenfalls wie so viele geglaubt, daß nur Menschen das Recht haben, Gerechtigkeit einzuklagen. Seitdem ich hier lebe, aufmerksamer als je zuvor, weiß ich, daß auch einer Gesellschaftsordnung wie dieser Gerechtigkeit widerfahren muß, soll die Unmenschlichkeit, die sich immer noch mit einem Wust von Heilsparolen tarnt, nicht einen weiteren Platz auf dieser Welt erobern.

So gemessen, schneidet diese Republik, die zweite und kostbarste in der deutschen Geschichte, ab wie nur noch wenige Staaten in unserer Zeit. Wir leben tatsächlich in einem der ganz seltenen politischen Systeme, die den Menschen nicht versklaven, ihm seine Würde nicht rauben, weil er in ihnen zu essen hat, weil er seine Meinung frei äußern kann, ohne Sanktionen und Verfolgung zu riskieren, weil seine Rechte – verletzt sie einer, ob Staat oder Privatmann – einklagbar sind. Darin besteht der fundamentale Unterschied zu jenen Systemen, die ich kenne und in denen eben nicht das Prinzip der Rechtsprechung, sondern das der permanenten Rechts-Brechung herrscht. Dieser empirisch nachweisbare Unterschied ist die Grundlage meines Maßstabes, an dem ich diese Republik messe, und sonst nichts.

Wem das zu wenig ist, der ist im besten Falle leichtsinnig, im schlimmsten ein Ignorant. Das mag eine Provokation sein, und vielleicht ist es auch eine. Aber ich glaube eben nicht, und hier weniger denn je, daß die Menschheit sich weiterhin Gesellschaftsexperimente mit dem nebulosen Ziel einer »Heilen Welt« leisten kann. Denn die Gefahr, daß das »Heil« einer solchen (Alp-)Traumordnung *erneut* zu einer befohlenen Grußformel verkommt, die symbolisch für die rigorose Ausschaltung des Geistes und der Humanität steht, ist nie gebannt. Sie ist, jedenfalls für den, der den Menschen zu erkennen versucht, *immer* eine in ihm verborgene, also eine latent drohende. Das zu wissen und zu berücksichtigen braucht es jedoch eine realistische Anthropologie. Mit einer solchen nüchternen Sicht des Menschen kann man natürlich kaum zündende Revolutions-Theorien entwickeln, geschweige denn Revolutionen durchführen, und wenn man es doch tut, dann produziert der theoretische Selbstbetrug nur einen zur Revolution verklärten Putsch, der einer neuen, meist noch kleineren Elite totale Gewalt in die Hände spielt, und es gehen nicht nur die Ideale der proklamierten Revolution zugrunde, sondern vor allem Menschen. Bleiben wir also, so meine ich, bei einer realistischen Sicht seiner Fähigkeiten – und dann kommen wir von ganz allein auf den Gedanken der Reform, die immer ohne Konzentrationslager ausgekommen ist. Der Philosoph Karl Popper, den ich hier zum ersten Mal lesen und studieren konnte, fand dafür den Terminus »Stückwerk-Technologie«. In diesem Sinne bin ich Sozialdemokrat. In diesem Sinne war ich, was die Alternative betraf und ohne daß ich von Popper wußte, ein konsequenter, kompromißloser Gegner der DDR. Natürlich war ich das nicht von heute auf morgen. Natürlich ist das, so formuliert, das Ergebnis eines Lernprozesses, der zudem sicherlich noch nicht beendet ist – also ein Zwischenergebnis.

Wenn ich, aus vorliegendem Anlaß, die Jahre, die bis zur Stunde hinter mir liegen, rekapituliere, dann stelle ich fest, daß viele Träume in Erfüllung gegangen sind – aber erst hierzulande: Reisen, Studienwünsche, materielle Bedingungen, die Erreichbarkeit aller geistigen Schätze, mein Weg in die Literatur und Publizistik, das Gründen einer Familie. Und doch: Wären es tatsächlich Erfüllungen auch ohne die Jahre davor? Als jeder Schritt aus der Haustür einen Schritt in feindliches Gelände bedeutete. Ist die Klarheit der frühen Kämpfe und Leiden nicht die unabdingbare Voraussetzung meines heute so sichtbaren und zugegebenen Glücks? So ist es wohl. Und dennoch weigere ich mich, diese Logik als unentrinnbare anzuerkennen. Sie erscheint mir, gerade weil sie der Wahrheit nahe kommt, bedenklich – provoziert sie doch den fatalen Gedanken, daß wir leiden müssen, um glücklich zu sein oder es wenigstens zu können. Ich glaube aber nicht daran, daß solch ein Prinzip zwangsläufig unser Leben bestimmt. Es wäre ja nur ein masochistisches, kein humanitäres. Wo also liegt die Lösung? Gibt es überhaupt eine, wenn es um diese Frage, um diese Problematik geht? Wie therapiert man dauerhaft psychosoziale Widersprüche, die das Ausmaß einer Kulturkrise angenommen haben? Scheinbar jedenfalls. Das heißt: Warum ist es offensichtlich leichter, in eindeutigen Verhältnissen zu überleben, geistig zu bestehen – als in freien? Ist die Freiheit als Alltagserscheinung und penetranter Tatbestand eine Zumutung und Provokation, eine teuflische Unerträglichkeit? Und wenn ja, heißt das, daß sie nur als fernes Ziel eine Glücksfunktion hat?

Ich sage: Das ist absurd. Und denke doch darüber nach, betroffen, ohne aber einer wirklichen Lösung nahe zu kommen. Das tägliche Geschehen um mich herum verhindert das: Hausbesetzer, Aussteiger jeder Art, Neo-Nazismus, RAF-Terror, Schickeria von links, Dummheit von rechts. Aber auch die Borniertheit des ewigen und kleinbürgerlichen Steuer-Protestlers, der genausowenig bereit ist zuzugeben, daß es ihm schlicht und ergreifend gut geht. Der den Staat, diese Republik, *wagnislos* haßt, also heimtückisch – indem sie ihm gleichgültig ist.

Und früher? Bis 1976? Der Schüler, Bäckerlehrling und Helfer in der Psychiatrie? Der Hafenarbeiter, Theologiestudent und Bühnenarbeiter? Der Häftling schließlich? – Wie sah er die Welt? Schizophren? Weil das Land gespalten war und ist, in dem er sich vor- und nicht wiederfand. Der Vater, russischer Offizier, verschwunden im »Archipel GULAG«. Die Mutter fast vier Jahre im Gefängnis, weil sie einer verbotenen Liebe anhing – der zum Vater. »Eine Liebe in Deutschland« – Hochhuths erschütternde Geschichte –, da hat die DDR-Wirklichkeit Fortsetzungen geschrieben. Noch und noch. Auch wenn sie nicht unterm Galgen endeten. In Eiswüsten stirbt es sich allerdings auch nicht leichter, und Verschollene haben kein Grab. Ich sage das nicht bitter. Ich zähle nur auf, womit es begann und wie es sich fortsetzte. Mein Schicksal ist nur das Schicksal vieler meiner Generation. Und ich vergesse dabei nun ganz und gar nicht, daß es auch genug prachtvolle Stunden gab in jenen Jahren von 1951, meinem Geburtsjahr, bis 1976, meinem zweiten Geburtsjahr. Daß es sie gab, habe ich vor allem meiner Mutter und der Familie, den Verwandten zu verdanken. Dann aber auch der Zeit in der evangelischen Kirche, die mich wie keine zweite geprägt hat. Hier wuchsen

Freundschaften und Erkenntnisse, die bis heute hielten. Hier reiften und fielen Entscheidungen, die mancher ein ganzes Leben lang nicht fällt. Jesus von Nazareth – er wurde mir von meinen theologischen Lehrern und Freunden vor allem als das, was er war, erklärt: als ein mutiger, wahrheitsliebender Mensch – mit allen Schwächen, aus denen im entscheidenden Moment Stärken werden. Und dann kam die erste Auslandsreise. Sie führte, im August 1968, nach Prag. Hier erfuhr ich zum ersten Mal am eigenen Leib, daß Unfreiheit kein unaufhebbares Schicksal ist, daß Freiheit – in ihrer bürgerlichen Vollkommenheit, die ihre Schwächen nicht bestreitet – ein erreichbarer Zustand ist. Ich wußte zwar sehr schnell, daß ich nur den Anfang von etwas Gewaltigem mit eigenen Augen sah, begreifbar erlebte – aber dieser Beginn war identisch mit einem Fundament, das damals auch in meinem Kopf gelegt wurde. Was dann, am 21. August, kam, war nicht die Zerstörung dieses Fundaments, sondern nur der hilflos-aggressive Versuch, es mit Hilfe von rotierenden Panzerketten zu zermalmen. Ein mißlungenes Unterfangen. Die so brutal verfolgte Chartisten-Bewegung in Böhmen, Mähren und der Slowakei zeigt es. Gefühle und Erinnerungen kann man weder verstaatlichen, noch kann man sie hinter Gittern krepieren lassen. Polen heute zeigt das deutlicher denn je. Wir wußten das schon damals, denn nun begann unser eigentlicher Kampf – er führte in vielen Fällen vor einen Staatssicherheitstisch, vor eine Richterbank. Und auch bei mir kam es so, wenngleich erst knapp fünf Jahre später – doch unser Kreis hatte nur ein wenig geschickter agiert, nicht zuletzt auch abgeschirmt durch die evangelische Kirche, in deren Rahmen er sich 1969 als »Arbeitsgemeinschaft Kritische Gemeinde« konstituierte: Illegale Zeitschriften, Losungen, Gespräche – das waren die Elemente des Widerstands. Formal also das übliche. Für jeden einzelnen jedoch ein täglich neu einzugehendes Wagnis.

Ich habe, aus dieser Konsequenz heraus, das Gefängnis grundsätzlich *heil* überstanden, weil ich es immer, d. h. rechtzeitig, als eine bittere Möglichkeit angesehen habe. So gesehen, war es eine Lebensstation, die ich nie zu bereuen brauchte – nicht einmal in den einsamsten Nächten im Brandenburger Bunker.

Sie war das Tor zur Freiheit, und wer meine Notizen versteht, wird in diesem Satz keine billige Phrase erkennen.

Nicht nur die Wahrheit ist konkret. Auch die Freiheit. Meine, von der ich reden kann und muß, hat einen Namen: Bundesrepublik Deutschland. Ich bin dankbar, daß es diese Republik gibt. Ich bleibe wachsam, damit *sie* bleibt.

(1981)

Gewissen ist Macht

Motive meines politischen Widerstandes in der DDR

Als ich am 29. März 1973 gegen 6 Uhr 30 von acht Mitarbeitern des Ministeriums für Staatssicherheit der DDR in meiner Wismarer Wohnung festgenommen wurde, überraschte mich dieses Ereignis mit geradezu elementarer Gewalt, obwohl ich mich doch schon lange darauf vorbereitet hatte: In Sekunden schien ich mich in zwei Wesen zu verwandeln: Das eine sah – vollkommen erstarrt – von außen her, was dem anderen, dem Lippen, Arme und Beine zitterten, geschah. Ich habe an diesem Morgen einen Frost in mir gespürt wie nie zuvor in meinem Leben – und dennoch: Etwas fehlte: die Angst, die bereuen läßt und einen erniedrigt, bevor die bewußte Erniedrigung durch die anderen beginnt. Daß genau diese Angst fehlte, hing mit meinem Bewußtsein zusammen: nichts getan zu haben, wofür ich mich hätte schämen müssen. Im Gegenteil: Ich wußte, kristallklar in dieser Stunde, daß das, was jetzt an und mit mir passierte, kommen mußte, weil es die logische Konsequenz meines politischen Handelns war: Ich hatte, über Jahre hinweg, geistigen, also gewaltfreien Widerstand gegen ein geistfeindliches, gewaltvolles Regime geleistet: gegen den Staat »DDR«, der zu jenen Staaten in der Welt gehört, die ein Doppeltes zur Voraussetzung ihrer Existenz haben: die direkt wirksame, inthronisierende Macht eines größeren Staates und die tägliche, bewußt betriebene Verletzung aller elementaren Menschenrechte. Beide Momente haben für solche Staaten konstitutiven Charakter, und jedem, der in solch einem Staat lebt, wird das früher oder später klar. Nur: Eine Widerstandshaltung dagegen nehmen relativ wenige ein, weil die Konsequenzen einer solchen Haltung schwerwiegend für den einzelnen sind. Für mich hatte man deshalb auch nichts anderes als eine radikale Abrechnung parat, denn ich galt als Kristallisationspunkt eines ideellen Zirkels im Umfeld der evangelischen Kirche, der sich von zwei Ideensträngen besonders motivieren ließ: von den politischen Idealen des »Prager Frühlings«, die sich in dem Wort vom »Sozialismus mit menschlichem Antlitz« bündeln lassen, und von den Idealen der deutschen Widerstandsbewegung gegen das »Dritte Reich«. Unser und mein Sich-Berufen auf gerade *diese* politische Doppellinie brachte mir eine ans Groteske grenzende Rachsucht der herrschenden kommunistischen Minderheit der DDR ein – ausgeführt von ihren verlängerten Armen: den Ministerien für Staatssicherheit, Justiz und des Innern. Im November 1973 verurteilte mich der 1. Strafsenat des Bezirksgerichts Schwerin unter dem Vorsitz des im Freisler-Stil agierenden und »argumentierenden« Oberrichters Passon wegen »systematisch betriebener ›staatsfeindlicher Hetze‹ und ›Hetze gegen das sozialistische Ausland‹« (§§ 106, 108 StGB/DDR) zu sieben Jahren Freiheitsentzug und fünf Jahren Aberkennung der »staatsbürgerlichen Rechte«. Aber was sich mir im Gerichtssaal eines völlig illegitimen Gerichts als Groteske darstellte, war in Wirklichkeit nichts anderes als der wutverzerrte Ausdruck eines Regimes, das in jedem Einzelfall von bewußt geübtem Widerstand gegen seinen rigorosen Machtanspruch in panischen Schrecken gerät. Im Wissen um diese sichtbare Wahrheit konnte ich lächeln, als der Oberrichter das vom Staatsanwalt beantragte Urteil bestätigte. Es war dabei gewiß nicht das unangebrachte Lächeln eines Leicht-Sinnigen, sondern es war das Heiter-Sein dessen, der die Macht des Gewissens spürte. So verhaftet in die Macht meines Gewissens, das mir geholfen hatte, in all den zurückliegenden Monaten der Untersuchungshaft, in all den Stunden höchster Einsamkeit, nicht zusammenzubrechen und abzuschwören, konnte ich das folgende jahrelange Verhaftet-Sein, die Zwangsarbeiter-Gefangenschaft im Zuchthaus Brandenburg, angehen wie die eigentliche Bewährungsprobe. In all jenen Monaten, Wochen und Stunden spürte ich, daß es für mich nichts Schlimmeres gab als ein inneres Zurück- und Abweichen vor und von dem, was mir Überzeugung geworden war. Gewissen hängt etymologisch mit dem Wort »Wissen« zusammen, und der Philosoph Wilhelm Weischedel schreibt in seiner »Skeptischen Ethik« dazu: »Mit diesem Wissen ist freilich keine neutrale theoretische Erkenntnis gemeint, sondern ein Selbstverständnis von eigentümlicher Art: ein Sich-Wissen als betroffen.« Betroffen-Sein-Können ist also die Voraussetzung für das, was wir

»ein Gewissen haben« nennen, das Immanuel Kant einmal als »wundersames Vermögen« des Menschen bezeichnete. Es ist genau dieses »wundersame Vermögen« »Gewissen«, das gewissenlose Reiche entlarvt und – noch im scheinbaren Sieg über den einzelnen Gewissens-Täter – zusammenbrechen läßt. Ich weiß, dies klingt eher abstrakt und eher ausgedacht als überzeugend; eher nach dem Motto: »Nach der Schlacht ist jeder General!« – und ich höre die Frage des Zeitgenossen: Wo ist der Beweis für die Kraft, die du gehabt haben willst? Ich verstehe solch ein In-Frage-Stellen, denn gerade hierzulande, auf dem Terrain der zweiten deutschen Republik, ist es weithin akzeptierte Haltung geworden, vor wirklichen Feinden der Humanität Angst zu haben, Widerstand zu leisten aber allenfalls gegen das, was abschätzig oder überdrüssig »das System« genannt wird: also die repräsentative parlamentarische Demokratie, der wir doch dazu verhelfen müssen, unantastbare Tradition in ganz Deutschland zu werden. Aber: Dem vermuteten Fragesteller kann geantwortet werden. An dieser Stelle und mit einem Dokument, das nur eins von vielen ist. Ich zitiere einen meiner Briefe aus der Untersuchungshaftanstalt der Bezirksverwaltung Schwerin des Ministeriums für Staatssicherheit:

»Schwerin, den 15. Oktober 73

Liebe Mutti, heute nun wieder Schreibtag – das Leben wiederholt sich, man gewöhnt sich an seinen Rhythmus. Zuerst jedoch wieder Dank für Deinen Besuch und für all die Dinge von Dir und Euch. Bes. Dank auch an Tante Käti und Helga sowie Birgit. Diese Gaben machen das Leben hier für Stunden ein wenig schöner – aber sie ändern nichts an der Wahrheit: Lieber in Freiheit darben – als in Gefangenschaft prassen. Dies soll keine Klage sein; aber das kommt einem in den Sinn, wenn man die Dinge vor sich sieht: auf dem Tisch einer Zelle. Nun zeichnen sich ja allmählich Konturen ab, die entscheidenden Tage rücken näher, und es gilt, sich zu konzentrieren auf das Ereignis. Es ist nur gut, daß ich ganz genau weiß, warum ich hier bin und daß ich genauso denke wie vorher. Nichts wird mich hindern, meine Ideale vor jedem Gremium zu vertreten. Das war so – und das wird auch so bleiben. Ohne diese Ideale wäre mein Leben ohne Sinn – sie bestimmen mich und meinen Werdegang – wo auch immer! Meine Schwächen werden ihnen immer untergeordnet bleiben. Das muß jedem klar werden, der mich wirklich kennt oder versteht. Was die Zukunft bringen mag, weiß ich nicht – aber daß sie mein Leben sinnvoll bereichern wird, das ist mir klar wie nie! Worauf es ankommt ist, daß man in seinem Tun verstanden wird – was ich benötige, ist nicht Mitleid, sondern Solidarität, denn Mitleid sieht lediglich den Menschen, Solidarität aber mehr: den Menschen und seine Sache! Aber genug von mir. Ich hoffe, daß es Dir inzwischen besser geht, daß Dagmar auf einem guten Wege ist, Bernd und auch die anderen. Am 10. Oktober war ja die Rechtsanwältin hier – das letzte Gespräch mit Aufsicht; aber sie wollte Dir ja berichten. Bevor ich's vergesse: für Susi und Dorli zum Geburtstag alles Gute und herzliche Verbundenheit – zwar im voraus, aber das ist ja nur Formsache. Ich hoffe, daß Dorli auf der Höhe ist! Macht Euch schöne Tage und denkt, ich wär z. Z. auf dem Mond, und bis man von dort wiederkommt, dauert's halt ein wenig. (Aber man kommt wieder!) So, das ›Riesen‹-Blatt ist voll – laßt Euch deshalb bitte nochmals herzlich grüßen – bes. Grüße für Dich, Mutti, für B., Dorli, Bernd, Mäkers, Helga und all die anderen, Euer Ulli«.

Was hat mir die Kraft gegeben, so sicher zu sein in all der Unsicherheit? Was hat mir Mut gemacht in all der mutzerstörenden Einsamkeit der Einzelzelle? – Viel Gewußtes, das ich – trotz der Entblößung bis auf die Haut – bei mir behielt: im Kopf. Das Wissen um Menschen-Wege in den Tod, der mir nicht drohte: Das Wissen um den Weg eines Jesus von Nazareth, das Wissen um den Weg von Hans und Sophie Scholl, das Wissen um den Weg des Grafen Claus Schenk von Stauffenberg, das Wissen um den Weg Dietrich Bonhoeffers. Dies die eine Linie, die Wissen in Gewissen verwandelte. Die zweite verband sich mit Namen aus Böhmen, Mähren und der Slowakei: Alexander Dubček, Josef Smrkowský, František Kriegel, Jiři Hajek, um nur die wichtigsten zu nennen.

Sophie Scholl hatte dem Präsidenten des nationalsozialistischen Volksgerichtshofs, Dr. Roland Freisler, auf die wütend hervorgekreischte Frage, »wie ein Deutscher sich zu so schändlichen Taten bereitfinden könne«, kühl und sicher geantwortet: »Einer muß ja doch mal schließlich damit anfangen. Was wir sagten und schrieben, denken ja so viele. Nur wagen sie nicht, es auszusprechen.« Ich weiß nicht, ob ich die Kraft der Sophie Scholl auch dann noch gehabt hätte, wenn mir der Tod so sicher vor Augen gestellt worden wäre wie ihr. Aber ich weiß, daß dieses Wissen um ihre Kraft (ich hatte mir 1969 die Dokumentation »Wir schweigen nicht. Die Geschwister Scholl und ihre Freunde« gekauft) mir Kraft gab, einen Tag vor meinem Prozeß, am 15. November 1973, im fälligen Monatsbrief aus der U-Haftanstalt u. a. zu schreiben: »Wenn ich protestiert oder kritisiert habe, dann doch nur, weil es mir um die WAHRHEIT an der Sache ging. Und so ist es auch mit meinem (Rest-)Glauben. ›Blind glauben‹ ist für mich absolut nicht möglich, weil ich Augen habe (um im Bild zu bleiben). GOTT ist für mich ein philosophisches Problem: mich interessiert an der Kirche nur noch der MENSCH Jesus, und das reicht aus, glaube ich, denn er ist ein MASSGEBENDER Mensch gewesen und an der Welt gescheitert, an den Menschen. Wenn ich Gott als Lenker und Leiter allen Lebens sehen sollte, dann müßte ich mich von der Kirche lossagen, denn das Elend und die Ungerechtigkeit in der Welt und Geschichte sind zu deutlich, als daß man sagen könnte: ›Gottes Wege sind wundersam!‹ Ich müßte dann mit van Gogh sagen: ›Die Welt ist eine mißlungene Studie Gottes.‹ Aber das sage ich nicht, statt dessen: Diese Welt ist eine mißlungene Sache des Menschen. Und darum müssen wir immer wieder etwas tun zu ihrer Verbesserung. Deswegen bin ich auch zur Stunde nicht in Freiheit. Leider geht das Papier zu Ende. Ich muß das Ganze fragmentarisch lassen und kann nur hoffen, daß Du mich ein wenig verstanden hast. Morgen beginnt der Prozeß. Ich bin recht ruhig, wohl auch deshalb, weil ich weiß, warum ich hier bin und weil das Recht auf meiner Seite ist. Das wird zwar am Ausgang der Sache nichts ändern. Aber ich muß die Konsequenz aufrecht tragen, sonst wäre ich ein schlechter Vertreter meiner Sache.«

Diese Sätze aus der Zelle verraten – kryptisch – noch mehr, weiteres Wissen, das mein Gewissen formen und stärken half: Während meines zurückliegenden Theologiestudiums hatte ich mit zunehmender Faszination Bonhoeffers Briefe und Fragmente aus der Haft gelesen: »Widerstand und Ergebung« ihr Titel. Überzeugt hatten mich von diesen Notizen vor allem Bonhoeffers Gedanken über ein »religionsloses Christentum« – gipfelnd für mich in dem Satz: »Ich habe in den letzten Jahren mehr und mehr die tiefe Diesseitigkeit des Christentums kennen- und verstehen gelernt. Nicht ein homo religiosus, sondern ein Mensch schlechthin ist der Christ, wie Jesus.« Zumal: Das war ja kein Plädoyer für ein Programm plattester Aufklärung, sondern eher die Erkenntnis radikalen Verwiesen-Seins auf sich selbst, ohne dennoch dem zerstörenden Gefühl restlosen Allein-Seins ausgesetzt zu sein. Zwei Gedichte aus diesen Fragmenten verwiesen mich auf die existentiellen Eckpunkte, die Bonhoeffer Halt gaben im unaufhaltsamen Absturz: »Wer bin ich? Sie sagen mir oft, / ich träte aus meiner Zelle / gelassen und heiter und fest / wie ein Gutsherr aus seinem Schloß. / ... Wer bin ich? Sie sagen mir auch, / ich trüge die Tage des Unglücks / gleichmütig, lächelnd und stolz, / wie einer, der Siegen gewohnt ist.« Und dann das große, tröstende Lied: »Von guten Mächten wunderbar geborgen, / erwarten wir getrost, was kommen mag. / Gott ist mit uns am Abend und am Morgen / und ganz gewiß an jedem neuen Tag.«

Bonhoeffer starb, zum Kreis der Widerstandskämpfer des 20. Juli gehörend, am Galgen, die Scholls und ihre Freunde unter dem Fallbeil. Ein anderer aber, dessen Denken und Haltung (im Nazi-Reich und danach) mich ebenfalls prägten, er überlebte: Karl Jaspers. Das Wort vom »maßgebenden Menschen Jesus« in meinem vorhin zitierten Brief hatte ich bei ihm gefunden, und mehr noch: Die mich bis heute unaufgebbar leitende Grunderkenntnis des 20. Jahrhunderts: »Der Totalitarismus ist nicht Kommunismus, nicht Faschismus, nicht Nationalsozialismus, sondern ist in allen diesen Gestalten aufgetreten. Er ist universal die furchtbare Drohung der Zukunft der Menschheit in der Massenordnung. Er ist ein Phänomen des Zeitalters, losgelöst von all jener Politik, die durch Prinzipien nationalen, geschichtlichen, verfassungsmäßig-rechtsstaatlichen Daseins bestimmt ist. Wo er zur Macht gelangt, da ist nach innen die Politik ersetzt durch Intrigen und Gewaltakte, nach außen gegenüber anderen Staaten in den Schein von Verhandeln und Sprechen gehüllt, aber ohne Bindung an irgendwelche Spielregeln einer Gemeinschaft menschlicher Interessen... Der Totalitarismus ist wie ein Gespenst, das das Blut der Lebenden trinkt und dadurch wirklich wird, während die Opfer als eine Masse lebender Leichname ihr Dasein fortsetzen...« Jaspers hat diesem Totalitarismus einen Gegenentwurf entgegengeschleudert, der – zu Thesen verkürzt – Credo meines politischen Handelns auch noch in diesen Jahren geblieben ist. »Kein äußerer Friede ohne den inneren«, »Friede allein durch Freiheit«, »Freiheit allein durch Wahrheit« – und er hat die »Unwahrheit« »das eigentlich Böse, jeden Frieden Vernichtende«

genannt, ohne jedoch zu vergessen, daß das Gegenteil von Wahrheit nicht nur die einfache Lüge ist, sondern »die Unwahrheit von der Verschleierung bis zur blinden Lässigkeit, von der Lüge bis zur inneren Verlogenheit, von der Gedankenlosigkeit bis zum doktrinären Wahrheitsfanatismus, von der Unwahrhaftigkeit des einzelnen bis zur Unwahrhaftigkeit des öffentlichen Zustandes«. Für mich ganz persönlich ist also sehr viel vom Geist des Widerstandes gegen die Nazi-Barbarei geblieben, und nicht nur dies: Dieser Geist hat mir nicht nur Kraft gegeben, er hat mich auch, in seiner unausweichlichen Beispielhaftigkeit, gezwungen, in Kontinuität zu ihm zu treten, ihn fortzusetzen, denn es gab Grund dazu – und gibt ihn noch: Deutschland hat nur zum Teil die Chance bekommen, zu beweisen, daß seine Menschen nicht ein für allemal verworfen sind, sondern fähig, aus der Geschichte zu lernen. Der andere Teil, DDR genannt, hat die Barbarei fortgesetzt – nun mit kommunistischem Vor-Zeichen, aber nicht weniger deutsch: Wer das perfekte Überwachungssystem der DDR jemals erfahren hat, weiß, was ich meine; und sichtbar auch für den Unerfahrenen, den in der westdeutschen Demokratie Großgewordenen – falls er nicht in stupender Ignoranz verharren will –: *das* Beispiel fortgesetzter deutscher Unbelehrbarkeit und deutschen Un-Geistes: die perfekte Mordmaschine »innerdeutsche Grenze«, in der DDR – Ausdruck höchster Verlogenheit – »antifaschistischer Schutzwall« genannt, bestückt, noch auf etlichen hundert Kilometern, mit Schußapparaten, die in SS-Büros entworfen wurden für die bessere Sicherung der KZ-Lager. Wer – flüchtend von Deutschland nach Deutschland – in den Wirkungsbereich dieser Tötungsautomaten gerät, wird buchstäblich in der Luft zerrissen. Diese Wirkung soll – vor Einsatz – an Schweinen erprobt worden sein. Danach ist es an Menschen geschehen.

Wir haben also Grund, in Deutschland noch immer der Charakterisierung der Deutschen durch die Gruppe der »Weißen Rose« Auf-Merksamkeit zu schenken: »Und wieder schläft das deutsche Volk in seinem stumpfen, blöden Schlaf weiter und gibt diesen faschistischen Verbrechern Mut und Gelegenheit weiterzuwüten – und diese tun es.« Gewiß, das Regime der DDR tötet und foltert nicht mehr massenhaft wie in den Anfangszeiten seiner Existenz; es unterdrückt von Jahr zu Jahr subtiler – aber: Es droht noch immer den Tod an: im Strafgesetzbuch, an der Grenze. Und es tötet, mit

Hilfe von Soldaten und Automaten. Es nimmt Tausenden die Freiheit. Und so gilt nach wie vor, was im III. Flugblatt der »Weißen Rose« steht: »Jeder einzelne Mensch hat Anspruch auf einen brauchbaren und gerechten Staat, der sowohl die Freiheit des einzelnen als auch das Wohl der Gemeinschaft sichert. Denn der Mensch soll nach Gottes Willen frei und unabhängig im Zusammenleben und Zusammenwirken der staatlichen Gemeinschaft sein natürliches Ziel, sein irdisches Glück in Selbständigkeit und Selbsttätigkeit zu erreichen suchen.«

Mein Kampf *in* der DDR *gegen* die DDR (wie übrigens der Kampf vieler meiner Freunde) war gespeist vom Auf-Ruf dieser gemordeten Menschen: »Ist Euer Geist schon so sehr der Vergewaltigung erlegen, daß Ihr vergeßt, daß es nicht nur Euer Recht, sondern Eure *sittliche Pflicht* ist, dieses System zu beseitigen?« Ich konnte und wollte mich diesem Auf-Ruf nicht entziehen, weil ich wußte, was ich sah, und sah, was ich wußte. Wenn Gewissen hier beginnt: im eigenen Sehen und Erkennen der Wirklichkeit – ich aber gesehen und erkannt habe, dann nicht ohne die Hilfe jener, die man vor vierzig und mehr Jahren in den Tod geschickt hat. Sie haben mir mit einer Intensität beigebracht, was Lebende kaum vermögen, die Erkenntnis nämlich, daß »ein Gewissen haben« heißt: sich *dort* die Freiheit zu nehmen, wo keine mehr ist. Dies habe ich gewagt. Das Wagnis hat mich reich gemacht, denn es hat mir Maßstäbe vermittelt, wann politischer Widerstand nötig ist und gegen wen. Es hat mich – mitten im Verhaftet-Sein – befreit wie nie zuvor. So wurde mir »die Furcht vor der Freiheit« genommen. Wenn Gewissen Macht ist, dann eine Macht, die uns zur Freiheit fähig macht. Wir Deutschen haben allen Grund, um ein Wort Camus' zu gebrauchen: »Nie wieder dareinzuwilligen, daß sie (die Freiheit) – und wäre es vorübergehend – geopfert oder von unserer Forderung nach Gerechtigkeit getrennt wird. Für uns alle kann heute nur eine einzige Parole gelten: in nichts nachgeben, was die Gerechtigkeit betrifft, und auf nichts verzichten, was die Freiheit angeht.«

(1984)

»Zersetzungsarbeit« Ein Urteil

Aktenzeichen: 1 BS 20/73
211-43-73

Im Namen des Volkes

In der Strafsache

gegen den Bühnenarbeiter U l r i c h S c h a c h t
geb. am 9. 3. 1951 in Stolberg
wohnh. in Wismar, Böttcherstr. 16
NW: Schwerin, Heinrich-Mann-Str. 17
ledig
Staatsangehörigkeit: DDR
nicht vorbestraft
seit dem 29. 3. 1973 in U-Haft

wegen staatsfeindlicher Hetze

hat der I. **Strafsenat des** Bezirks**gerichts** Schwerin

In der Hauptverhandlung vom 16., 19. u. 22. November 1973 **an der teilgenommen haben:**

Oberrichter Passon
Als Vorsitzender

Frau Thea Hübner

Herr Wilfried Gebhardt
als beis. Richter

Staatsanwalt Löwenstein
als Staatsanwalt

Rechtsanwalt Frau Lewerenz
als Verteidiger

als gesellschaftl. Ankläger/gesellschaftl. Verteidiger

Justizangestellte Schütt/Grothkopp
als Protokollführer

für Recht erkannt:

Der Angeklagte wird wegen mehrfacher staatsfeindlicher Hetze – Verbrechen gem. §§ 106 Abs. 1 Ziff. 1 u. 3 Abs. 2, 108, 63 Abs. 2 StGB – zu

7 (sieben) Jahren Freiheitsstrafe

verurteilt.

Im übrigen wird der Angeklagte freigesprochen.

Gemäß § 58 StGB werden dem Angeklagten die staatsbürgerlichen Rechte auf die Dauer von 5 Jahren aberkannt.
Er hat die Auslagen des Verfahrens zu tragen.

Gründe

Der 22jährige Angeklagte besuchte 8 Jahre die Grundschule und absolvierte erfolgreich die Bäckerlehre. Auf Grund seines Interesses für den theologischen Beruf nahm er am 1. September 1969 ein Fachschulstudium als Katechet in Schwerin auf. Da er eine überdurchschnittliche Intelligenz besitzt, erfolgte nach Ablegung einer Sonderreifeprüfung seine Immatrikulation an der Theologischen Fakultät der Universität Rostock. Bereits zu dieser Zeit hatte der Angeklagte eine ausgeprägte negative politisch-ideologische Grundhaltung zu den sozialistischen Gesellschaftsverhältnissen. Wegen schlechter Studienleistungen und weil er in provokatorischer Weise eine Arbeit verfaßte, erfolgte seine Exmatrikulation. Anschließend nahm er sofort ein Studium an der Evangelischen Predigerschule in Erfurt im November 1971 auf. Um sich Geldmittel zu beschaffen, unterbrach er dieses Studium für kurze Zeit und war bis zu seiner Inhaftierung als Bühnenarbeiter in Schwerin tätig. Auf dieser Arbeitsstelle zeigte er eine schlechte Arbeitsdisziplin und war unzuverlässig.

Durch seine Erziehung im Elternhaus, eine negative Beeinflussung im Freundes- und Bekanntenkreis, auch von Bürgern der BRD, einer äußerst intensiven Beeinflussung durch ständigen Empfang von Sendungen westlicher Massenmedien – seit 1969 hat er fast ausschließlich derartige Sendungen empfangen mit dem Ziel, gegen die sozialistische Ideologie auftreten zu können –, durch Lesen einer größeren Anzahl von illegalen Publikationen, die sich gegen die sozialistische Gesellschaftsordnung richteten, stand er den sozialistischen Gesellschaftsverhältnissen in der DDR, in der Sowjetunion und den anderen sozialistischen Staaten ablehnend und feindlich gegenüber. Er ist ein ausgeprägter Anhänger der konterrevolutionären und damit revisionistischen Theorie des sogenannten »demokratischen Sozialismus«, die sich die Unterwanderung und Aufweichung des Sozialismus mit dem Ziel der Beseitigung der führenden Rolle der marxistisch-leninistischen Partei, des Klassenbündnisses mit der Sowjetunion und den anderen sozialistischen Staaten und der Grundlagen marxistisch-leninistischer Staats- und Wirtschaftspolitik gestellt hat. Sein Eintritt in die CDU im Januar 1971 erfolgte ausschließlich, um unter ihrem Deckmantel seine feindliche Ideologie propagieren und publizieren zu können und um Gleichgesinnte zu gewinnen. Er hat sich zum Ziel gesetzt, durch seine feindliche Tätigkeit mitzuhelfen, die sozialistischen Gesellschaftsverhältnisse in der DDR zu beseitigen. Als Mittel seiner subversiven Tätigkeit benutzte er insbesondere seine Befähigung zum Verfassen von Gedichten, von Erzählungen und von anderen Schriften. Zur Charakterisierung seiner intensiven feindlichen Haltung – wenn auch nicht Anklagegegenstand – ist sein mehrmaliges Vorhaben der Herausgabe illegaler Zeitungen und Zeitschriften zur Propagierung seiner feindlichen Position zu den Gesellschaftsverhältnissen in der DDR hervorzuheben, um auf diese Weise seine feindlichen Auffassungen einem größeren Personenkreis bekannt zu machen. So hat er Ende 1972/Anfang 1973 den Entschluß gefaßt, eine Gruppe Gleichgesinnter unter der Bezeichnung »Sozialistischer Zirkel 73« zu bilden und eine Zeitschrift mit dem Titel »Neue sozialistische Hefte« herauszugeben, wozu von ihm das Vorwort (Beweisakte Blatt 18) bereits verfaßt war. Lediglich seine Festnahme hat dieses Vorhaben verhindert. Über die Verbreitung der von ihm verfaßten Hetzschriften in seinem Freundeskreis hinaus, auf die noch näher eingegangen wird, hat der Angeklagte im Jahre 1971 anläßlich der Leipziger Herbstmesse mit einem westdeutschen Verlag Verbindung aufgenommen mit dem Ziel, unter dem Pseudonym »Alexander Schubart« einen Gedichtband, in dem sich eine Anzahl staatsfeindlicher Schriften befinden, die auch Anklagegegenstand sind, veröffentlichen zu lassen. Dabei handelt es sich um die Hetzschriften »Lakonisches am Zaun«, »Ballade von der deutschen Mauer«, »Zwei Jahre danach«, »Augustereignis«. Nach Kenntnisnahme dieser Schriften durch einen Mitarbeiter des Verlages wurde ihm angeraten, diese zu überarbeiten und ein fertiges Manuskript zusammenzustellen. Darüber hinaus hat der Angeklagte, auch das sei zu seiner Charakterisierung angeführt, erhebliche Anstrengungen unternommen, die von ihm verfaßten Schriften durch Schriftsteller beurteilen zu lassen, um Mitglied des Schriftstellerverbandes werden zu können und bekannt zu werden, um später in der BRD seine staatsfeindlichen Schriften veröffentlichen zu können und um keine strafrechtliche Verfolgung erwarten zu brauchen.

Am 27. November 1972 trafen sich auf Vorschlag des Angeklagten und des Zeugen Mäker der Bürger Voß in der Wohnung und in Anwesenheit der Eheleute Stüwe, um eine sogenannte »Dubček-Feier« durchzuführen. Der Angeklagte hatte ein Bild dieses Revisionisten aufgestellt und eine Kerze abbrennen lassen. Von einem Freund hatte er zuvor das in die DDR illegal eingeführte Buch des Revisionisten Mňačko »Die siebente Nacht. Erkenntnis und Anklage eines Kommunisten«, erschienen in einem österreichischen Verlag im Jahre 1968, erhalten und gelesen. Aus dieser konterrevolutionären Schrift, die die historische Wahrheit bewußt mißachtet und verfälscht, einen zutiefst antikommunistischen Inhalt und eine überaus stark betonte Antisowjethetze, eine gröblichste Diffamierung des revolutionären Kampfes der Kommunistischen Partei der ČSSR, eine unerhörte Verleumdung der Politik der sozialistischen Staatengemeinschaft darstellt und der Verbreitung der konterrevolutionären Theorie eines »demokratischen Sozialismus« und des Nationalismus dient und zu den gefährlichsten antikommunistischen Machwerken der letzten Jahre zählt, las der Angeklagte mehrere Stunden ausführliche Passagen vor mit dem Ziel, die anwesenden Personen im Sinne der feindlichen Ideologie zu beeinflussen bzw. ihre negative Einstellung zu festigen.

Wie bereits erwähnt, interessiert sich der Angeklagte intensiv für eine schriftstellerische Tätigkeit. Neben einer Anzahl von Schriftstücken unpolitischen Inhalts ging er ab 1969 dazu über, seine schriftstellerischen Fähigkeiten als Form und Methode zur Verbreitung antisozialistischen Gedankengutes einzusetzen, um die Öffentlichkeit unter bewußter Verzerrung und Verfälschung von Tatsachen ideologisch negativ zu beeinflussen. Anlässe für das Verfassen derartiger Schriften waren für ihn hauptsächlich empfangene Hetzsendungen des Rundfunks und des Fernsehens der BRD, Berichte von Personen und eigene subjektive Betrachtungen politischer Ereignisse.

Folgende Hetzschriften richten sich besonders gegen die sozialistische Gesellschaftsordnung in der DDR, gegen die Repräsentanten der Partei- und Staatsführung in der DDR, Mitglieder der Partei der Arbeiterklasse, dem Sozialismus treu ergebene Bürger und gegen die Tätigkeit staatlicher und gesellschaftlicher Organe:

1. »Was warst Du und was bist Du Marx?«, hergestellt im Juli 1969. Darin bezichtigt der Angeklagte die Partei- und Staatsführung der sozialistischen Staaten, daß sie den Marxismus mißbrauchen, sich nicht an ihn halten und ihn nicht verwirklichen würde. Diese Schrift verbreitete er, indem er sie mehreren Personen zeigte.
2. »Ich sehne mich nach einem Haus«, hergestellt im Oktober 1969 zum Zeitpunkt des 20. Jahrestages der DDR. In dieser Schrift behauptet der Angeklagte, daß es keine Meinungsfreiheit in der DDR gäbe, die DDR nur als sozialistischer Staat erscheinen wolle, jedoch keiner sei und eine Änderung der gesellschaftlichen Verhältnisse notwendig würde. Weiterhin diskriminiert er darin in gröbster Weise die Grenzsicherungsmaßnahmen. Diese Schrift zeigte er einem Bürger.
3. »Über die Schöpfer der weichen Lenin-Welle«, hergestellt im Januar 1970 anläßlich des Lenin-Jahres. In übelster Weise wird darin der Leninismus verunglimpft und die Ehrungen Lenins durch die Regierung der DDR diskreditiert. Mehreren Studenten in Schwerin gab er diese Schrift zu lesen.
4. »Wo das *der* entscheidend ist«, hergestellt im Februar 1971. Von ihm wird darin die Partei der Arbeiterklasse verunglimpft, und ihre Mitglieder werden als »Aristokraten« und »Neo-PG«, als Angehörige einer neuen Klasse, die uneingeschränkt herrscht, verunglimpft und als Schlägernaturen beschrieben. Die Rechtspflegeorgane werden des Terrors beschuldigt. Die Tätigkeit der Grenzsicherungskräfte wird in übelster Weise diskriminiert. 5 Personen haben den Inhalt dieser Schrift zur Kenntnis genommen.
5. »Lied von der Wahrheit«, hergestellt im Mai 1971. Der Angeklagte behauptet darin, daß es keine Meinungsfreiheit in der DDR gibt, Andersdenkende strafrechtlich verfolgt würden, diskriminiert das sozialistische Gesellschaftssystem als »verkommen«, es würde nicht wahrheitsgemäß berichtet werden und es würde keine Demokratie geben. Der Zeugin Theuerkauf gab der Angeklagte diese Schrift zu lesen.
6. »Die Erwägung«, vom Angeklagten unter dem Pseudonym »Alexander Schubart« Februar/März 1972 verfaßt. In dieser Schrift werden die sozialistischen Gesellschaftsverhältnisse ver-

leumdet, nur Personen, die nicht zurechnungsfähig seien, dürften ihre Meinung äußern, es gäbe keine Demokratie, und wer seine Meinung sagt, würde strafrechtlich verfolgt werden. Mitarbeiter des Ministeriums für Staatssicherheit werden in grober Weise verächtlich gemacht. Diese Schrift gab der Angeklagte 8 Personen zur Kenntnis.

7. »Er fand ein Stück Kreide«, verfaßt im September 1969. Der Angeklagte hat diese Schrift teils als Autobiographie verfaßt. Darin behauptet er, daß es keine Meinungsfreiheit gäbe, er Personen im feindlichen Sinne beeinflussen müsse, die Mitwirkung der Bevölkerung an staatlichen und gesellschaftlichen Aufgaben werden als Mitwirkung von Verbrechen bezeichnet, die Beseitigung der Regierung wird gefordert, er erklärt seine Bereitschaft, »jede Waffe zu gebrauchen, um den jugendlichen Träumen zur blutigen Wahrheit zu verhelfen«, fordert auf, illegale Flugblätter zu verteilen und feindliche Losungen anzubringen. Der Angeklagte gab diese Schrift einem Bürger zu lesen.
8. »Appell an die Vernunft der Menschheit«, verfaßt im Juli 1969. Darin wird gegen die Verteidigungsbereitschaft aufgetreten, erklärt, daß der Feind im eigenen Land stehe, die Bevölkerung wird aufgerufen, Stacheldrahtverhaue niederzureißen, und die Repräsentanten der Parteiführung werden als »Mörder« verunglimpft. Diese Schrift hat der Angeklagte mehreren Personen zur Kenntnis gegeben.
9. »Land, in dem ich wohne«, hergestellt im Februar 1973. In dieser Schrift wird die DDR als Land im Stacheldraht bezeichnet, die Politik des Friedens wird verächtlich gemacht, der Angeklagte sei in der schlechteren Hälfte Deutschlands geboren, aber auch unser Arbeiter-und-Bauern-Staat würde nicht ewig bestehen.

   Der Angeklagte hat erklärt, daß diese Schrift von ihm nur für sein Tagebuch und nicht für die Öffentlichkeit bestimmt gewesen sei. Sie hätte sich auch im Tagebuch befunden, weder habe er sie einer dritten Person gezeigt, noch habe er die Absicht hierzu gehabt.

   Der Inhalt weiterer Schriften richtet sich in besonderer Weise gegen die von der Regierung der Deutschen Demokratischen Republik an der Staatsgrenze zur BRD und zu Westberlin getroffenen Schutzmaßnahmen und gegen die Grenzsicherungskräfte.

10. »Untergrundsignale«, hergestellt im Jahre 1970, zur Kenntnis gegeben der Zeugin Theuerkauf.
11. »Der Unfall«, hergestellt im April 1969, zu lesen gegeben einer Person.
12. »Gesicht«, geschrieben im 1. Halbjahr 1970, zwei Personen zu lesen gegeben.
13. »Lakonisches am Zaun«, geschrieben im April 1971 und der Zeugin Theuerkauf zu lesen gegeben.
14. »Gedanken um einen Grenzgraben«, geschrieben im Mai 1971, weiterverbreitet an mindestens 6 Personen.
15. »Jubiläumsgedanken«, verfaßt im August 1971 unter dem Pseudonym »Alexander Schubart« und der Zeugin Theuerkauf zu lesen gegeben.
16. »Plädoyer für die Aufnahme der DDR in die UNO«, hergestellt im September 1971. Diese Schrift wurde zwei Personen zu lesen gegeben.
17. »Ballade von der großen deutschen Mauer«, geschrieben im Jahre 1971 und der Zeugin Theuerkauf zu lesen gegeben.

    In diesen Schriften werden die Partei- und Staatsführung, die Grenzsicherungskräfte in übelster Weise als Mörder bezeichnet, letztere mit der faschistischen SS verglichen und die Grenzsicherungsmaßnahmen diskriminiert. Die Staatsführung wird der Knechtung des Volkes, der Lüge, der Unmenschlichkeit und des Menschenhandels bezichtigt. Er fordert, die DDR dürfe völkerrechtlich nicht anerkannt werden, Unrecht würde in der DDR herrschen.

    Ein weiterer Komplex von Schriften richtet sich insbesondere gegen die gesellschaftlichen Verhältnisse in der Sowjetunion, gegen die Repräsentanten der Partei- und Staatsführung der Sowjetunion sowie deren Innen- und Außenpolitik.
18. »Von den Östlichen«, hergestellt im Februar 1971. In dieser Schrift werden die sozialistischen Staaten der Verübung von Verbrechen bezichtigt, die Hilfsmaßnahmen der sozialistischen Staaten gegenüber der ČSSR im August 1968 gleichfalls als Verbrechen bezeichnet, und der Aneignung fremden Territoriums beschuldigt, mit denen nicht verhandelt werden dürfe.

19. »Die neuen Kremlzaren«, hergestellt im August 1969. In übelster Weise wird die Partei- und Staatsführung der Sowjetunion als »Kremlzaren« diskriminiert und beschuldigt, jede persönliche Freiheit zu unterdrücken, ihre Macht rücksichtslos zu gebrauchen, gegen Andersdenkende vorzugehen, Gewalt gegen andere Staaten auszuüben. Sie werden als »Mörder« verleumdet, und die Friedenspolitik würde nur zum Scheine erfolgen. Diese Hetzschrift hat der Angeklagte einer Person zu lesen gegeben.
20. »Nachrichten aus dem Irrenhaus«, hergestellt im Dezember 1970. In dieser Schrift verleumdet der Angeklagte den Marxismus und Leninismus, wie er in der Sowjetunion verwirklicht wird, beschuldigt die Partei- und Staatsführung des Terrors, wer eine andere Meinung vertreten würde, würde ins Irrenhaus gebracht werden. Im Vorwort bringt der Angeklagte zum Ausdruck, daß gleiche Bedingungen auch in der DDR bestehen würden. Diese Hetzschrift hat der Angeklagte der Zeugin Theuerkauf zur Kenntnis gegeben.
    Folgende Schriften richten sich besonders gegen die Hilfsmaßnahmen der sozialistischen Staaten gegenüber der ČSSR bei der Zerschlagung der Konterrevolution, gegen die Maßnahmen der Partei- und Staatsführung der ČSSR zur Konsolidierung bzw. stellen sie eine Verherrlichung der konterrevolutionären Bestrebungen zur Beseitigung der sozialistischen Ordnung in der ČSSR dar:
21. »Husaksche Dialektik«, hergestellt 1970 und mehreren Personen zu lesen gegeben.
22. »Zwei Jahre danach«, hergestellt 1971. Diese Schrift erhielten 3 Personen zur Kenntnis.
23. »Augustereignisse«, hergestellt 1972. Von dieser Schrift stellte der Angeklagte mehrere Exemplare her und übersandte sie u. a. einer Person in Italien und zwei Bürgern der BRD. Darüber hinaus erhielt ein größerer, im einzelnen nicht mehr feststellbarer Kreis, diese Schrift zu lesen.
24. »Zwei Jahre danach«, hergestellt im August 1970.
25. »Ultima Ratio Regum – Fragmente eines Totengräbers«, hergestellt 1971 unter dem Pseudonym »Alexander Schubart«. Diese Schrift hat der Angeklagte einem größeren Personenkreis zugänglich gemacht.

26. »Versuch über das Danach des Prager Frühlings«, hergestellt in Juli 1972 und 4 Personen in der DDR sowie einem BRD-Bürger zur Kenntnis gegeben.
27. »Drei Tage einer Reise«, hergestellt 1970.

In den vorgenannten Schriften (21–27) werden die Hilfsmaßnahmen der sozialistischen Staaten gegenüber der ČSSR als »Gewaltakte«, »Barbarei«, »Verbrechen«, »Mord« und »Schande« bezeichnet und die daran beteiligten Angehörigen der Armeen als »Mörder« diskriminiert. Die konterrevolutionären Bestrebungen bis zum 21.8.1968 werden verherrlicht, die Bevölkerung wird aufgerufen, sie wachzuhalten, Gewaltmaßnahmen gegen Angehörige der fünf sozialistischen Staaten werden glorifiziert. Die Entlarvung der Konterrevolution wird als Lüge diffamiert, der Erste Sekretär der KPČ und weitere Repräsentanten der Parteiführung der KPČ werden gröblichst verächtlich gemacht. Der Konsolidierungsprozeß wird diskreditiert und behauptet, die Bürger in der ČSSR würden diesen Prozeß nicht unterstützen. Darüber hinaus werden die Mitglieder der Partei- und Staatsführung der DDR als »machtsüchtige Menschen« bezeichnet, die keine Meinungsfreiheit zulassen. Andersdenkende würden strafrechtlich zur Verantwortung gezogen werden. Die Hetzsendungen westlicher Massenmedien werden verherrlicht, Angehörige der Zollorgane werden als »Idioten«, »Ratte« und »Wühlmaus« diskriminiert. Ansprachen von Genossen der Partei der Arbeiterklasse werden als »Propagandaphrasen« bezeichnet, und der Angeklagte selbst würde nur mit Gewalt gezwungen werden, in unserem Staat zu leben.

Diese Sachverhaltsfeststellungen folgen aus den eigenen glaubwürdigen Einlassungen des Angeklagten, den Aussagen der vor dem Senat gehörten Zeugen, dem sachverständigen Gutachten des Instituts für internationale Politik und Wirtschaft sowie den vom Angeklagten verfaßten Hetzschriften.

Der Angeklagte ist geständig, die im Sachverhalt festgestellten Schriften mit staatsfeindlicher Zielsetzung verfaßt und verbreitet zu haben. Das trifft auch für die von ihm verfaßte Hetzschrift Nr. 8 »Appell an die Vernunft der Menschheit« zu, aus der sich zweifelsfrei ergibt, daß sie sich in besonderem Maße gegen die Parteiführung richtet und darüber hinaus zum Ziele hat, die Verteidigungsbereitschaft der DDR zu schwächen. Von einer allgemein pazifistischen Schrift kann daher keine Rede sein.

Aus dem Aussagegehalt der vom Angeklagten gefertigten schriftlichen Bekundungen, der Art und Weise seiner raffinierten und massiven Tatbegehung, seinem Ziel, eine breite Öffentlichkeit, auch außerhalb der DDR, anzusprechen einschließlich der von ihm vorgenommenen massiven Verbreitung der illegalen Hetzschrift »Die siebente Nacht« ergibt sich, daß diese Handlungen objektiv geeignet waren, gegen die sozialistische Staats- und Gesellschaftsordnung aufzuwiegeln. Es ist jedoch auch festzustellen, daß vom Angeklagten, wie die Zeugin Theuerkauf erklärte, eine starke Ausstrahlungskraft ausgegangen ist und sie dadurch völlig in seinen Bann gezogen wurde.

Den objektiven Tatbestand des § 106 Abs. 1 Ziff. 1 StGB hat der Angeklagte verwirklicht, indem er im Zeitraum von 1969–1973 in 26 Fällen Schriften herstellte und überwiegend verbreitete, die die staatlichen und politischen Gesellschaftsverhältnisse in der DDR diskriminieren. In feindlicher Absicht wird in diesen Schriften die marxistisch-leninistische Weltanschauung, die führende Rolle der Partei der Arbeiterklasse, die sozialistische Staatsmacht, ihre Repräsentanten und Funktionäre, der DDR treu ergebene Bürger, die Praxis des sozialistischen Aufbaus, der proletarische Internationalismus, die Politik von Partei und Regierung, die Friedenspolitik der DDR, die sozialistische Staatengemeinschaft in brüderlicher Verbundenheit mit der Sowjetunion gezielt herabgewürdigt, verleumdet und verächtlich gemacht sowie staatsfeindliche antisozialistische Theorien wie die des sogenannten »demokratischen Sozialismus« propagiert. Verfaßt hat der Angeklagte seine Schriften für die Öffentlichkeit, d. h. für einen unbestimmten Personenkreis, um eine Massenwirkungsmöglichkeit zu haben. Eine Ausnahme hiervon bildet lediglich die von ihm verfaßte Schrift Nr. 9 »Land, in dem ich wohne«. Sie beinhaltet zwar eine massive Diskriminierung der gesellschaftlichen Verhältnisse in der DDR, war jedoch nicht für die Öffentlichkeit, sondern nur für das Tagebuch des Angeklagten bestimmt und erfüllt daher nicht den Tatbestand des § 106 Abs. 1 Ziff. 1 StGB.

Dagegen wird der genannte Tatbestand durch die am 27.11.1972 erfolgte Lesung, als eine Form der Verbreitung, des Buches »Die siebente Macht« erfüllt, weil vom Standpunkt eines Revisionisten unabdingbare Werte des Sozialismus angegriffen und dadurch die staatlichen, politischen und ökonomischen Verhältnisse in der DDR diskriminiert werden.

Der Angeklagte ist darüber hinaus auch nach § 106 Abs. 1 Ziffs. 3 StGB zu bestrafen. Indem er die Parteiführung der Partei der Arbeiterklasse, die Staatsführung in gröblichster Weise verleumdete und verächtlich machte, hat er sie diskriminiert. Die gleiche Einschätzung trifft für seine feindlichen Äußerungen gegenüber Bürgern der DDR, insbesondere den Grenzsicherungskräften und Mitgliedern der Partei der Arbeiterklasse, zu. Er hat weiterhin durch die Verbreitung seiner feindlichen Theorien, durch seine feindlichen Äußerungen gegen die Politik von Partei und Regierung, gegen die Grenzsicherungsmaßnahmen und die Tätigkeit der Grenzsicherungskräfte, der Zollorgane, gegen die proletarischen Hilfsmaßnahmen der fünf sozialistischen Staaten im August 1968 gegenüber der ČSSR, gegen den Konsolidierungsprozeß in der ČSSR, der Verunglimpfung des Marxismus und Leninismus, seine lügenhaften Behauptungen, in der DDR würde es keine Presse- und Meinungsfreiheit geben, gegen die Friedenspolitik der DDR, gegen die Rechtspflegeorgane hat er die Tätigkeit staatlicher und gesellschaftlicher Organe sowie Einrichtungen diskriminiert.

Der Angeklagte hat auch in subjektiver Hinsicht die genannten Straftatbestände erfüllt. Er machte aus seiner feindlichen, von Haß erfüllten politisch-ideologischen Grundhaltung gegenüber den sozialistischen Gesellschaftsverhältnissen unter Führung einer marxistisch-leninistischen Partei keinen Hehl. Es handelt sich bei ihm nicht, wie die Verteidigung meint, um einen noch unreifen, mit einem falschen Freiheitsideal vesehenen, lebensfremden, im Irrtum befangenen, nicht mit böser Absicht handelnden jungen Menschen. Aus dem Inhalt der von ihm verfaßten Schriften ergibt sich eindeutig, und er hat dies in der Hauptverhandlung mehrfach erklärt, daß er mit der Zielstellung gehandelt hat mitzuhelfen, die sozialistischen Gesellschaftsverhältnisse im Sinne antisozialer und damit konterrevolutionärer Bestrebungen des sogenannten »demokratischen Sozialismus« zu verändern. Es ging ihm darum, die von ihm angesprochenen Personen bzw. die Öffentlichkeit zu bewegen, gleiche feindliche Auffassungen zu vertreten. Dabei ist es unerheblich, daß der Personenkreis, in dem er die feindlichen Schriften verbreitete, bereits eine negative Grundhaltung hatte. Die von ihm erfolgte Verbreitung der Hetzschriften hat auf jeden Fall zur Verfestigung dieser negativen Grundhaltung beigetragen und war auch beabsichtigt. Er hat somit mit der Zielstellung gehandelt, gegen die sozialistische Staats- und Gesellschaftsordnung aufzuwiegeln.

Der Angeklagte hat aber auch planmäßig gehandelt. Die Planmäßigkeit ergibt sich aus der Tatsache, daß er über einen längeren Zeitraum seine Hetzschriften verfaßt hat, er mit ihnen eine große negative Wirkung erreichen und einen großen Personenkreis ansprechen wollte, wie dies in seinen Bemühungen zum Ausdruck kommt, einen Teil dieser Hetzschriften in der BRD veröffentlichen zu lassen und sie auch anderweitig Bürgern im Ausland übersandte. Der Angeklagte hat sich somit wegen mehrfacher staatsfeindlicher Hetze gem. §§ 106 Abs. 1 Ziff. 1 u. 3 Abs. 2, 63 Abs. 2 (Tatmehrheit) strafbar gemacht.

Darüber hinaus ist der Angeklagte auch nach § 108 StGB zu bestrafen, weil sich seine staatsfeindliche Hetze auch gegen die Sowjetunion und die ČSSR als Staaten des sozialistischen Weltsystems, ihre Organe, Organisationen, Repräsentanten und Bürger richtet.

Von der Anklage der staatsfeindlichen Hetze wegen der von ihm verfaßten Schrift Nr. 9 »Land, in dem ich wohne« war der Angeklagte gem. § 244 Abs. 1 StPO freizusprechen, da ihre Herstellung einen Straftatbestand nicht erfüllt.

Der Angeklagte, als Feind der sozialistischen Gesellschaftsordnung, hat sich zum Ziele gesetzt, durch seine Handlungen das sozialistische Bewußtsein der Bürger zu zersetzen, Zweifel an der Überlegenheit und Stärke des Kommunismus und Sozialismus hervorzurufen, Einfluß auf das Denken, Fühlen und Handeln von Bürgern zu nehmen, bestimmte Bevölkerungsschichten, insbesondere Studenten, in einer seinen Zielen fördernden Richtung zu manipulieren bzw. zu verfestigen. Er hat eine besonders intensive, raffinierte politisch-ideologische Zersetzungsarbeit geleistet, indem er feindliche und zersetzende konterrevolutionäre Theorien verbreitete, besonders die des sogenannten »demokratischen Sozialismus«, die das Ziel hat, die sozialistischen Errungenschaften zu beseitigen. Seine Handlungen stellen weiterhin eine wütende Hetze gegen den Marxismus-Leninismus und eine ausgeprägte Antisowjethetze dar. Darüber hinaus verfolgte der Angeklagte das Ziel, Verwirrung zu stiften, feindliche Emotionen hervorzurufen und Menschen zum Handeln gegen die sozialistische Ordnung zu veranlassen. Die objektive Schwere seiner Handlungen wird auch dadurch charakterisiert, daß er über einen Zeitraum von über 4 Jahren seine Zersetzungstätigkeit betrieben hat und in dieser Zeit eine große Anzahl von feindlichen Schriften fertigte. Immer wieder suchte er nach Möglichkeiten, die Öffentlichkeit mit seiner feindlichen Tätigkeit vertraut zu machen, wie dies aus seinen Kontaktaufnahmen zu dem westdeutschen Verlag, zu bekannten Schriftstellern der DDR und der Herausgabe einer illegalen Untergrundzeitung zu entnehmen ist. Die von ihm gebrauchten Schilderungen und Äußerungen sind in besonderem Maße durch Brutalität, Lüge, Verleumdungen und Entstellungen gekennzeichnet. Sie richten sich fast ausschließlich gegen Grundfragen der sozialistischen Gesellschaftsordnung. Zu berücksichtigen war aber auch die besonders raffinierte, massive und damit gefährliche Art der Abfassung seiner Schriften in Form von Gedichten, Balladen und Erzählungen, um dadurch eine größere Massenwirksamkeit und Glaubwürdigkeit diesen Schriften beizumessen. Er hat somit mit erheblicher subversiver Intensität gehandelt. Er hatte die Möglichkeit, wie jeder andere Bürger, sich ein umfangreiches theoretisches Wissen anzueignen und sogar ein Studium durchzuführen. Wenn er diese ihm gebotenen Möglichkeiten zu einer positiven Persönlichkeitsentwicklung nicht genutzt hat, so ist dies nicht, wie die Verteidigung meint, Schuld der Gesellschaft, sondern seiner Erziehung und seines Umgangs mit Personen, die ebenfalls eine negative politische Grundhaltung besitzen. In Anbetracht des Umfangs und der außerordentlich großen Gefährlichkeit der vom Angeklagten begangenen Straftaten, des Beharrens auf seiner feindlichen Position und im Interesse des Schutzes unseres Staates sowie der Bevölkerung vor derart zersetzenden Handlungen des sozialistischen Bewußtseins ist daher eine erhebliche Freiheitsstrafe erforderlich. Der Senat erkannte, entsprechend dem Antrage des Anklagevertreters, auf eine Freiheitsstrafe von 7 Jahren.

Der Angeklagte hat schwere Verbrechen gegen die Deutsche Demokratische Republik begangen. Es ist daher notwendig, ihm die Möglichkeit zu nehmen, im politischen und gesellschaftlichen Leben mitzuwirken und seinen negativen Einfluß auf andere Bürger auszuüben. Aus diesen Gründen waren ihm gem. § 58 StGB die staatsbürgerlichen Rechte auf die Dauer von 5 Jahren abzuerkennen.

Die Auslagenentscheidung ergibt sich aus § 364 StPO.

Passon Hübner Gebhardt

Streitbares

Über die Poesie der Demokratie

Marginalien zur politischen Kultur der Bundesrepublik Deutschland

I

Wenn Winston Churchill recht gehabt hat mit seiner Charakterisierung der Demokratie als der »schlechtesten aller Regierungsformen« – ausgenommen alle anderen –, dann muß die These, daß diese »schlechteste aller Regierungsformen« etwas Poetisches *in* und *an* sich habe, absurd und provokativ zugleich erscheinen. Denn der Begriff Poesie assoziiert unweigerlich etwas ganz anderes: Schönheit nämlich, Harmonie, authentisches Zusichselberkommen. Schließlich ist »Poesie... – nach Kants Worten – mit ihrem ›freien Spiel der Einbildungskraft‹ nach selbstgegebenen Regeln die sinnliche Erfahrung der Freiheit und so zugleich das ›Symbol der Sittlichkeit‹, nämlich der Befolgung moralischer Normen allein aus eigenem Willen.«

Also doch Freiheit durch Poesie? – Schiller, der philosophische Meisterschüler Kants, hat sich auf diese Idee eingelassen und sie – im Rahmen seiner kunsttheoretischen Überlegungen – radikal zu Ende gedacht, denn »die Kunst«, schreibt er in seinen »Briefen über die ästhetische Erziehung des Menschen«, »ist eine Tochter der Freiheit«. Schiller hat das, um Mißverständnissen vorzubeugen, pädagogisch, politisch und ästhetisch gemeint, komparativ in der Reihenfolge, wenn wir so wollen – und am Ende stand für ihn die »Schönheit«, weil es, wie er an anderer Stelle im selben Werk formuliert, »die Schönheit ist, durch welche man zu der Freiheit wandert«.

Ziel dieser schönen Wanderung nach Schiller: das »vollkommenste aller Kunstwerke«: der »Bau eine wahren politischen Freiheit«. Der große Idealist aus Marbach am Neckar war zu seinem Glück Realist genug, dieses Totalitäts-Gemälde einer heilen Welt in den

Rahmen einer realistischen Anthropologie zu spannen: »Denn in der poetischen Sprachverwendung zeigt sich das sprechende Individuum als das Subjekt der Regeln, denen es sich zur Verständigung mit anderen zu fügen hat.« In diesem Sinne – und nur in diesem – ist Dichtung wirklich jenes seit Schiller vielberufene »Reich der Freiheit«: nicht indem sie uns zeigt, daß wir tun können, was wir wollen, sondern indem sie uns zeigt, daß wir wählen können, was wir müssen.

Wenn also – dies der Kern des Zitierten – Poesie das sinnliche Erfahren von Freiheit möglich macht, die selbstgegebene Regel Gestalt annehmen läßt als eine akzeptable, dann wird deutlich, warum es weder absurd noch provokativ, sondern höchst notwendig ist, hier und heute über die poetische Dimension der parlamentarischen Demokratie zu sprechen, weil sie jenem »vollkommensten aller Kunstwerke« – »dem Bau einer wahren politischen Freiheit« – nach unser aller Erfahrung am nächsten kommt. Aber diese – historisch wie aktuell – verifizierbare These stößt zur Stunde auf schärfsten Widerspruch in Deutschland, denn heute »scheint es fast so, als ob alle zeitgenössischen Denker, denen ihr guter Ruf auch nur ein Pfifferling wert ist, sich darüber einig sind, daß wir in einer recht elenden Zeit leben – in einer geradezu verbrecherischen Zeit, vielleicht sogar in der schlechtesten aller Zeiten. Wir wandeln am Rande des Abgrunds... Unser Unglück ist, daß sich unsere Intelligenz schneller entwickelt hat als unsere moralischen Gaben. So kommt es, daß wir gescheit genug waren, Atombomben und Wasserstoffbomben zu konstruieren; aber wir waren moralisch zu unreif, um einen Weltstaat zu bauen, der allein uns vor einem alles vernichtenden Krieg bewahren kann.« Wer hat diese Sätze geschrieben? Und wann? – Diese Beschreibung unserer unmittelbaren Gegenwart ist 1957 (!) fixiert worden, und zwar von Karl Raimund Popper in seinem Beitrag »Woran glaubt der Westen?« im Rahmen des Vortragszyklus, den das Schweizerische Institut für Auslandsforschung über »Erziehung zur Freiheit« damals in Zürich veranstaltete.

Popper kommt in seinem Vortrag zu dem Schluß, daß das von ihm Beschriebene Ausdruck einer »gefährlichen Mode« ist. – Inzwischen und zum wiederholten Male damit konfrontiert, muß man wohl von einer zyklischen Hysterie sprechen – zumal in Deutschland –, denn vor allem in Deutschland ist diese hysterische Sicht der Dinge brandaktuell.

Das Wort enthält eine Metapher, die den Grad der Gefahr signalisiert, die in diesem Zusammenhang, blicken wir auf die politischen Prozesse der letzten zehn Jahre in der Bundesrepublik Deutschland, fast überdeutlich zu registrieren ist: Denn es ist ja so, daß nicht nur jene vorhin kurz skizzierte »poetische Dimension« der repräsentativen parlamentarischen Demokratie in Deutschland übersehen wird und sich – was allein noch kein Anlaß zur Beunruhigung wäre – interpretatorische Nüchternheit breitgemacht hat. Etwas ganz anderes geschieht in diesen letzten Jahren, Monaten und Wochen: die immer radikaler werdende Denunziation der repräsentativen parlamentarischen Demokratie als einer den Menschen und die Menschlichkeit ignorierenden, ja sogar potentiell vernichtenden Ordnung.

Vor genau elf Jahren las sich das so: »Die ökonomischen, politischen und sozialen Funktionen der parlamentarischen und der faschistischen kapitalistischen Herrschaft gleichen sich in wesentlichen Punkten.« So jedenfalls Professor Manfred Clemenz in seinem Aufsatz »Staatsfaschistische Tendenzen im Spätkapitalismus«, den er 1973 im »Kursbuch 31« veröffentlichte und in dem das Wort von der »›kalten‹ Faschisierung des kapitalistischen Systems« fällt. Gemeint ist damit nichts anderes als »die mögliche Entwicklung zu einem staatsfaschistischen System«, die sich nach Clemenz nicht durch »einen spektakulären qualitativen Bruch« vollzieht, »sondern durch eine Akkumulation und Verschärfung terroristischer Maßnahmen«. Clemenz' Pointe: »Struktureller Staatsfaschismus wäre somit eine kapitalistische Herrschaftsform zur Umgehung des offenen Faschismus, eine ›friedlichere‹ und ›ökonomischere‹ Version des offenen Faschismus, eine Herrschaftsform jedoch, die beim Scheitern in ihrer zentralen Aufgabe, dem antizipierenden Krisenmanagement, jederzeit die Möglichkeit des Übergangs zum offenen Faschismus bereithält.«

II

Ich habe aus diesem Aufsatz deshalb so ausführlich zitiert, weil er in einem schlimmen Sinne nicht weniger aktuell ist als das Popper-Zitat: In diesen Tagen erleben wir eine irrationale Diffamierungskampagne gegen die demokratischen Strukturen unseres Gemeinwesens und ihrer substantiellen Wirksamkeit durch eine große Zahl von Intellektuellen, die 1973 noch Zielscheibe von Gesellschaftswissenschaftlern wie Clemenz gewesen sind, weil man in ihnen sogenannte »Reformisten« erkannte. Natürlich geschieht diese Diffamierung zumeist noch per Vehikel: Um die hiesige Demokratie zu treffen, denunziert man zum Beispiel die der Vereinigten Staaten und ihre frei gewählten Repräsentanten, stellt man – wider besseres Informiertsein – mit der Leierhaftigkeit tibetanischer Gebetsmühlen fest, in der amerikanischen Administration werde beispielsweise ein »begrenzter Atomkrieg« geplant, würden pausenlos »Kriegsführungsstrategien zur Welteroberung« ausgebrütet, rüste man sich zum Endkampf gegen den gottlosen Kommunismus, und die militärische Invasion auf Grenada – für jeden erkennbar ein Befreiungsakt – sei der Auftakt dazu gewesen.

Deutsche Politiker würden bei all dem mitmachen, indem sie entweder gar nichts täten oder sich gar kritiklos vor die USA stellten, bedingungslosen Gehorsam übten und amerikanische »Erstschlagswaffen« aufstellen ließen ... Diese Aufzählung mag genügen. Doch wiegt das im Grunde halb so schwer, weil es ja entlarvbar, widerlegbar ist. Viel wirksamer, weil demagogischer, jedoch war z. B. die Aktion deutscher Schriftsteller und Intellektueller vor einem Militärdepot der US-Streitkräfte bei Heilbronn – kulminierend in der sogenannten »Heilbronner Erklärung« –, die nicht zuletzt deshalb ein erschreckendes Ereignis war, weil Sprach-Verantwortliche, die sonst sehr hellhörig sind, wenn es um den Mißbrauch von Sprache geht, sich dort nicht scheuten, Begriffe wie »Auschwitz« und »KZ« zu verwenden, und die evangelische Theologin Dorothee Sölle sich zu der Aussage verstieg, in diesem Lande sei für anständige Menschen der Platz nur noch im Gefängnis (in das sie – den Freiheits-Regeln der parlamentarischen Demokratie gemäß – natürlich nicht kam). Andere, so der Herausgeber der Monatszeitschrift »Konkret« – das SPD-Mitglied Hermann L. Gremliza –, sprechen nur noch vom »Schweinesystem«, wenn sie über die Bundesrepublik Deutschland »nachdenken«.

Hier schließt sich der ideologische Kreis zu den Thesen eines Clemenz, der – um die repräsentative parlamentarische Demokratie in Deutschland (und überall) prinzipiell denunzieren zu können – »die Fixierung« des Phänomens Faschismus »an die Erscheinungsformen des historischen Faschismus« strikt ablehnt.

III

Vor diesem Hintergrund glaube ich, daß die zweite deutsche Republik geistig in ernste Gefahren geraten ist. Ihre demokratischen Strukturen – verankert im Bewußt-Sein der Erfahrenen, also derer, die reale Vergleiche ziehen können – geraten zunehmend unter die Füße der Ahnungslosen. Die Idee der parlamentarischen demokratischen Republik, teuer erworben und umgesetzt in Deutschland, hat – zum wiederholten Male – der Rat-Schlag der Ideologen getroffen.

Das Haupt-Schlagwerkzeug dieser Ideologen ist die Utopie eines inneren und äußeren Friedensreiches. Mit ihm arbeiten die Ideologen an der Zermürbung von demokratischem Bewußtsein. Zermürbtes Bewußtsein ist ihnen Rohstoff. Dieser wiederum Stoff zur Rohheit, die gebraucht wird als Mittel zum Zweck. Der Zweck ist die Vernichtung der demokratischen Idee und ihrer realisierten gesellschaftlichen Kontur. Das sagen sie zwar nicht, es geschieht aber. Sie sprechen von der »lieblosen Republik«, wie der ehemalige SPD-Bundestagsabgeordnete und Schriftsteller Dieter Lattmann, und predigen die liebevolle Heilsgemeinschaft, die große Alternative. Sie haben Vernunft und Aufklärung hinter sich gelassen und sind Missionare geworden. Sie operieren mit hypothetischen Gefahren und ignorieren real existierende. Sie wollen die Menschheit erlösen. Wer das nicht so will wie sie, will sie vernichten oder trägt zu ihrer Vernichtung bei.

Man fordert das neue Bewußt-Sein und will doch nur die klassische Bewußtlosigkeit, diesen intendierten, weil instrumentierbaren Zustand, der die große geschichtliche Selbst-Findung und -Verwirklichung verheißt, tatsächlich jedoch nur Abstand vom demokratischen Alltag und damit politische Selbst-Aufgabe bezweckt. In diesem Sinne lehnt man es hierzulande inzwischen ab, den Widerstands-Begriff an historischen Erscheinungsweisen zu fixieren, lobt man Gegen-Satz und Wider-Spruch, die nicht kritische An-Frage meinen, sondern radikales In-Frage-Stellen aller Werte des bestehenden Systems. Ein Widerstands-Recht wird proklamiert, das im Kern nichts anderes ist als blindes Vertrauen in den Mechanismus der Zerstörung von Demokratie.

Der »Verrat im 20. Jahrhundert« ist um eine alte Dimension im Menschen bereichert worden: Ekel vor der Vernunft, Haß gegen jegliche Rationalität. Man beschwört – von Tag zu Tag irrationaler und demagogischer – den Welt-Notstand, um die demokratischen Umstände abschaffen zu können: im Namen tausend legitimer Motive – aber gegen die Legalität des denunzierten parlamentarischen Systems, das angeblich nicht mehr in der Lage ist, die Probleme der Menschen zu bewältigen. Das hatten wir in Deutschland schon einmal. Und das Ergebnis kennen wir. Der Wille zur heilen Welt ist die Wurzel des deutschen Unheils seit Jahrzehnten.

Es ist nicht neu, daß dieser Wille auch von links kommt. Aber als gravierende Gefahr kommt er deshalb heute von links, weil die deutsche Rechte historisch geschlagen wurde. Das darf uns Relikten oder »Wiedergeburten« aus dieser Richtung gegenüber nicht blind machen. Aber es gehört zur Ablenkungsstrategie des linksmotivierten Anti-Parlamentarismus, das rechtsradikale Potential aufzublasen, um von sich selbst abzulenken und um sich gleichzeitig zu legitimieren.

IV

Was ist dagegenzusetzen? Mit Popper meine ich, »daß die Gesellschaftsform, in der wir im Westen leben, trotz vieler Mängel, die beste ist, von der wir Kenntnis haben«. Es müßte eine Bürger-Initiative des geschichtsbewußten Menschenverstandes geben, die diese einfache Wahrheit streitbar vermittelt – eine aufklärerisch-republikanische Allianz, die die greifbare Humanität unserer politischen Strukturen, den Stand unseres materiellen Lebensniveaus geistig verteidigt, indem sie nachhaltig und offensiv darauf aufmerksam macht, daß wir zu den wenigen Völkern dieser Welt gehören, denen es gutgeht, und daß wir deshalb die ethische Pflicht haben, daraus nicht Überdruß abzuleiten oder ein egozentrisches Behagen am Unbehagen, wie es gerade in Teilen des jugendlichen Protestpotentials zu erkennen ist, sondern – je und je verschieden – individuelles Grund-Zufrieden-Sein, das in einem höheren Sinne zum Überlebens-Grund wird und fähig macht zu leidenschaftlicher Solidarität mit all jenen vor, hinter und neben uns, die diesen Grad von Lebensqualität nicht kennen oder um ihn kämpfen.

Wenn mithin, um an den Ausgangspunkt meiner gewiß fragmentarischen Überlegungen zurückzukommen, das Poetische im ansonsten scheinbar glanzlosen Alltag der parlamentarischen Demokratie die sinnlich erfahrbare Freiheit ist, dann gebe zumindest ich als ehemaliger DDR-Bürger damit keiner theoretischen Überzeugung Ausdruck, sondern vielmehr einer ganz konkreten Erfahrung, die nun schon ins achte Jahr meiner westdeutschen Existenz geht. Und die Tatsache, daß ich mich in meinem bisherigen Leben noch nie so oft so frei entscheiden konnte wie hier, potenziert von Jahr zu Jahr ein Glücksgefühl, das andere absurd, lächerlich, ja sogar provokativ vorkommen mag – jenen, die immer schon hier gelebt haben und nicht vergleichen wollen oder können, weil das mühselig ist, weil es Selbstkritik mit einbezieht, weil der Geist der Utopie verführerischer ist: ein Rausch, ein Wahn-Traum, ein destruktives Ideal. Aber wir müssen dafür kämpfen, daß von diesem Traum Abschied genommen wird.

Utopia ist zwar sehr wohl ein Traum-Reich – aber eines, in dem – wenn es Realität wird – das Träumen des Menschen Verrat bedeutet und deshalb verboten ist, verfolgt wird. Utopia, ich sage es noch schärfer, ist das KZ – der »Sonnenstaat«, in dem jeder das Seine bekommt.

Aber besteht nicht der Ruhm eines politischen Ortes – nach all dem, was hinter uns liegt – in der Abwesenheit der Konzentrationslager und in der Anwesenheit von politischem Spiel-Raum? Dies jedenfalls ist mein Kriterium. Ein Maßstab, der – wie ich meine – nur Klarheit bringt: also Irritationen vermeidet und Risiken ins theoretische Abseits schiebt. Nicht nur die Wahrheit ist konkret – auch und gerade: die Freiheit. Parlamentarische Demokratie, wie wir sie vorfinden, ist Freiheit, und »meine, von der ich reden kann und muß, hat einen Namen: Bundesrepublik Deutschland. Ich bin dankbar, daß es diese Republik gibt. Ich bleibe wachsam, damit sie bleibt.« Sie ist das kostbarste Stück Poesie der deutschen Geschichte.

(1983)

Die Last der zwei Zettel

Frühere DDR-Autoren im Westen Deutschlands

I

Daß sie hier sind, ist kein Zufall. Daß es kein Zufall ist, dafür sorgt die Geschichte. Welche? Die deutsche. Von bis. Oder seit. Man kann sich das aussuchen. Je nach historischer Vor- oder Ausbildung. Manchmal und manchem reichen auch rein ideologische Gesichtspunkte, ein paar familiäre Daten, glückliche Umstände, traurige Anlässe. *Hier*, das ist Berlin, genauer: der westliche Teil der Stadt; und *sie*, das sind ein paar Namen, denen ich begegnet bin, weil ich sie gesucht habe: Freunde und Fremde, in Büchern und Zeitungen, auf Straßen und Plätzen, in Wohnungen und Restaurants. Namen, die – auf den ersten Blick jedenfalls – zu jener Szene gehören, deren Existenzbeginn mit einem Stichtag verbunden ist, der in die bedrükkende Tradition des 10. März 1933 gehört. Die Rede ist vom 16. November 1976.

Damals exekutierte der »pragmatischere« Teil des SED-Politbüros (so nennt man im Westen die jeweils gerissenste Fraktion innerhalb des führenden Herrschaftsinstituts der DDR) eine langgehegte Idee, wie mit dem zum Kristallisationspunkt der künstlerischen Opposition gewordenen Wolf Biermann fortan zu verfahren sei: indem man ihn einige Tage zuvor mit vielen Rückkehrversprechen und ähnlichen Sicherheiten zu einer Konzertreise ins Ruhrgebiet fahren ließ. Was dann kam, war geplantes Überraschtsein: Man »erwischte« den äußerst Unbequemen beim Unbequem-Bleiben, bei, wie das »Neue Deutschland« schrieb: »massiven Angriffen gegen unseren sozialistischen Staat, gegen unsere sozialistische Gesellschaftsordnung«, bei »Haß«, »Verleumdungen«, »Beleidigungen« und der »Aufforderung, diese Ordnung in der DDR zu beseitigen«.

Mit anderen Worten: Wolf Biermann, der freche Liedermacher aus der Chausseestraße, war sich treu geblieben und hatte in Köln, wo seine Tournee begann, auch DDR-Kritisches zum besten gegeben. So das »Große Gebet der alten Kommunistin Oma Meume in Hamburg«, ein frühes Lied des Mauer-Barden, in dem besagte hanseatische Großmutter dreimal von Gott den Sieg des Kommunismus erfleht, um endlich in einem epilogartigen »Stoßgebet« irdische Wege aus dem realsozialistischen Jammertal aufzuzeigen, an deren

Enden dann jener Sieg auf kommunistisch stehen könnte: »Und mach mir drüben, unsern Friedensstaat / So reich und frei, daß kein Schwein mehr abhaut / Und wird dann auch die Mauer abgebaut / Kann Oma Meume selig auf zum Himmel fliegn / Sie hat ja nicht umsonst auf Dich gebaut / Dann, lieber Gott, wird auch der Kommunismus siegn!«

Um das Absingen dieser ideologisch frivol verpackten Hoffnungs-Hymne aller spät-utopischen Kommunisten war Biermann aus dem Publikum gebeten worden, und er hatte lachend geantwortet, daß er »zu jeder Schandtat bereit« sei. In einem Kommentar des »Neuen Deutschland«, der am 17. November 1976 erschien, wurde daraus eine Bereitschaft Wolfs Biermanns zu jeder Schandtat gegen die DDR. Geschrieben hatte diesen Text der bewährte Ex-Nazi und SED-Genosse Günter Kertzscher, und mit der von ihm verfaßten Emser Depesche im Rahmen des dritten Ostberliner Kulturkampfes war dem »Kriegserklärer« Biermann nun der totale Krieg zurückerklärt – auf dem Gelände eines zu diesem Zeitpunkt allerdings bereits jahrzehntealten ideologischen (und auch physischen) Bürgerkrieges, dem Biermann nie ausgewichen und andere schon vorher zum Opfer gefallen waren.

Dieser von seinem ermordeten jüdischen Vater bislang geschützte Held – Freund vieler großer und kleinerer Stars aus dem halb oppositionellen, halb korrumpierten Ost-Berliner Künstlerestablishment –, dieser säkulare Sebastian, der lange Zeit die schärfsten Pfeile des sächsischen Diktators und seines saarländischen Nachfolgers auf sich gezogen hatte, in dessen Schatten man ein wenig Mit-Held sein konnte, ohne Gefahr zu laufen, wirklich beim Chausseestraßen-Wider-Wort genommen zu werden – er war nun nicht mehr im Land, ausgebürgert. Das beliebte Mittel der Nationalsozialisten gegen unliebsame Literaten und Künstler: ein wiederentdecktes Instrument zur Herstellung von Ordnung im Staat der deutschen Kommunisten.

Und das Eisen der Kulturinquisitoren der Honecker-Ära, die, bis dato und gemessen an Ulbrichts barbarischen »Regelungsmethoden«, den Ruf genoß, liberal zu sein, es wirkte. Zunächst allerdings scheinbar kontraproduktiv, denn was kein 17. Juni 1953, kein Ungarn 1956, kein 13. August 1961 und kein 21. August 1968 vermochte, der SED-Beschluß vom 17. November 1976 über den Entzug des Rechts Wolf Biermanns »auf weiteren Aufenthalt in der Deutschen Demokratischen Republik« provozierte den ersten kollektiven Protest von DDR-Künstlern gegen einen repressiven Akt der Partei. Die Petition, eher milde in ihrer Diktion, fand innerhalb weniger Tage reißenden Zuspruch: Schon am 21. November hatten rund 150 prominente und unbekannte Künstler aller Sparten ihren Namen darunter- und sich selbst gewissen Maßnahmen ausgesetzt.

Das Spektrum dieser möglichen Maßnahmen wurde im Verlaufe der nächsten Wochen konsequent angewandt: Über die Hälfte der damaligen Unterzeichner befindet sich heute im Westen Deutschlands oder Berlins; andere hat die DDR auf eigenem Territorium mehr oder weniger verloren, ein paar, die schon immer eher zum Umfallen als zum Geradeausgehen neigten, fielen um – erpreßt von der eigenen Feigheit oder vom Staatssicherheitsdienst oder von beidem. Aber der Nutzen besteht für das Regime darin, daß seit damals so gut wie alle Katzen aus dem Sack sind, man konnte sich einen Überblick verschaffen, auf- und ausräumen.

II

Zehn Jahre danach ist es also leicht, in West-Berlin Zeugen einer Zäsur zu finden, die bis heute wirkt, obwohl andererseits viele, die sie persönlich betrifft, zum Zeitpunkt ihres Fallens jung genug, mithin noch unberührt davon waren. Biermann, der einstige Stachel im Fleisch – ein im Doppelsinne des Wortes entfernter Fall, eine Figur aus der Vorgeschichte, ein früher Held mit frühen Ideen, die man veraltet findet. Man ist nie so ganz bei ihm angekommen. War immer schon weiter. Oder daneben. Oder nie hinter ihm her: »Biermanns Zeit in der DDR war noch eine Epoche, in der es so einen Patriotismus gab: Wir wollen das System von innen aufrollen. Ich habe mich nie für das System interessiert... Ich hatte nie das Interesse, das System von innen aufzuweichen. Ich wollte mich gar nicht zu den Ansprüchen der Macht ins Verhältnis setzen. Dies ist ein ganz wichtiger Unterschied zu der älteren Generation der Schriftsteller.« Sascha Anderson hat das gesagt, der im August 1986 nach West-Berlin gekommene Dichter-Fürst der alternativen Maler- und Literaten-Szene Ost-Berlins.

Biermann – ein Mann aus dem Museum der Gegenwartsliteratur von vorgestern? So paradox und logisch zugleich kann einer zehn

Jahre danach den Schlußstrich ziehen und cool zur Tagesordnung von 1986 übergehen. »Biermann ist rausgeschmissen worden, ich bin gegangen.« Das sei der wesentliche Unterschied. »Berührung ist nur eine Randerscheinung« heißt denn auch die manifestöse Anthologie dieser Szene, noch in Ost-Berlin gesammelt, aber über die Hälfte der Autoren ist inzwischen im Westen. Man mache nicht mehr in »Gegenbewegung«, sondern praktiziere »eine ganz breite Struktur von Eigenaktivität«, man schaffe sich »eigene Medien... in Form von Kassettenproduktionen, in Form von Mitschnitten von Lesungen, in Form kleiner Auflagen von Zeitschriften und Büchern. Das ist das Neue in den letzten fünf Jahren.«

Doch das, was Anderson aufzählt, mag für ihn neu sein – geschichtlich gesehen und auch auf die DDR bezogen sind diese Methoden des Widerstands alt, sehr alt. Illegale Tonbänder, Lesungen, Abschriften, Flugblätter, Zeitungen? Das war in der DDR, seit es sie gibt, eher die Regel, wenn es um wichtige Literatur ging. Biermann kann und hat davon Lieder gesungen. Was also beweist Anderson – stellvertretend für die, die zu ihm gehören und denen er, wie er nicht müde wird zu betonen, nur nachgereist ist – mit seinen Feststellungen?

Nun, zuerst wohl nur eine gehörige Portion Nichtwissen; zum anderen, daß er die alte Idee der Freiheit nicht als einen politischen Solidar-Akt, sondern, modebewußt, als einen psychotherapeutischen Individual-Akt begreift: »Der Widerstand gegen ein System hat nur so eine große Zukunft wie das System selbst. Die Leute, die frei vom System sind, haben natürlich eine andere Zukunft... Ich glaube, das System macht sich selbst kaputt. Die, die in das System nicht eingestiegen sind, gehen nicht kaputt an dem System. Es geht nur das System kaputt. Alle, die eingestiegen sind, gehen kaputt. Nicht wir sind im Widerstand, sondern die.«

Ein Denkansatz, dessen egozentrisches Grundmuster sich (bei aller Spieß-Umkehr-Dialektik) hauptsächlich im Dunstkreis von Sekten, ob religiöser oder politischer Natur, finden läßt; sozial nur in bezug auf den unmittelbaren Existenzkreis, die Gruppe. Jeder humanen Vision, die über den eigenen Horizont hinausweist, abhold, heißt das Ziel Selbstverwirklichung, zwar nicht um jeden Preis, wohl aber unter jeder Bedingung: »Ich glaube nicht, daß es hier so anders ist. Ich kann mir vorstellen, daß ich hier genauso frei arbeiten kann wie im Osten...« Nicht die Idee der Freiheit wird also reflektiert und ins Handlungs- und Prüfungskonzept einbezogen, sondern die Effizienz der Lücke getestet. So aber trifft sich der alternative Lükken-Poet unversehens mit dem reaktionären Nischen-Politiker, die beide betonen, alle großen Ziele hinter sich gelassen zu haben, und zugleich glauben, ganz besonders listige Strategen zu sein.

III

Aber Wolf Biermann, könnte jetzt eingeworfen werden, ist doch auch schon lange von seinen großen Zielen abgewichen, jedenfalls von dem, worum er seine Oma Meume noch heftig mit dem lieben Gott ringen ließ. Gewiß, dafür lassen sich Belege finden. Haufenweise. Selbstkritische Gesänge vom »Rande des linken Pißpotts«. Doch bei allem: Es gibt eine Grunderkenntnis – und hier lassen sich Verbindungslinien zu den besten Gedanken der polnischen, ungarischen, tschechoslowakischen und sowjetischen Opposition ziehen –, die Biermann sich, bei aller immer wieder aufbrechenden Wut auf ihm nicht genehme politische Personen und Strukturen, erarbeitet und bewahrt hat: daß es, wenn es darauf ankommt, Weimar läßt grüßen!, hüben eben doch nicht genauso wie drüben ist. Biermann kann mit dem Wort Demokratie – als Bezeichnung für eine ganz konkrete politische Praxis – etwas Positives, Bewahrenswertes verbinden, und in genau diesem Sinne ist ihm der wesentliche Unterschied zwischen den politischen Systemen in Deutschland nicht nur ein Begriff, sondern auch manchen Vers wert.

Anderson und anderen fällt zu diesem Begriff und der Wirklichkeit, die er meint, nicht einmal mehr im Traum etwas ein. Sie belegen mit ihren »Einsichten« in den politischen Prozeß der Gegenwart und seine historischen Voraussetzungen, daß der DDR bei nicht unwesentlichen Teilen der ihr Ausgelieferten offensichtlich etwas gelungen ist, was Heinrich Mann im Jahre 1935, ohnmächtig im Exil, von den Nazis befürchtete: »Die gegenwärtigen Diktaturen haben den Drang, die Demokratie zu zerstören bis zu dem Grade, daß zukünftige Geschlechter nicht einmal den Begriff mehr kennen.«

Heinrich Manns Furcht von einst ist meine Hauptfurcht in diesen Tagen, und Entwicklungen, wie sie Sascha Anderson personifiziert, machen mich nur unruhiger, denn sie korrespondieren, und insofern sind die gesamtdeutscher Natur, mit Entwicklungen hierzulande: Überdruß, Langeweile, alternativ-uniforme Unduldsamkeit, das sind die Kehrseiten asolidarischer Selbstverwirklichungsmodelle, die keinen intellektuellen und praktischen Mut fordern, sondern nur ein bißchen chice Wut und trotzigen Dauerappetit auf »was Neues«. Vor diesem Hintergrund sieht Demokratie uralt aus, älter jedenfalls als Nazizeit und kommunistisches System. Damit also ist man schon lange fertig. Wer ist es noch nicht?

IV

Ich treffe Jürgen Fuchs, den vor gut zehn Jahren aus der DDR-Provinz ins geteilte Berlin gezogenen Schriftsteller, den man verhaftete, weil er nicht zu den prominenten Pro-Biermann-Petenten gehörte, an dem man ein Exempel statuieren wollte, an dem man sich letztlich die Zähne ausgebissen hat, den man immer noch haßt, denn Jürgen Fuchs ist ein eminent politischer Schriftsteller geblieben, der um den Sinn solidarischer Kommunikation über tödliche Demarkationslinien hinweg weiß.

Sein Thema ist »die Auseinandersetzung zwischen dem Menschen und der modernen Diktatur«, und insofern ist er auf eine ganz bestimmte Zeit, auf einen konkreten Ort, eine bestimmte Gegend fixiert, »auf die dortigen Verhältnisse«. Jürgen Fuchs meint die DDR.

Früh schon sei er auf dieses Thema angesprungen, sagt er, er habe es sich nicht auszudenken gebraucht, es gab da ein »frühes Klarwerden«. Allerdings war es nicht so sehr eine lockere Tour theoretischer Selbstaufklärung, sondern eher ein arger Weg der Erkenntnis aus einer zumindest mitverschuldeten Unmündigkeit: über Armee, SED-Kandidatur, Gefängnis. »Es war ein langes und langsames Aufgucken, weil ich nicht weggucken wollte.« Und, fügt Fuchs an, »es war auch ein Wunsch nach Anwesenheit«. Fluchtbewegungen blieben ihm deshalb fremd. Er versuchte, vor Ort auszuharren, selbst noch im Gefängnis – was anderen absurd vorkommen mußte und doch nur mit einer einfachen Lebensmaxime dieses Dichters zusammenhing: »Freiheit der Wahl des Ortes, das hieß für mich, sich nicht diktieren zu lassen, wo man zu leben hat.«

Jürgen Fuchs, der hierzulande offen in die Kämpfe um den politischen Kurs des Verbandes deutscher Schriftsteller eingriff und eine führende Rolle in der Berliner Quasisezession spielt, hat auf meine

Frage, ob es nach knapp einem Jahrzehnt des Hierseins neue Themen gibt, die dabei sind, die alten zu verdrängen, ein für ihn typisches nüchternes Bild zur Hand: Er spricht von den zwei Zetteln, die er angelegt hatte. Auf dem einen stehe: »Bist du in der Lage abzuarbeiten – oder haben sie es erreicht, dich davon abzuhalten?« Auf dem neuen: »Bist du in der Lage, als Autor, das, was geschehen ist, das in der anderen Situation, neu anzunehmen, die Auseinandersetzung mit neuen politischen Strukturen? Entsteht dieser neue Zettel überhaupt? Und wenn ja, wie sieht er aus?«

Fuchs ist froh, daß er eine Brotarbeit hat, seine Tätigkeit als Sozial- und Kinderpsychologe, die ihm die Autonomie seines Schreibens bewahrt: »Ich schreibe, wann ich will.« Zur Zeit arbeitet er den »alten Zettel« ab, formuliert an der Fortsetzung seines NVA-Romans »Fassonschnitt«. Dieser zweite Teil wird den Titel »Das Ende einer Feigheit« tragen, ein Thema, das auf den »neuen Zettel« überleitet.

Fuchs konstatiert nämlich einen gravierenden Mangel an politischer Kultur hierzulande. Es gäbe kein Aushalten von Konflikten, aber daraus erwüchse doch erst Toleranz. Statt dessen gäbe es ein Zusammenspiel von »pseudolinker Gesinnung und moderner Diktatur«, worüber er immer intensiver nachdenke. Die Polen seien uns in der Analyse dieses Phänomens weit voraus. Als ich nach Gorbatschow frage, nach der kulturpolitischen Offensive des Ostens, schweigt Fuchs eine Weile und sagt dann: »Die Gorbatschow-Euphorie zeigt, wir haben immer noch nicht gelernt, präzise zu reagieren. Wir haben kein Programm. Einige bejahen sofort, andere sehen gar nichts. Natürlich dividieren sie jetzt, dieser kommt raus, jener bleibt verschwunden. Nein, das Niveau ist doch nicht, sich mit der Diktatur zu versöhnen, sondern sie umzuwandeln, sie zu stürzen.«

Dies ist die andere Position einer Szene, die auch im Westen kein starkes Netz untereinander knüpfen konnte, denn was 1976 zahlreiche Künstler in Ost-Berlin und der DDR zusammenfinden ließ, hatte Bindewirkung nur für den Moment, die Schocksekunde. Zehn Jahre danach ist die Zersplitterung komplett wie zuvor. Keine Szene der Solidarität, sondern der Solisten. Allenfalls Gruppen tauchen auf, nie eine Front, die ein Grundkonsens eint. Die widersprüchliche Last der »zwei Zettel«, der eine aufhebende Vision, eine politische Synthese innewohnt, nehmen nur wenige konsequent auf sich.

Allenfalls die Autoren laufen sich hier und in Westdeutschland über den Weg: bei Lesungen, auf Konferenzen, Kongressen. Den großen Schauspielern und Theaterstars wie Manfred Krug, Katharina Thalbach oder Armin Müller-Stahl begegnet man nur noch im Kino oder im Fernsehen, auf der Bühne. »Liebling Kreuzberg« alias Manfred Krug läuft einem eher auf einem beliebigen Flughafen oder auf einer Malteserkreuz-Aquavit-Reklame über den Weg als auf einem politischen Forum. Autor Thomas Brasch, immer noch mit einem DDR-Paß ausgerüstet, hatte zudem schon 1978 klargemacht, daß er keine Art von »Eingeborenenliteratur« mache, sondern Literatur. Die Teilung Deutschlands werde zu einem »Epochenproblem heraufstilisiert, und die anderen Völker stehen daneben und lächeln«. Brasch liebt die Brecht-Maske, und was das Lächeln der Völker angeht, so war das eine grandiose Fehleinschätzung: Die Völker, die es angeht, sind verdammt ernst angesichts des Nachdenkens der Deutschen über die Teilung Deutschlands, und nicht wenige sehen inzwischen in der Lösung eben dieser ungelösten Frage eine Chance für die eigene national-politische Emanzipation. Nein, man kann sich nicht mit flotten Worten aus Affären ziehen, die unabhängig vom eigenen Willen geschichtsmächtig sind; mit solchen Worten kann man sich allerhöchstens aus den Worten darüber verabschieden. Intellektuelle Ignoranz mag sich kurzfristig auszahlen, auf die Dauer führt sie zum Realitätsverlust, nicht zu ihrer Bewältigung.

V

Zehn Jahre danach, nun in West-Berlin, hat sich die Szene des Ostens wieder »normalisiert«: Bewährte Verhaltensformen wurden erneut eingenommen, Arrangement als Tagesordnungspunkt Nummer eins bei den einen, Erkennen und Nutzen von günstigen ideologischen Leitlinien bei anderen. Und dennoch: Es gibt auch noch jene, die nach wie vor nur für sich selber und ihre Ideale geradestehen und nicht für einen feineren Schnaps oder eine geschäftsgünstige These. Sie tauchen kaum in Talkshows auf, große Preise sind ihnen in der Regel noch nicht über den Schreibtisch gereicht worden. Sie besetzen an den meisten Abenden der Woche eher triste Kneipen in Kreuzberg oder französisch gestylte »Heimat-Vertriebenen«-Cafés wie das »Mistral« in der Gneisenaustraße, wo man nicht nur anschreiben, sondern auch ungehemmt sächsisch quatschen darf.

Die sich hier treffen heißen Utz Rachowski, Michael Sallmann, Christian Kunert und Gerulf Pannach, Bernd Markowsky, Michael Blumhagen und Roland Jahn. Sie alle haben einst – als Poeten, Musiker, Liedermacher, Bildhauer, Maler und Fotografen – den Süden der volkseigenen Republik unsicher gemacht, waren die von der Zentrale ziemlich abgeschnittenen Bannerträger der Revolte in der Provinz, mit denen man entsprechend brutaler umsprang, und stehen hier, mitten in Deutschland, wieder am Rande: »Vielleicht nicht politisch«, sagt Utz Rachowski, »aber sprachlich.« Als Sachse oder Vogtländer, das werde sowieso in einen Topf gehauen, falle man immer auf und man mühe sich, seine Sprache zu verlernen. Einmal, erzählt Rachowski, seien der Liedermacher Sallmann und er nach Frankreich gefahren, und erst 200 Kilometer südlich von Paris hätten sie sich gelöst, sich nicht mehr bedroht und belauscht gewähnt und seien hemmungslos dem sächsich-vogtländischen Dialog und seinen Klangfarben verfallen.

Sallmanns und Rachowskis Bücher sind, wenn man sie genau liest, Schmerzbreviere der deutschen Teilung. Sie sind unfähig, aus diesem Schmerz ein Geschäft zu machen. Mit ihnen macht keiner eine fröhliche Schnapswerbung, obwohl sie doch gerade davon so viel verstehen. Von Kunert und Pannach, die früher in der DDR bei Klaus Renft mitmischten, ist eine neue Platte im Anmarsch: »Weiße Rosen im Champagner.« Doch im Moment stoppt das Unternehmen, weil es Schwierigkeiten mit der Plattenfirma gibt, die nicht mehr CBS heißt.

Andere leben noch mehr am Rande der Tischplatte, auf dem in West-Berlin die Ex-DDR-Szene vom Leben persönlich serviert wird: Siegfried Heinrichs, Peter-Joachim Holz, Jürgen K. Hultenreich, Doris Paschilla, Christa Moog, Siegfried Zuppeck. Heinrichs, einer der großen Lyriker, die von drüben gekommen sind, hat sich inzwischen – mehr mit dem Mut der Verzweiflung als mit der Kenntnis kaufmännischen Know-hows – in ein Unternehmen gestürzt, das mehr als nur Respekt abverlangt, nämlich tatkräftige Solidarität: Er kaufte den längst maroden, einst stramm maoistischen »Oberbaumverlag«, um endlich all jenen literarisch ernst zu nehmenden Autoren aus der DDR eine verlegerische Heimat bieten zu können, die – aus welchen unerfindlichen Gründen auch immer – bei den großen westdeutschen Verlagen keine Chance erhalten.

Der Lyriker als Unternehmer – eine irrsinnige Rolle, wenn man es genau nimmt – läßt sich nicht entmutigen: Er will einen Verlag, in dem vor allem Bücher erscheinen, die »die Wunde namens Deutschland« nicht ignorieren, sondern ernst nehmen, indem sie sie, gegen den Zeitgeist, zur Sprache bringen. Es gibt westdeutsche Schriftsteller, die ihn dabei unterstützen. Christoph Meckel gehört zum Beispiel dazu.

Doris Paschilla und Jürgen K. Hultenreich treffe ich in einem Restaurant. Sie hat in der DDR den Prosaband »Die Würde« veröffentlicht, hier noch nichts. In Ost-Berlin lebte sie eine Zeitlang mit dem Schriftsteller Paul Gratzik zusammen, Günter de Bruyn half ihr wesentlich beim Schreiben des ersten Buches. Ihr Theaterstück »Die große Familie«, erschienen bei Henschel, sollte am Mecklenburgischen Staatstheater Schwerin inszeniert werden, aber dann fiel Paul Gratzik in Ungnade, Doris Paschillas Stück wurde abgesetzt, auch eins von Gratzik, dafür kam Kroetz auf die experimentierfreudige Provinzbühne. In Doris Paschilla, einer fragilen, zurückhaltenden Frau, wuchs das bekannte »Republik-Gefühl«: »...daß man sowieso nicht alles schreiben kann, was sich wiederum auf die Qualität auswirkt; literarische Unreife aus politischer Bevormundung.« Und so wußte sie bald: »Das, was ich zu sagen vorhatte, das würde nicht weitergehen.« Der Ausreisewunsch wird wach, wächst. 1984 ist sie in West-Berlin, erfährt Schreibhemmungen aus Gründen solcher erzwungenen Befreiung. Was sie glücklich macht, ist der unerwartete Umstand, daß die Tochter ausgezeichnet zurechtkommt und sehr schnell Freundinnen gefunden hat.

Das leise Reden, der stockende Erzählfluß dieser 33jährigen Frau bleiben noch im Raum, als sie längst schon gegangen ist. Keine interviewte Heldin, die souverän Auskunft gibt über Verletzungen im deutsch-deutschen Getriebe oder darüber, warum sie gar nicht verletzt sei. Vielmehr ein Gesicht, das in die Richtung weist, die nicht zu Sprache kommt, sondern integriert wird: in Statistiken und Parolen. Menschlicher Hintergrund vordergründiger Zahlenkolonnen. Ein Fall von vielen Fällen, die »gelöst« wurden, ohne daß man hingehört hat auf das, was sie mit ihrem Schweigen sagen.

Aber die Szene kennt weitere Gesichter und Geschichten: Ich

treffe Wolf Deinert und Peter-Joachim Holz. Beide gehören zu dem ausgesprochen kleinen Kreis von Ex-DDR-Künstlern, die im Westen den Weg in eine politische Partei gefunden, die die politischen Strukturen der zweiten deutschen Demokratie an- und ernstgenommen haben. Mitglieder der SPD, sind sie inzwischen zutiefst desillusioniert von den meisten Politikern, die diese Partei im »entspannungspolitischen Würgegriff« haben. Holz, der früher Regisseur war und heute, nach Haft in der DDR und anschließender schwerer Krankheit freiberuflich als Publizist arbeitet, übt scharfe Kritik, die in Verbitterung übergeht: »Man macht sich hier doch nur zum Don Quichote, man kann die Lanze in die Ecke stellen.« Er hat inzwischen hinreichend Erfahrung mit all den Entspannungs-Opportunisten in den Medien und Ämtern, er fürchtet ernsthaft um den Bestand der zweiten deutschen Demokratie in den Köpfen ihrer Bürger und hat sich nicht gescheut, führenden Politikern der Bundestagsparteien auf eigene Kosten das Buch »So enden die Demokratien« des Franzosen Jean-François Revel zu schicken. Es ist interessant, welche der Beschenkten sich bei Holz persönlich bedankten und welche ihre Referenten auf ihn losließen.

Wolf Deinert hat Zensurerfahrungen nicht nur in der DDR, er hat sie auch im Westen gemacht: Weil seine DDR-kritischen Hörspiele einigen »linken« Redakteuren nicht paßten, wurde und wird er immer wieder boykottiert. »Ich passe nicht in die Entspannungslandschaft mit meinen Themen«, sagte er und: Die nachkommenden Autoren hätten diese Probleme kaum, sie seien »zunehmend unpolitisch«. Ein hervorragender Vertreter sei Sascha Anderson, für den die Deutschland-Problematik überhaupt nicht existiere. »Mit solchen Texten ist es relativ leicht, Zugang zu den Berliner Literatur-Redaktionen in den öffentlich-rechtlichen Medien zu finden. Du darfst heute in Polen und sogar in Moskau kritischer gegen Stalinismus und Neo-Stalinismus sein als in West-Berlin als Autor.« Ja, die Szene gäbe es, aber für ihn nur als eine äußerst disparate Erscheinung: »Keine wesentlichen Kontakte der Autoren untereinander, alte, noch im Osten geschlossene Freundschaften werden fortgesetzt, aber kaum neue geschlossen.«

Deinert lebt gegenüber vom Schöneberger Rathaus; seine Wohnung ist vollgestopft mit elektronischen Geräten: Spulen, Bildschirme, Skalen leuchten auf, Objektive thronen auf einfachen, weiß gestrichenen Möbeln. Hier erinnert er nicht nur vergangene Zeiten, sondern träumt immer wieder einmal von kommenden, entwickelt Unternehmerideen, die sich in Spanien oder in seinem Zimmer verwirklichen lassen. Und so füllen sich vor allem Aktenordner, entstehen neue Geschichten und Hörspiele: Reaktionsvarianten auf ein und dasselbe Thema: Doppelte Heimat – doppeltes Leid? Oder doppelte Freude? Nichtreaktionen und Totalreaktionen, verworrene Auskünfte, klare Abschiede.

(1987)

Freiheit und Ideologie des Status quo

Der Schriftsteller und die Entspannungspolitik

I

Am 17. Januar 1950 schreibt der italienische Schriftsteller Cesare Pavese folgenden Satz in sein Tagebuch, das nach seinem Tode unter dem Titel »Das Handwerk des Lebens« erscheint und Aufzeichnungen aus den Jahren zwischen 1935 und 1950 enthält: »Wir sind auf der Welt, um das Schicksal in Freiheit zu verwandeln...«[1] Zweiunddreißig Jahre später, im März 1982, erscheint in Westdeutschland ein Buch mit dem Titel: »Was wird aus den Deutschen?« Es ist ein 237 Seiten starkes Interview der Journalisten Günter Geschke und Ingke Brodersen mit dem maßgeblichen Deutschland- und Sicherheitspolitiker der SPD, Egon Bahr. Eine der letzten Fragen Geschkes an den Politiker Bahr lautet: »Ich glaube, daß die Bürger der DDR an der Vorstellung der Wiedervereinigung, der nationalen Einheit möglicherweise noch viel stärker hängen als wir, weil sie darin eine Chance sehen, zu jenen bürgerlichen Freiheiten zu gelangen, die wir haben.« Bahrs Antwort: »Das ist die Grenze. Da endet der Bewegungsspielraum der DDR, und zwar objektiv. Nicht nur die DDR hat ein Interesse daran, sich nicht zu destabilisieren, sondern es ist ein objektives Interesse, nicht zu einer Destabilisierung der Situation in Europa zu kommen.«[2] Was haben der Satz des Schriftstellers Pavese und die Antwort des Politikers Bahr miteinander zu tun? Auf den ersten Blick nichts, auf den zweiten viel: Sie markieren auf exemplarische Weise jene uralte moralische Distanz, die die humane Idee der Freiheit und die inhumane Ideologie des

Status quo wie Pole auf einem Globus unvereinbar gegenüberstellt. Gewiß, beide Äußerungen stehen in einem je und je verschiedenen Kontext nicht nur subjektiver Natur; auch die Rahmen-Bedingungen, in die sie gestellt wurden, unterscheiden sich radikal: Paveses Satz ist Teil eines Selbst-Gesprächs; Bahrs Antwort zielt in einem totalen Sinn auf Öffentlichkeit. Dieser will Meinung machen; jener zu sich selbst kommen. Und dennoch: Was beide eint, ist der Umstand, daß sie als Reaktionsmuster auf geschichtliche Bedingungen gelesen werden können. Paveses Text speist sich dabei aus dem Motiv der Auflehnung, der »humanen Revolte«, wie Camus gesagt haben würde. Bahrs Sätze entspringen einem ideologischen Kalkül, das als Teil einer politischen Strategie überführbar ist, die sich qua Festschreibung der Zustände in Europa die endgültige Neu-Ordnung der Geschichte zum Ziel gesetzt hat.

Es kann keinen Zweifel daran geben, daß beide Positionen den gravierenden Unterschied zwischen Geist und Macht signifikant werden lassen. Aber manifestiert sich mit ihnen auch ein ebenso radikaler Unterschied zwischen Freiheit und Politik? Ist Freiheit ein Ferment des Politischen oder nur ihr ewiger Widerpart? Es war Hannah Arendt, die darauf hingewiesen hat, »daß Freiheit im Altertum ein ausschließlich und radikal politischer Begriff war; sie war der Inbegriff der Polis und des politischen Lebens, des bios politikos«.[3] Hannah Arendt sieht diesen Zusammenhang so eng, daß sie sagt: »Man kann nicht über Politik sprechen, ohne auch immer über Freiheit zu sprechen, und man kann nicht von Freiheit sprechen, ohne immer schon über Politik zu sprechen.«[4] Dieser Zusammenhang aber hat einen Grund. Er heißt »Handeln«: »Solange man handelt, ist man frei, nicht vorher und nicht nachher, weil Handeln und Freiheit ein und dasselbe sind.«[5]

An dieser Stelle kommt jene Dimension ins Spiel, die Pavese beschwört und Bahr ins Entsetzen treibt: Die Welt verwandeln in einen Frei-Raum, in jenen »politisch-öffentlichen Bereich«, von dem Hannah Arendt als »weltlich sichtbarem Ort« spricht, »an dem Freiheit sich manifestieren, in Worten, Taten, Ereignissen wirklich werden kann, die ihrerseits in das Gedächtnis der Menschen eingehen und geschichtlich werden.«[6]

Vor diesem argumentativen Hintergrund ist es kein Zufall, wenn die große jüdische Denkerin im selben Essay gegen gewisse »Theorien der Neuzeit« polemisiert, die »uns einreden möchten, daß es in der Politik nur um Sicherheit und Lebensinteressen geht«.[7] Wäre es so, hätten wir nach ihrer Meinung »keinen Grund, die Tyrannis prinzipiell abzulehnen«, denn eine bestimmte Art von Sicherheit könne sie gewährleisten, »und für den Schutz des schieren Lebens hat sie sich oft allen anderen Staatsformen als überlegen erwiesen«.[8]

Natürlich sind die Begriffe »Sicherheit« und »Schutz« hier farcenhaft verwendet, so farcenhaft, wie sie in der Tyrannis zur Bedeutung kommen. Hannah Arendts Polemik gegen einen scheinbar rationalisierten, tatsächlich aber nur entfreiheitlichten Politikbegriff, der in seiner Reduzierung auf Organisationsmechanismen und Herrschaftstechniken seinen humanen Sinn verliert, trifft sich mit jener Einsicht Camus, nach der eine Gesellschaft, die »der Freiheit ermangelt(e)«, auch dann noch eine »Barbarei« ist, wenn sie »sich mit einem Schlag verwandelte und jedermann anständige, behagliche Lebensbedingungen bieten sollte«.[9] Camus' Wort wiederum liest sich wie eine Variation auf Immanuel Kants Erkenntnis: »Wenn die Gerechtigkeit untergeht, hat es keinen Wert mehr, daß Menschen leben.«[10]

II

Solchen Gedankengängen wird heute heftig widersprochen. Eine Ideologie geht um in Deutschland: die Ideologie der Entspannung. Geistig entmündigt durch einen schwachen Charakter, politische Phantasielosigkeit, wortwendige Intellektuelle und schwachsinnige Stammtischstrategen sowie ein extrem kleinbürgerliches Ruhe-Bedürfnis, glaubt die deutsche Gegenwart ihrer Zukunft aus dem Wege gehen zu können, indem sie diese Gegenwart zur Zukunft erklärt. Wie sieht diese Gegenwart aus? Wer bringt sie auf welchen Begriff? Und was ist dagegen zu sagen?

Deutschland ist eine geteilte Nation und Europa ein geteilter Kontinent. Die Ursachen dieser Teilung sind bekannt, die Auswirkungen auch. Sei 43 Jahren genießt die westliche Hälfte des Kontinents, strukturell variationsreich, materiellen Wohlstand und politische Freiheit; die östliche Hälfte hat im selben Zeitraum nur die verschiedenen Varianten des ökonomischen und politischen Notstandes der kommunistischen Tyrannis durchlitten. Deutschland selbst *teilt* diese Erfahrung im wahrsten Sinne des Wortes, und es scheint deshalb nicht zufällig, daß es lange so aussah, als ginge es hüben und drüben lediglich um eine Maximierung des jeweiligen Modells und seiner Effizienz.

Tatsächlich erleben wir gegenwärtig, und diese Gegenwart begann vor rund zwanzig Jahren, einen deutsch-deutschen Annäherungsprozeß, der seine Schatten wirft auf alles, was diese Nation hinter und vor sich hat.

Das Wort Freiheit ist in diesem Prozeß zu einer Provokation verkommen, das Wort Frieden dagegen zu einem säkularen Heils-Begriff geworden, Emblem eines emotionalen Paradigmas, das sich jeder kritischen Betrachtung entzieht. Deutsche Ideologen sind seit rund zwei Jahrzehnten dabei, der Welt im allgemeinen und der europäischen im besonderen gnadenlos den Frieden zu erklären. Vornehmliche Adressaten dieser Erklärung sind ausgerechnet jene Völker, denen das Deutsche Reich am 1. September 1939 den Krieg erklärte, die in der Folge dieses Krieges, der ein Welt-Krieg wurde, erst Millionen Menschen und nach 1945 zum zweiten Mal ihre nationale und persönliche Unabhängigkeit, also die Freiheit, verloren. Sie haben, wie wir wissen, im Laufe der Jahrzehnte zu verschiedenen Zeiten und an verschiedenen Orten gegen dieses Schicksal revoltiert: Polen und Ungarn 1956, ČSSR 1968, Polen 1970, 1981 und heute. Aufstände, Revolten, Reformversuche, die im Blut erstickt wurden und dennoch wieder aufkeimten. Ludwig Börne hat dieses – deutschen Entspannungs-Ideologen vielleicht unerklärliche – Phänomen mit dem Satz beschrieben: »Man kann eine Idee durch die andere verdrängen, nur die der Freiheit nicht.«[11] Aber die deutschen Ideologen Bahr, Bender und Gaus, um nur einige zu nennen, die sich innenpolitisch mit dem Parteibuch der Sozialdemokratischen Partei Deutschlands zu legitimieren versuchen, haben eine andere Idee ins Spiel gebracht, die Idee »der gemeinsamen Sicherheit« oder »Sicherheitspartnerschaft« – das heißt: Sie haben die hypothetische Apokalypse durch das Vorhandensein von Kernwaffen auf beiden Seiten des »Eisernen Vorhangs« zum Vorwand genommen, um eine ideologische Apokalypse wahr werden zu lassen: Deutsche Demokraten und Tyrannen an einem Tisch. Was Walter Ulbricht, der erste Diktator der zweiten deutschen Diktatur, sich gewünscht, aber nicht mehr erlebt hat, durfte der zweite Diktator der zweiten deutschen Diktatur – der Saarländer Erich Honecker – als Erfolg für sich verbuchen.

Zwei Ereignisse und ihre Ausgänge – der 17. Juni 1953 und der 13. August 1961 – haben, wie inzwischen vielfach dokumentiert, ausgereicht, um die Führungsriege der westdeutschen Sozialdemokratie erst zu demoralisieren und dann, strategisch, zu desorientieren: Aus den kompromißlosesten Widersachern der SED wurden, jedenfalls verbal und optisch, die unerbittlichsten Stabilisatoren der zweiten deutschen Diktatur. Dieses sich von Jahr zu Jahr und Woche zu Woche steigernde Engagement zur Rettung des deutschen Status quo, der zuerst und zuletzt dem Machterhalt der totalitär herrschenden Führungsriege der SED dient, hat aber nicht nur Konsequenzen für die Innenlage der geteilten Nation; die Status-quo-Ideologen deutscher Gründlichkeit verweisen auch außenpolitisch alles in die von ihnen aufgestellten Schranken, was diesen neuen deutschen Weg zum Weltheil nicht mitmacht oder Gegenkonzepte dazu äußert.

In jenem zu Anfang erwähnten Interview-Buch, das Egon Bahr 1982 – ein knappes halbes Jahr nach dem Versuch Breschnews und Jaruzelskis, die Unabhängige Gewerkschaftsbewegung Polens, »Solidarność«, zu zerschlagen – veröffentlichte, doziert der Deutsche den Polen ins Stammbuch: »Wir haben vorhin definiert, daß die Selbstbestimmung der Nation der Erhaltung des Friedens untergeordnet sein muß. Das gilt dann auch für die Polen. Auch die nationalen Ambitionen der Polen müssen dem Interesse der Erhaltung des Friedens untergeordnet sein. Ich verlange dies von der Bundesrepublik, ich kann dies auch von Polen verlangen, ich kann dies auch von Amerika verlangen.«[12]

Friedens-Ideologie im Tonfall eines Herrenmenschen vorgetragen. Aus welchen Quellen zieht dieser Mann seine politischen Visionen? Was will er wirklich, wenn er so vom Frieden redet, daß andere zu seinem Entwurf keine Alternative mehr haben?

Daß der damalige Vorsitzende der SPD und amtierende Chef der Sozialistischen Internationale, Willy Brandt, bei seiner Reise ins Polnische nach dem 13. Dezember 1981 den Weg zu Arbeiterführer Walesa und zur intellektuellen Opposition nicht fand, liegt in der Natur der Sache, die auch er seit gut zwanzig Jahren vertritt und die seine engsten Berater wie Peter Bender, Günter Gaus oder eben Egon Bahr spätestens seit 1963 in immer neuen Anläufen auf den Begriff zu bringen versuchen. »Wandel durch Annäherung« ist eine der bekanntesten Formeln des Anfangs. Heute sind wir bei einem gemeinsamen Grundsatz-Papier zwischen SED und SPD angekommen, das die Handschrift des innenpolitisch gescheiterten und deutschlandpolitisch »furchtbaren Ideologen« Erhard Eppler und damit die Signaturen eines politischen Konzepts trägt, das geschichtsnotorische Intoleranz toleriert. Attestiert dieses Papier der totalitären SED nun Friedens- und Reformfähigkeit – ohne Rücksicht auf die bekannten und zukünftigen Verluste –, ja, garantiert es diesem Regime sogar eine dauerhafte Existenzberechtigung, so ist es nur logisch, wenn Peter Bender – stellvertretend für seine Freunde in den großen Ämtern, die er aus dem Schatten heraus berät – einer Freiheits-Bewegung wie »Solidarność« diese Existenzberechtigung auf raffinierte Art und Weise verweigert.

1985 erscheint im Econ-Verlag ein Buch des heutigen polnischen Ministerpräsidenten Mieczyslaw Rakowski. Titel: »Ein schwieriger Dialog«. Untertitel: »Aufzeichnungen zu Ereignissen in Polen 1981–1984«. Dritter Satz: »Mit einem Vorwort von Peter Bender«. Bender sagt nun nicht, es sei richtig gewesen, die erste unabhängige Gewerkschaftsbewegung der kommunistischen Hemisphäre zu verbieten. Bender fragt statt dessen mit indirekt denunzierender Rhetorik: »Hat Solidarność immer die politische Vorsicht und Verantwortung gezeigt, die in Polens heikler Lage unerläßlich sind?«,[13] um dann klar für den Gewaltakt zu plädieren: »Auch wer für falsch oder unheilvoll hält, wie die Regierung mit der Solidarność umging und sie schließlich zerschlug, sollte zugeben, daß sich hier Polen im Interesse Polens gezwungen sahen, so zu handeln.«[14]

Benders typisch détentistisches Frage-und-Antwort-Spiel, flankiert im übrigen von der, wie es Jürgen Fuchs einmal formulierte, »Reiseapartheid« Willy Brandts als praktisch-politische Vollzugsgeste, hatte im übrigen einen liberalen Vorläufer. Eine Woche nach der Militäraktion in Polen kommentierte der Chefredakteur der Wochenzeitung »Die Zeit« den Vorgang so: Man könne zum Putsch des Generals Jaruzelski stehen wie man wolle, aber man müsse ihm ein »gutes Gelingen« wünschen, weil seine Aktion sozusagen das Ausspielen der letzten polnischen Karte gewesen sei.

Lech Walesa, der 1983 den Friedensnobelpreis erhielt, hat solchen sicherheitspartnerschaftlichen Interpretationen der freiheitsfeindlichen Aktion in seinen Memoiren »Ein Weg der Hoffnung«, die

1987 auch auf deutsch erschienen, entgegnet: »Wir hatten nicht die geringste Chance, dem Kriegszustand zu entrinnen. Nicht die geringste. Er war von langer Hand vorbereitet, man brauchte nur noch einen geeigneten Vorwand. Gleichgültig, was wir gemacht hätten, den Kriegszustand hätten sie auf jeden Fall verhängt, nur wollten sie uns und besonders mir die Verantwortung dafür in die Schuhe schieben.«[15] Ich denke, daß alles, war wir inzwischen wissen, Lech Walesas Analyse bestätigt. Und ich denke weiter, daß wir diese Analyse schon vor dem 13. Dezember 1981 hätten machen können, weil es Indizien gab, die die Ausrufung des Kriegszustandes gegen die Interessen der absoluten Mehrheit der polnischen Bevölkerung wahrscheinlich machten.

So war es übrigens auch 1968 in der CSSR, 1961 vor dem Mauerbau, 1956 in Ungarn und 1953 in Mitteldeutschland. Nie gab es Grund, überrascht zu sein von der absoluten Repressions-Bereitschaft der herrschenden kommunistischen Eliten zwischen Ost-Berlin und Moskau. Genau deshalb gibt es aber auch keinen, nicht den geringsten Grund für die Bendersche Spracharbeit des Verdrehens klar und für sich sprechender Verbrechen und historischer Fakten. Warum tun er und andere es dennoch? Warum versuchen er und andere, und dies seit langem, die eindeutige Wirklichkeit Nachkriegseuropas auf den zweideutigen Begriff zu bringen? Denn es ist ja nicht wahr, daß sie Analyse, Blickwinkel und Sprache erst geändert haben, als es liberaler, besser geworden ist – angeblich. Ein Gang in die Archive, Bibliotheken und Antiquariate fördert die frühen Ergebnisse dieser genuin westdeutschen Spracharbeit des Verdrehens von kommunistischer Wirklichkeit in Unmengen zutage.

Fünf Arbeiten seien stellvertretend für viele genannt: 1967 erscheint im Hoffmann und Campe Verlag, Hamburg, das Buch: »An Ulbricht führt kein Weg mehr vorbei. Provozierende Thesen zur deutschen Frage« von Eberhard Schulz. Im selben Jahr veröffentlicht der heutige »Zeit«-Mitarbeiter Joachim Nawrocki im Christian Wegner Verlag sein Buch: »Das geplante Wunder. Leben und Wirtschaften im anderen Deutschland«. 1968 schreibt Ernst Richert das Rowohlt-Taschenbuch: »Die DDR-Elite oder Unsere Partner von morgen?« Im selben Jahr legt Peter Bender seine absurd bis grotesken »Zehn Gründe für die Anerkennung der DDR« im Fischer-Verlag vor. 1972 schließlich druckt der Hanser Verlag, München, die Studie »Modell DDR. Die kalkulierte Emanzipation«. Autor Rüdiger Thomas resümiert: »Die in der DDR vollzogenen gesellschaftlichen Prozesse können durch den Begriff der kalkulierten Emanzipation charakterisiert werden. Es ist einerseits unverkennbar, daß im politischen System der DDR weiterhin ein Machtsicherungsinteresse dominiert, das gesellschaftliche Eigendynamik zu kanalisieren trachtet und mit der Formel einer prinzipiellen Interessenidentität die eigene Führungsfunktion legitimiert. Gleichzeitig kann man nicht übersehen, daß durch die Gesellschaftspolitik der DDR eine wesentliche Vergrößerung der Chancengleichheit erreicht worden ist, eine erhebliche soziale Mobilität besteht und eine Reihe von Maßnahmen (zum Beispiel Verankerung des Rechts auf Arbeit, Reform des Scheidungsrechts, Legalisierung des Schwangerschaftsabbruchs) als Beiträge zur Erweiterung der Selbstbestimmung gewertet werden können.«[16] Am Ende wünscht sich der Autor eine »konstruktive Verständigung zwischen der DDR und der BRD... im Rahmen produktiver Konkurrenz und nutzbringender Kooperation«.[17]

Thomas' Text, der sich wie eine der Entspannungs-Satiren von Leszek Kolakowski liest, zum Beispiel dessen fiktiver Gedenkartikel zum »30. Jahrestag der Neuen Ordnung in Europa«, der am 8. Mai 1975 in der »New York Times« erschien, enthält sozusagen in nuce die ganze semantische Verirrung, die sich parallel zu dem entwickelt hat, was sich »Entspannungspolitik« nennt, die sie mitermöglichte und für die im Zusammenhang nötigen Schwundstufen unseres Bewußtseins sorgte. Das heißt, er macht deutlich, wie man ein bekanntes Objekt durch eine gewandelte Betrachtungsweise zum veränderten Objekt werden läßt.

III

Der Zweck der Übung war und ist ein doppelter: Zum einen ging es einigen Vertretern darum, der ungeliebten zweiten deutschen Demokratie eine kritische Gegen-Größe, eine Alternative, entgegenzustellen. Da mangels anderer Alternativen nur die zweite deutsche Diktatur übrigblieb, durfte man diese nicht mehr so nennen, sondern mußte ihr Qualitäten andichten, die sie gar nicht hatte, aber ständig behauptete. »Soziale Sicherheit« war eine dieser Behauptungen, die in der zweiten deutschen Demokratie sofort aufgegriffen und gegen sie verwendet wurde. »Verstehen aus dem offiziellen Selbstverständnis« heraus lautete die autodemagogisch-methodologische Parole. Mit ihrer Hilfe gelang es denn auch, in den einflußreicheren Zirkeln der kulturellen Öffentlichkeit Westdeutschlands Positionen zu erobern. Gefälschte Statistiken und phrasenreiche Parteidokumente der SED spielten eine immer größere Rolle bei der sukzessiven Aufwertung des totalitären Systems der DDR. Reisen von Journalisten und Publizisten in den anderen Teil Deutschlands endeten mit der umwerfenden Erkenntnis, daß zwar keiner der Besucher zwischen Rostock und Suhl leben möge, aber Deutsche gebe es dort auch, grau sei ebenfalls nicht mehr alles, dieser Parteifunktionär sei durchaus zu Scherzen bereit gewesen und jener Pfarrer fände es großartig, Teil einer »Kirche im Sozialismus« zu sein. Als Rüdiger Thomas 1972 sein Buch über die DDR veröffentlicht, werden im selben Jahr in einer Amnestie über 30000 Häftlinge aus DDR-Gefängnissen entlassen, darunter Tausende politische Gefangene, die in den Westen kommen. Sie alle – ihr Schicksal, ihr Lebensweg, ihre Erfahrungen – finden in den meisten dieser Untersuchungen nicht statt. Die westdeutsche Fach- und Sachliteratur der siebziger Jahre zur DDR ist in ihrer Mehrzahl eine Literatur, die die fortgesetzte deutsche »Unfähigkeit zu trauern« dokumentiert.

Aber auch in den achtziger Jahren gibt es solche Produkte einer systematischen Verdrängungsarbeit – aus welchem strategischen Kalkül heraus auch immer. Beispielhaft in diesem Zusammenhang sind die Bücher und Reden des ehemaligen ersten Ständigen Vertreters der Bundesrepublik Deutschland in der DDR, Günter Gaus. In seinem Buch »Wo Deutschland liegt« jagen die Zynismen regelrecht einander. Wer jemals der zweiten deutschen Diktatur ausgeliefert war, wird diese bei Gaus nicht mehr wiedererkennen oder nur stark verzerrt: »Es gibt den Druck einer ständigen Aufpasserei nicht. Das Land ist oft schlecht gelaunt: nicht überall in der Republik ist zum Wochenende Bier ausgeliefert worden; Anzüge, die man tragen kann, sind in eine höhere Preisgruppe gerutscht« usw. Günter Gaus hat kürzlich – wie zuvor schon Egon Bahr – ein neues Buch des Präsidenten des Schriftstellerverbandes der DDR, Hermann Kant, gelobt.

Wer Kants Lebensweg, Funktionärsuntaten und Bücher kennt, wird im nachhinein nicht mehr überrascht sein, wenn er der Zyne auch bei Gaus als Stilmittel über den Weg läuft. Gaus hat offenbar bei Kant gelernt; bei Kant las sich das – beispielsweise in dessen Roman »Das Impressum« – so: »In diesem Lande wird gefoltert: mit der Leselampe.« Die Parallelität der Diktionen ist bemerkenswert. Das andere Motiv, warum die Wirklichkeit zwischen Wismar und Wladiwostok mit Hilfe der Sprache wegdifferenziert wird, scheint mir in dem Erfolgszwang zu liegen, dem sich die Vertreter der Entspannungsideologie – sowohl als Praktiker wie auch als Theoretiker – von Anfang an unterworfen haben. Ihre Theorie der »Verständigung«, die im Kern nichts anderes ist als der Ausdruck eines Resozialisierungswahns gegenüber der DDR, beziehungsweise sich sozialistisch gebender Diktaturen schlechthin, unterliegt im Zeitalter der grenzüberschreitenden Medien einer permanenten Verifikation. Da sich, wenn wir bei den innerdeutschen Verhältnissen bleiben, jedoch nichts wirklich wandelt auf der anderen Seite; da die SED das bleibt, was sie immer gewesen ist und auch sein wollte: eine totalitär herrschende Partei, muß die ausgebliebene Veränderung wenigstens behauptet werden: Also findet sie hauptsächlich in Sprache und Optik statt.

Und so gibt es – neben der entspannungspolitischen Semantik – auch eine entspannungsideologische Semiotik (Fotografien, zu Zeichen geronnene Schlagwörter, Sinnembleme, Umfrage-Bilder usw.), die eindeutig dem Prozeß des Gleichwertig-Machens von zutiefst Gegensätzlichem dient. Das heißt: Es gibt mittlerweile eine regelrecht professionell betriebene Produktion von semiotischen Vor-Urteilen, die der semantischen Um-Wertung all jener Wörter und damit Werte dient, die den wesentlichen ethischen Unterschied zwischen den Systemen in Deutschland und Europa markieren. Verständlich deshalb, daß die SED inzwischen bestrebt ist, nicht nur gemeinsame Sprach-Regelungen zu forcieren, sondern auch alle Mitglieder des Politbüros und andere Spitzenfunktionäre bei bester Gelegenheit mit westdeutschen und westlichen Politikern auf ein Bild zu bekommen.

Die Gier westdeutscher Politiker nach einem deutsch-deutschen Memory-Foto nutzend, das im innerwestdeutschen Wahlkampf Kapital bringen könnte, präsentiert sich die Führung der zweiten deutschen Diktatur wie von gleich zu gleich und signalisiert den eingemauerten Untertanen im Herrschaftsbezirk so doppeltes Ausgeliefert- und Verlassen-Sein. Hinzu kommt, daß die westdeutschen Beteuerungen – quer durch die Parteien –, die zweite deutsche Diktatur nicht destabilisieren zu wollen, eben dieser Diktatur eine Souveränität verleihen, die sie nicht einmal von der UdSSR her eingeräumt bekommt, wenn es darauf ankommt.

Es kann jedenfalls nicht übersehen werden, daß die gesamte westdeutsche Reisediplomatie seit Beginn der Entspannungspolitik mit Machtantritt der sozialliberalen Koalition im Jahre 1969 psychologisch und strategisch eine ausgesprochen kontraproduktive Wendung genommen hat: Zwischen dem spontan umjubelten Besuch Brandts 1970 in Erfurt und dem gespenstischen Gang Helmut Schmidts durch die Weihnachtsmarktkulisse des diensthabenden Staatssicherheitstheaters zu Güstrow am 13. Dezember 1981 liegen nicht etwa Welten, sondern vollzog sich eine logische Entwicklung, die die westdeutsche Seite nicht nur nicht torpedierte, sondern mit vorangetrieben hat.

Heute, nach dem Regierungswechsel, erfüllen auch Unions-Politiker ihre kontraproduktive »Pflicht« in dieser Hinsicht. Sie haben sich – aus Mangel an politischer Phantasie und aus Furcht vor dem Zeitgeist und damit möglicherweise zusammenhängenden Wahlniederlagen – in eine Kontinuität begeben, deren Anfänge die Union noch auf das Heftigste bekämpft hatte.

Ein besonders auffälliges Beispiel für diesen anderen Wandel durch Annäherung hat der ehemalige Regierende Bürgermeister Berlins gegeben, nicht zuletzt mit den Verhandlungen über den Gebietsaustausch zwischen West-Berlin und der DDR im März 1988. An der Übernahme des Lenné-Dreiecks im Herzen der geteilten Hauptstadt und seiner Verplanung als den Verkehrsstrom fließender machendes Objekt werden, metaphorisch gesagt, eine Begradigungswut und ein Abschmirgelungswahn deutlich, die den tieferen, möglicherweise auch unbewußten Sinn der Entspannungs-Ideologie verraten: Alles, was im deutsch-deutschen Verhältnis aufstörende, verstörende, aufschreckende, erschreckende Ecken und Kanten hat, alles, was den Zustand der Besinnungslosigkeit angesichts des scheinbar unveränderbaren Staus quo unterbrechen könnte, wird aus dem Weg geräumt.

Gut ist für den Bürger, wenn er haarscharf an der »Wunde namens Deutschland« vorbeirast, wenn er – psychotherapiert oder narkotisiert – im Kreis der Gewohnheit läuft, von keiner ungewöhnlichen Konstellation mehr aufgehalten, von keinem Hindernis erinnert an die andere Aufgabe, die er vielleicht auch noch hat: Darüber nachzudenken, was Freiheit ist, warum er sie hat und andere, nur ein paar Meter weiter, in Unfreiheit leben müssen. Aber Freiheit ist kein Thema im Bereich der Ideologie des Status quo. Sicherheit ist das Thema.

Eberhard Diepgen fährt im Jahre 1988 in die andere Hälfte Berlins, um sich ein Fußballspiel anzusehen. Er sitzt auf der Prominententribüne. Neben ihm, ein paar Funktionäre weiter, der Minister für Staatssicherheit der DDR, Armeegeneral Erich Mielke. Ein Schreibtischtäter. Neben Erich Honecker der prominenteste Unterdrücker, den die SED je zu bieten hatte. Es gibt Fotos von diesem Tag, dieser Stunde und dieser Reihung. Die Männer, die man auf diesen Fotos sieht, sind begeistert bei der Sache, sie lachen sogar. Unten wird Fußball gespielt. Zwei deutsche Mannschaften spielen Normalität. Und oben ihre Politiker Sicherheitspartnerschaft? Der Bürgermeister des freien Teils der Stadt plädierte kurz zuvor für eine »Zusammenarbeit der beiden deutschen Staaten in Deutschland, Wandel durch Offenheit, eine Veränderung der trennenden Wirklichkeit durch Vernetzung von Infrastrukturen«.[19] Wie vernetzt man die Infrastrukturen einer funktionierenden Demokratie mit denen einer funktionierenden Diktatur? Und wenn man es schaffen sollte, was kommt dabei heraus? Eine Demokratur? Oder eine Diktakratie?

Benjamin Franklin war es, der vor langer Zeit warnte: »Wer eine wesentliche Freiheit aufgeben kann, um eine vorübergehende Sicherheit zu erlangen, verdient weder die Freiheit noch die Sicherheit.«[20] Die Normalisierung, die uns angeboten wird, muß zurückgewiesen werden. Sie ist, um mit Heinrich Böll zu sprechen, »nur ein anderes Wort für Ruhe und Ordnung, und die ruhigsten und ordentlichsten Menschen sind die, die sauber gewaschen mit einem schneeweißen Totenhemd bekleidet im Sarg liegen. Die Normalisierung gleicht einem verordneten Erstickungsprozeß, und Ost und West können einander beruhigt in die gewahrten Gesichter sehen«.[21] Heinrich Böll, der Schriftsteller, hat das 1970 und in bezug auf die Situation der damals seit zwei Jahren mit Hilfe von Breschnew und Ulbrichts Panzern befriedeten Tschechoslowakei gesagt. Womit wir beim Schriftsteller im Zeitalter und am Beginn der Entspannungspolitik wären.

Es ist verwerflicher Ansatz bis heute, daß die Vertreter dieser Politik glaubten, ausgerechnet damals beginnen zu müssen – nach diesem neuerlichen gigantischen Unterdrückungsakt.

Die damals beginnende Freundschaft zwischen Brandt und Breschnew, dem Vernichter des Prager Frühlings und Schöpfer des Afghanistan-Krieges, ist ein weiterer Hinweis auf die – mindestens psychologische – Inkompetenz des Ostpolitikers Brandt. Heutige Informationen aus der Sowjetunion Gorbatschows über die Ära Brechnews, der von hiesigen Entspannungsideologen immer wieder als vertrauenswürdige Persönlichkeit beschrieben wurde, lassen diese Beurteilung zur Notwendigkeit werden. Wenn Breschnew das war, was man immer schon wissen konnte, was Dissidenten wie Wladimir Bukowski oder Andrej Sacharow aus Lagern und Verbannung der Welt über ihn und sein Regime kundtaten – also nach innen ein Diktator und nach außen ein Provokateur und Falschspieler –, was ist dann damit über diejenigen gesagt, die sich hierzulande so bewegt von ihm zeigten? Die ihm ihr Vertrauen schenkten und glaubten, seins erworben zu haben? Die, während sie dies hofften und dachten, bei ihren Verhandlungen und Gesprächen im Kreml an Tischen saßen, auf denen Karten lagen, von denen wir heute wissen, daß das KGB sie gefälscht hat?

IV

Was ist zu halten von dieser Periode der Entspannungspolitik – nicht in der Sowjetunion, sondern in Westdeutschland? Wieviel Gelächter nach den Verhandlungen mit diesen westdeutschen Politikern werden wir noch von sowjetischer Seite bestätigt bekommen? Wieviel zu Protokoll gegebene Trauerspiele dieser Art lagern in den Archiven – dort, wo Glasnost und Perestrojka im Moment die Tagesordnung bestimmen, skeptisch beobachtet von denen, denen sie gilt, stürmisch umjubelt von denen, die sagen, ihrer Politik sei es zu verdanken, daß es einen Mann wie Gorbatschow gebe. Wer genau hinsieht, weiß jedoch, daß es die Entspannungsideologie war, die dafür Mitverantwortung trägt, daß ein Mann wie Gorbatschow erst so spät zum Zuge gekommen ist und daß die Führungsriege in Ost-Berlin – von Honecker über Hager bis Mielke – stur und starr den heutigen Kurs des einst großen Bruders verweigern kann, wo sie doch frühere Linien geradezu sklavisch kopierte.

Aber wer zwanzig Jahre lang daran mitgearbeitet hat, die zweite deutsche Diktatur zu stabilisieren, darf sich heute nicht wundern, wenn sie tatsächlich so gut funktioniert, daß sie dem russischen Reformator die kalte deutsche Schulter zeigen kann. Es ist nur zu hoffen, daß Gorbatschow meint, was er sagt, und schafft, was er will. Dann schafft er auch die, die nichts anderes wollen, als ihre unselige Herrschaft zu verlängern. Dazu gehören – im ideologischen Bereich – auch die westdeutschen Befürworter des Status quo. Sie sind insofern das Reaktionärste, was westdeutsche Politik seit langem und im Moment zu bieten hat.

V

Ist damit ein Feind-Bild errichtet? Das heißt: Braucht die Idee der Freiheit Feind-Bilder, um sich formulieren zu können? Das wird unterstellt; aber dem ist zu widersprechen. Die Idee der Freiheit lebt nicht von Feind-Bildern, sondern definiert sich – und genau das macht ihre provokative, störende Dimension aus – über die Erfahrung.

Es sind immer die Realitäten von erfahrener Un-Freiheit oder Freiheits-Bedrohung, die ihren Begriff im genauen Sinne des Wortes not-wendig werden und reifen lassen zur Idee, die dann wiederum politisches Meta-Motiv ihrer Träger wird. Die Idee der Freiheit lebt von der Erinnerung an das, was war und ist. Sie ist Bewußt-Sein, das handelt; Geistes-Gegenwart, die eingreift. Die Ideologie des Status quo dagegen lebt vom Vergessen. Sie ist die Bewußtlosigkeit, die gebraucht wird, um Herrschaft zu installieren; Geistes-Abwesenheit, die den Menschen ins Mechanische bindet.

Es gibt nichts Gegensätzlicheres als diese beiden Pole, und der Schriftsteller verteidigt den Raum, in dem Leben möglich ist, gegen den Ort, der von der Erstarrung zehrt.

»Der Kampf des Menschen gegen die Macht ist der Kampf des Gedächtnisses gegen das Vergessen«,[22] schreibt Milan Kundera in seinem Roman »Das Buch vom Lachen und vom Vergessen«. Damit ist die Aufgabe des Schriftstellers umrissen, wann immer er lebt, aber auch und vor allem im Zeitalter der Entspannungspolitik, denn sie ist der bisher folgenschwerste Versuch, jenes Leid, das unsere Gegenwart so nachhaltig prägt, vergessen zu machen, bevor wir es auch nur ins Bewußtsein gelassen haben.

Es bleibt deshalb dabei, was Karl Jaspers sagte, als man ihm 1958 den Friedenspreis des Deutschen Buchhandels überreichte: »Erst die Freiheit, dann der Friede in der Welt! Die umgekehrte Forderung: ›Erst Friede, dann Freiheit‹ täuscht. Denn ein durch Zufall oder durch Despotie oder geschickte Operation oder durch Angst aller Beteiligten für den Augenblick bestehender äußerer Friede ist nicht ein im Grunde des Menschen selbst gesicherter Friede... Kein äußerer Friede ist ohne den inneren Frieden des Menschen zu halten... Friede ist allein durch Freiheit... Freiheit ist allein durch Wahrheit.«[23]

(1988)

1 Pavese, Cesare: Das Handwerk des Lebens. Tagebuch 1935–50, Claassen, Düsseldorf 1988, S. 443
2 Bahr, Egon: Was wird aus den Deutschen? Fragen und Antworten, Rowohlt, Reinbek bei Hamburg 1982, S. 236
3 Arendt, Hannah: Freiheit und Politik, in: Erziehung zur Freiheit, Reutsch, Erlenbach-Zürich und Stuttgart 1959, S. 44
4 ebenda, S. 31
5 ebenda, S. 37
6 ebenda, S. 39
7 ebenda, S. 34
8 ebenda, S. 34
9 Camus, Albert: Fragen der Zeit, Rowohlt, Reinbek bei Hamburg 1977, S. 77
10 Kant, Immanuel, in: Hans von Eckardt (Hrsg.): Freiheit und Würde des Menschen. Stimmen aus drei Jahrtausenden, Piper, München 1947, S. 65
11 Börne, Ludwig, ebenda S. 137
12 Bahr, Egon: a. a. O., S. 23
13 Bender, Peter: Vorwort, in: Rakowski, Miecyslaw: Ein schwieriger Dialog. Aufzeichnungen zu den Ereignissen in Polen 1981–1984, Econ, Düsseldorf 1985, S. 5
14 ebenda, S. 5
15 Walesa, Lech: Ein Weg der Hoffnung. Autobiographie, Zsolnay, Wien/Hamburg 1987, S. 279/280
16 Thomas, Rüdiger: Modell DDR. Die kalkulierte Emanzipation, Hanser, München 1972, S. 116
17 ebenda, S. 117
18 Gaus, Günter: Wo Deutschland liegt. Eine Ortsbestimmung, Hoffmann und Campe, Hamburg 1983, S. 169

19 Diepgen, Eberhard: Mit einem neuen Zollverein über die zweite elektronische Mauer, in: Geistige Welt Nr. 67 vom 19. 3. 1988, S. I
20 Franklin, Benjamin, in: Hans von Eckardt (Hrsg.): Freiheit und Würde des Menschen. Stimmen aus drei Jahrtausenden, Piper, München 1947, S. 110
21 Böll, Heinrich: Ende der Bescheidenheit. Schriften und Reden 1969–1972, dtv, München 1985, S. 167
22 Kundera, Milan: Das Buch vom Lachen und vom Vergessen, suhrkamp taschenbuch, Frankfurt a. Main 1983, S. 7
23 Jaspers, Karl: Philosophische Aufsätze, S. Fischer, Frankfurt am Main und Hamburg 1967, S. 44 ff.

Nation, Demokratie und der »Eros des Westens«

Versuch über die Zukunft beider Staaten in Deutschland

I

Vor etwas mehr als drei Jahren, am 17. Juni 1986, hielt der ehemalige Bundespräsident Walter Scheel im Deutschen Bundestag eine Rede zum Gedenken an den Arbeiteraufstand in Mitteldeutschland gegen das stalinistische SED-Regime 33 Jahre zuvor.

Diese Rede – ein intellektueller Tiefpunkt im Rahmen des jahrzehntelangen notwendigen Nach-Denkens über diesen wichtigsten deutschen Nachkriegs-Juni, über seine materiellen und ideellen Ursachen, politischen Auswirkungen und moralische Bedeutung für die Gegenwart und Zukunft der geteilten Nation – ist es dennoch wert, gerade jetzt wieder, da sich zwischen Ost-Berlin und Dresden vergleichbare Bilder entwickeln, in Erinnerung gerufen zu werden. Warum? Weil diese Rede – jedenfalls in meinem Verständnis der jüngsten deutschen Geschichte – sich als ein ausgesprochen paradigmatischer, also mustergültiger Text ausweist, der den radikalen Verlust von Freiheits-Bewußtsein und national-emanzipatorischer Orientierungsfähigkeit in den Köpfen der herrschenden politischen Eliten im Westdeutschland der siebziger und achtziger Jahre auf exemplarische Weise markiert.

Der libertäre Geist des Grundgesetzes, aus dem sich jene – auf Deutschlands Zukunft bezogen – doppelte politische Motivation und Pflicht speiste, wurde sukzessive einer rabiaten Verdrängungspolitik ausgeliefert. So sehr, daß ein Gedicht von Richard Salis, »Bilanz« sein Titel und Jahre zuvor geschrieben, wie ein aktueller Kommentar dazu gelesen werden kann: »Die deutsche Dummheit ist unheilbar./ Die deutsche Teilung / vollzieht sich weiterhin planmäßig./ Das Soll beim Mauerbau / vor deutschen Köpfen / ist übererfüllt./ Was deutscher Fleiß auseinanderfügte,/ vermag Gott nicht zusammenzuschmieden«[1].

Scheel damals: »Die Teilung hat uns viele Schmerzen bereitet. Schmerzt sie uns noch? Und wenn sie uns nicht mehr schmerzt – oder wenn sie uns weniger schmerzt: Ist es sinnvoll, alte Schmerzen wieder aufzurühren?... Gibt es nicht viele, die sagen: Was sollen wir von der deutschen Einheit reden? Es nützt doch nichts, weder uns noch den Deutschen in der DDR. Und ist es nicht besser, Vereinbarungen mit der Regierung der DDR anzustreben, die es ermöglichen, daß mehr Jugendliche von dort uns hier besuchen können, oder Vereinbarungen, die das Besuchsalter der DDR-Bürger heruntersetzen? Und viele fragen auch: Werden solche Vereinbarungen nicht gerade durch eine Veranstaltung wie diese erschwert?... Und wir selbst? Haben wir nicht auch andere Sorgen, Sorgen, wie sie etwa das Reaktor-Unglück in Tschernobyl ausgelöst hat? Ist es nicht wichtiger, internationale Regelungen für die Kernsicherheit zu finden, als Reden über die Einheit zu halten?«

Dieser ehemalige Bundespräsident hat dann tatsächlich im weiteren Verlauf seiner Ansprache zum 17. Juni und trotz einer kurz eingeflochtenen Vermutung, daß beide Problemkreise zusammengehören könnten, im wesentlichen über das Ereignis Tschernobyl gesprochen, über die Richtigkeit der von Willy Brandt und ihm exekutierten Form von Entspannungspolitik, deren Kern der Friede zwischen den Systemen sei, und darüber, daß das Festhalten an unserem eigenen Wertesystem nicht notwendigerweise bedeute, »der anderen Seite ein Wertesystem abzusprechen«.

In diesem Zusammenhang nahm der ehemalige Präsident der Bundesrepublik Deutschland, den man gewiß nicht verleumdet, wenn man ihm einen ungetrübten Hang zu den materiellen Annehmlichkeiten der westlichen Wohlstandsgesellschaft nachsagt, auf die ihm eigene schlichte Weise an, daß die »Bevölkerung der DDR«, so formulierte er, »auf ihre dort vorhandenen sozialen Einrichtungen in einer europäischen Friedensordnung« bestimmt nicht verzichten wolle, denn wenn sie ihrem Staat überhaupt etwas zugute hielte, dann sei das »doch sicherlich die Betonung und weitgehende Realisierung ihrer Art von sozialer Sicherheit«[2]. Walter Scheel, sein

Redenschreiber sowie jene Damen und Herren Abgeordneten, die ihm damals Beifall spendeten, werden sicherlich am 17. Juni 1986 zutiefst davon überzeugt gewesen sein, den Realitäten in Deutschland und Europa auf geradezu atemberaubend-kühne Weise ins Auge geblickt zu haben.

Aber was einigen Zeitgenossen schon damals auffiel und heute den meisten allabendlich mit beispielloser Schärfe ins Bewußt-Sein getrieben wird, ist die Tatsache, daß eben diese so scheinbar realitätsbezogene Sicht der Dinge mit den Realitäten hinter den Entspannungskulissen in der DDR und Ost-Europa fast nichts zu tun hatte, also realitätsferner kaum sein konnte.

Scheel hat damals, was viele von uns nicht erst seit vorgestern wissen, eher wie ein Blinder von der Farbe gesprochen; nicht ohne Eitelkeit – stellvertretend für viele – pries er in leicht selbstanklägerisch-devoter Haltung, eine rhetorische Grundfigur deutscher Entspannungsideologen und -politiker, das potemkinsche Friedensdorf Europa auf der Basis des zynischen Entwurfs von Jalta. Was diese Rede durchzog, war der gemeine Grundton: Laßt doch die alten Geschichten Geschichte sein; uns reicht die Freiheit, wenn ihr mit dem Frieden vorlieb nehmt. Hier ist auch nicht alles Gold, was glänzt, und ansonsten: In Europa sehen wir uns wieder!

II

Der Philosoph Ernst Bloch, auch er ein Republikflüchtling im Jahr des Mauerbaus, hat in seiner Studie »Naturrecht und menschliche Würde« solcher erbarmungslosen Oberflächlichkeit, die zudem auch noch Tiefenschärfe vortäuscht, den decouvrierenden Satz in den Weg gestellt: »Die Anpassung ans Gegebene ist übel-positivistisch, wenn sie den Mantel nach dem Wind hängt oder, wie man mit einem hier durchaus einschlägigen Bild sagt, wenn sie sich auf den Boden der Tatsachen stellt, gleich wie er dreinsieht«[3].

Ich glaube, es ist keine polemische Unterstellung, wenn ich behaupte, daß die gesamte Entspannungspolitik der letzten 15 Jahre – also die Phase, in der sie zur alleinseligmachenden zweiten Staatsräson der Bundesrepublik Deutschland verkam – sich exakt von dieser übel-positivistischen »Anpassung ans Gegebene« leiten ließ, um – wie sie vorgab – endlich auf den »Boden der Tatsachen« zu kommen.

Aber der Boden, auf dem sie dann tatsächlich landete, war ein blutiger, von schwelendem Massenzorn erodierter und kommenden Massenrevolten gezeichneter – zum Schluß nur noch mit roten Empfangsteppichen bedeckt oder Parkettfußböden in Schlössern, Jagdhütten und anderen von der Wirklichkeit des »real existierenden Sozialismus« sehr weit entfernten Gehäusen der Macht. Mit einem zunehmend »pathologisch guten Gewissen« – ich denke an solche Politik-Strategen wie Egon Bahr, Erhard Eppler, Günter Gaus oder Jürgen Schmude, in anderen Parteien würde man ebenfalls fündig – wurde eine zunehmend falsche Politik verteidigt und durchgesetzt. Bis in die Diktion gleicht sich deshalb heute auch die Selbstrechtfertigungsphraseologie von SPD- und SED-Funktionären: »Wir müssen die Ostpolitik Brandts und Bahrs weiterentwikkeln; aber dementieren werden wir sie nicht«[4]. Ein Wort des ehemaligen Bundesgeschäftsführers der SPD, Peter Glotz. Er betreibt schon lange die »Arbeit der Zuspitzung«, wenn es um die Interpretation der Entwicklung in Ost- und Ost-Mitteleuropa sowie im anderen Teil Deutschlands nach Breschnew geht: Der national formulierte Emanzipationsprozeß des polnischen Volkes, die Unabhängigkeitsbestrebungen der baltischen Nationen, der radikale Wandel in Ungarn vom poststalinistischen System zur parlamentarisch-gewaltengeteilten Demokratie westeuropäischen Zuschnitts, das alles treibt ihn und seine Genossen in eine gewisse Erregung, die Züge von Hysterie annimmt. Diese Politiker, die nicht bereit sind zu dementieren, werden nun vom Leben selbst dementiert. Ihre Reaktionen auf diesen Vorgang sind alarmierend: In der Nachfolge von Egon Bahr denunziert Peter Glotz das nationale Souveränitätsstreben all dieser Völker als »nationalistisch« und setzt einen abstrakten Europa-Begriff multikulturellen Inhalts entgegen. Ein Mann wie Günter Gaus beleidigt Ungarns Radikal-Reformer, indem er ihnen – von seinen norddeutschen Wohlstandshügeln aus – unterstellt, sie hätten die »Zwei-Drittel-Gesellschaft« zur Staatsräson erhoben, obwohl er, Gaus, sie doch ständig in der Bundesrepublik als etwas Verwerfliches anprangere.

Was ihn und seine Gesinnungs-Genossen zunehmend aggressiver macht, ist der Umstand, daß kaum noch ein Mensch östlich der Elbe »Ostexperten« dieser Art zuzuhören geneigt ist. Den Entspannungsfunktionären des Westens geht es da wie den KP-Funktionären der zerfallenden kommunistischen Despotie. Jahrzehntelang mit Hilfe der Friedensphrase erniedrigt und beleidigt, haben die Menschen in diesem Reich der Alpträume das Gegenwort zum Leit-Motiv ihres Handelns erhoben: Von Riga über Moskau bis Dresden und Schwerin will man jetzt und letztendlich nur eins: Freiheit, das Synonym für ökonomische und politische Emanzipation.

Mit dem französischen Philosophen André Glucksmann könnte man auch sagen: »Der Eros des Westens«[5] hat – gegen alle Despotie – gefruchtet! Die metternichsche Schlauheit der Vertreter eines Konzepts von »Wandel durch Annäherung« ist ihnen mittlerweile ganz einfach zu schlau, denn es gibt keine verbalen Schleichwege zur Freiheit im Prozeß der Geschichte. Die Menschen im Machtbereich kommunistischer Kaderparteien haben es einfach satt, mit diplomatischen Phrasen abgespeist zu werden. Sie wollen Klar-Text: über ihre Lage, über die, die dafür verantwortlich sind, und über ihre Aussichten, der täglich erfahrenen moralischen und ökonomischen Misere zu entkommen.

Natürlich gibt es geschichtliche und persönliche Situationen, in denen man um der Wahrheit oder eines anderen anständigen Zieles willen die Un-Wahrheit sagen muß. Not-Lügen nennt man das. Aber dauernd die Wahrheit beim Beschreiben der Wirklichkeit vermeiden, dauernd denjenigen aus dem Wege gehen, die solcher Gegen-Wahrheit unter persönlichen Gefahren ihre Stimme leihen – das führt zu moralischen Deformationen gefährlichen Ausmaßes. Nur auf dieser trügerisch-pathologischen Basis der »Anpassung ans Gegebene« konnte es passieren, daß später vom Volk gestürzte kommunistische Autokraten – ich denke an Edward Gierek in Polen – oder sich als Schlächter erweisende »Reformkommunisten« – ich denke an Deng Xiaoping – von deutschen Sozialdemokraten zu potentiellen Kabinettsmitgliedern gemacht werden konnten. Nur auf dieser Basis konnten westdeutsche Politiker fast aller Couleur tatsächlich meinen, mit dem eben gestürzten zweiten Diktator der zweiten deutschen Diktatur, dem Organisator des Mauerbaues von 1961, Erich Honecker, und seiner totalitären Partei, eine »Koalition der Vernunft« eingehen zu können. Nur auf dieser Basis konnte die früher am konsequentesten für nationale Einheit in Freiheit streitende deutsche Partei, die SPD in der Tradition des Anti-Faschisten und Anti-Kommunisten Kurt Schumacher, zu dem peinlichen, die ideelle Integrität dieser Partei zutiefst beschädigenden »Gemeinsamen Papier« mit der SED kommen. Blind für die Realitäten im Gesellschaftssystem der Breschnew, Honecker, Husák, Jaruzelski, Kádàr – um nur einige zu nennen –, schuf man sich die Schein-Welt des Dialogs mit den Mächtigen aus Stalins Kaderschmieden.

Die Opposition gegen diese Mächtigen kam kaum oder gar nicht, jedenfalls primär als Randerscheinung vor. Und selbst als sie unübersehbar mehr geworden war als nur eine gesellschaftliche Randerscheinung, als sie sich mit Mut und Blutopfern, den subjektiven und objektiven Konstanten jeder Zivilcourage, ins Rampenlicht der Weltöffentlichkeit gekämpft hatte wie im Polen der Jahre 1980/81, selbst dann wurde sie noch ignoriert. Der heutige Solidarność-Abgeordnete Adam Michnik, ein polnischer Patriot und Demokrat, der Jahre seines Lebens hinter Gefängnismauern verbrachte, weil er sich der »Anpassung ans Gegebene« schlicht verweigerte, Michnik hat kürzlich in einem Essay[6] noch einmal darauf hingewiesen, wie sehr diese polnische Opposition es als einen Schlag gegen sich empfunden hat, daß der ehemalige SPD-Vorsitzende Brandt bei seinem Besuch im Polen des Kriegsrechts dem Arbeiter- und Oppositionsführer Walesa aus dem Weg ging. Und seit wann sucht diese SPD den Dialog mit Oppositionellen im anderen Teil Deutschlands? Spätestens seit Egon Krenz, der neue Generalsekretär der SED, gezwungen ist, ihn auch zu suchen. Allerfrühestens jedoch erst kurz vor ihm.

Das ist natürlich eine Schande, und wir haben die Pflicht, den Ursachen dieser Schande auf die Spur zu kommen. Was deshalb in diesen Tagen und Wochen, da sich im anderen Teil der Nation unübersehbar das lange unterdrückte Freiheitsbewußtsein von Generationen Bahn bricht, not tut, ist nicht nur die Solidarität mit den kämpfenden Menschen vor Ort – die ist selbstverständlich! Viel nötiger ist eine kritische Überprüfung, eine im Sinne des Philosophen Karl Popper radikale Infragestellung aller Grund-Theoreme und Axiome der praktischen Entspannungspolitik und ihrer, den gesellschaftlichen Diskurs Westdeutschlands noch immer geradezu manipulativ beherrschenden Ideologie.

III

Die These, zu dieser Entspannungspolitik gebe es keine Alternative, muß endlich dem Popperschen Falsifikationsverfahren unterworfen werden – nach dem, wie man weiß, Hypothesen, Theoreme und andere Behauptungen, die Wahrheitsrang für sich beanspruchen, diesen erst dann zugesprochen bekommen können, wenn ihre Erfinder und Vertreter die eigene Idee einem radikalen Prüfungsverfahren unterworfen, also der jeweiligen Gegen-These Spiel-Raum gegeben haben.

Weil das so nie geschehen ist, sondern das genaue Gegenteil, ist es an der Zeit, daß parallel zum Entmythologisierungsprozeß, den jetzt die SED über sich ergehen lassen muß, in diesem Teil Deutschlands ein vergleichbares Verfahren auf die Entspannungspolitik und ihre Ideologie angewandt wird. Dieses Verfahren würde inzwischen allerdings nicht nur SPD-Strategen treffen, sondern Politiker aller westdeutschen Parteien, die im Bundestag vertreten sind. Der Opportunismus ist, wie wir wissen, ein anthropologisches und kein parteipolitisches Phänomen.

Nun mag man einwenden, dieser Prozeß hier sei überflüssig, weil der historische Prozeß gegen die SED, der jetzt in Mitteldeutschland ins Rollen kommt, die beste Beweisführung auch gegen die verkorksten Ideen und Handlungen derjenigen ist, die glaubten behaupten zu müssen, ausgerechnet Erich Honecker sei »ein zutiefst ehrenwerter Mann«. So der niedersächsische Oppositionsführer Gerhard Schröder; nicht zu reden von solchen Honecker- und SED-Kennern wie Oskar Lafontaine oder Günter Gaus. Fast könnte man diesem Einwand zustimmen, denn der Zusammenbruch aller Entspannungsideologeme und ihrer Prämissen wie – es gebe so etwas wie eine wachsende Identität zwischen dem SED-Staat und den Mitteldeutschen; Frieden sei wichtiger als Freiheit; ein bißchen mehr Reisefreiheit in den Westen würde Spannungen im Innern der DDR reduzieren; zwei deutsche Staaten dienten dem Frieden in Europa und der Welt; Deutschland sei allerhöchstens eine Kulturnation, seine Staatstradition sei gering und habe immer nur negative Auswirkungen für die übrige Welt gehabt –, dies alles und noch mehr ist in der Tat widerlegt: Die verbissene Stabilisierungspolitik aller Bundesregierungen der letzten zwanzig Jahre – eine im Kern kontinuierliche Politik, wenn auch mit unterschiedlichen Akzenten – gegenüber der zweiten deutschen Diktatur hat, wie wir jetzt überdeutlich sehen können, zu einer fast heillosen Destabilisierung der Situation in Europa geführt.

Zu fragen ist deshalb: Habt ihr, die ihr mit der Entspannungspolitik angeblich zur Stabilisierung der Lage in Europa beitragen wolltet, bewußt ein doppeltes Spiel getrieben, um den jetzigen Aufruhr und seine ihm innewohnende Freiheits- und national-emanzipatorische Perspektive zu provozieren? Das heißt: Hat eure Schlauheit funktioniert? War euer Dialogangebot an die SED nur ein Trick, der sich durch das Ergebnis rechtfertigt? Oder habt ihr euch bloß geirrt? In den Menschen, in den Verhältnissen und euren daraus abgeleiteten Politikentwürfen für die deutsche Nation und Europa? Ich fürchte, und es gibt Indizien dafür, die so Befragten haben sich nur geirrt. Aber sie werden es nicht zugeben wollen. Anders jedenfalls kann ich mir die abenteuerlichen Behauptungen mancher Entspannungspolitiker nicht erklären, die plötzlich mitteilen: Allein ihrer Politik, allein der KSZE-Schlußakte sowie anderen Papieren Wiener oder Bonner Machart sei der jetzige Wandlungsprozeß in Ostmitteleuropa und im anderen Teil Deutschlands zu verdanken. Das erinnert an die nach dem Sturz Honeckers erfolgte Behauptung des einstigen SED-Chefideologen Kurt Hager, seine Partei, die SED, sei es gewesen, die den Dialog erfunden habe! Wir sollten an dieser Stelle massiv widersprechen: So wenig wie ausgerechnet Kurt Hager den Dialog mit der Opposition in Mitteldeutschland »erfunden« hat, so wenig brauchte die Opposition von Moskau bis Prag und Ost-Berlin im Prinzip die KSZE-Schlußakte und andere Diplomatenpapiere, um der Entwicklung auf die Sprünge zu helfen, die jetzt vor unser aller Augen so sichtbar geschieht. Diese Papiere waren zwar nicht unnütz; ursächlich für die revolutionäre Situation im Ostblock aber ist das Zusammentreffen ganz anderer Faktoren: Hauptfaktor ist dabei die mit systemimmanenten Mitteln unlösbare ökonomische Krise, die – Ironie der Geschichte – das solide Fundament der dauernden Legitimationskrise war. Daß diese Dauerkrise erst jetzt in dieser Breite und Radikalität zum Ausbruch kommt, das haben wir genau jenen und ihrem falschen Veränderungskonzept zu verdanken, die geglaubt haben, mit ihrer Variante von »Anpassung an das Gegebene« plus Milliarden Devisen ließe sich eine solche gesellschaftliche Doppelkrise mittelfristig beheben. So wurde jedoch nur ein marodes, todkrankes System – das System des Post-Stalinismus, für das die Namen Breschnew und Honecker zu Synonyma wurden – künstlich verlängert. So wurde ein unreformierbares Reich des Terrors gegen Andersdenkende über seine natürliche Zeit hinaus am Leben gehalten. Unkritische Sozialismusliebe, ein systemtheoretischer Resozialisierungswahn und ideologische Selbstverliebtheit haben diese unheilige Allianz gebildet, die dafür gesorgt hat, daß ein Mann wie Gorbatschow erst so spät auf den Plan treten konnte und wir heute in Deutschland noch mit einem Egon Krenz als Second-hand-Reformer vorlieb nehmen müssen.

Dabei mußte man wirklich nicht sonderlich begabt sein, um zu wissen, daß das kommunistische System unwandelbar verdorben und deshalb unrettbar ist. Warum? Die Antwort ist – seit 70 Jahren – blutig einfach: »Der Kommunismus schränkt die Freiheit, vornehmlich die geistige Freiheit, stärker ein als jedes andere System, abgesehen vom Faschismus. Das völlige Einswerden von wirtschaftlicher und politischer Macht führt zu einem erschreckend funktionierenden Apparat der Unterdrückung, der keine Ausnahmen mehr zuläßt. Unter einem solchen System würde jeder Fortschritt bald zur Unmöglichkeit, da es zum Wesen der Bürokraten gehört, sich jeder Veränderung, von einem Zuwachs der eigenen Macht abgesehen, zu widersetzen«[7]. Wer hat das gesagt? Der keiner Rechtsabweichung verdächtige, linkssozialistische britische Philosoph Bertrand Russel. Und wann? Im Jahre 1938! Und er hat weiter gesagt: »Die Annahme, die regierende Klasse im kommunistischen Staat werde stets im Interesse des allgemeinen Wohls handeln, ist nichts als törichter Idealismus und widerspricht der marxistischen politischen Psychologie«[8]. Ich glaube, daß es genau dieser »törichte Idealismus« war, der in den letzten zwanzig Jahren eine verhängnisvolle Rolle nicht nur in Westdeutschland, sondern in ganz Westeuropa sowie, ein wenig anders akzentuiert, auch in den USA gespielt hat.

IV

Was nun bedeutet diese gewiß fragmentarisch-polemische Analyse der Voraussetzungen der gegenwärtigen Situation in Europa und im besonderen in Deutschland für die Zukunft der geteilten Nation und für die Perspektiven der Demokratie? Die demokratische Revolte in Mitteldeutschland – trotz der gefühlssozialistischen Ausrichtung vieler ihrer Hauptakteure, die man jedoch nicht hochrechnen sollte auf die immer noch schweigende Mehrheit der 16 Millionen –, diese demokratische Revolte ist nicht nur ein Signal an uns, sondern an ganz Europa. Europa ist jetzt deutlich geworden, daß der nationale Emanzipationsprozeß der geteilten deutschen Nation – wie zu Beginn des 19. Jahrhunderts auch – ein von demokratischen Impulsen und humanen ordnungspolitischen Zielvorstellungen geprägter Prozeß ist, der keinen bedroht, sondern allen nützt.

Die weitere Verweigerung einer staatlichen Einheit für die Mittel- und Westdeutschen mit dem durchschaubaren Argument, so könnte sich im Zentrum Europas wieder ein zu mächtiges Deutschland und damit ein potentieller Kriegsherd entwickeln, muß von uns allen als das zurückgewiesen werden, was sie im Kern ist: eine moralische Disqualifikation aller deutschen Nachkriegsgenerationen, denen damit potentiell eine dauerhafte politische Bösartigkeit unterstellt wird. Das subjektive demokratische Potential in beiden Teilen Deutschlands, das hat sich in diesen Wochen wie nie zuvor gezeigt, ist nicht geringer als das anderer europäischer Staaten und Nationen – ob im Westen des Kontinents oder im Osten. Diese Nation kann jedenfalls nicht ewig in die Schutz-Haft des Geteilt-Seins genommen werden. Das verletzt die Würde und Integrität ihrer Menschen. Wir wollen als Deutsche keine negative Exklusivität, sondern eine positive Normalität. Das erreichen wir aber nur, wenn wir unsere bisherige Ost- und Deutschlandpolitik selbstkritisch aufarbeiten und entsprechend korrigieren. Ziel dieser Politik kann nämlich nur eins sein: die bedingungslose Kapitulation der zweiten deutschen Diktatur, also der DDR, für die es nicht die geringste Existensberechtigung gibt. Diese Kapitulation ist die entscheidende Voraussetzung für die Errichtung und Irreversibilität der einen deutschen Demokratie, die dann die dritte in unserer Geschichte wäre.

Lassen wir uns in diesem Zusammenhang übrigens nicht einreden, Europa wolle das nicht. Es gibt genug kompetente Stimmen – ob in Polen, Rußland, der Tschechoslowakei, Ungarn, Frankreich, Großbritannien oder auch in den USA –, die einen fundamentalen Zusammenhang zwischen einem auf demokratischer Basis wiedervereinigten Deutschland, das übrigens kein Groß-, sondern eher ein »Kleinst-Deutschland« wäre, sehen und ihrer eigenen nationalstaatlichen Emanzipation oder Verankerung hin in den Kreis demokratisch orientierter Völker. Aber selbst wenn es so wäre, daß eine Mehrheit in Europa den Deutschen dieses Glück verweigerte – es kommt zuerst und zuletzt darauf an, daß wir es wollen. Wenn wir es nicht oder nur halbherzig wollen, haben die anderen erst recht keinen Anlaß, unserem Traum zum Leben zu verhelfen.

Aus diesem Grund muß man auch dem immer noch amtierenden Außenminister der zweiten deutschen Demokratie entschieden widersprechen, wenn er uns empfiehlt, sich aus dem gegenwärtigen Prozeß in Mitteldeutschland herauszuhalten; ähnlich reden auch verschiedene leitende Männer der evangelischen Kirche sowie vom radikaldemokratischen Aufbruch in der kommunistischen Hemisphäre überrollte Medienfürsten Westdeutschlands.

Ihnen allen muß gesagt werden: Zum einen stehen solchen Begehren schlicht Buchstabe und Geist des Grundgesetzes entgegen. Auch verschiedentlich aufgetauchte Interpretationen, daß in letzter Konsequenz nur die Mitteldeutschen darüber entscheiden, ob beide Teile zu einem Staat verschmelzen oder nicht, sind verfassungs- und völkerrechtlich irrelevant. Über die Einheit Deutschlands können nur alle Deutschen zur gleichen Zeit und gemeinsam abstimmen.

Man sollte da nicht schon wieder Nebel werfen und Sand streuen. Andere können auch lesen. Aber vor allem lassen wir, die wir die SED-Diktatur schon vor Jahren und Jahrzehnten bekämpft und dafür nicht zuletzt mit langen Gefängnisjahren bezahlt haben, uns von keinem Politiker, wo immer er herkommt, einreden, daß wir uns nicht in unsere eigenen, ureigenen Angelegenheiten einmischen dürften. Alles, was zwischen Elbe und Oder geschieht, ist immer auch unsere Sache. Wir haben mit dem zumeist erzwungenen Wechsel von Mittel- nach Westdeutschland doch nicht unseren deutschlandpolitischen Verstand an der Garderobe in Gießen abgegeben. Wir haben nicht für Westdeutschland gekämpft und auch nicht für eine bessere DDR. Letzteres ist ein Widerspruch in sich. Wir haben dort wie hier für ein demokratisches Gesamtdeutschland gestritten, und wir haben nicht vor, diesen fortgesetzten Kampf aus der Wohlstandsperspektive heraus nur noch zu beobachten. Auf unsere geistige Immobilität aufgrund materieller Korrumpierung sollte tunlichst keiner spekulieren! Das ist übrigens auch eine Adresse an die sich formierende Opposition in Mitteldeutschland, die im

Rausch der Ereignisse einem gewissen Originalitäts- und Ausschließlichkeitsanspruch verfällt.

Wir machen von hier aus keinem einen Vorwurf, daß er erst jetzt kämpft – zumal viele der Aufbegehrenden junge Leute sind. Aber wir machen die Älteren darauf aufmerksam, daß die Oppositionellen von heute sich zunächst einmal in eine Tradition des Widerstandes gegen die totalitäre SED-Herrschaft eingereiht haben. Dieser Widerstand begann sogleich nach dem 8. Mai 1945 und erlebte seinen ersten und bis heute hin maßgebenden Höhepunkt, was seine moralische Qualifikation betrifft, am 17. Juni 1953. Auch wir, die wir seit 5 oder 10 oder mehr Jahren in Westdeutschland leben, zuvor aber in Mitteldeutschland gelebt haben und davon unter Umständen jahrelang im Gefängnis, auch wir sind nicht der Hybris verfallen, die ersten Widerstandskämpfer zu sein, sondern haben uns sehr bewußt eingereiht in den Zug der Verletzlichen, deren Angst vor Gummiknüppeln und Haft endlich denn doch geringer war als die Sehnsucht nach Freiheit und der einen demokratischen Nation.

V

Wenn wir die Diktatur auf deutschem Boden endgültig schlagen wollen, müssen wir stärker als je zuvor diese Zeit als eine Zeit der Gemeinsamkeit zwischen West- und Mitteldeutschen begreifen. In uns soll so vorweggenommen werden, was durch uns kommen wird: »Einigkeit und Recht und Freiheit für das deutsche Vaterland!« Für genau jenes Vaterland, auf das Peter Handke in seinem Buch »Die Lehre der Sainte-Victoire« – sich eindringlich erinnernd – mit den Worten verwiesen hat: »Als ich vom Dritten Reich erfuhr, wußte ich, daß es nie etwas Böseres gegeben hatte, handelte auch, wo ich konnte, nach dieser Erkenntnis und fühlte doch nie das Deutschland, wie das Kind es erfahren hatte, damit verbunden«[9]. Vor dem Hintergrund dieses doppelten Urteils, das die Liebe zur Nation reinhält vom Schmutz und der Gemeinheit des Nationalismus, werden Heinrich Heines berühmte Verse »Denk ich an Deutschland in der Nacht, / dann bin ich um den Schlaf gebracht« aktuell wie nie zuvor. Wir werden in den nächsten Jahren weniger Schlaf haben als jemals zuvor, wenn es um Deutschland geht; aber diese Zeit der verlängerten Wachheit ist keine Last, sondern eine Lust – verweist sie doch auf die Nähe eines Festes, das bald, sehr bald, gefeiert werden kann. Und wir werden es nicht alleine feiern, dieses Fest, sondern mit allen Völkern Europas zusammen, denn dieses Fest ist auch das ihre. Es ist das Fest des Sieges demokratischer Nationen über ihre Verächter unter den Gebildeten und Ungebildeten. Es ist das Fest der Freiheit, in dem auch die deutsche Nation endlich zu sich kommen kann!

(1989)

1 Salis, Richard: Bilanz, in: Nicht alle Grenzen bleiben. Gedichte und Fotos zum geteilten Deutschland, Harenberg Edition, Dortmund 1989, S. 37
2 Scheel, Walter: Wen schmerzt noch Deutschlands Teilung? Zwei Reden zum 17. Juni, Rowohlt, Reinbek bei Hamburg 1986, S. 7/8 und 11/12
3 Bloch, Ernst: Naturrecht und menschliche Würde, Suhrkamp, Frankfurt am Main 1985, S. 102
4 Glotz, Peter: Die deutsche Rechte. Eine Streitschrift, Deutsche Verlags-Anstalt, Stuttgart 1989, S. 157
5 Glucksmann, Andre: Vom Eros des Westens. Eine Philosophie, Deutsche Verlags-Anstalt, Stuttgart 1988
6 Vgl. Michnik, Adam: Liegt die Existenz der DDR im Interesse Polens? In: »Spiegel«, 42/89, S. 49; Opfer der Eitelkeit, in: »Spiegel« 39/89, S. 55
7 Russel, Bertrand: Lob des Müßiggangs und andere Essays, Diogenes, Zürich 1989, S. 120
8 Ebenda S. 120/21
9 Handke, Peter: Die Lehre der Sainte-Victoire, Suhrkamp, Frankfurt am Main 1984, S. 70

Zorniges

Polen oder Der 18. Brumaire des Wojciech Jaruzelski

I

Militärputsche zeichnen sich seit eh und je durch eine scheinbar paradoxe Logik aus: Nie kommen sie aus heiterem Himmel über ein Land. Immer kündigen sie sich schon lange vorher an. Und dennoch überraschen sie *jeden*, der *nicht* im Zentrum seiner (langfristigen) Planung eine Rolle spielt. Aber diese scheinbar paradoxe Logik hat auch eine Kehrseite! Nie sorgen Militärputsche dafür, daß der Himmel wieder heiter wird. Immer kündigt sich das schon am düsteren Morgen *nach* der Putschnacht an. Und dennoch überrascht es früher oder später *jeden*, der im Zentrum des Putsches eine Rolle gespielt hat. Ausnahmen (ich denke an Portugal 1974) bestätigen auch hier nur die Regel, und die Geschichte hält für eben diese spezielle Regel den Terminus »Pyrrhussieg« bereit.

Der 13. Dezember 1981 – jener Tag also, an dem in Polen im Auftrag der bankrotten kommunistischen Partei des Landes sowie im Auftrag der sowjetischen Führer ein Militärputsch gegen das eigene Volk stattgefunden hat – dieser Tag ist so ein glanzvoller »Sieg« ohne Sieges-Chancen.

Aber widerspricht das nicht allem, was wir bis zur Stunde über die Lage in Polen wissen?! Denn wir wissen, trotz der wochenlang so konsequent exekutierten Isolation Polens von der Außenwelt, viel: von Tausenden von Verhafteten, von Gefolterten, Erschossenen und Erschlagenen, von in Schnellverfahren zu hohen Gefängnisstrafen Verurteilten, von Untergetauchten, von Angst, Hunger und Apathie, von Aussichtslosigkeit und vereinzelt beginnender Anpassungsbereitschaft – und vom Hervorkriechen der vor dem 13. Dezember nur noch dahinvegetierenden stalinistischen Parteikader.

Vor diesem sich abzeichnenden Hintergrund druckte eine deutsche Illustrierte mit großen gelben Buchstaben auf ihr Titelblatt die scheinbar realistische Schlagzeile: »Polen: Aus der Traum« und fuhr im Innern fort: »13 Jahre nach den Tschechoslowaken mußten jetzt auch die Polen ihre Träume von Freiheit begraben«. So schnell geht das in deutschen Illustrierten, möchte man da sagen – und, etwas ernüchtert vielleicht, hinterherfragen: Ist die »Pyrrhussieg«-These also doch nichts weiter als ein geschichtsphilosophischer Trick des Geschlagenen und seines Sympathisanten, weil er *geistig* nicht ertragen *kann*, was er *psychisch* überdeutlich ertragen *muß*?

Ja – so ist es! Und weil es so ist – seit Menschengedenken –, gibt es *das*, was wir »Pyrrhussiege« nennen – die, scheinbar wider alle mögliche »Vernunft«, eben *doch* möglich sind; durch die Fähigkeit des Menschen – *Opfer* sein zu können, um nicht *Untertan* zu werden.

Genau diese Fähigkeit aber ist es, die dafür sorgt, daß humane Revolutionen, die so »enden«, wie die polnische am 13. Dezember 1981, *niemals* enden, sondern *weitergehen*. Solcherart »verlorene« Revolutionen sind im Kern *siegreiche* – und nur »siegreiche« wie die von 1917 sind im Kern *verlorene*! Der geschichtliche Befund läßt daran jedenfalls keinen Zweifel. Auch wenn er deshalb nicht automatisch die Trauer der Stunde gering werden läßt, weil er den perspektivischen Trost enthält. Aber eines – so drängt es sich mit geschichtsphilosophischer Konsequenz geradezu auf –, *eines* läßt sich daraus mit Sicherheit ableiten (und rettet so ein Stück irdisches Terrain in uns, auf dem Hoffnung *durch uns* immer wieder nachwachsen kann): die Tat-Sache, daß das einzige »Gesetz«, das die Geschichte kennt (wenn sie schon eines kennt), der *Mensch* ist!

Ihm jedenfalls – in seiner ganzen ihm möglichen Unverfüg- und Unberechenbarkeit – stehen die Putschisten aller Zeiten und Länder gegenüber, und die polnischen im besonderen.

II

Ein Blick zurück, über die vergangenen anderthalb spektakulären Jahre hinaus, mag verweisen auf das, *was* dem Putsch-General in Warschau und dem verschlagenen Marschall in Moskau sowie ihren Helfershelfern und Nachfolgern *bevorsteht*: Nichts jedenfalls, was sie zur Ruhe kommen lassen könnte. Obwohl es ihnen doch gerade darum zuallererst und zuallerletzt geht – denn wie hieß es doch noch in jenem Brief des ZK der KPdSU an das ZK der maroden PVAP vom 9. Juni 1981: »Angesichts der tödlichen Gefahr, die über den revolutionären Errungenschaften der polnischen Nation schwebt, müssen wir beunruhigt sein«. Der potentielle Putschist Jaruzelski hatte verstanden (übrigens nicht erst an diesem 9. Juni) und ließ – ein halbes Jahr später – am Tag der offenen Machtübernahme (die er am 28. 10. 81 überregional und am 2. 12. 81 lokal erprobte) die raffinierte Rechtfertigungsrede mit dem plumpen Satz, der alle übrigen überflüssig machte, schließen: »Eines möchte ich erreichen – Ruhe.«

Ein »verständlicher« Wunsch des derzeitigen Anführers der seit 1945 ohne demokratische Legitimation herrschenden kommunistischen Minderheit in Polen. Denn die Mehrheit – und hier insbesondere die Arbeiter, in deren Namen Kommunisten ja immer vorgeben, die Macht auszuüben –, diese Mehrheit des polnischen Volkes hat gegen derartig faustdicke und blutige Lügen schon seit langem revoltiert:

Am 22. Juni 1956 (3 Jahre nach dem Das-kann-doch-gar-nicht-mehr-wahr-sein-Aufbegehren der mitteldeutschen Arbeiterschaft) begann in Posen *das*, was sich bis zu jenem heute schon legendären August 1980 von Danzig fortsetzte, und zwar in immer kürzeren Abständen: Un-Ruhe in Form von Arbeiterstreiks und Protestdemonstrationen gegen katastrophale Versorgungszustände als Ergebnis katastrophaler (weil kommunistisch-planbesessener) Wirtschaftspolitik. Aber *nie* blieb es bei diesem einen, dem materiellen Motiv. Immer wurden daraus sehr schnell politische Streiks und Manifestationen, immer wurden Freiheit und Bürgerrechte mit eingeklagt – und genau deshalb schlug noch jedesmal die herrschende kommunistische Minderheit Un-Ruhen dieser Art mit dem in der Endkonsequenz scheinbar »bewährtesten« Mittel nieder: mit der blanken Waffe in den Händen von Uniformierten – 1956 in Posen, 1970 in Stettin, Danzig und Gdingen, 1976 in Radom. Und immer gab es danach feierliche Versprechungen, die nie eingehalten wurden – nicht einmal von Edward Gierek, dem man dies vielleicht noch am ehesten zutraute. Aber Radom 1976 war der endgültige Beweis. Und insofern gibt es auch – was diese, die militärische Seite der Barrikade betrifft – eine unübersehbare Kontinuität: Der Militärputsch vom 13. Dezember 1981 ist nicht so sehr eine Sensation des kommunistischen Herrschafts-Prinzips, sondern lediglich der kommunistischen Herrschafts-Fassade – ein Problem der Optik also, weil ein »Militärrat zur Nationalen Errettung« in den gegenwärtig gültigen Lehrbüchern über Aufbau und Funktion eines »sozialistischen Staates« eigentlich nicht vorkommt. Denn in der Theorie herrscht die Partei. Und sonst nichts. In der Praxis allerdings gab es schon von je her eine enge Verquickung von Partei- und Militärhierarchie, die Chefs der Sicherheitsorgane und der Polizei selbstredend eingeschlossen: Leonid Breschnew zum Beispiel ist, wie jeder weiß, nicht nur der Generalsekretär der KPdSU und Vorsitzende des Präsidiums des Obersten Sowjets – er ist vor allem auch Marschall der Roten Armee und ihr Oberkommandierender. Aber auch dieser Tat-Bestand sollte nicht als Sensation gewertet werden – er ist vielmehr realistisch und deshalb auch charakteristisch: Die herrschende kommunistische Minderheit in Osteuropa weiß, *wie* sie an die Macht gelangt ist – und sie weiß zugleich, daß die Menschen es wissen, über die sie diese illegitime Macht ausübt. Und da es ihr um genau diese Macht geht, geht es ihr – wenn es darauf ankommt – um nichts anderes mehr, und schon gar nicht um Überzeugung. Wo es aber nicht mehr oder nie um Überzeugung geht, geht es *immer* um die Macht! Vor diesem macht-technischen Hintergrund hat selbst der so scheinbar sensationelle »kriegerische Zustand« in Polen seinen geschichtlich sehr wirksamen Vor-Entwurf: den »Kriegskommunismus« leninscher Herrschaftsart, den Andreas Reimann in seinem Buch »Die Geburt des Stalinismus« so charakterisiert: »Die Bedingungen des Kriegskommunismus prägten die Vorstellungen der neuen herrschenden Schicht vom System des staatlichen und gesellschaftlichen Lebens weit mehr als irgendwelche Einflüsse sozialistischer Theorie; sie gaben ihr den Anreiz zum schrankenlosen Gebrauch von Macht und Gewalt, sie bestimmten ihre Einstellung zu den Werten des menschlichen Lebens.« Der 18. Brumaire des Wojciech Jaruzelski ist also »nur« die Neu-Inszenierung eines für Kommunisten klassischen Herrschaftsmodells. Ob es dabei auch das typische oder einzig mögliche ist? – Nach Lenin, Stalin, Mao und Pol Pot darüber noch akademisch nachzudenken, empfinde ich inzwischen als obszön. Und Polen unterscheidet sich von den übrigen Ostblockstaaten deshalb auch »nur« darin, daß es seinen Machthabern hier bisher am schlechtesten gelang, jene brutale System-Logik dauerhaft zu kaschieren und zu stabilisieren. Das hängt aber nicht zuletzt damit zusammen, daß die Geschichte der polnischen Nation eine zutiefst besondere ist: Sie »gewann ihre Gestalt nicht aus der Selbstbestimmung, sondern aus der Unterdrückung, nicht durch eine Politik des Möglichen, sondern durch Poesie, Schwärmerei und Heroismus. Dieser Staat, den vier Teilungen zeitweilig von der Landkarte löschten, den Moskau schließlich um einige hundert Kilometer nach Westen verschob und zugleich in eine andere Wirtschaftsstruktur preßte, hat nicht die Kontinuität und den Realitätssinn eines ›normalen‹ europäischen Landes entwickeln können. Die ›Solidarność‹ ließ sich deshalb auch nicht vom Kurs der nationalen Selbstbefreiung abbringen, weil es für Polen keine einmalige Nibelungentat ist, auf verlorenem Posten einer Übermacht entgegenzutreten« (Schmidt-Häuer).

III

Vor diesem geschichtlichen Hintergrund bekommt ein Satz aus der Erklärung des ehemaligen Botschafters der VR Polen in den USA, Romuald Spasowski, der aus Protest gegen die Militärjunta in Warschau von seinem Posten zurücktrat, Schlüsselfunktion: »Ein neues Kapitel in Polens Kampf um Unabhängigkeit und menschliche Würde ist vor einer Woche aufgeschlagen worden. Wir werden nie aufgeben.« Dies ist der exakte Sinn des Aufrufs: »Noch ist Polen nicht verloren!« Der Diktator Jaruzelski hat ihn in seiner Eröffnungsrede zu Beginn der neuesten kommunistischen Unterdrükkungs-Festspiele nur ein weiteres Mal mißbraucht – die »nationale« Maske, mit der der General und seine Hintermänner die Szene betraten (Operation »Kanarienvogel« wurde der Coup in den Vorbereitungspapieren der polnisch-sowjetischen Militär-Partei genannt), erwies sich recht schnell als billige Larve: Die »letzte polnische Karte«, die er da gezogen haben wollte, sah nur so aus – in Wirklichkeit war und ist sie eine sowjetisch gezinkte. Und deshalb ist das Spiel auch noch lange nicht beendet. *Denn die »letzte polnische Karte« zieht immer noch das polnische Volk.* Dem General und seinem Klub scheint das klar zu sein. Man merkt es jedenfalls an all seinen »Rettungsideen«, die er bis zur Stunde von seinen Befehlsempfängern in brutale Fakten umsetzen läßt: Der Schock jener 13. Dezembernacht soll ein dauerhafter werden, und das kann er nur, wenn in großem Stil »umerzogen« wird. Offiziere als »Lehrer des Volkes«. Sie kommen in die Schulen und erklären den Kleinsten des Volkes die größte Schweinerei an diesem Volk als Heldentat. Intellektuellen, die noch nicht interniert sind, werden Loyalitätserklärungen zur Unterschrift vorgelegt, Arbeiter versucht man aus der ›Solidarität‹ herauszupressen, man schichtet und schaufelt im ökonomischen Bereich Menschenmassen um, es gibt einen Arbeitsdienst, der seinen Initiatoren inzwischen so gut gefällt, daß sie Gedanken darüber anstellen, ob man ihn nicht auch noch nach Aufhebung des »kriegerischen Zustandes« beibehalten sollte. Das ganze Volk darf so wieder einmal zur »Schule« gehn – und einige Zehntausend, die geistige und historische Elite, sitzen nun schon seit über vier Wochen in ganz besonders intensiven Schulungs-Zentren, unfein »Internierungslager« genannt – und schon gar nicht zu vergleichen mit Konzentrationslagern. Es wird ja *noch* nicht »durch den Schornstein gejagt« oder, wie jüngst (!) in Kambodscha, der Mensch mit der Hacke *erzogen*, indem man ihm den Schädel damit spaltet, auf daß ihm keine dummen Gedanken mehr kommen.

Nein, es wäre Verleumdung – soweit sind sie wirklich *noch* nicht, die »Nationalen Erretter« Polens. Ist es deshalb möglicherweise eine unzulässige Übertreibung dessen, was die genannten Herren möglicherweise *noch* vorhaben? Vielleicht! Doch während des 1. Delegiertenkongresses der unabhängigen Gewerkschaft »Solidarität« im September 1981 hielt ein sehr alter Mann eine Rede, die jeden ergriff, der in der Tagungshalle war: Edward Lipinski, Nestor der polnischen Ökonomen, ein weltweit bekannter Wissenschaftler, zum Zeitpunkt seiner Rede über 90 Jahre alt, Sozialist seit 1906 und Mitbegründer des »Kommitees zur gesellschaftlichen Selbstverteidigung – KOR«. Er sagte: Das kommunistische Nachkriegs-Polen »ist das Ergebnis einer zutiefst antisozialistischen Politik« und damit – die »wirkliche Konterrevolution«. Und rhetorisch fragte er in jener Stunde den nicht anwesenden Armeechef, General Jaruzelski: »Wie kann die Armee den Sozialismus in Polen verteidigen? – Indem sie auf das Volk schießt! So, wie man in Kambodscha 3,5 Millionen Menschen umgebracht hat, um den Sozialismus zu retten!« Daß man diesen alten Mann als einen der ersten internierte, versteht sich deshalb fast von selbst. Aber – und wiederholt: *noch* wollen die selbsternannten »Retter« der polnischen Nation nur das, was man als eine »kalte« oder »saubere« Kambodschanisierung bezeichnen könnte. Noch! Und so bleibt – bis zum Gegenbeweis – die seit den Kronstädter Tagen von 1921 bestehende Lehre auch weiterhin gültig: *Nationale Massenproteste können das System des Kommunismus in Osteuropa nicht reformieren, sondern nur so weit paralysieren – bis die Panzer kommen und geschossen wird, weil geschossen werden muß! Denn es gibt keine Argumente in diesem System für dieses System.* Allein Friedhofsruhe ist ihm dienlich.

IV

Eine Erkenntnis, die einigen deutschen Politikern und Publizisten noch nicht in den irritierten Sinn will – und die doch zugleich z. B. von den italienischen Kommunisten in diesen Tagen überdeutlich formuliert wird. Der Publizist Peter Bender – einer der wichtigsten und auch brilliantesten Vor-Denker Willy Brandts in Sachen Ost-Politik – stellte am 17. Dezember 1981, vier Tage nach Jaruzelskis Coup, im »Vorwärts« die Frage: »Bestätigen sich in Polen nur alte ›Erkenntnisse‹?« Die Selbst-Antwort ist bezeichnend: »Die Schwierigkeit, den Osten von heute und besonders Polen zu beurteilen, liegt darin, daß der Antikommunismus der fünfziger Jahre sich bestätigt, aber dennoch falsch ist. Das System blieb sich im Kern gleich, es versagte und muß mit Gewalt gerettet werden – das ist, was wir kennen. Zugleich aber zeigen sich Kräfte, Möglichkeiten und Spielraumerweiterungen, die es früher nicht gab.« Was hier deutlich wird, ist eine *bewußt* beschränkte Souveränität des Denkens: Bender bestreitet zwar nicht die Fakten, weil das schlecht geht – aber er »entdeckt« und konstatiert ein paar neue, die es früher angeblich nicht gab. Doch was er dann aufzählt, gab es schon immer: oppositionelle Kräfte und die von ihnen zeitweilig erkämpften »Spielraumerweiterungen«, die dann über kurz oder lang mit Gewalt wieder aufgehoben wurden. Und insofern bestätigt sich nicht der Antikommunismus der fünfziger Jahre – sondern der Kommunismus als unreformierbares Herrschaftsprinzip, das von seinem Wesen und Machtverständnis her darauf hinausläuft, jene (für sich) Idealsituation herbeizuführen, »in der alle Menschen zur gleichen Zeit Gefangene von Konzentrationslagern und Agenten der Geheimpolizei sind«, wie der polnische Philosoph Kolakowski es formulierte.

Natürlich: Solche Erkenntnis hat dann auch Konsequenzen, die eine bestimmte Form von Entspannungs-Politik betreffen, zu der es sehr wohl eine Alternative gibt, die nicht im primitiven Gegen-Satz aufgeht.

Denn wenn der »Preis« der *noch* herrschenden Entspannungs-Politik die prinzipielle Hinnahme der politischen Versklavung Osteuropas auf ewig heißt – also auf der Grundlage der falsch ausgelegten Abkommen von Jalta und Teheran –, dann ist diese spezielle Entspannungs-Politik nicht nur moralisch verwerflich, sondern vor allem politisch gefährlich: sie muß nämlich früher oder später Verdrängungs-Politik werden, die sich nicht mehr an Realitäten orientiert, sondern an Illusionen. Gleichzeitig wird sie auch unwillig, den Kampf der politischen Ideen fortzusetzen – vermeidet und verhindert also politische Aufklärung. So gerät Selbst-Betrug ins Spiel, der allenfalls bei Memoirenschreibern ungefährlich und deshalb entschuldbar ist.

Es ist zwar psychologisch verständlich, wenn einige Politiker hierzulande – ich denke da besonders an Brandt, Bahr und Eppler sowie an die prominente publizistische Sekundantenriege Sommer-Augstein-Nannen – verbale Abwehrschlachten schlagen, sich also dagegen sträuben, daß sich ihre »Jahrhundert-Idee« schon nach einer guten Dekade als »Jahrhundert-Irrtum« erweist – das ist in der Tat schwer einzugestehen. Nur: Es wäre ja gar nicht das Eingeständnis einer und schon gar nicht *ihrer* Niederlage, sondern nur das eines Irrtums, der menschlich ist – im besten Sinne des Wortes. Aber eben auch korrigierbar. Wenn jedoch das Gegenteil geschieht und Starr-Sinn erkennbar wird, der inzwischen über Realitäten hinwegblickt und sich mit einer spitzfindigen Noch-nicht-Philosophie selbst betrügt und eine politisch so notwendige Idee wie die des »Weltfriedens« zur Geschäfts-Phrase verkommen läßt, dann ist der Zeitpunkt erreicht, wo Fragen gestellt werden müssen: laut und vernehmbar! Und wenn sich herausstellt, daß die so Befragten dann vielleicht auch noch taub sind, dann *müssen* Antworten gegeben werden. Praktische. Politische. An diesem Punkt sind wir angekommen. Der 13. Dezember 1981 ist deshalb auch für uns eine Zäsur. Noch einen Schlag wie Afghanistan hält *die* Entspannungspolitik nicht mehr aus! hieß es im Dezember 1979. Zwei Jahre später müssen wir ernüchtert konstatieren: Sie hat ihn erhalten – und zwar einen noch stärkeren, weil mitten in Europa! Nun muß sie her –

nicht die Spannung, die hat sie ja, die Welt. Sondern eine andere Entspannungs-Politik, die sich an dieser Realität orientiert und davon ausgeht.

V

Hier kann übrigens vom polnischen Volk gelernt werden: Es hat nie aufgehört, herrschende Politiker zu befragen, ja radikal in Frage zu stellen – und wenn keine oder keine überzeugenden Antworten kamen, selber nach Antworten zu suchen, sie zu formulieren, sie in Gegen-Praxis umzusetzen: Jacek Kuron, Adam Michnik und Karol Modzelewski seien an dieser Stelle stellvertretend für viele genannt.

Kuron und Modzelewski schrieben in ihrem berühmten Essay »Monopol-Sozialismus« von 1964 prophetisch und realistisch zugleich: »Angesichts der Unmöglichkeit, die ökonomische und gesellschaftliche Krise im Rahmen des monopolbürokratischen Herrschaftssystems zu überwinden, erweist sich die Revolution als unvermeidlich ... Die Revolution, die das monopolbürokratische System stürzt, wird eine proletarische Revolution sein.« Solche Antworten geben zu können, dazu bedarf es der Tugend des Mutes. Mut wiederum kann erst entstehen, wenn der Kopf angstfrei ist und umgekehrt.

Sind die Polen andere oder gar Über-Menschen? Mit Sicherheit nicht. Aber sie unterscheiden sich gerade von uns vielleicht durch ihre ausgeprägte Fähigkeit, Geschichte nicht nur zu »lernen«, sondern vor allem die eigene nicht zu vergessen – was bedeutet, sie im jeweiligen historischen Stadium nicht als endgültige hinzunehmen, sondern sie allerhöchstens *zeitweilig* zu »ertragen«. Eine Haltung, die auf tiefe Gläubigkeit verweist. Ein Mann wie Lech Walesa ist ohne diesen Glauben weder denkbar noch zu verstehen: denn die Polen sind Katholiken wie wohl kein zweites Volk auf dieser Welt: Von De-Mut, einem Hauptwert christlicher Lebenshaltung, wissen sie sehr wohl – aber sie haben über Jahrhunderte hinweg gelernt, das Hauptwort darin zu unterstreichen. Die polnische Kirche ist deshalb der Ort in Polen, wo sich der Einzelne und er im Volk und das Volk als Kraft wiederfinden konnten und können. Und dennoch ist der Mut eines Volkes immer die Summe von Einzelentscheidungen zum Mut. So gesehen, beginnt Menschheitsgeschichte immer als Geschichte *im* einzelnen Menschen. In Danzig am 14. August 1980 war es nicht anders. Das »Solidarność«-Streikbulletin Nr. 11 vom 30. August 1980 berichtet von diesem »Gesetz« der Geschichte, indem es einen Mann zu Wort kommen läßt, mit dessen Mut die August-Revolution begann: »Am Streiktag kam ich um 4 Uhr 15 auf die Werft. Niemandem habe ich erzählt, daß der Streik beginnen sollte. Bei mir ist die Mehrheit der Kollegen in der Partei; ich hatte Angst, jemand könnte ihnen etwas verraten und der Streik würde nicht gelingen. Ich wartete bis zum letzten Moment... hängte sieben Plakate auf und legte mir danach die Flugblätter zurecht. Ich verfügte über fünfhundert Exemplare, und jedem, der in den Umkleideraum kam, gab ich eines mit den Worten: »Hier hast Du! Heute streikt die ganze Werft.« Stunden später sind es dreißig, dann Hunderte, die durch die Werft ziehen. Der Direktor wird zur Rede gestellt. Aber er sucht nach Ausflüchten. Die Menge läßt ihn stehen, geht weiter, schweigt zu Ehren der Toten von 1970 und singt die Nationalhymne. Aber der Direktor gibt nicht auf, kommt mit Gefolge, versucht eine Rede zu halten, was nicht gelingt, denn »plötzlich erschien Leszek Walesa. Der Direktor sah ihn nicht, denn Leszek näherte sich dem Bagger von hinten. Er stieg hoch und fragte den Direktor: Erkennen Sie mich? Zehn Jahre arbeite ich auf der Werft, ich fühle mich weiter als Werftarbeiter, denn ich habe das Vertrauen der Belegschaft. Schon vier Jahre bin ich ohne Arbeit. Und er fuhr fort: Laßt uns einen Okkupationsstreik beschließen! Alle brachen nach diesen Worten in ein Hurra aus. Danach wollten wir Frau Walentynowicz im Auto des Direktors zur Werft holen lassen. Obwohl der Direktor protestierte, beschlossen wir es so, und kurze Zeit später fuhr das Auto des Direktors los, um Frau Walentynowicz abzuholen. Wir dagegen gingen zum Radiosender. So begann der Streik.« Und der lange Sommer der »Solidarität«, der wiederkehren wird!

»Eines möchte ich erreichen –«, sagte Putschgeneral Jaruzelski am 13. Dezember 1981: »Ruhe!« Und fünf Tage später wünschte ihm der deutsche Journalist Dr. Theo Sommer bei diesem Vorhaben ein gutes »Gelingen«. Wir werden sie stören müssen, die Herren! Nicht mit Augenmaß – sondern maßlos!

(13. 1. 1982)

Aufruhr in Polen oder CND gleich: Fortsetzung folgt

Den einen fuhr der Schock in die Glieder. Den anderen in die Schreibmaschinen. Die einen fuhren Wasserwerfer auf, schossen Tränengasgranaten ab, ließen Knüppel tanzen. Die anderen hämmerten bombastische Fragen und Thesen aufs blütenweiße Papier. Die einen: das sind die Warschauer Obristen und ihre Schlägerkolonnen. Die anderen: das sind deutsche Entspannungsfetischisten und ihre Schreiberkolonnen. Die einen wie die anderen haben Vorstellungen von der Zukunft des polnischen Volkes – aber diese Vorstellungen kennzeichnet ein Mangel, der allerdings ein wesentlicher ist: sie entsprechen so ganz und gar nicht den Vorstellungen des polnischen Volkes, die es sich aber von seiner Zukunft macht. Den einen wie den anderen wird deshalb noch öfter der Schock in die Glieder und Schreibmaschinen fahren, denn das scheinbar so Sensationelle ist für die Polen offensichtlich das Selbstverständliche: die Umsetzung einer gemachten Ankündigung in praktizierte Wirklichkeit. Die Ankündigung lautete, wir erinnern uns: CND – das polnische Kürzel für »Fortsetzung folgt«. Es war aufgetaucht bald nach dem 13. Dezember 1981 und nichts Geringeres als eine realistische Warnung an die Adresse der polnischen Militär-Partei. Die etwas poetischere Variante dieser Warnung machte weltweit Schlagzeilen: »Euch den Winter, uns den Frühling.« Spätestens seit dem 1. Mai 1981 wissen alle, denen dieses gesagt wurde, daß es sich nicht um platte Dennoch-Parolen handelt, sondern um grundsätzliche Anweisungen zum grundsätzlichen Handeln. Handeln! wohlgemerkt. Und nicht *verhandeln*, wie ZEITgenössische Journalisten deuscher Sprache nun zum wiederholten Male den Polen vorschlagen, ohne daß sie merken, daß aus ihnen nur noch eine perverse »Händlergesinnung« spricht, die Karl Heinz Bohrer soeben in der FAZ beißend charakterisierte.

Nur von hierher kann man jedenfalls zu einer Schlagzeile kommen, wie sie in der ZEIT vom 7. 5. 82 zu finden war: »Die jüngsten Unruhen durchkreuzen die nationale Verständigung« heißt es dort harsch und eindeutig, um sich dann oberlehrerhaft-gequält im Innern des Leitartikels fortzusetzen: »Ist die neue Knebelung für das leidgeprüfte Volk so unerträglich, daß es jetzt lieber aus dem Leben

Europas verlöschen will wie die Tschechoslowakei nach 1968 – statt unter Schmerzen auf eine nationale Verständigung hinzuarbeiten, wie es die Ungarn getan haben?« Eine überflüssigere Frage zur Lage in Polen war schwerlich lange nicht zu finden. Die Polen und sich verabschieden aus dem Leben Europas? Eher verabschieden sich die Russen aus dem blutigen Wahn des kommunistischen Systems als die Polen aus dem Leben Europas, denn alles was sie bis zur Stunde tun, ist ein Zeichen äußerster Lebendigkeit. Jaruzelski spürt diese Lebendigkeit täglich. Und täglich schmerzhafter. Und wenn diese Schmerzen die Voraussetzung für eine – allererste – nationale Verständigung sein sollten, dann werden die Polen wohl nichts dagegen einzuwenden haben. Jetzt aber kämpfen sie – jeglicher Händlergesinnung zum Trotz –: mit Demonstrationen, mit einer illegalen Presse, mit offenen Briefen, mit Gottesdiensten, mit »Gestapo!«-Rufen auf den Lippen, wenn die ZOMO-Schlägerbrigaden anrükken, mit Spenden für die internierten Führer und Aktivisten ihrer Gewerkschaft, mit dem illegalen Sender »Radio ›Solidarność‹«, der immer noch nicht ausgehoben werden konnte, mit schwer abwaschbaren Losungen an Häusern und auf Gehwegen – mit Mut *und* Phantasie also. Was für ein Volk!

Und das Regime? Das Regime stürzt von einer Eingeständnis-Grube in die andere: Nach dem Motto: Alles neu macht der Mai! (und in der stillen Hoffnung, die Opposition kurz und klein interniert und verurteilt zu haben) gab sich der Obristenclub aus Anlaß des Internationalen Kampftages der Arbeiterklasse großzügig: 1000 Internierte durften die Lager verlassen. Zwei Tage später sah er sich mit dem peinlichen Phänomen konfrontiert, über 1000 politische Gefangene mehr in seinen Lagern und Gefängnissen zu haben als davor, denn die arbeitende Klasse hatte ihren (und den folgenden Verfassungs-)Tag genutzt: den 170000 Partei-Demonstranten, die schön isoliert vor sich hin und im Kreis vor allem ihre Isolation demonstrierten, standen Millionen im ganzen Land gegenüber – nicht nur in Warschau. Auch in Danzig, Stettin, Elbing, Thorn, Lublin, Krakau, Breslau und Gleiwitz ging man auf die Straße – für die unterdrückte Gewerkschaft »Solidarität« und also für sich und gegen die Unterdrücker. In Danzig spielte sich eine Szene ab, die erst jetzt bekannt wurde: Rund 50000 Demonstranten sammelten sich am 1. Mai in der Innenstadt und zogen dann auf der großen Magistrale zwischen Danzig und Zopot, die Grundwaldska heißt, vorwärts. Auf ihrem Weg »eroberten« sie einen sowjetischen Panzer, der – auf einem Betonsockel – als Ehrenmal fungiert, und befestigten auf diesem stählernen Ungetüm zwei Fahnen: die polnische und die mit dem Schriftzug »Solidarność«. Aber das Ziel ist nicht dieser Panzer, sondern ein Stadtviertel aus grauen, unverputzten Betonkästen. Ziel ist die »u pilotow 16d«: jenes Haus, in dem Lech Walesa mit seiner Familie bis zu seiner Festnahme wohnte. Die unübersehbare Menge füllt die Straße ganz aus, man singt, man ruft, man demonstriert. Schließlich kommt die Frau des Gewerkschaftsführers, Danuta Walesa, mitsamt ihren sieben Kindern aus dem Haus heraus, sie machen das Siegeszeichen, und zwei Beschützer der Familie, kräftige Arbeiter, rufen der Menge entgegen: »Solange wir leben, lebt Solidarität!« Die Menge singt wieder. Zum Schluß die Nationalhymne. Dann geht man zurück. Lech Walesa vergessen?

Ein Flachkopf, der ohne Berater nichts sei, wie noch vor wenigen Tagen der agile Politventilator Rakowski der westlichen Öffentlichkeit weißzumachen versuchte? Nichts hat die Äußerungen dieses von seiner Familie verlassenen Opportunisten so sehr entlarvt wie das ungebrochene landesweite Bekenntnis der demonstrierenden Polen zu ihrem gefangengesetzten Gewerkschaftsführer! Aber ist es andererseits schwer, diesen Mieczyslaw Rakowski, den Freund des deutschen Publizisten Henri Nannen, zu entlarven? Seine jetzt in der Bundesrepublik Deutschland lebende Frau, die Geigerin Wanda Wilkomirska, hat in einem Interview zwei Sätze über ihn gesagt, die alles erklären: »Er besitzt eine große Fähigkeit, sich an für ihn günstige Verhältnisse anzupassen. Dafür wechselt er auch oft seine Freunde.« So gesehen, ist Walesa natürlich ein »Flachkopf« – besitzt er doch gerade diese vordergründige Überlebens-Eigenschaft nicht! Aber seine Unfähigkeit zu Kreuze zu kriechen – und das ist ja die Un-Fähigkeit der ganzen Bewegung –, läßt etwas ganz anderes überleben: nämlich den Geist der Bewegung selber. Man konnte ihr zwar in einem heimtückischen Nacht-und-Nebel-Gewalt-Streich den organisatorischen Kopf abschlagen – nicht jedoch den geistigen. Und mit *dem* haben es die Obristen in Warschau zu tun – ein für allemal. Das heißt: Nicht die scheinbar Unterlegenen führen einen aussichtslosen Kampf, sondern die vermeintlichen Sieger. Denn was den geistigen Kampf ausmacht, ist nicht nur die Unerschütterbarkeit seiner Ideen, die er bereithält, sondern auch die Fähigkeit zur Ausbildung eines neuen organisatorischen Kopfes.

Nach diesen Mai-Tagen jedenfalls ist wohl kein Zweifel mehr daran erlaubt, daß sich die verbotene Gewerkschaft »Solidarität« in der Illegalität neu organisiert hat und über ein Netz logistischer Verbindungen verfügt. Ein so gesuchter Gewerkschaftsfunktionär wie Zbigniew Bujak, Jahrgang 1954!, ist immer noch nicht gefaßt? Wo steckt er? fragten in einer Sitzung des ZK der PVAP aufgebrachte Provinz-Chargen der Partei und mußten sich zur Antwort geben lassen: Was wissen wir, wahrscheinlich in einem Kloster?! Und auch dem Sender ist man noch nicht auf die letzte Spur gekommen – trotz der Hilfe durch sowjetische Spezialhubschrauber mit hochmodernen Anpeilgeräten. Als man ihn einmal endlich zu haben glaubte, rückte man ihm – in Schildbürgermanier – mit Sirenengeheul auf den vermeintlichen Leib. Aber am Ende war – wieder einmal – außer Spesen nichts gewesen: Der Sender sendete weiter. Bis heute. Mal einen Beitrag unter dem Titel »Vier Monate Kriegsrecht«. Das andere Mal eine »Ansprache zum 1. Mai«. Manchmal unterbricht er sich, weil Gefahr im Verzuge ist. Aber ein paar Tage später kann man ihn wieder hören. Seine Sendezeiten werden angekündigt auf Flugblättern. Die Flugblätter werden hergestellt in der Illegalität. Die Illegalität wird überwunden in den Köpfen. Ein nicht aufzubrechender Widerstands-Kreislauf für die Obristen. Sie können nur internieren, relegieren, Slotys kassieren und Gefängnisaufenthalte verhängen. Aber das ist ein sehr beschränktes Arsenal von Maßnahmen – und es greift nicht! Eine Lösung ist weniger denn je in Aussicht. Was bleibt der Parteizeitung »Trybuna Ludu« anderes übrig, als entnervt zu konstatieren: »Die Verfechter der Konfrontation geben nicht auf.« Der Ermordete ist also schuldig. Nicht die Mörder. Aber das ist noch allemal die Logik desjenigen, der sich um seiner eigenen Macht willen über jegliches Recht hinweggesetzt hat. Das nationale Rettungs-Modell à la Jaruzelski ist schon ein knappes halbes Jahr vor seinem Mit-Gewalt-Inkrafttreten als das charakterisiert worden, was es tatsächlich ist: als ein Katastrophen-Modell. Jacek Kuron, einer der wichtigsten Vordenker der polnischen Freiheitsbewegung, sagte in einem Gespräch zwischen Solidaritäts-Beratern im August 1981: »Aber die Errichtung eines Militärregimes wird mit einer Katastrophe bezahlt werden.« Daß dieses keine falsche Prognose war, ist erst in den letzten Tagen deutlich beworden, als sich ein Vertreter der Gewerkschaft »Solidarität« in einem Interview mit Radio Monte Carlo besorgt über das Auftauchen bewaffneter Terroristengruppen in Warschauer Betrieben äußerte. Er merkte allerdings weiter an, daß es nicht auszuschließen sei, daß diese Gruppen, die eine Strategie verfolgten wie sie die »Solidarność« ablehne, in Wirklichkeit von der Geheimpolizei gesteuert würden. Braucht das Regime den endgültigen Feuer-Zauber, um danach die ersehnte Friedhofs-Gesellschaft schaffen zu können? Das scheint tatsächlich die einzige Lösung geblieben zu sein, die das Regime noch durchzusetzen in der Lage wäre. Aber haben die Polen nicht auch diese Erfahrung schon hinter sich? Die Erfahrung mit einer mörderischen, zu allem entschlossenen Obrigkeit? Und haben sie nicht auch ihr widerstanden? Unter unzähligen Opfern zwar. Aber widerstanden! Der polnische Untergrundstaat zwischen 1939 und 1944 war eben keine Fiktion, sondern eine Realität. Der Warschauer Aufstand von 1944 ebenfalls. Und die »Solidarität« sieht sich in genau dieser Tradition stehen. Wer nichts vergißt, überlebt! heißt das. Und wer so überlebt hat, vergißt nichts. Das ist die Weisheit der Polen, ohne die es sie mit Sicherheit nicht mehr gäbe. Aber es gibt sie. Unzählige Untergrundzeitschriften werden hergestellt und gelesen wie die Bibel. Die Namen der Blätter sagen viel aus über die Situation: »Von Tag zu Tag« und »In der Nacht geschrieben« erscheinen zum Beispiel im niederschlesischen Raum. In Danzig wird der »Unabhängige Nachrichtendienst« herausgegeben. In Warschau druckt man die »Stimme des freien Stahlwerkes«, »Die Wahrheit des freien Polen«. In Posen kursiert das Blatt »Kassiber«. In Krakau heißt eine Zeitschrift »Solange wir leben«, eine andere in Lodz »Die kämpfende Solidarität«. In Breslau schließlich existiert die Zeitung »Wiederauferstehung«. Da wird also auch in diesem Bereich nicht verhandelt, sondern gehandelt. Tag für Tag. Wieder und Wieder. Und macht so die tägliche Abstimmung über das offizielle Polen eindeutig. Das fällt nur deutschen Entspannungs-Journalisten nicht auf – wahrscheinlich deshalb, weil ihnen solch eine Grundhaltung nicht einmal mehr im Traume einfällt. Die ZEIT-Gräfin Marion Dönhoff reiste mit offizieller Erlaubnis – Wohlwollen wohl eingeschlossen und umgekehrt in Rechnung gestellt – durchs selbstokkupierte Polen, sprach diesen und jenen Prominenten – angefangen beim Gewerkschaftsminister Ciosek, über den geschmeidigen Rakowski bis hin zum obersten Obristen persönlich: General Jaruzelski. Von diesen Herren läßt unsere Gräfin sich so einiges erzählen: Zum Beispiel etwas über den blöd-eingebildeten Walesa, der – »begreiflicherweise in den höheren Künsten der Politik unerfahren« – so gar nicht bereit sei, den »Wert von Kompromissen« zu begreifen. Etwas über den Drang hoher Partei- und Staatsführer, dem Volk aufs Maul zu schauen – und nicht nur aufs Maul zu hauen. Aber auch etwas über den störrischen Schriftsteller und Sekretär des polnischen PEN-Clubs, Wladyslaw Bartoszewski, der – so die Gesprächspartner unserer Gräfin – den Märtyrer spiele und nicht aus dem Internierungslager wolle, obwohl man es ihm angeboten habe. Besagter Schein-Märtyrer hörte davon und schrieb seinem Innenminister, dem General Kiszczak, einen Brief, in dem es dann dazu hieß: »Zugleich wird eine Desinformationskampagne durchgeführt... als ob ich freiwillig im Internierungslager bliebe. Dasselbe wurde während des Besuchs der bekannten deutschen Journalistin Marion Gräfin Dönhoff in Polen gesagt, die diese Lüge in der Hamburger Zeitschrift »Die Zeit« veröffentlicht hat.« Bartoszewski ist zwar inzwischen frei. Aber das ändert an jener Lüge nichts. Frau Dönhoff jedoch wird, so wie wir sie kennen, weiterreisen – eine Handlungsreisende in Sachen Entspannungs-Opium. Wer glaubt, wird selig! Aber wer glaubt noch daran? In Polen keiner mehr. Nicht einmal die, die es sagen, denn die haben schon viel gesagt. Wir sollten uns lieber – aufgrund historischer Ereignisse, die unsere Geschichte bis heute kennzeichnen – an jene halten, die etwas anderes sagen, die Gegen-Stimme sind.

Es gibt im derzeitigen Polen, das haben die letzten Wochen bewiesen, keine relevante Gruppe, die etwas wesentlich anderes will als die Gewerkschaft »Solidarität«. Lediglich die Minderheit der kommunistischen Militärpartei und ihre Handlanger verhindern den gesellschaftlichen Konsens. Wen also repräsentieren die Obristen? Nicht mehr und nicht weniger als das Moskauer Politbüro und die privilegierten Knechte des Sicherheitsdienstes und der ZOMO-Truppen. Dazu dann einen Hofstaat, der vom Narren bis zur Schranze alles enthält. Nur eines eben nicht: die Stimme des Volkes. Das ist die derzeitige Realität in Polen. Und nicht der spekulative »Good-will« eines möglicherweise national gesinnten Generals – der nur eben das Pech hatte, in Moskau erzogen worden zu sein. Ihm haben sehr viele Polen schon vor dem 13. Dezember nicht geglaubt. Wie sollten sie ihm nach diesem Tag glauben? – »CND« – »Fortsetzung folgt« heißt es in Polen. Bis heute. Alles andere ist Augenwischerei. Polen ist eine Nation im Widerstand. Sie kennt den Alltag des Widerstands und sie praktiziert ihn alltäglich. In der Untergrundzeitschrift »Von Tag zu Tag« (vom 29. März 1982) las man die Nachricht: »Die Bäcker, die ihre Brote mit einem Anker-Aufkleber versehen haben, wurden verhaftet.« – Mit einem Anker? – Der Anker war während des Zweiten Weltkrieges das Symbol des kämpferischen Polen. Die Bäcker also auch! Wen könnten die Warschauer Obristen eigentlich auslassen bei ihren Aktionen, um die Ruhe herzustellen, die sie brauchen, um in Ruhe herrschen zu können? Sie haben alle gegen sich. Und alles. Sogar ihre eigenen Biographien.

(1982)

Das mögliche Un-Mögliche oder Wissen und Wollen

Ein Statement

Es gilt in der geistigen Debatte gemeinhin als unfein, sich selbst zu zitieren. Manchmal jedoch ist es geradezu ein Akt von Notwehr, auf Selbst- und Zuvor-Gedachtes zu verweisen – dann nämlich, wenn die Vertreter des Zeitgeistes erkannt haben, daß das bislang Opportune vom Gang der Geschichte, den die Nicht-Opportunisten vorantreiben, überholt oder gar als Komplizenschaft decouvriert werden könnte.

Da wird dann von den wendigsten Vertretern jener Gattung mit höchster Perfektion das alte Hase-und-Igel-Spiel inszeniert, an dessen Ende das bekannte »Ich bün all dor!« ertönt. Wenn, beispielsweise, Fritz J. Raddatz sich ausgerechnet am 1. September 1989 wortflott zur ungeteilten Nation bekennt und die Neu-Vereinigung der territorialen Reste Deutschlands einklagt, dann muß man ihn – stellvertretend für viele – zunächst daran erinnern, daß er knapp zwei Jahrzehnte zuvor *ein konstitutives Element* dieser Nation – ihre der Spaltung widersprechende und widerstrebende Nationalliteratur – mit einem ebenso flotten Buchseitenhieb locker teilte: »Es gibt zwei deutsche Literaturen«, lautete die Erkenntnis damals – völlig unbegründet und in schöner Symmetrie mit den Ideologen der SED, die gerade dabei waren, in höchster Legitimationsnot und alter totalitärer Frechheit ihre absurde Zwei-Nationen-Theorie zu kreieren, also der steinernen Mauer eine verbal-theoretische hinterherzuschicken.

Die das nicht hinnahmen – hüben und / oder drüben – waren bestenfalls arme Irre, in der Regel jedoch »kalte Krieger«. Deshalb ist es berechtigt, auch an die eigene Lesart *vor Tische* zu erinnern:

»›Heimat‹ und ›Nation‹ können nicht, denke ich, ›progressiv‹ oder ›reaktionär‹ definiert und verbindlich gemacht werden: Es kommt vielmehr und nach wie vor darauf an, ihre Existenz oder ihren Verlust als eine prägende Realität zu erfahren. Erfahrung definiert sie und nicht das jeweilige ideologische Vor-Urteil, das sich erfrecht, ein Nachdenken darüber, je nach taktischer Laune, zu gestatten oder zu verbieten... Das Elend der deutschen Zustände ergreift nicht mehr nur das Gemüt zu Weihnachten, es wird begriffen mit dem Kopf – und das täglich. Aus dem Jubiläumselend wird das alltägliche Elend, aus der Feiertagsbestürzung die anhaltende geistige Rebellion... In diesem Sinne ist Mecklenburg mein Thema, ist Wismar – die Heimatstadt – der zentrale Ort meines Schreibens. In diesem Sinne löst sich aber auch mein Blick von beiden: von der Landschaft und von der Stadt, um sie wiederzufinden in Deutschland, der im Fleisch immer noch zerrissenen, im Geist aber genesenden Nation. Diese Hoffnung soll formuliert sein – auch auf die Gefahr hin, einer verfehlten das Wort zu reden...«

Gesagt worden ist das 1982, zuvor Ähnliches und heute Gleiches. Von mir. Ich gebe das nicht mit Hochmut zu Protokoll; mit Befriedigung schon: Es hat sich gelohnt, an die Kraft des Geistes zu glauben und der Status-quo-Ideologie die Anbetung zu verweigern.

In diesen Tagen werden nun wieder einmal die Parteiabzeichen weggeworfen, wird mit dem Vergessen gerechnet, bricht allenthalben kolumnenbreite Überraschung darüber aus, daß das, was sich jenseits von Elbe und Oder tut, *möglich* geworden ist: von Gorbatschows umsturzartiger Reform bis hin zur Führerbunker-Mentalität des SED-Politbüros.

Ach, kann ich da nur sagen: Wir haben das alles auch nicht für möglich gehalten. Wir haben es nur gewußt und gewollt und in unserer Literatur zu Protokoll gegeben. Und wir waren nicht einmal die Ersten.

(1989)

Schubladen-Mut oder Die Unwilligkeit zu trauern

Der Umsturz in der DDR hat nicht nur die maroden ökonomischen Strukturen der ehemaligen zweiten deutschen Diktatur, jenes kapitale Ruinenfeld des real existierenden Sozialismus deutscher Provenienz, unübersehbar gemacht, er hat auch ein anderes, weitaus schwieriger zu behebendes Defizit zwischen Elbe und Oder einsehbar werden lassen: das fast totale Fehlen einer, wenn man so will: *moralischen Infrastruktur* im Intellektuellen- und Künstler-Milieu der DDR.

Allenthalben wird sichtbar, daß eine gewichtige Mehrheit dieses Milieus in der DDR nicht nur einfach *daheim* sein, sondern ausgesprochen (in zahllosen Reden, Erklärungen, Interviews, Bildern und Büchern) *bewußt* in jener zweiten deutschen *Diktatur* leben und arbeiten wollte.

Daß also – bis auf wenige Ausnahmen, für die zwei Hände zum Aufzählen reichen würden – kaum einer aus diesem Milieu bereit war, einen »Versuch in der Wahrheit zu leben«, wie der Dramatiker und heutige ČSFR-Präsident Václav Havel eines seiner *gelebten* Bücher nannte, auch nur im Traum zu wagen. Zur psychischen Unfähigkeit zu trauern der Massen kam so die ideologische *Unwilligkeit* zu trauern der führenden Intellektuellen. Ganz zu schweigen von den allzeit diensteifrigen Schauspielern, Kammersängern, Musikern, Balletteusen und Spezies rockiger U-Musik, die noch jedem SED-Parteitag, jedem FDJ-Festival für diverse Privilegien das Märchen von der Harmonie zwischen Geist und Macht im Sozialismus vorgaukelten.

Kultur in der DDR, das war – selbst bei den talentiertesten und qualifiziertesten Akteuren – fast immer ein Akt moralischer Kulissenschieberei, und es ist von geradezu wohltuender Klarheit, wenn ein Mann wie der Maler Georg Baselitz, der selbst einmal in der DDR gelebt hat, seinen Kollegen Ost, so sie denn im Staate blieben und mitmachten, schlicht die Qualifikation von »Propagandisten der Ideologie« zuerkennt.

Damit hat nun also auch die bildende Kunst jener Streit erreicht, der seit Wochen heftig und seit Monaten schwelend unter den Literaten im zusammenwachsenden Deutschland grassiert.

Prominentester Name in diesem Streit: Christa Wolf. Vordergründiger Auslöser: ihr neues Buch »Was bleibt«. Eine Erzählung über eine von ihr an ihr erlebte Observation durch Mitarbeiter des Ministeriums für Staatssicherheit der DDR.

Ein großes Thema. Ein wichtiges auch kulturpolitisch. Ästhetisch gar eine Herausforderung, wenn man die Banalität des Bösen, die hier am Werk war, künstlerisch gültig aufzuzeigen versucht. Und beeindruckend an dieser Erzählung der Wolf das Entstehungsdatum: Ende 1979.

Ja, wenn es denn dabei geblieben wäre. Erschienen ist der Schubladen-Mut jedoch erst Ende letzten Jahres. In jener Zeit, als die Autorin die ebenso traurige Kühnheit besaß, auf einer Künstlertribüne am Alexanderplatz in Ost-Berlin – über die Köpfe der Menge vor ihr zwar nicht, aber über die der Mehrheit im Lande hinweg schon – zu sagen: »Stell dir vor, es ist Sozialismus und keiner geht weg!«

»Für unser Land« nannte sich der tolldreiste, in einer Art politisch-religiösem Wahn wurzelnde Versuch, fünf Minuten nach zwölf einen blutigen historischen Irrtum gigantischen Ausmaßes in strahlende revolutionäre Wahrheit zu verwandeln.

Da es nicht gelang, kam die Enttäuschung. Nicht über das prinzipielle Elend des Sozialismus, sondern über die tumben Massen, die doch tatsächlich nur das haben wollten, was man selbst schon lange besaß: Privilegien. Allerdings als Recht und nicht aus Gnade.

In der zweiten deutschen Diktatur war schlicht passiert, was Michel Foucault schon 1972 in einem Gespräch über »Die Intellektuellen und die Macht« für Frankreich konstatiert hatte: »Was die Intellektuellen unter dem Druck der jüngsten Ereignisse entdeckt haben, ist dies, daß die Massen sie gar nicht brauchen, um verstehen zu können; sie haben ein vollkommenes, klares und viel besseres Wissen als die Intellektuellen; und sie können es sehr gut aussprechen. Aber es gibt ein Machtsystem, das ihr Sprechen und ihr Wissen blockiert, verbietet und schwächt. Ein Machtsystem, das nicht nur in höheren Zensurinstanzen besteht, sondern das ganze Netz der Gesellschaft sehr tief und subtil durchdringt. Die Intellektuellen sind selbst Teil dieses Machtsystems; die Vorstellung, daß sie die Agenten des ›Bewußtseins‹ und des Diskurses sind, gehört zu diesem System.«

Eingeschaltet haben sich in den Streit inzwischen auch das Deutsche PEN-Zentrum und der solidarisierungswütige Günter Grass, der – von Willy Brandt deutschlandpolitisch schnöde allein gelassen – offensichtlich ideologisch vaterlos durch die Geschichte irrt und nun in Christa Wolf eine ideologische Mutter gefunden hat?

Allenthalben auch blanker Zynismus auf dieser speziellen Bühne. Heiner Müller beispielsweise, der zur Zeit meistgespielte Dramatiker deutscher Zunge, übernimmt die Präsidentenschaft der zusammenbrechenden Akademie der Künste der DDR und lobt in einem Interview zugleich den »Krieg als das letzte Refugium des sogenannten Humanen«, weil der ewige Friede nichts anderes sei als das Ende: »Krieg ist Kontakt, Krieg ist Dialog, Krieg ist Freizeit«.

Seine Sicht der Dinge sei im übrigen nur eine Variante von Brechts Urteil über den 17. Juni 1953, für den der Aufstand »der erste Kontakt der Partei- und Staatsführung mit dem Volk« gewesen sei. Das alles habe nämlich nichts mit Gesinnung, sondern nur mit der Realität zu tun.

Zwei Begriffe in diesem Zusammenhang haben einen paradigmatischen Charakter, was das Verhalten der Mehrheit der DDR-Intellektuellen betrifft: Sie waren in der Regel aus ideologischen Gründen, die sich durchaus mit pekuniären trafen, Prototypen der *Gesinnungslosigkeit* und standen – fest wie der allzeit verehrte Meister Brecht – mit einer granitenen Feigheit auf dem Boden der Realität, was zugleich die Garantie dafür war, vor und im Entspannungszeitalter in Ost- *und* West-Deutschland erfolgreich zu sein.

Was sie alle in diesem Streit trifft, ist die schlichte Wahrheit, daß sie ein verlogenes Leben gelebt haben. Die einen mehr. Die anderen weniger. Die einen als domestizierte »Oppositionelle«. Die anderen als Experten und Exekutoren des Apparates der Peitschenbündel und Zuckersäcke.

Wenn es noch eines Beweises bedurft hätte: Daß diese Leute – so Christa Wolf und Klaus Höpcke, Walter Jens und Stephan Hermlin, Peter Bender und Stefan Heym auf einem Entrüstungs- und Denunziations-Kolloquium des Bertelsmann-Konzerns – *an einem* Tisch gesessen haben und es unisono wagten, die freie Presse Deutschlands und Journalisten so unterschiedlicher politischer Ausrichtung und ästhetischer Vorlieben, wie sie in der FAZ, der WELT und der ZEIT zu Wort kommen, einer Art von »Hetze« zu bezichtigen, wie sie sonst nur von der totalitären SED und ihrer Journaille inszeniert worden sei – *das* verrät ein Unmaß an Eitelkeit und ideologischer Orthodoxie, das aus »Furcht vor der Freiheit« (Erich Fromm) die politische Hörigkeit als Existenzweise verinnerlicht hat.

Daß diesen Intellektuellen widersprochen wird von denen, die sich nicht unterwarfen, das ist das Minimum an Trauerarbeit, was im Deutschland dieser Tage zu leisten ist.

Was den zahlreichen Aktivisten der inneren Emigration, den Reservisten der biedermeierlichen Nischengesellschaft sowie den Phalanxen der Ex-Hofschranzen deshalb gut zu Gesicht stünde, wäre – wenn schon nicht oder noch nicht die Fähigkeit zu trauern – wenigstens eine Fähigkeit zum Mundhalten und Zuhören:

Es ist nämlich *Wahrheit* angesagt in Deutschland, und zwar vor allem von denen, die versucht haben, unter den Bedingungen der zweiten deutschen Diktatur »in der Wahrheit zu leben«.

(1990)

Geographisches

Wismar – DIE TOCHTER LÜBECKS

I

Wie spricht man von einer Stadt, von der hierzulande kaum einer spricht, weil sie kaum einer kennt oder auch nur im Bewußtsein hat? Wie spricht man von einer Stadt, die, je westlicher man fährt, um so östlicher vermutet wird, und die dennoch nach wie vor mitten in Deutschland liegt? Wie spricht man von einer Stadt, die man liebt, weil man mehr als nur in ihr gewohnt, weil man in ihr gelebt hat? Fragen, die eine Not signalisieren. Aber nicht nur die natürliche beim Beginn des Schreibens über eine Stadt, sondern vor allem die unnatürliche, die sich dann einstellt, wenn es keinen Weg gibt, sich eben dieser Stadt auch physisch zu nähern: Seit über zehn Jahren ist Wismar ein unerreichbarer Ort für mich. Ich habe Hongkong, Peking und Jerusalem gesehen und ich könnte wohl jederzeit Spitzbergen, Japan oder Feuerland besuchen. Wismar jedoch, die nahe Tochter Lübecks, wie sie genannt wurde, und meine erste große Liebe, wenn's denn pathetisch sein darf – diese Stadt weiß in der Tat keinen Weg, den sie mir heimlich und offen nennen könnte, um zu ihr zu gelangen. Dabei liegt zwischen ihr und Hamburg, meinem heutigen Wohnort, lediglich jener berühmt-berüchtige »Katzensprung«, der doch so oft nur ein Synonym für Unüberwindlichkeit ist – jedenfalls immer dann, wenn die Politik der Geographie glanz- und grenzvoll, also bewußt bis zum Exzeß in den Weg tritt.

Und so ist die Stadt mir zur Stunde nur Traum: ein endloses Leporello aus Bildern im Kopf. Erinnerungen, von denen ich hoffe, daß sie es nicht bleiben. Bleibende Vergangenheit, die Zukünftiges anzeigt: Was hinter uns liegt, wenn es prägend war, liegt immer noch vor uns! Hoffnungs-Bilder also. Weiterzugeben an jene, denen das Reisen von Deutschland nach Deutschland nicht nur eine Möglichkeit ist, sondern auch ein Muß!

II

Wer sich Wismar nähert, aus welcher Richtung des Himmels auch immer, erblickt zuerst und vor allem: Kirchen – Bauwerke, denen nicht einmal schwerste Zerstörungen die Mächtigkeit nehmen konnten, die sie seit Jahrhunderten verkörpern.

Vor fast sechzig Jahren hat Ricarda Huch den magischen Zauber dieser Stadt-Ansicht in unnachahmliche Worte gebracht: »Es wird Abend, und das Boot nähert sich der Küste. Graue Wolken haben sich gesammelt und die Inseln hinter mir verschlungen, in der Nacht wird es regnen; die Bootsleute halten inne, lassen das Wasser von den Rudern tropfen und blicken gedankenlos auf die Stadt, die aus dem Meer steigt. Seltsames Bild, wie hingemalt von den Fingern eines Träumenden an den Horizont. Die allzu hohen Türme, die aneinandergedrängten Dächer haben nichts Körperliches, und der kühle Hauch, der von der Erscheinung ausgeht, kündet Geisternähe an. Ist das Vineta, von der die Chroniken dunkel berichten? Hat die schaurige Stunde geschlagen, in der, einmal vielleicht in hundert Jahren, das Begrabene und Versunkene auftaucht? Ja, aus dem Meer kommt diese Fabelstadt, eingehüllt in die Feuchte der unerforschten Tiefe, die das Glutrot ihrer Steine dämpft. Kein Lärm dringt aus den Gassen oder vom Hafen her, wo es sonst in Seestädten so ausgelassen zugeht; diese Häuser scheinen von lautlosen Tränen überströmt zu sein. Ein altes Tor mit hochgerecktem Stufengiebel winkt zum Eintritt; darf man ihm trauen? Was geschieht dem Lebendig-Sterblichen, der den Zauberkreis betritt?«

Ricarda Huch konnte sich noch von der heilen Silhouette der Stadt in den Bann schlagen lassen, sie sah noch die atemberaubende Macht der drei unzerstörten gotischen Kathedralen.

Im dreizehnten Jahrhundert wurzelt die älteste. Von ihr, der Lübecker Marienkirche nachempfundenen und gleichen Namens, steht heute nur noch der Turm. Dort, wo der Chor sonst vielstrebig emporwuchs, befindet sich jetzt ein Parkplatz. Ergebnis eines vernichtenden Zusammenspiels anglo-amerikanischer Luftminen in den letzten Kriegswochen des Jahres 1945 und der »Baupolitik« eines Staatswesens, dem die Wiederherstellung sakraler Kulturgüter fast nichts, die Vorbereitung und Errichtung von Grenzbefestigungen dagegen fast alles bedeutete. Der Chor eben dieser berühmten Kirche war weniger zerstört als der entsprechenden in Lübeck. Im

August 1960 jedoch, nach zahlreichen wie kompetenten Protesten, wurde er gesprengt. Wir Kinder spielten noch monatelang in den Schuttbergen Krieg. Sowjetische Soldatenkolonnen ließen später die Trümmerlandschaft verschwinden. Der Turm wirkt heute noch mächtiger.

Nur wenige Schritte weiter, vorbei am gut erhaltenen Renaissancebau »Fürstenhof«, eine zweite Ruine. Ihr Name: St. Georgen-Kirche und jüngste der drei großen, die frühzeitig schon die Silhouette der Stadt bestimmten. Immer nur mit merkwürdigem Turmstumpf (der Gemeinde ging das Geld aus) über den Häusern prangend, wurde auch sie von Luftminen getroffen, nicht aber von den Sprengsätzen der neuen Administration und ihrer Kulturpolitik. Statt dessen wurde beschlossen und verbrieft, sie wiederzuerrichten. Doch bis heute blieb der Beschluß Papier, und alle praktischen Ansätze, die es in den letzten vierzig Jahren gegeben hat, erwiesen sich im nachhinein als blanke Scharlatanerie: der schwer getroffene, kostbare Bau stirbt unaufhaltsam vor sich hin: Regen und Stürme, von denen die Stadt reichlich hat, lassen Wandmalerei um Wandmalerei verschwinden, untergraben Mauern und Bögen, zerbrechen den Stein. Man könnte Wetten abschließen. Man sollte sich einen schwarzglasierten Backstein retten! Und während sie fällt, steht die Mauer durch Deutschland fester denn je!

Einziger Lichtblick: die dritte im Bilde. Sankt Nicolai hat alles, bis heute jedenfalls, überstanden. Ihr Kirchenschiff gehört zu den fünf höchsten in Deutschland. Ein Dom, der nie einen Bischof kannte. Teil des Wortes, das es dennoch gibt: Wismar – die Stadt der Dome!

Diese drei Bauten jedenfalls, selbst als Ruinen, sind Argument genug, der Stadt entgegenzufahren. Aber es gibt mehr. Weitaus mehr.

Man weiß, und die Quellen berichten es, die Hanse hat Wismar groß gemacht und zeitweilig zu einem mächtigen Gemeinwesen werden lassen. Und so finden sich denn auch in großer Zahl weitere Hinweise auf diese so ferne, versunkene Zeit: mittelalterliche Giebelreihen von großer Originalität im Detail, Straßengewirr im alten Stadtkern, Bauten der Gotik, der Renaissance, des Barock, Klassizistisches, ein uralter Hafen – und nicht zuletzt: mit 10000 qm einer der größten Marktplätze Norddeutschlands. Was so dem Auge eindrucksvoll erhalten geblieben ist, wird unterstrichen von den Namen der Straßen, in denen diese Bauten stehen: Krämer-, Speicher-, Gerberstraße, Weber-, Grützmacher-, Böttcherstraße, Lübsche Straße, Hegede – sie und die Fülle der übrigen verweisen auf die Fülle des Lebens in jenen Zeiten, die nicht erst heute dahin sind. Die schon lange keiner mehr kennt. Alle diese Straßen, Gassen und Plätze habe ich am liebsten des Nachts durchquert. Dann erst, in der Dunkelheit und Stille eines verschwindenden Tags, fingen die alten Namen zu leuchten an, kam unter dem Routineschritt des Alltags Bedeutung hervor. In diesen Stunden, die immer sehr schnell zu einem Gang durch Kulissen wurden – unheimlich und heimisch zugleich –, füllten sich die Straßen mit dem exotischen Leben ihrer einstmals prosaischen Namen. Mit dem Leben aus Geschichte. Mit der ganzen Fülle einer Vergangenheit, die groß begann und dann, in endloser Tragik und Wirrnis, zur Provinz wurde. Es waren unverschuldete Kriege und Okkupationen, die die Stadt zur Bedeutungslosigkeit verdammt haben: »22 Generationen in Wismar erlebten zwölf Kriege, eine überdurchschnittliche europäische Zahl.«

Der Untergang der Hanse im Jahre 1629 und der Dreißigjährige Krieg haben der Zukunft der Stadt den Todesstoß versetzt. Wismar gehörte am Ende jenes Krieges zum Königreich Schweden: Ein Beutestück, das man nutzte. Der Brückenkopf auf dem europäischen Festland. 1680 avancierte er zur »größten Festung Europas«: »Entlang der 1276 gebauten Stadtmauer mit ihren fünf Toren«, von denen heute nur noch eins – das Wassertor – steht, »und 36 Wiekhäusern wurden Bastionen errichtet und über 700 Kanonen aufgestellt.« Der fatale Ruhm währte jedoch nur kurz und bescherte nichts weiter als neues Leid: 1716, im Nordischen Krieg, wurde Wismar den Dänen übergeben. Neue Kontributionen folgten. Die Armut der Stadt wurde größer und größer. 1718 schliff man die Mauern, Wälle und Fortifikationen: die »größte Festung Europas« war nicht mehr. Drei Jahre später kamen die Schweden zurück. Aber schon ein gutes Vierteljahrhundert danach brach ein weiterer Krieg in die Stadt: der Siebenjährige. Diesmal brandschatzten die Preußen. Und als er zu Ende ging, war Wismar finsterste Provinz. So sehr, daß der englische Reisende Thomas Nugent nach einem Besuch der Stadt im Jahre 1766 schreiben konnte: »...übrigens ist der hiesige Handel so unbedeutend und die Stadt so wenig bevölkert, daß mitten auf dem Marktplatz Gras wächst...«

Erst im Jahre 1803 gab es wieder so etwas wie einen Hoffnungsschimmer: die schwedische Krone verpfändete Wismar für 1250000 Taler auf 100 Jahre an den Herzog von Mecklenburg. Doch die Hoffnung war erneut verfrüht: Napoleon schickte sich an, den Osten Europas zu erobern. Und mit ihm kam die Kontinentalsperre – das Aus für den möglichen Handel auch in Wismar, der mithin weiter am Boden lag. Erst 1903 kehrte Wismar endgültig nach Mecklenburg und damit in den deutschen Verband zurück: Opfer eines jahrhundertelangen geo-politischen Verwirrspiels, dessen vielfältige Zeugen noch heute die Stadt charakterisieren.

Eines der markantesten Bauwerke erinnert denn auch namentlich an jene, mittlerweile fast sagenhafte Zeit: der »Alte Schwede« – Wismars ältestes Bürgerhaus. Ein gotischer Backsteinbau aus dem 14. Jahrhundert, an der Ostseite des Marktes gelegen, der eine äußerst geschichtsträchtige Schenke in seinen Mauern weiß: sämtliche Wände sowie die Decke zieren Schiffsmodelle, Waffen, Harnische, Kupferstiche, Urkunden, Landkarten, präparierte Seetiere, und nicht zuletzt sieht man hier die sogenannten »Schwedenköpfe« – farbenfrohe Zeichen der ehemaligen schwedischen Souveränität, die die Grenze in den Wassern der Wismarschen Bucht markierten. Vier Pfeiler gliedern die Giebelfront des Gebäudes, zwischen ihnen Wimperge um Blenden, Fenster oder Lichtöffnungen – Backsteingotik: braunrotes Ziegelmeer und hin und wieder schwarze und dunkelgrüne Glasuren, sparsamer Glanz.

Überhaupt: der Marktplatz. Von seiner Größe, die den Gedanken der Weite und Großzügigkeit einer hansischen Stadtgründung Gestalt annehmen läßt, war schon die Rede. Aber die Bauten, die seine Ränder säumen, vervollkommnen die Größe auch zu einer qualitativen. Vor allem sei das klassizistische Rathaus genannt: ein langgestrecktes Gebäude mit vorspringenden Seitenflügeln, dessen Wandflächen von Friesen und Rosetten unterbrochen sind. Es sind die einfachen Linien, die hier den Wert ausdrücken. Südöstlich von diesem Rathaus erhebt sich, wie Historiker und Begeisterte es nennen, eines der »Schmuckstücke« der Stadt: die Wasserkunst. Kein bloßer Brunnen, wie in vielen alten deutschen Städten, sondern ein geschlossener Sandsteinbau, dessen Innenraum ein durchbrochenes

Gitter abschließt. Begonnen um 1580 von dem holländischen Baumeister Philipp Brandin aus Utrecht, ist das so praxisbezogene Unternehmen von einst heute »nur« noch bestauntes Kunstwerk, das – inzwischen rundum restauriert – sogar in der Nacht bewundert werden kann: Scheinwerfer sorgen dafür.

Unweit dieser nicht nur ortsbekannten »Schönheit« erinnert eine Steinplatte im Marktplatz an Gegenteiliges: Blut ist dort geflossen, wo sie heute liegt: 1427 ließen hier ein Bürgermeister und sein Ratsherr ihr Leben. Politikerpech. So weit zurück nun auch wieder nicht.

Ich weiß nicht, wie viele Wismaraner von heute diesen Stein noch kennen, der da im Staub der Straße Zeiten überdauert hat. Ich habe frühzeitig von ihm erfahren, ihn gesucht – und gefunden, und ich mußte mir nicht im Museum alte Gemälde anschauen, um zu sehen, was damals an dieser Stelle geschah. Was nicht im Widerspruch zu der Tatsache steht, daß ich ungefähr seit meinem 12. Lebensjahr ein ständiger Gast des einzigen Museums war, das Wismar hat: des »Heimatmuseums« – eingerichtet in einem Bürgerwohnhaus aus dem 16. Jahrhundert, dem sogenannten »Schabbel-Haus«, das sich der Wismaraner Bürgermeister gleichen Namens errichten ließ. Im Dreißigjährigen Krieg wohnte Albrecht von Wallenstein hier, an den in Wismar ein ganz besonderes Bauwerk erinnert: die Frische Grube. Ein aus großen Feldsteinen errichteter Kanal mitten durch die Stadt, der Teil eines intelligenten Plans war: der Verbindung zwischen Ostsee, Westmecklenburgischer Seenplatte und der Elbe. Als der böhmische Edelmann von der politischen Bühne seiner Zeit verschwand, verschwand auch der Traum einer solchen Verbindung. Und die einzigen wichtigen Schiffe, die den Kanal wirklich befuhren, gehörten meinen Freunden und mir. Und wenn wir sie hin und wieder befreien mußten aus der Umarmung grasgrüner Schlingpflanzen, dann war es, als käme Gulliver ins Land der Zwerge.

III

Später hab ich mir andere Namen gemerkt. Und andere Daten. Später fiel mir eindrucksvoll auf, daß die Stadt zu keiner Zeit einen befestigten Fürstensitz in ihren Mauern duldete und daß der unbefestigte, noch heute existierende »Fürstenhof« immer lübischem

Recht unterworfen war. Zwar wurde Wismar nie eine freie und unmittelbare Reichsstadt. Aber sie blieb doch über Jahrhunderte hinweg ein mächtiger, privilegierter Widerpart der Landesherren. Ihre späteren Abhängigkeiten sind deshalb um so bedrückender.

Allerdings: Was dem Gemeinwesen im Laufe der Zeit an Größe verlorenging, das holten zwei Namen im 19. Jahrhundert ein wenig wieder zurück. Der eine: Dr. Friedrich Christoph Dahlmann. Wismaraner von Geburt, war er der Verfasser der Protesterklärung jener »Göttinger Sieben«, in der dem verfassungsbrüchigen König von Hannover der Huldigungseid verweigert wurde. Ein bekanntes Datum deutscher Geschichte. Eine Straße in Wismar trägt seinen Namen. Und eine in Bonn. Das zumindest verbindet diese beiden Städte, wie ich 1976, im Jahr meines Übertritts von Deutschland nach Deutschland, überraschenderweise erfahren sollte. Ich habe die Tatsache als Zeichen vermerkt. Man wird mir den Brückenschlag zwischen Bundeskanzleramt, Rhein und einer mittleren Straße in Wismar vergeben. Und auch nicht. Die Gedanken sind frei. Und auch nicht. So dachte und sprach ein weiterer Bürger dieser Stadt. Zeitgenosse Dahlmanns und viel weniger berühmt, aber nicht weniger groß: Dr. Johann Heinrich Sievers. Buchhändler und Dichter, Zeitungsgründer und Schriftsteller, Veranstalter einer Feierstunde am 27. November 1848 in Wismar zu Ehren des in Wien ermordeten Robert Blum. Rastloser Vorkämpfer einer neuen Verfassung für Mecklenburg-Schwerin und freier Wahlen zu einer verfassunggebenden Versammlung. Ein echter Achtundvierziger, der dann, als die befreienden Ergebnisse der Revolution, langsam aber sicher, auf ihr altes Unmaß zurückgeschraubt werden, einer der echtesten wird: ein Verfolgter, ein Fliehender, ein steckbrieflich Gesuchter. Ein Zurückkehrender und Gefangener. Schließlich ein Exilierter: zuerst in London, dann in der Schweiz. Dort stirbt er 1876. Einer von vielen und Glied einer langen Kette, die gerade in unseren Tagen um viele neue erweitert wird.

Besonders diesem Mann bin ich auf der Spur gewesen: in den Archiven der Stadt, des Landes. Und während dieser Gang ihm nach noch zu Höhepunkten vor alten Urkunden in geöffneten Panzerschränken führte – das älteste Stadtbuch ruhte in meinen Händen –, da war's schon beschlossene Sache, dem Spurensucher die vergangene Zeit so zu verkürzen und nahezubringen, daß aus den fremden

Spuren eigene wurden – daß die Vergangenheit des einen die Zukunft des anderen werden sollte.

Wenn ich an Wismar denke, löse ich sie, was eigentlich nicht geht, aus der Gegenwart heraus und nähere mich ihr wie einem versunkenen Ort, der urplötzlich auftaucht. Ich habe diese Stadt immer nur als vergangene Gegenwart begriffen, um sie für eine größere Zukunft zu retten. Wäre sie mir nur »reine« Gegenwart geblieben, ich hätte wohl in ihr gewohnt, aber nicht gelebt: dazu waren die neuen Fassaden, Plakate und Sprüche zu brüchig. So aber verwandelte sie sich wieder und wieder vor meinen Augen: Durch die Straßen und Gassen gingen die Menschen aller wichtigen Zeiten. Ihr Lärm erscholl, ihr Singen, ihr Schrein. Ich sah die Kämpfe der Stadt, ihre Siege und Niederlagen. Ich habe das Jahr 1229 erlebt, das für den Beginn ihrer Geschichte steht, und ich war dabei, als die Ratsmannen Wismars mit dem berüchtigten Seeräuber Störtebecker einen Vertrag abschlossen, um dem in Stockholm eingeschlossenen Landesherren zu helfen. Ich fuhr auf Wismarschen Koggen durch Nord- und Ostsee: an Bord das berühmte Bier und den berühmten Hering. Ich bezahlte mit Wismarschen Münzen und erlebte den alljährlichen Markt zu Pfingsten, bezeugt seit dem 14. Jahrhundert. Gespräche gab es mit Sievers und Dahlmann, mit dem Verleger Hinstorff und seinem berühmtesten Autor: Fritz Reuter. Selbst mit dem Hauptmann von Köpenick, der ein Jahr lang in Wismar Schuhe besohlte, wurden Worte gewechselt. Alle Epochen und alle Menschen, die den Ruhm meiner Stadt gemehrt haben, sprach ich und ließ mich davon überzeugen, daß es richtig sei, von dieser Stadt weiterzusagen: ihren Namen aufzuheben wie einen kostbaren Gegenstand, der uns Schönheit vermittelt und Weisheit.

(1979)

Erinnerungsblatt an eine Kirche

St. Nikolai zu Wismar

Kaum etwas an ihr ist spielerisch oder auch nur fein, schon gar nichts ziseliert, geschweige denn filigran, und dennoch schlägt sie jeden Betrachter vom ersten Augenblick der Begegnung an in ihren Bann: Denn was da emporwächst an Mauern, Getürm, Bögen und

Streben, ragt wie ein Felsmasiv in den oft regendunklen und wolkenverhangenen Himmel: St. Nikolai zu Wismar – eine der drei großen Kirchen der mecklenburgischen Hansestadt und Beispiel norddeutscher Backstein-Gotik in Reinkultur.

Wenn Mächtigkeit Prächtigkeit ausdrücken soll, zu wessen Ehre und Lob auch immer, dann haben wir es in diesem Fall mit einer geradezu erdrückenden Pracht zu tun: Manchmal sieht diese Kirche aus wie eine riesige Glucke, die eine ganze Stadt im Schatten ihrer Flügel birgt, manchmal wie ein brandrotes Schlachtschiff, das von einer Armada Schaluppen umkreist wird.

Gewiß, Weltberühmtheit kann man ihr nicht nachsagen; aber regionale Bedeutung haben ihre architektonischen Dimensionen mit Sicherheit; und im geschichtlichen Raum hansischer Kulturlandschaft steht sie wohl ziemlich einmalig da.

Solche Superlative, auch wenn sie sich im regionalen Kontext begrenzen, wollen wohlbegründet sein: mit all den unvermeidlichen Eckdaten zur Geschichte eines solchen Bauwerkes, zu Ausstattung und Ausmaßen, zu Weihefesten, Umbauten und Katastrophen, deren Gewaltigkeit sich ja immer am besten ablesen läßt an der Gewaltigkeit des Zerstörten oder Beschädigten.

Wismars St. Nikolai-Kirche hat davon, wie die Schwestern St. Marien und St. Georgen, im Laufe der Jahrhunderte viel erlebt, aber den entscheidenden Angriff, im Unterschied zu den konkurrierenden Geschwistern, heil überstanden: Eine Bombennacht im April 1945 löschte aus, was bis dahin, neben Ernst Barlach und Theodor Däubler, vor allem auch die Geschichtspoetin Ricarda Huch fasziniert hatte:

»Ja, aus dem Meere kommt diese Fabelstadt, eingehüllt in die Feuchte der unerforschten Tiefe, die das Glutrot ihrer Steine dämpft... Gewaltig ragen die drei Hauptkirchen aus der Stadt empor. St. Marien und St. Georg in der Nähe des Marktes, St. Nikolaus am Hafen, dem Patron der Fischer geweiht. Herausfordernd hingeworfen, wie um sich untereinander und alle Kirchen der Nachbarorte zu übertrumpfen...«

Ricarda Huchs enthusiastische Wismar-Vision, die ihren Grund nicht so sehr dem subjektiven Vorstellungsvermögen der Schauenden, sondern der objektiven Wirkungskraft des Geschauten verdankt, kann heutzutage nur noch bedingt nachvollzogen werden:

Das Ensemble der Bauten, die so stark auf die Dichterin wirkten, ist zerstört. Fragmente beherrschen die Szene. Aber selbst diese Bruch-Stücke geben immer noch eine Ahnung davon, warum Wismar, das nie geistliche oder weltliche Herren in seinen Mauern duldete, bald die »Stadt der Dome« genannt wurde.

Nie war es das Detail, das diesen Ruf gerechtfertigt hat; immer war es das Ganze, das ihn begründete und ins Sagenhafte verlängerte. Ein Ensemble, das optisch Macht wachsen ließ, um Selbstbehauptungswillen nicht nur zu demonstrieren, sondern letztlich zu *beweisen*: Gott ist mit den Erfolgreichen! Und wenn der Erfolg nachläßt? Wenn politische und wirtschaftliche Konflikte und Konstellationen ins Handwerk, ins Handeln pfuschen?

Dann wird weitergebaut. Gerade deshalb. Wer nach oben strebt, richtet sich auf. Die Himmelsgunst ertrotzen? Ein Hauch von Babel umströmt diese Silhouette. Eine Stadt, die Calvin zum Beweis gereicht hätte: Gott ist mit den Erfolgreichen! Was sich selbst noch im Niedergang, quasi ex negativo nachweisen läßt: Nun ist Gott nicht mehr mit ihnen!

Warum? Am wenigsten wüßten es wohl die zu sagen, die – in Jahrhunderten – den Steinhaufen des Anstoßes zu Kirchen werden ließen. Die mit schier brachialer Schöpferkraft und Intelligenz wahre Gottesburgen auftürmten. St. Nikolais Geburtsjahr liegt um 1380. Sie war nicht nur Ausdruck innerstädtischer Notwendigkeiten und Gemeindekonkurrenz, nicht nur Antwort auf die über hundert Jahre ältere Ratskirche St. Marien, sondern vor allem ein Angriff auf deren Dimensionen: Mit einem 37 m hohen Mittelschiff, dem höchsten zwischen Mecklenburg und Thüringen und leicht übertroffen nur noch vom Kölner Dom und der Danziger Marienkirche, ist die Attacke denn auch erfolgreich verlaufen und dauerhaft geblieben.

Alles andere – Langhausjoche, Kapellenkranz, Seitenschiffe sowie Nord- und Südhalle – folgt ansonsten, also in Stil und Ausformung, der heftig Attackierten. Solcher auf geringe Originalität bedachte Nachvollzug vorgefundener Gestaltungsmöglichkeiten kompensierte sich in der Errichtung des Turmes: Der dreigeschossige Sockel und sein kupferbedeckter achtseitiger Helm maßen vom Boden bis zur Spitze stolze 120 Meter.

Doch dieser geradezu stechende Triumph über St. Marien, diese herrliche Erhöhung über alle Türme der turmreichen Stadt währte nur knapp zwei Jahrhunderte: Am 8. Dezember 1703 brach ein Orkan, der auch andernorts fürchterlich wütete, ins Turmgebälk von St. Nikolai – so sehr, daß es bald einknickte und im Sturz das Kreuzgewölbe des Hochschiffes durchschlug sowie Lettner, Triumphkreuz, Orgel, Kanzel, Gestühl und die vergoldete Bronzefünte zerschmetterte.

Die Stadt, zu diesem Zeitpunkt längst ausgepowerte schwedische Kolonie, war finanziell nicht in der Lage, die alte Ausstattungspracht, die nicht zuletzt proportional den Dimensionen des riesigen Raumes gerecht wurde, zu erneuern. Es dauerte noch ganze einhundert Jahre bis zur bloßen Wiederherstellung des spätgotischen Gewölbes.

Was bis 1945 an Ausstattung in St. Nikolai Platz fand, geriet eher kümmerlich. Doch seitdem beherbergt sie wieder kirchenkunsthandwerkliche Schätze: Gerettetes aus den zerbombten Schwestern.

Die Baumeister dieser somit seit langem versehrten Machtpracht – Heinrich von Bremen, Hermann von Münster, Peter Stolp und Hans Martens – schufen ein Gotteshaus von »hoher Monumentalität«, meinen Kunsthistoriker, die doch zugleich »kahle Einseitigkeit« auszeichne.

Aber gerade diese Monumentalität ist es, die bis heute in den Bann zieht. Denn sie drückt keineswegs nieder, sondern reißt uns regelrecht empor. So jedenfalls hab ich es immer wieder erfahren. Ihre Dunkelheit, trotz der hohen Fenster, habe ich nie als sinnferne Düsternis empfunden, sondern immer nur als das Geheimnis des Glaubens bewahrende Herausforderung. Ein Ort, der Kraft signalisierte, Mut, Kühnheit. Vor allem aber: Willen. Und doch habe ich darin nie eine ungebührliche Selbsterhöhung des Menschen gesehen, sondern nur das Aufrichten der niedergedrückten Kreatur, die im Willen zur Ehrfurcht der eigenen Geschöpflichkeit Wert zuerkennt: Ein Haus für Gott, um der Menschen willen. Mit all der unterkühlten Rhetorik, die die norddeutsche Backstein-Gotik charakterisiert: also wenig Zierat, Schnickschnack und Blendwerk, dafür Grundflächen, Linien, Richtungen. Konzentration durch Reduktion auf Strukturen, die Klarheit schaffen. Metaphysische Horizont-Erweiterung – das wäre, formelhaft, die ideelle Summe derartigen Bauens.

Sieht man in solch einer Kirche nicht wesentlich mehr von dem, worum es im Kern geht, als in Kirchen, in denen man wesentlich mehr sieht?

Ich bin – Wismaraner und Protestant – doppelt befangen und kann deshalb Antwort nur für mich geben. Zumal: Dies ist nicht der Ort für Bekenntnisse, sondern für Einladungen.

St. Nikolai zu Wismar ist eine, die auf den ersten Blick wenig verspricht, auf den zweiten jedoch viel hält. Es gibt also Gründe, sich auf diese Kirche mitten in Deutschland einzulassen: architektonische und theologische, kulturhistorische und politische. Vor allem aber den, der mich hat immer wieder eintreten lassen in dieses imponierende Gewölbe aus Schlichtheit und Gewaltigkeit: Meine Sehnsucht, zu mir selbst zu kommen, ohne in Abgründen verlorenzugehen.

Die Mauern von St. Nikolai gaben dieser Sehnsucht lautlos Raum. Nicht zuletzt indem sie mir Bilder zeigten, die vor Jahrhunderten hier an die Wand gemalt worden waren. Keine Apokalypsen, sondern Hoffnungsbilder: Christophorus und der Schmerzensmann. Meterhohe Gestalten in zarten Farben. Ihr künstlerischer Wert soll hoch sein. Ihr tröstender ist unermeßlich.

(1987)

Lübeck und Wismar

Nachdenken über eine Städtepartnerschaft

Partnerschaften zwischen Städten verschiedener Länder sind eine alte und sinnvolle Einrichtung: Menschen unterschiedlicher Mentalitäten und historischer Sozialgefüge finden im Rahmen dieser Kommunikationsmöglichkeit über geographische Entfernungen und einschneidende Grenzen hinweg die Möglichkeit, im Fremden das Eigene zu erkennen, Anders-Sein nicht als Bedrohung zu erfahren, sondern als Bereicherung, und im übernationalen Zusammenspiel nationaler oder lokaler Interessen begreifen zu können, wie klein unsere Welt ist, wenn es darauf ankommt, und wie sehr wir deshalb aufeinander angewiesen sind.

Gewiß, von reinem Idealismus sind solche Kontakte und Allianzen – deren Vorläufer über die Hanse bis zu den Städtekoalitionen im antiken Griechenland reichen – nie nur beseelt gewesen. Immer vermischte sich mit der humanen Idee der Völkerverbindung das merkantile Interesse oder der politische Zweck. Aber selbst Negativbeispiele entwerten in diesem Zusammenhang nichts: Es lohnt sich immer, über die engen Grenzen seines Dorfes, seiner Stadt oder seiner Nation hinweg Kontakt zu demjenigen zu suchen, der außerhalb des eigenen Lebensbezirks zu existieren versucht. Das Selbstverständnis, ein Bürger der Welt zu sein, ist zum Glück nicht automatisch identisch mit der nivellierenden Ideologie vom Weltbürgertum.

Was aber, wenn uns die Tugend grenzüberschreitender Partnerschaft im eigenen Land herausfordert? Wenn wir – aufgrund geschichtlicher Ereignisse, die den Charakter einer nationalen Katastrophe durch moralisches Versagen tragen – gezwungen sind, jenes humane Verhaltensmodell, das sich nach außen richtet, im Innern der eigenen Nation anzuwenden, weil sie eine gespaltene ist und die Grenze zwischen den Teilen von mörderischer Qualität? Städtepartnerschaften im eigenen Land? Zwischen Kiel und München, Bonn oder Hannover sind sie nicht nötig. Jeder würde solche Extraverbindungen absurd finden. Aber Städtepartnerschaften zwischen Schwerin in Mecklenburg und Wuppertal in Nordrhein-Westfalen oder Saarlouis im Saarland und Eisenhüttenstadt an der Oder feiert die Mehrheit der deutschen Öffentlichkeit, besonders aber die westdeutsche, in dieser Zeit als Fortschritt.

So absurd kann Gegenwart aussehen, wenn die Vergangenheit nur absurd genug war. Und noch absurder wird alles, wenn es zwei Städte trifft, die immer voneinander gewußt haben. Die jahrhundertelang zum Kern einer Städtefamilie gehörten, die die Bürger-Burgen »van der dudeschen Hense« (von der deutschen Hanse) umfaßte – ich meine Wismar, meine Heimatstadt, und Lübeck, die einstige Königin der Hanse, zu der der wichtigste Weg meiner Stadt führt: die »Lübsche Straße«. Daß die Funktionäre der ersten deutschen Diktatur, die Nationalsozialisten, sie zur »Adolf-Hitler-Straße« und die Funktionäre der zweiten deutschen Diktatur, die Einheitssozialisten der SED, eine »Stalin-Straße« daraus machten – politische Episoden, die am Beginn ihrer Inszenierung Ewigkeitswert für sich beanspruchten –, sie heute jedoch wieder »Lübsche Straße« heißt, gehört »nur« zur blutigen Ironie der Geschichte im allgemeinen und der jüngsten deutschen im besonderen.

Aber dieses – historisch gesehen – kurzfristige Straßenschild-wechsle-dich-Spiel ist ja nur der verrückteste Hinweis auf die Gründe für die anfangs genannte absurde Situation, innerdeutsche Städtepartnerschaften unter Umständen sinnvoll zu finden. Ich jedenfalls habe sie, zugegeben, von Anfang an sowohl mit einem lachenden als auch mit einem weinenden Auge betrachtet. Zu deutlich war das Bestreben der anderen Seite, als sie denn endlich einging auf die lange von westdeutschen Politikern aller Parteien vorgetragenen Wünsche, aus der nationalgeschichtliche Verbindungen wiederbelebenden Lust der verhaßten Demokraten vom anderen deutschen Ufer Souveränitätskapital für das eigene illegitime Staatsunternehmen herauszuschinden.

Auch die Städtepartnerschaftsverbindung zwischen Wismar und Lübeck – angeregt durch einen Brief vom 14. August 1987 des amtierenden Oberbürgermeisters meiner Heimatstadt – enthält in seinem Text diesen logischen Widerspruch. Das am 28. Oktober 1987 in Wismar, der alten mecklenburgischen Hansestadt, von Lübecks Bürgermeister Dr. Robert Knüppel und Wismars Oberbürgermeister Günter Lunow unterzeichnete Drei-Seiten-Dokument ist auf markante Weise grotesk und bewegend zugleich, stellt es sich doch zum einen das »Ziel, ... Vertrauen und gute nachbarschaftliche Beziehungen zu schaffen« – als hätten nicht gerade diese beiden Städte jahrhundertelang genau solche Beziehungen intensiv gepflegt. Andererseits erinnert die Vereinbarung im Absatz 1 ihres 1. Artikels an eben diese so reiche Zeit der Gemeinsamkeit beider Städte, die gerade am Beginn ihrer Existenz – bildlich gesprochen – so etwas wie ein Mutter-Tochter-Verhältnis auszeichnete: Wismar, urkundlich erstmals 1229 erwähnt, gilt als eine Stadtgründung, die mit einer gewissen Planmäßigkeit von Lübeck her erfolgte – zu einem Zeitpunkt, da die spätere Königin der Hanse bereits eine knapp 100jährige Geschichte zu verzeichnen hatte, inclusive jener 1226 von Kaiser Friedrich II. besiegelten Reichsfreiheit, die Wismar zwar immer anstrebte, aber nie erreichte.

Doch bei allen Rangunterschieden, die nach dem Ende des Dreißigjährigen Krieges 1648 vollends gravierend wurden, denn Wismar war von nun an bis 1803 schwedische Kolonie: die Ähnlichkeit in der städtebaulichen Physiognomie – ein Vergleich zwischen Wismars und Lübecks gewaltigen Marienkirchen sowie vielen anderen

Sakral- und Profanbauten aus der Blütezeit der Hanse könnte ganze Bände füllen –, handelspolitische Gemeinsamkeiten eben dieser Hanse, die 1259 mit einem Vertrag zwischen Lübeck, Wismar und Rostock zum Schutz vor Seeräubern ihren Beginn nahm, und die ewige geographische Nähe von lächerlichen 60 Kilometern Entfernung schufen einen Grad von Gemeinsamkeit, der alle geschichtliche Unbill überdauerte und heute zwei Städte zusammenführt, die sich im Kern nie fremd gewesen sind.

Man muß nur einen Blick tun, beispielsweise, in das Buch »Im alten Reich« von Ricarda Huch, der größten deutschen Geschichtspoetin (gestorben 1947), das »Lebensbilder deutscher Städte« versammelt. Nicht von ungefähr folgt auf ein Porträt Lübecks das Wismars. Wer beide Essays nacheinander liest, wird entdecken, wie sich aus geographischer und historischer Nähe eine fast sinnlich greifbare Verwandtschaft entwickelt hat, deren Charakterlinien – heute Fragmente nur, aber immer noch zahlreich genug, um das Durchgehende rekonstruieren zu können – erkennbar geblieben sind. Und so ist es gewiß keine bloße Höflichkeitsfloskel oder gar vordergründige Gemeinsamkeitssuche gewesen, als im Februar 1988 die Leiterin einer Sportlerinnendelegation aus Wismar, Funktionärin allemal, spontan in Lübeck äußerte: »Von Lübeck sind wir sehr angetan. Es ähnelt unserer Heimatstadt sehr.«

Was hier naiv klingt, war nur der Versuch – trotz jahrelanger Abgrenzungsverblendung – Unübersehbares zur Sprache zu bringen. Zugleich klingt Überraschung darüber mit, daß das Ähnliche oder gar Gemeinsame – im doppelten Sinne des Wortes – so naheliegend ist.

Wie präzise deshalb, was ein Lübecker Lokalpolitiker sagte, als die Bürgerschaft der Hansestadt am 16. Dezember 1987 die Partnerschaftsvereinbarung mit Wismar erst debattierte und anschließend durch einstimmigen Beschluß wirksam werden ließ. Der unabhängige Abgeordnete Bruno Fischer sprach von der Wichtigkeit des »gegenseitigen Wiedererkennens« beider Städte und ihrer Menschen, die noch immer dieselbe Muttersprache hätten, zu der auch das in beiden Städten verständliche Plattdeutsch gehöre.

Fischer hat damit nicht nur ein Wort zum Verhältnis von Wismar und Lübeck gesagt; er hat vielmehr auf die einzige Legitimation aller innerdeutschen Städtepartnerschaften hingewiesen, deren erstes und letztes Ziel tatsächlich nur darin liegen kann, daß sich mittel- und westdeutsche Menschen und Städte wiedererkennen und damit ihre Zusammengehörigkeit erfahren. Was sonst noch in diesen Verträgen steht, ist Zeitgeist und Kompromißsemantik. Damit soll nichts abgewertet werden, aber eingeordnet schon, denn es handelt sich in diesem Fall um juristische Notkonstruktionen, die uns in letzter Konsequenz darauf hinweisen, daß Deutschlandpolitik darauf abzielt, sie nicht mehr nötig zu haben.

Insofern hat das Wort vom »gegenseitigen Wiedererkennen« des Lübecker Bürgerschaftsabgeordneten Fischer zugleich auf ein peinliches Defizit aufmerksam gemacht, das westdeutsche Deutschlandpolitik zeitweilig nahezu paralysierte: »Anerkennen« lautete die Parole, nicht »wiedererkennen«! Und auch in Lübeck hat man diesem Kleinmut gefrönt, hat das Naheliegende und Selbstverständliche übersehen und ist absurden Alternativen hinterhergejagt: Lange nämlich hatte sich die Stadt an der Trave um eine Partnerschaft mit dem größeren Rostock beworben, bis – zweite Ironie der Geschichte – ausgerechnet von der anderen Seite das Naheliegende und Selbstverständliche angeregt wurde: vertragliche Gemeinsamkeit zwischen Wismar und Lübeck. Ob die Stadtväter Lübecks beim Lesen des Briefes aus Wismar wenigstens ein bißchen Scham empfunden haben? Es gab ja im übrigen auch nach Ricarda Huchs Städteporträts Äußerungen, die diese Nähe beschworen.

In einem Text aus dem Jahre 1948 – verfaßt von Axel Uhse und abgedruckt im zweiten Heft der heute noch existierenden Merian-Reihe, das damals Lübeck gewidmet war – zitiert der Autor in seinem Essay »An der Zonengrenze«, die seit 1945 vor der Stadt verläuft, einen mecklenburgischen Grenzgänger mit den Worten: »›Sie müssen sich denken, es ist, als wenn ihr Kopf in einem Land ist und der Körper in einem anderen. Lübeck war immer unser Kopf, und unsere Gegend ist der Corpus. Man kann das nicht trennen! Ich sage Ihnen, das hält sich nicht!‹«

Wir wissen, was zwischenzeitlich geschah: Mauerbau, Abgrenzungswahn und die westdeutsche »Anerkennung der Realitäten«, die sich allerdings gerade radikal zu verändern beginnen. Der unbekannte Mecklenburger von damals, wo immer er heute sein mag, hat also recht behalten – gegen allen Augenschein, aber voller Vertrauen in die Kraft des Gewachsenen.

Noch 1959 schrieb Willy Brandt, der Sohn Lübecks und damals Regierender Bürgermeister von Berlin, seinen Mitbürgern in der Heimatstadt einen Brief aus »Deutschlands Hauptstadt«, in dem es beschwörend heißt: »Möge Lübeck... blühen und gedeihen, sich aber vor allem auch jener Aufgabe bewußt bleiben, die ihm als Brücke nach Mecklenburg im Ringen um die Wiederherstellung unserer staatlichen Einheit gestellt sind.«

Ist die Partnerschaftsvereinbarung zwischen Lübeck und Wismar ein Stück dieses wiederaufgenommenen Ringens? Und von Lübeck her gesehen vielleicht sogar aus jener humanen Gesinnung heraus, die Thomas Mann, auch er ja ein Sohn Lübecks, in seinem 1926 gehaltenen Vortrag »Lübeck als geistige Lebensform« ausbreitete und in dem der Satz fällt: »Man gibt das Persönlichste und ist überrascht, das Nationale getroffen zu haben. Man gibt das Nationalste – und siehe, man hat das Allgemeine und Menschliche getroffen – mit viel mehr Sicherheit getroffen, als wenn man sich den Internationalismus programmatisch vorgesetzt hätte.«

Ja, »Lübeck als geistige Lebensform« – das hat für mich, den Wismaraner, immer auch auf meine Stadt ausgestrahlt. So nah sind sich diese beiden Orte in Deutschlands nördlicher Mitte immer gewesen. Die Grenze dazwischen war deshalb nie etwas anderes als eine elend-blutige Lüge.

Städtepartnerschaft also zwischen Lübeck und Wismar? Wer die Geschichte dieser beiden norddeutschen Backsteinburgen kennt, die eine hansische Familiengeschichte ist, der weiß, daß die Verwirklichung dieser Idee eigentlich nur heißen kann, Eulen nach Athen zu tragen.

Aber vielleicht sind die Eulen in Athen tatsächlich am Aussterben und wir müssen Ungewöhnliches tun, um Selbstverständliches am Leben zu erhalten.

(1988)

Die Mauer ist Angst

Erinnerungsblatt zum 13. August

»Was hinter uns liegt – wenn es prägend war – liegt immer noch vor uns.« Diese Erkenntnis könnte ein Grundmuster geschichtlicher Bewegung genannt werden, wenn es nicht zugleich ein weiteres geschichtsträchtiges Ver-Halten im Ursinn des Wortes geben würde: die Gewöhnung an prägende Ereignisse, die mit der Sehnsucht einhergeht, die historische Zäsur, den persönlichen Tief-Punkt zu vergessen. Der 13. August und das, was an diesem Tag geschah, ist so ein Ereignis, das Zäsurcharakter trägt. Aber was den 13. August 1961 von verschiedenen anderen deutschen Daten unterscheidet, ist seine ständige, alltägliche Präsenz: Der Mauer-Bau ist kein abgeschlossener, sondern ein dauernder Vorgang.

Während der 17. Juni nur noch in den Köpfen relativ weniger Menschen plastisch vorhanden ist, ansonsten lediglich auf Fotografien und in anderen zeitgenössischen Dokumenten existiert, ist der 13. August keine sagenhafte Legende, der wir uns mühselig nähern müssen, sondern anhaltender Zustand, dem wir täglich begegnen können: im sogenannten »Zonenrandgebiet« Westdeutschlands, bei einer Reise nach Berlin oder in die DDR, als Flüchtling oder freigekaufter politischer Häftling von Ost nach West, als reisender Rentner zwischen den Teilen der deutschen Nation. Und wer in Berlin lebt, hat das steingewordene Unglück sogar vor der Haustür.

Aber auch der Bauer in der idyllischen Landschaft hinter Ratzeburg oder der Wanderer in der Rhön treffen auf den tödlichen Kern dieses Idylls, der seit Jahrzehnten knapp nur »die Mauer« genannt wird und doch nichts anderes ist als ein funktionierendes Bürgerkriegsgebiet, in dem scharf geschossen wird: von Soldaten auf jugendliche und erwachsene Menschen, die sich zur Flucht entschlossen haben.

Wir Deutschen gelten seit langem, und sicherlich nicht ganz zu Unrecht, als ein besonders anpassungsfähiges Volk, und diese Charakteristik bezieht sich auf innen- wie außenpolitisches Verhalten. In diesem Zusammenhang wird uns oft bedeutet, daß zum Beispiel kein Franzose sein Land teilen lassen würde wie wir das unsrige; daß kein Römer hinnehmen würde, in einem zerschnittenen Rom widerspruchslos zu leben. Ich hoffe für Franzosen und Römer, daß sie die bittere Probe aufs Exempel niemals machen müssen. Aber das entläßt uns nicht aus der diesbezüglichen selbstkritischen An-Frage.

Ich kann an diesem Ort nur für mich selbst sprechen. Aber ich weiß, daß das, was ich zu sagen habe, nicht nur meine Meinung ist. Das tröstet mich über eine andere, ebenfalls unübersehbare Tatsache hinweg: daß sich viele Menschen in Deutschland – hüben und drüben – durchaus an den Todes-Streifen gewöhnt haben und so erst dafür sorgen, daß er ein wirksamer Bürgerkriegsschauplatz ist. Täglich. Stündlich. In diesen Minuten.

Aber die materielle Mauer wird erst dann wirklich verschwinden, wenn sie in den meisten Köpfen Deutschlands zum Trümmerhaufen wird. Ihr Abbau beginnt nicht an den Verhandlungstischen internationaler Konferenzen, sondern an den Frühstücks-, Mittags- und Abendbrotstischen in dieser geteilten Nation. Nur so – als bohrender Bestandteil der Bewußtseinslage eben dieser Nation – kann es eines Tages gelingen, eine Situation herbeizuführen, in der Mauer-Rudimente und Todes-Streifen-Abschnitte zu Gedächtnisstätten werden wie heute notwendigerweise die ehemaligen Konzentrationslager des »Dritten Reiches«.

Ich gehöre jedenfalls zu denen, denen es unmöglich ist, am Todes-Streifen vorbeizugehen, vorüberzufahren – ohne anzuhalten! Ich gehöre zu denen, die ihn immer wieder begreifen wollen – im doppelt und dreifachen, im historischen wie aktuellen Sinne des Wortes. Denn ich gehöre zu denen, die ihn äußerlich überwunden haben: nicht durch eine geglückte Flucht von Ost nach West, sondern durch politischen Kampf gegen das politische System, das ohne diese mörderische Maß-Nahme nicht existieren kann: die DDR. Als Zehnjähriger erlebte ich den 13. August 1961 in der mecklenburgischen Hafenstadt Wismar – in der politischen Provinz der DDR also. 1965 besuchte ich zum ersten Mal Berlin, die Stadt, aus der meine Großmutter kam und von der sie mir viel berichtet hatte. Die ich jedoch nicht wiederfand, denn wir wohnten bei Freunden der Familie gegenüber der Charité und damit in Mauer-Nähe. Nun sah ich das Monstrum. Begriff es optisch, aber noch nicht politisch und doch schon menschlich als Un-Menschlichkeit, denn wenn im Kreis der Freunde meiner Familie die Rede auf dieses Bauwerk kam, flossen Tränen, geriet Zorn ins Wort, wurden verächtlich und haßerfüllt Namen genannt, die man mir in der Schule als Menschen schilderte – als große Menschen, versteht sich, als Vor-Bilder.

In diesen ersten Berliner Wochen meines Lebens begriff ich, was ich noch gar nicht begreifen konnte: daß der politische Un-Mensch immer nur in der Maske des guten, gerechten Menschen daherkommt. Ulbricht, die Witz-Figur, war – je länger ich später darüber nachdachte – der Erfinder und Profiteur eines ganz und gar blutigen

Witzes, den er und seine Nutznießer mit Millionen Menschen trieben. Und gegen diesen Mann, sein System, gegen den blutigen »Witz« DDR begann ich deshalb zu kämpfen – solange, bis ich dort ankam, wo ich zwangsläufig ankommen mußte: im Gefängnis.

Seit 1976 lebe ich – als Sozialdemokrat, was zu erwähnen wichtig ist – hier und kämpfe weiter. Anders. Und gegen einen anderen Namen. Aber nicht weniger intensiv, weil das System DDR nach wie vor seine blutigen Witze reißt. Den Todesstreifen, den ich im November 1976 bei Wartha/Herleshausen in einem Reisebus äußerlich überwunden habe, habe ich deshalb auch an diesem Tag nicht hinter mir gelassen; er liegt nach wie vor vor mir: Ich sehe ihn heute nur von der anderen Seite.

Vor wenigen Wochen, zum Jahrestag des 17. Juni, war ich wieder einmal in Berlin; und wieder einmal – man könnte es ein Ritual nennen – wollte ich sie begreifen, diese Mauer vor und in uns. Ich stieg deshalb in die S-Bahn und fuhr zur Friedrichstraße: nicht um billige Zigaretten oder preisgünstig polnischen Wodka zu kaufen, sondern um zu sehen, wie sie gesehen wird: die Mauer. Und zwar von denen, die sie täglich vor Augen haben. Ich hatte Glück im sonnenbeschienenen Un-Glück: Der geteilte Bahnhof bescherte mir nicht nur West-, sondern auch Ostgesichter.

Ein Waggonbauarbeitertrupp aus Dessau operierte auf der Seite des traditionsreichen Bahnhofs, die für den normalen Ostberliner, Sachsen, Mecklenburger oder Thüringer nicht zu erreichen ist. Dieses Doppel-Gesicht war neu für mich. Und auch die Tat-Sache, daß man die riesigen Glaswände zwischen den bahnsteigschmalen Welten inzwischen ersetzt hatte durch schwarzblaue Stahlplatten. Nicht ein Schimmer mehr erreicht jetzt die eine und andere Seite vom jeweiligen Gegenüber. So stand ich, sah mich um, sah auf und ab, blickte hoch und wieder runter – und sah jene Arbeiter aus Dessau, die wiederum mich sahen.

Ein jüngerer war dabei – vielleicht so alt wie ich. Er trug, was ich sofort registrierte, denn es ist selten bei Arbeitern, einen Ehering an der rechten Hand. Er sah mich an: erst flüchtig, dann intensiver. Zwischendurch junge Mädchen, Männer und Frauen mit vollen Intershop-Taschen, die kommenden und wieder abfahrenden S-Bahnzüge. Er sah, daß ich blieb und kam langsam auf mich zu. Zwischen uns war zuerst ein halshohes transportables Gitter, das man aber einfach umgehen konnte. Und ich umging es, denn er stand auf den Gleisen dahinter: rangierte mit seinen Kollegen mehrere Waggons. Doch alles ging langsam vonstatten, fast müde. Ich dachte, ich müsse ihm etwas sagen: ein Wort, ein Zeichen, eine Geste. Ich dachte, es ginge – denn nichts war mehr zwischen uns. Gar nichts. Komm, dachte ich, zwinker mir zu, dann weiß ich, daß wir uns verstehen! Wir standen jetzt so nahe zusammen, daß wir miteinander hätten reden können, ohne gehört zu werden. Aber urplötzlich drehte er sein offenes Gesicht zur Seite: erst nach rechts, dann hart nach links, beugte den Kopf, sah angestrengt auf die Gleise, die mit gelben Zigarettenfiltern übersät waren, und machte sich dann an den Puffern des Waggons zu schaffen. Ich drehte mich instinktiv um und sah, wem er auswich: Uniformen, Schirmmützen, dazwischen Gesichter, beherrscht, drei an der Zahl, dann Waffen und blanke Stiefel. Sie schlenderten langsam und sehr überlegen an der Bahnsteigkante entlang. Sie bildeten eine Mauer, eine kleine und sehr bewegliche Mauer – vor der nun auch ich zurückwich: Schritt für Schritt, langsam, aber unaufhaltsam: bis ich im Zug stand, dessen Türen zischend zukrachten und der mich kreischend mit sich fortriß auf die andere Seite der Stadt.

So fuhr ich zurück und blickte dennoch nach vorn auf den berühmten Bahnhof, der kleiner und kleiner wurde. Der Mann war schon lange verschwunden, die Posten. Der Todesstreifen begann: Stacheldraht, Türme, Bunker, Betonwände, Metallgitter, Stahlsperren im Wasser der Spree. Das bekannte Bild beherrschte die Szene, tanzte vor meinen Augen im unregelmäßigen Rhythmus des schlingernd dahinfahrenden S-Bahnzuges.

Aber war das wirklich die Mauer, die unbezwingbare? Nein. Die Mauer sind die, die sie befohlen haben, weil sie ohne sie verloren wären. Die Mauer sind die, die sich in ihr bewegen dürfen, um andere bewegungsunfähig zu machen. Die Mauer ist Angst vor dem Verlust der totalen Macht. Die Mauer ist Angst vor dieser zu allem entschlossenen Angst. Und doch ist gerade diese doppelte Angst ihre doppelte Schwäche: Denn Angst ist eine überwindbare Größe. Täglich sind Menschen in der DDR dazu bereit: ihre Angst zu überwinden. Es sind nie viele. Aber immer genug, daß Hoffnung bleibt und Resignation nicht triumphiert.

(1983)

Wächst ein Baum mitten im Tod

ERKUNDUNGEN AN DER INNERDEUTSCHEN GRENZE

Ein Wintermorgen, wie man ihn sich kaum schöner vorstellen kann: Noch sind die knapp über 700 Meter hohen Berge der Rhön um das kleine Städtchen Tann zwar nicht unter Schneemassen versunken, aber über Nacht hat eine dicke Reifschicht alles – so weit das Auge reicht – verwandelt: die spätherbstliche Tristesse ist hier auf einen Schlag vorbei. Unzählige feine Kristalle haben Bäumen und Zäunen, Feldern und Wiesen, Sträuchern und Gräsern, Häusern und Autos ein filigranes Gewand übergeworfen, das irgendwo am Horizont aufsteigt in die starr schimmernde Pracht eines Himmels, der alles überwölbt und eine fast weiße Sonne umschließt, die keine scharfen Konturen mehr hat, nicht mehr wärmt, sondern nur noch fasziniert.

Wir schreiben Freitag, den 13. Dezember 1985. Es ist neun Uhr morgens. Der fünfte Tag einer Reise hat begonnen, die dem Fotografen Jürgen Ritter und mir fast Stunde um Stunde landschaftliche Idyllen solcher Art beschert – Refugien zwischen dem böhmisch-bayerisch-sächsischen Dreiländereck bei Hinterprex am Zinn-Bach und jenem nördlicheren Dreiländereck bei Eichenberg, wo die deutschen Provinzen Hessen, Niedersachsen und Sachsen-Anhalt zusammenstoßen. Acht Tage lang haben wir uns dem Sog dieser schönen Naturwinkel hingegeben, aber acht Tage lang in dem Wissen, daß alle Nähe zu diesen Idyllen zum Schluß nur eines offenbaren würde: den tödlichen Schnitt, der sie entstellt wie eine breite Narbe ein liebliches Gesicht. Wir sind den toten Winkeln Deutschlands nicht ausgewichen wie zahllose Hochglanzprospekte, die die Kurorte dicht an der innerdeutschen Grenze zu reinen Harmonieregionen hochstilisieren. Wir haben sie gesucht – nicht verbissen, aber unbeirrt; nicht um der billigen Provokation willen, aber in der Gewißheit, daß es eine notwendige Trauerarbeit ist, den tödlichen Schnitt durch Deutschland wieder und wieder ins Auge zu fassen, ihn nachzuzeichnen und festzuhalten in Wort und Bild und so etwas ins eigene Bewußt-Sein zu zwingen, das nur wenige Kilometer weiter verlorengeht in der Farbigkeit der Städte, in der Abstraktion der politischen Analyse, in der Interpretation des opportunistischen Kommentars. In all diesen Verdrängungs-

Varianten jedenfalls wird der nahe Schrecken zur fernen Legende, zum verständlichen Akt, zum auf unabsehbare Zeit endgültigen Faktum.

Lange hieß es im Westen Deutschlands zwar, die Teilung der Nation sei unannehmbar, aber heute beherrscht die zur politisch weisen »Erkenntnis« uminterpretierte kraft- und phantasielose Ansicht das Diskussionsfeld, man müsse mit der Teilung leben, und neuerdings wird uns von einigen Nachdenkern über Deutschland empfohlen, die Spaltung des Landes gar zu lieben, denn sie diene dem Frieden. Aber das ist in der Tat etwas Nach-Gedachtes: Schon 1961, im Jahr der Errichtung der Mauer durch Berlin und der beginnenden Vervollkommnung des innerdeutschen Todesstreifens, dachten Walter Ulbricht, Erich Honecker und andere Exekutoren und Nutznießer des obszönen und ungeheuere Verschwendung markierenden Bauwerks diese fadenscheinige Legitimationsthese der Welt laut vor, betonten, daß sie mit dem erbarmungslosen Zerstören und Zerschneiden von historisch gewachsenen Landschaften, Städten, Dörfern und dem zunehmenden Ermorden von Menschen in dieser Bürgerkriegszone nichts Geringeres als den Welt-Frieden gerettet hätten. Einen Frieden haben sie mit Sicherheit gerettet. Ihren Frieden. Mit Hilfe jenes Friedhofsfriedens, der seinen materiellen Ausdruck gefunden hat in den immer raffinierter werdenden Sperranlagen zwischen dem Priwall bei Lübeck und jenem schon erwähnten südlichen Dreiländereck. Dieser Frieden basiert auf einem Friedhof, der 1382 Kilometer lang, im Schnitt 5 Kilometer breit und zusammengenommen ungefähr so groß wie das Großherzogtum Luxemburg ist. Seine Geschichte ist noch nicht geschrieben, denn er ist ja noch Gegenwart. Aber nur wenn wir seine unfaßbare und unerträgliche Gegenwart immer von neuem beschreiben, werden wir eines Tages seine Geschichte festhalten können – als Erinnerung an etwas Unglaubliches. Wir müssen also nicht mit ihm leben, geschweige denn dürfen wir uns der Perversion hingeben, ihn zu lieben – wir müssen ihn geistig *überleben*, das heißt im Bewußtsein haben als ein unerträgliches Unrecht, das nie Recht werden darf, nur weil es lange genug existiert. Die berühmt-berüchtigte »normative Kraft des Faktischen«, wenn es sie denn schon gibt, sollte immer von den Opfern solcher Fakten ausgehen, nicht von den Tätern, und Opfer gibt es genug. Daß die

Geschichte dieses unerträglichen Friedhofs durch Deutschland eine unerträgliche Vor-Geschichte in Deutschland hat, soll dabei nicht aus den Augen verloren werden. Aber auch sie rechtfertigt – auf Dauer – nichts; sie zwingt uns höchstens, nie wieder in Weimar zu wohnen, ohne zu wissen, was auf dem Ettersberg vor sich geht. Doch exakt diese Fahrlässigkeit mausert sich erneut zu einem Alltagsphänomen in Deutschland: Es gibt die lichtüberfluteten Grenzübergänge, da guckt man nicht in die dunklen Ecken; es gibt die medienwirksamen Treffen der Großen, da registriert man kaum das mitunter tödliche Zusammenstoßen der Kleinen. Wer war Marienetta Jirkowski? Die Frage möchten wir stellen in westdeutschen Schulen, auf westdeutschen Protestforen, in westdeutschen Parteiveranstaltungen. Sie war eine kleine, längst vergessene Irritation im unermüdlichen Bemühen um den Welt-Frieden: ein achtzehnjähriges Mädchen aus Ost-Berlin, im dritten Monat schwanger, erschossen im November 1980 während eines Fluchtversuchs nach West-Berlin. Ein Gedenkkreuz steht neben dem Reichstagsgebäude. Noch kann man die Schrift darauf mühelos lesen. Noch wird dieses Kreuz gepflegt.

Ist in diesen Tagen nichts Fröhlicheres, Freundlicheres zu berichten? Ja und nein. Die Zeitungen vermeldeten bei Reiseantritt, erneut sei in Berlin ein Fluchtversuch gescheitert, der unbekannte Flüchtling gestellt worden. Die Grenzsoldaten hätten jedoch nicht geschossen. Drei Zeilen über ein Opfer dieser Grenze, das mit dem Leben davongekommen ist, um Opfer zu bleiben, denn wir können ja wissen, was danach mit solchen geschieht. Aber dringt das noch ins öffentliche Bewußtsein, wenn nicht mehr geschossen wird? Fragt sich denn keiner, wie das Abfangen ohne Kugelhagel zustande kommt? Was ist bekannt über den phantastisch funktionierenden, tief im Hinterland aufgebauten neuen Zaun, der die Selbstschußanlagen überflüssig gemacht hat? Was über die neu angelegten Führungspunkte, teilweise unterbunkert mit Räumen für Alarm- oder Eingreiftruppen, die – löst ein Flüchtender am Hinterlandzaun akustische und optische Signale aus – aufspringen, herausjagen aus dem Bunker, von zwei Seiten massenhaft auf den einen zulaufen und ihn kriegen: ein weit entferntes Lauf-Spiel, wenn das Gelände günstig ist, und daß es sehr oft günstig ist, darauf wurde geachtet beim Errichten dieser neuen Generation von kostspieligen Friedenszäunen durch Deutschland, die wir gesehen haben. Vorne, an der allerletzten Linie, dem einen Meter vor der Freiheit, vorne wird es, das ist damit garantiert, stiller werden, und das wird viele hierzulande noch weniger unruhig machen als bisher.

»Es ist besser, wenn an der Grenze nichts los ist, weil dann hier auch nichts los ist!« sagt uns der Wirt des »Gasthauses zur Bergmühle«. Das liegt haarscharf an der Grenze: von der Terrassentreppe zur Grenzlinie sind es nur fünf, sechs Schritte. Hinter dem Anwesen erhebt sich auf dem Muppberg der Neustädter Forst der Stadt Neustadt bei Coburg. Wenn man auf dem Prinzregententurm in diesem Forst steht, kann man Sonneberg sehen, die südlichste Kreisstadt der DDR, gelegen im Thüringer Schiefergebirge, bekannt vor allem als Ort, an dem Spielwaren produziert werden. Noch näher liegen die Dörfer Hönbach, Unterlind und Heubisch. Nach Heubisch gab's vom Gasthaus auch mal einen Weg, aber der ist verschwunden wie so viele andere ebenfalls. Wir sitzen an einem Tisch in der Schankstube: die einzigen Fremden. Eine Wanduhr mit Messingpendel schlägt sechsmal. Draußen ist es stockdunkel. Der Wirt bringt uns Tee mit Rum, die Zuckerwürfel sind in Papier eingewikkelt, auf dem steht: »Grenz-Gasthof Bergmühle«. Der Wirt ist freundlich, neugierig, gesprächig: »Vor drei, vier Jahren gingen am 24. Dezember Selbstschußanlagen los. Vielleicht wollte einer rüber, weil er dachte, Weihnachten passen die nicht so auf. Aber es ist besser, wenn an der Grenze nichts los ist, weil dann hier auch nichts los ist.« Der Wirt geht wieder zu seiner Stammtischrunde. Auf den Tischen liegen Weihnachtsservietten, darauf stehen kleine Vasen aus Preßglas, in denen stecken Tannen- und Weidenkätzchenzweige. Wir blicken aus dem Fenster: Nicht weit von uns zieht sich eine prachtvolle Lampenkette hin, gelbes Licht fällt herab, Häuserumrisse treten hervor. Vor einem dieser Häuser sieht man ein kleineres, schwächeres Licht. Ich nehme mein Fernglas und erkenne einen mit elektrischen Kerzen geschmückten Weihnachtsbaum. Aber er steht nicht an einer befahrbaren Straße: er leuchtet durch zwei Metallgitterzäune hindurch. Die Stammtischrunde im Schankraum wird lauter, man schwadroniert über Politik, einer sagt: »Die rüberkommen sind alle rübergeschoben, sitzen in Bonn, in der Regierung.« »Ja«, sagt der Wirt und ist wieder bei uns, »hier ist noch ein Grenzgedicht, ich hab noch mehr, unsere Gäste machen die, wir haben meistens

Stammgäste – wegen der hausgemachten Wurst und dem selbstgebackenen Brot.« Wir lesen die Reime fremder Menschen, die unbeholfen und pathetisch klingen und den Schnitt an dieser Stelle beklagen. Kitsch! würden wir vielleicht sagen, wenn wir weit genug von diesem merkwürdigen Wandschmuck entfernt wären. Aber wir sitzen so dicht am sentimental beschriebenen Geschehen, daß uns das Wort im Hals steckenbleibt.

Das war knapp vier Tage vor Tann. Zuvor übernachteten wir mehrere Male im »Hotel-Grenzgasthof« in Fürth am Berg: Ausgangspunkt für die Erkundungen im Raum Kronach bis Hof. Wir schreiben Dienstag, den 10. Dezember 1985 und fahren nordwestlich von Kronach an der Grenze entlang: die Berge um 500 Meter, feiner Nieselregen fällt, die Land- und Forstwege sind schlammig. Das Dorf Burggrub ist unser Ziel, das an jener Straße liegt, die einst die Städte Kronach und Sonneberg verband. Gegen 10.00 Uhr sind wir wieder einmal mitten in Deutschland am Ende der Welt angelangt. Der Grenzverlauf ist hier fast rechtwinkelig, die Anlagen ziehen sich an Hängen entlang, man kann das Gelände und die Dörfer hinter dem Zaun gut einsehen: Lindenberg heißen sie und Neuhaus-Schiernitz. Auf unserer Seite ziehen sich Äcker bis an die Grenzlinie, im toten Winkel ein Fischteich, Stille. Die Wintersaat bringt ein wenig Farbe in den grauen Morgen, der kaum Sonne bietet, die Regentropfen an Weiden und Hagebuttengesträuch glitzern nicht. Unmittelbar im Sperrbereich liegt ein Umspannwerk: Betriebslärm schallt herüber. Der Wachturm, älterer Bauart, ist besetzt. Wir werden beobachtet, beobachten selber: ein Spiel, das sich in diesen Tagen unzählige Male wiederholt. Wort- und gestenloses Sich-Anstarren, sich Durchschauen-Wollen aus unterschiedlichen Motiven. Sie müssen alles notieren, weitermelden – wir wollen alles, was wir sehen, festhalten, und dann? Dann verschlägt es mir fast die Sprache, weil ich etwas erblicke, das nicht sein kann: links, unterhalb des Turmes, mitten im alten, doppelt umzäunten Minenfeld, steht ein mannshohes Apfelbäumchen: an seinen Zweigen überreife gelbe und braune verdorbene Früchte. Keiner kann ernten, was der Baum hervortreibt. Er steht wie im Paradies: unberührbar. Wer hat ihn gesät? Vielleicht ein Soldat, der einen Apfel aß, während er Streife ging, und das Gehäuse ins Gelände warf, zwischen die schwarzen Zäune des Minenfeldes. Nun wächst der Baum und wächst und trägt

Früchte. Uns wird klar, wie sehr wir uns schon im Unterbewußtsein bemühen, noch aus dem zufälligsten Zeichen an dieser Grenze ein Symbol für Leben und Hoffnung zu machen. Wie anders wäre sonst das Gefühl zu erklären, das in uns aufsteigt, als wir begreifen: da wächst ein Baum mitten im Tod. In die Stille und in unser leises Aufgeregtsein dringt Glockengeläut: es kommt von Burggrub her. Wir fahren weiter, erreichen gegen Mittag das Dörfchen Welitsch. Gegenüber liegt Heinersdorf. Durch beide Ortschaften fließt die Tettau. Aber Heinersdorfs Gemarkungen enden an einer Betonmauer. Berlins Mauer hat viele kleine Kopien entlang der innerdeutschen Grenze: Dörfer enden an diesen Mauern oder werden von ihnen zerschnitten wie die ehemalige Hauptstadt. Doch während sie in Berlin immer konsequenter »verschönt« wird, blättert hier noch Farbe, zeigen sich breite Risse im Beton. Die Häuser sind nahe, eine Kirche mit Zwiebeltürmchen, schiefergedeckt, überragt alles – auch den Turm, der seit gut einer Stunde mit zwei Leuten besetzt ist, wie uns bayerische Zollbeamte mitteilen. Wir werden von Turm aus fotografiert. Die Rituale wiederholen sich von Ort zu Ort: lautlos und konsequent. Zu diesem Ritual gehört das Sich-Wegdrehen, wenn wir die Kameras heben. Diese Grenze hat eine starre Physiognomie, aber keine lebendigen Gesichter. Die Mechanik der Macht und der im Auftrage der Machthaber zur Machterhaltung genutzten Technik beherrschen hier das individuelle Reden: Kommandos, eingeübte Bewegungen, Griff-Bereitschaft, Erkennungs-Raster, Verhaltensmuster, Parolen. Manchmal merken wir rechtzeitig, daß wir in der Gefahr stehen, spiegelbildlich zu reagieren. Dann lachen wir, machen einen Witz oder entdecken Natürliches: eine Wolkenformation, Greifvögel, flüchtendes oder verharrendes Wild, fette Ackerkrumen, alte Grenzsteine, deren Hoheitskürzel und Grenzverlaufkerben unter Flechten verschwunden sind. Später fahren wir auf der Frankenwald-Hochstraße und biegen an der Stelle ab, wo die Karte uns verrät, daß die Tettau zum Grenzbach wird und parallel zu ihr eine Bahnlinie und eine Straße im Nichts enden. Vor Ort umgibt uns eine tosende Stille: Der Bach rauscht mächtig, besonders an der Stelle, wo sich die Eisenbahnbrücke über ihn wölbt. Hier ist die »Bachmitte Grenze« verkünden in regelmäßigen Abständen Schilder des Bundesgrenzschutzes. Die Brücke ist morsch, zwischen den Schienen auf unserer Seite wachsen große Bäume, Gesträuch, ein Stahlgeländer hängt herab: die Bombe Zeit ist hier zwischen Stahl, Holz und Stein gefahren – nach dem letzten Zug, der diese Schienen berührte. Wann war das? Schauberg, Sattelgrund, Alexanderhütte – so heißen die Dörfer an diesem toten Gleis. Dann kommt Tettau. Früher rollten auf diesen Schienen Züge mit Rohstoffen für die örtlich verbreitete Glasindustrie. Seitdem die Grenze ihr lähmendes Regiment ausführt, werden die Eisenbahnwaggons auf Tieflader gesetzt und rollen nun auf Straßen ihrem Ziel entgegen. Im Raum Tettau entdecken wir ein kleines Kreuz aus Holz, an dem eine Leichtmetallplatte befestigt ist. Auf der steht: »Gegenüber dieser Stelle wurde am 21.5.73 der NVA-Soldat ›Harry‹ beim Verlegen von Minen tödlich verletzt. Er starb einen sinnlosen Tod. Errichtet von den Beamten des Zollkommissariats Ludwigsstadt.«

Während wir noch den Text lesen, kommt auf der anderen Seite eine Kradstreife. Wir sind wieder im Blickfeld. Wer auf der anderen Seite kennt den Text auf dem Kreuz? Wer von denen, die nach »Harrys« Tod hier patrouillierten, wußte von ihm und seinem Ende? Hat er auch drüben einen Gedenkstein? Oder ist er nur das Opfer eines peinlichen Unfalls gewesen, das man schnell zu vergessen hatte? Wir wissen es nicht. Deshalb ist dieses Kreuz hier so wichtig: Es bekennt Trauer, versöhnende Trauer, und teilt nicht in gute und böse Opfer.

Hinter Ludwigsstadt liegt – nahe bei Falkenstein – eines der wenigen noch funktionierenden Bahngeleise zwischen Deutschland und Deutschland. Probstzella, hinter der Grenze gelegen, ist nicht einzusehen. Die Schienen führen weiter nach Saalfeld. Falkenstein ist ein Gespensterort: Die »Hotel-Gaststätte Falkenstein«, neben den Schienen und dem Bach Loquitz gelegen, ist geschlossen. Ihre Verfassung läßt vermuten, daß die letzten Gäste vor mindestens zwanzig Jahren ankamen. An anderen trostlosen Gebäuden klebt verblichene »Martini«-Reklame, fordert ein Plakat wie zum Hohn: »Naturpark Frankenwald. Steig aus und wandere Rundwanderweg Nr. 3, 7 km«. Ein Schild, parallel zu den Schienen, verweist auf andere Ziele: »300 km Berlin, 300 km München.« Doch in keine Richtung bewegt sich etwas. Totenstille herrscht im Tal und vor dem Zaun, der hier offen, durchbrochen ist: zwei schwarzrotgoldene Hoheitspfähle markieren den Eingang in die DDR. Aber das Kürzel will mir nicht einfallen, statt dessen fällt mir der Film »Der Stalker« von Andrej Tarkowski ein, sehe ich mich mitten in jenen Sequenzen, die den Eingang zur »Verbotenen Zone« zeigen. Doch von keiner Seite rast eine Draisine mit Flüchtlingen auf den Schlund zu, nur ein Signalmast leuchtet gelb in der feuchten Luft. Die verfallene Anlage der »Brauerei Falkenstein« vervollständigt die morbide Szenerie: zerschlagene Fenster, eingestürzte Gebäudeteile, aufgebrochene Türen, zerfetzte Akten, morsche Treppengeländer, eine verödete Verladerampe, Glassplitter. Früher, als der Hang vor der Anlage noch eine unbedeutende Provinzgrenze war, gingen 90 Prozent der Produktion dieser Brauerei nach Thüringen. Wir verlassen den Ort, ohne einen Menschen gesehen, einen Zug gehört zu haben. Wir flüchten, ganz ruhig, aber wir flüchten.

Am nächsten Tag besuchen wir das geteilte Dorf Mödlareuth, das gegen Mittag wie ausgestorben wirkt. An einer Scheune lehnt ein Reisigbesen, ein Häuserrest steht noch auf DDR-Gebiet: eine kleine »Bernauer Straße«. Neben dem Dorfteich, aus dem schmutzige Schneeberge ragen, steht ein Tannenbaum mit elektrischen Kerzen, die aber um diese Zeit noch nicht brennen. Nach Mödlareut verläuft die Chaussee neben der Grenze, leichter Schneefall setzt ein, in den Bäumen am Straßenrand hocken Krähen, andere kreisen über den Feldern im Osten und Westen. Dann sehen wir eine Stelle am Zaun, an der offenbar gearbeitet wurde. Aber es scheint Mittagspause zu sein. Ein rot angestrichener Traktor steht vor dem letzten Metallgitterzaun, an seiner Tür lesen wir: »LPG Pflanzenproduktion Grenze Hirschberg«. Diese Kombination aus Kürzel, Wortungeheuer und Sachaussagen ersetzt jeden Kommentar. Um 14 Uhr 30 erreichen wir die Siedlung Ullitz, nordöstlich von Hof. Hier endet die Straße nach Plauen im Vogtland. An einem Schuppen hängen Aushangkästen der Kirche und der Gemeindeverwaltung, daneben ein gelbes Plakat: »Besuchen Sie uns in unserer neuen Schießanlage zum Tag der offenen Tür am 18. März 1984 von 10.00 Uhr bis 17.00 Uhr. Es lädt herzlich ein: Die Vorstandsschaft Schützengesellschaft Feilitzsch-Trogen.« Zehn Meter weiter zieht sich die andere, mittlerweile schon über zwanzig Jahre alte Schießanlage hin: die Grenze. Wieder gerät alles zum Symbol, Normales verwandelt sich in Absurdes, eine überholte Information bleibt auf makabre Weise aktuell. An diesem Tag sehen wir noch Blankenberg an der Saale, Fabriken und Häuser wachsen an Berghängen empor, Schlote stoßen stinkende Rauchschwaden aus, Lederwarenindustrie. Es ist dunkel, als wir ankommen: Aber Fabrikhallen und Wohnungen sind erleuchtet. In zahllosen Fenstern brennen erzgebirgische Schwibbögen, glühen Herrnhuter Sterne – wie bei uns. Hinter nahen Fabrikfenstern erkennen wir schemenhaft Frauen bei der Arbeit, später öffnet eine von ihnen ein Fenster, schaut zu uns herüber, nicht lange, gleich daneben ragt ein Turm über die Saale. Er ist besetzt. An den Hängen zieht sich der elektronische Hinterlandzaun empor, Isolatorenmeere leuchten im Licht unzähliger Grenzlampen. Auf unserer Seite nur natürliches Ufer. Die klar erkennbare Stoßrichtung der Grenzanlagen, wen regt sie in Blankenstein auf? Die doppelte Isolation angesichts des Isolatorenmeeres, was tötet sie ab, was läßt sie keimen?

Am 12. Dezember beobachten wir Erdbauarbeiten vor und hinter dem ersten Zaun in der Nähe von Ermeshausen, stehen schließlich einem NVA-Offizier und einem Soldaten gegenüber, die einen Arbeiter in einem Bagger bewachen. Wir könnten uns die Hand reichen, ein Wort wechseln – aber es herrscht eisernes Schweigen. Der Mann im Fahrerhaus des Baggers ist nicht zu sehen, er mußte die Kanzel mit seiner Jacke verhängen. Wir fotografieren uns ab, irgendwo in Deutschland, handschlagnah voneinander entfernt. Nur die rote Todesleine, die immer gespannt ist, wenn vor dem Zaun gearbeitet wird, charakterisiert den Ort und seinen potentiell furchtbaren Ernst.

Vier Tage später, der prachtvolle Wintermorgen bei Tann in der Rhön. Wir sind unterwegs zur Buchenmühle bei Grüsselbach, die seit über zwanzig Jahren verwaist ist. Die Taft treibt das zerbrochene Rad schon lange nicht mehr an. Seit 1963 wohnt die Tochter des Müllers Schabel in einem Neubau oberhalb des verlorenen Grundes. Die Grenze spaltet das Grundstück, 1961 riß man auf der anderen Seite das Haupthaus ab: 100 Jahre zuvor war es errichtet worden. Die Tochter des Buchenmüllers, Frau Heller, erzählt uns Geschichten aus ferner Zeit – als man noch über den Zaun hinweg miteinander redete, erzählt Fluchtgeschichten von »Vopos«, wie sie sagt, deren Mützen und Karabiner im Stacheldraht hängenblieben. 1961 teilte der Landrat ihrer Familie mit: »Wenn Sie bleiben, dann auf eigene Gefahr!« Sie blieben nicht, Bund und Land halfen beim

Neubeginn einen halben Kilometer weiter. Heute ist für Frau Heller der einst so vertraute Ort der Kindheit ein unheimliches Gelände, das sie meidet, wenn sie nicht gerade das Vieh aus dem Grund holen muß. Etliche Kilometer nördlich, zwischen dem Dorf Rambach im Hessischen und Großburschla drüben, lebt Otto Koppe: ein 83jähriger Müller, den wir schon kennen. Koppes Haus ist das letzte von Rambach, die Straße nach Großburschla, auf der einst das Leben vor ihm abrollte, endet im Dickicht einer unübersichtlichen Grenze. Aber Otto Koppe, der sich freut über das Wiedersehen, ist ein wacher Zeitgenosse. »Nein«, sagt er, »ich bin nicht der letzte Bürger von Rambach, ich bin der erste.« Er ist auch davon überzeugt: »Das wird eines Tages wieder zusammen sein... Aber unsereins ist dann ja aus dem Leben raus.« Einsam ist es hier unten, doch Otto Koppe hat Töchter, die ihren Vater nicht vergessen haben, und einen Fernsehapparat: »Dümmer wird man davon ja nicht«, sagt der alte Mann, »wenn man nicht gleichgültig ist.« Die Kraft und Einsicht dieses Mannes stecken an. Das letzte Haus an der Rambacher Mühlenstraße ist auf einmal nur optisch ein toter Winkel: ein Greis macht ihn lebendig, weil ihm immer noch nichts gleichgültig ist. Dieses Wort Otto Koppes nehmen wir mit, als wir weiter müssen: zum Gut Marienhof, das oben im Schlierbachwald seit über 200 Jahren eine »heile Welt« hervorzaubert. Filme wurden hier gedreht, Feriengäste kommen, Reiten kann man lernen. Alles neben der Grenze, die keiner sieht vor lauter natürlicher Pracht. »Wir leben hier oben in Frieden«, sagt Dietrich Freiherr Roeder von Diersburg, und fast möchte man dem freundlichen Mann dies glauben.

Weiter nördlich, zwischen Eichenberg und Lindewerra, sieht die Grenzwelt wieder »natürlich« aus: Tiefliegende Regenwolken hüllen die unzugängliche Burgruine Hanstein und das ehemalige Gesindedorf Rimbach ein. Wieder sind wir allein mit einer Landschaft, durch die sich der doppelte, dreifache Zaun zieht, erkennen Hundelaufanlagen am Fuße der Burg, die es im vorigen Jahr noch nicht gab. Bald erfüllt langgezogenes Jaulen das kleine Tal, setzt sich fort bis nach Lindewerra, wo die Grenzanlagen wie eine Kaskade den Berg herabstürzen: Kaskaden des Todes. Wer sie aus den Augen verliert, verliert die Menschen aus den Augen, denen sie unerbittlich gelten.

(1985)

II REDEN

»Je ungünstiger die Situation ist, in der wir unsere Hoffnung bewähren, desto tiefer ist diese Hoffnung. Hoffnung ist eben nicht Optimismus. Es ist nicht die Überzeugung, daß etwas gut ausgeht, sondern die Gewißheit, daß etwas Sinn hat – ohne Rücksicht darauf, wie es ausgeht.«

Václav Havel, 1986

Der Hoffende ist menschlicher

Ein Kennzeichen unserer Zeit ist der Verlust von Heimat. Nichts Reaktionäres kann dieser Feststellung anhaften – vielmehr benennt sie sehr nüchtern zutiefst Bitteres: Der Flüchtlings-Strom auf dieser Erde schwillt von Stunde zu Stunde an – ausgelöst und begleitet von den Schatten politischer, ethnischer, religiöser und ökonomischer Unterdrückung und Verfolgung. Mord und Totschlag, Hunger und Hoffnungslosigkeit, Folter und Apathie bestimmen in diesem Bereich der Gegenwart die Tagesordnung. So wird das Ungeheuerliche zum Alltäglichen, das individuelle Schicksal zur inflationär verbreiteten Information, die sich selbst entwertet.

Es sind jedenfalls immer mehr als triftige, oft nur noch blutige Gründe, die Menschen in dieses unfreiwillige Abenteuer treiben.

Ausnahmen bestätigen nur die Regel.

Der Verlust von Heimat, dies kann eine Binsenwahrheit genannt werden, ist somit niemals etwas Nebensächliches im Leben von Menschen. Immer verlieren sie mit ihr ein wesentliches Stück ihrer eigenen Existenz und Identität, behalten sie Wunden zurück, die schmerzen – einen Schmerz, der nicht aufhören *kann*.

Sie haben, verehrte Juroren, auch in meinem Falle eine Sammlung von Gedichten für preiswürdig befunden, die in wesentlichen Teilen in eben diesem Schmerz wurzelt, ohne daß sie sich, wie ich zu wissen glaube, wehleidiger Gebärden oder gar aggressiver Gesten bedient, sie zum demagogischen Stilmittel erhebt.

Beides, wir wissen es zu genau, ist geschehen. Beides hat mit zum erneuten Verlust von Heimat geführt. Jedenfalls in diesem Land.

Es kommt deshalb, wie so oft im Leben, darauf an, ein starkes und legitimes Gefühl mit dem zu umgeben, was wir, vorsichtig genug, *Vernunft* nennen, und ihm so eine Gestalt zu verleihen, die nicht Angst verbreitet, Abscheu erregt oder Haß erzeugt, sondern Verständnis und Einsicht. Nur so jedenfalls besteht die Chance, daß sich Betroffenheit, diese lebens-notwendige Geisteshaltung, fortsetzt. Denn wir wissen: Zum Schwersten zwischen Menschen gehört dies: Erfahrungen zu vermitteln, die der andere nicht gemacht hat.

Wer betroffen machen will, weil er ein Betroffener ist, muß *glaub-würdig* sein. Die schwerste Voraussetzung, die man sich denken kann.

Im rein ideologisch gehandhabten Sektor gelingt das nicht selten und wenn, dann scheinbar mühelos. Doch hat das seinen gefährlichen Preis: den Verlust von Ratio, ohne die nichts gutgehen kann. Auch nicht das Gutgemeinte.

Wenn nur Ergebnissse eine Rolle spielen und nicht auch Ursachen, Zusammenhänge, Entwicklungslinien, dann bleibt alles unverständlich, verwirrend, bedrohlich einseitig.

Auf dieses Land bezogen, muß gesagt werden: Kein *nach*folgendes Unrecht wird durch vorhergehendes legitimiert. Aber es wird auch kein *vorher*gehendes durch ein nachfolgendes aufgehoben.

Das ist die bittere Logik jenes historischen Geschehens, das uns bis in die Gegenwart, bis in diese Stunde hinein bestimmt. Aus den Verfolgern wurden Verfolgte bis ins dritte, vierte und fünfte Glied. Aus den Treffsicheren schutzlos Betroffene. Seit Jahrzehnten.

Und wieder eine Binsenwahrheit: Den Verlierer kennzeichnet der Verlust. Den Sieger Gewinn. Ich möchte hier jedoch ein Fragezeichen setzen. Denn wenn es in der Geschichte so einfach zuginge wie am Spieltisch, wäre es so. Aber es gibt in ihr nicht nur den *geschlagenen* Verlierer, sondern auch den *besiegten* Sieger und also folgerichtig den *unterlegenen* Gewinner. Das heißt: Die Niederlage als Chance. Der Verlust als Aufgabe. So gesehen kann derjenige, der Heimat verliert, Heimat gewinnen – am neuen Ort, der in unserem Fall, weil Teil der Nation, ein glücklicher ist. Aber auch als Gegenstand von Hoffnung. Der Hoffende ist menschlicher.

Dennoch höre ich seltsame Zeitgenossen seltsame Empfehlungen geben, Ansichten vertreten, die – so formuliert – nicht mehr nur Ansichtssache sind, sondern mich angehen und betroffen machen, weil sie etwas Bedrohliches signalisieren: Kaltblütigkeit, Ignoranz, diplomatischen Charme auf blutigem Terrain.

Einer dieser Zeitgenossen heißt Gaus, und er ist nicht nur mein

Zeit-, er ist auch sonst mein Genosse. Er rät mir und uns zu vergessen, was uns prägt: die Gespaltenheit der Nation und das Hoffen auf Überwindung dieser Spaltung.

Martin Walser hat ihm kürzlich geantwortet und gesagt, daß er die Spaltung dieses Landes als eine Schwäche erlebe, als einen Mangel, als eine Art andauernden Blutverlustes, und er schlägt vor, daß diejenigen, die den Nationalbegriff noch kennen, ihn »fanatisch« pflegen müßten, wie man ihn im Ghetto pflegt: Einfach reagieren auf die Bedrohung. Ihn schützen wie in einem Gewächshaus.

Herrn Gaus ist zu sagen: Was hinter uns liegt, wenn es prägend war, liegt immer noch vor uns. Seine Vorschläge zeugen nur von Kurzatmigkeit – offensichtlich erlernt auf den sektseligen Jagdpartien östlich der Elbe. Seine Konstruktionen ersetzen jedenfalls nicht unsere Erfahrungen.

Und zum Schluß, meine Damen und Herren, der Blick über den eigenen Kreis hinaus, denn unser Leid gehört heute an den Rand zu beklagender Zustände. Im Zentrum erleben andere anderes.

Ich denke in dieser Stunde an jene Vietnamesen, die ihre Heimat verlassen, sich aufs Meer begeben – weil sie es müssen! –, in Gefahren also, die nur mit einer größeren Hoffnung zur Seite gewischt werden können – mit der Hoffnung auf ein menschenwürdiges Leben. Kommunisten, dies ist keine Unterstellung, sondern Selbsterfahrung, Kommunisten können menschenwürdiges Leben nicht garantieren. Das eint sie im Kern mit jenen, die dafür gesorgt haben, daß wir Deutschen – also auch ich, geboren im Jahre 1951 – nach wie vor von unserer Schande zu sprechen gezwungen sind. Aber unsere Schande ist inzwischen eine historische, wenn auch folgenreiche. Vietnam dagegen bedrückendes Gegenwarts-Geschehen, x-tes Beispiel für das, was Kommunisten unter Befreiung verstehen; -x-tes Beispiel, unsere Merkfähigkeit zu prüfen, unsere Sensibilität aus dem hiesigen Kontext zu lösen, sie anzuwenden wie ein Fern-Glas, das Distanzen überbrückt, entferntes Geschehen ins unmittelbare Blickfeld rückt. Aber ich lese am 11. Juni in einer Zeitung die Schlagzeile:

»Provoziert ›Cap Anamur‹ zur Flucht?«, lese, daß gewisse Ministerpräsidenten gewisser Bundesländer gewisse Bedenken anmelden – und zwar gegen die Aktionen des Rettungsschiffes des »Deutschen Komitees Not-Ärzte e. V.«. Rau heißt einer dieser Ministerpräsidenten, und er regiert in dieser Stadt, ein anderer Strauß – der immer mit vollem Mund spricht, und wenn es Luft ist, die er sich hineinstopft.

»Rau«, so schreibt die Zeitung, »gab zu bedenken, ob es nicht besser sei, Vietnam finanzielle Hilfe zu leisten, anstatt ein Schiff in das südchinesische Meer zu schicken, dessen Anwesenheit zur Flucht provozieren könnte, die ohne das Wissen um dieses Schiff ihre Heimat nicht verlassen würden.«

Woher hat, frage ich mich, dieser Ministerpräsident, mein Zeit- und Genosse, woher hat er dieses Wissen, das besticht durch sein Nicht-Wissen? Wie kommt er dazu, Ursache und Wirkung eines sehr wohl durchschaubaren Dramas auf den Kopf zu stellen?

Weiß oder berücksichtigt er nicht, daß die sogenannten »besonderen Bemühungen der Bundesregierung« um die politischen Häftlinge im anderen Teil der Nation, DDR genannt, nur eine innerdeutsche Variante der »Cap Anamur« bedeuten? Ich sage deutlich: Das Wissen um die Möglichkeit des Freikaufs provoziert in der Tat Mut: Mut zur Flucht, zum Aufbegehren, zur Selbst-Besinnung – weil das Wissen um diese Möglichkeit *Hoffnung* für unzählige Erniedrigte und Beleidigte einschließt.

Sind erst Tote ein Beweis dafür, daß an einem Ort nicht mehr menschlich gelebt werden kann.

Ist Kambodscha eine Erfindung?

Müssen wir uns sorgen um die Täter in Hanoi? Oder sollten wir uns nicht nachhaltig solidarisieren mit ihren Opfern aus Saigon, Hue und Da Nang?

Ich protestiere von diesem Podium aus gegen diese Große Koalition der Kaltschnäuzigkeit und Ignoranz.

Unsere Aufnahmekapazitäten sind noch lange nicht erschöpft. Uns geht es immer noch so gut, daß sie bei uns zuletzt erschöpft sind.

Wer anderes behauptet, denunziert Menschlichkeit.

36 Jahre nach dem nationalsozialistischen Terrorregime produziert sich hier ungeniert das, was ich die »Schweizer Mentalität« nennen würde. Ein beschämender Vorgang. Hier hat die Bürokratie erneut Urständ gefeiert – demagogisch wie selten zuvor: Das Zurückstoßen der Hilflosen wird begründet mit der Sorge um uns. Um so viel Fürsorge hat keiner gebeten. Dagegen muß etwas gesagt, ge-

tan werden. Nicht aus Lust an der Provokation, sondern aus tiefer Betroffenheit, die sich zusammensetzt aus Zorn und Trauer, Liebe zum Nächsten und der Hoffnung, ohne die es nicht weitergeht. Das übrigens ist der Stoff, aus dem heraus auch Gedichte entstehen.

Ich danke Ihnen.

Rede aus Anlaß der Verleihung des Andreas-Gryphius-Förderungspreises am 3. Juli 1981 in Düsseldorf

Heimat, Nation und Literatur

Im öffentlichen Bewußtsein unserer Tage gewinnen drei Begriffe immer stärker an Kontur: »Heimat«, »Nation«, »Literatur«. Sie werden im Zusammenhang gesehen und diskutiert, und zwar so intensiv, daß nicht selten jeder zur Voraussetzung des anderen wird und umgekehrt.

Was, frage ich uns, ist geschehen? Was ermöglicht diese ungehemmte Zusammenschau, ja, was erzwingt sie offensichtlich geradezu und fast täglich? Nun, zuerst ist wohl etwas sehr Simples geschehen: die Zeit ist vergangen. Will sagen: Die Deutschen in Ost und West – und besonders ihre Schriftsteller – haben 37 Jahre nach der im Kern selbstverschuldeten Katastrophe endlich wieder bemerkt, daß es sie immer noch gibt, und vor allem: wie sehr es sie noch gibt und wie wichtig ihnen das ist.

Das Bemerken, daß es uns Deutsche noch gibt, also die deutsche Nation in ihrer kulturellen Substanz, dieses Bemerken nun wird quer durch die bisherigen innenpolitischen und geistigen Gefechtsfelder und offensiv reflektiert. Ja, wir müssen sogar weitergehen: Galt es bis vor nicht allzu langer Zeit noch als »reaktionär«, dieses Bemerken und nationale Selbst-Behaupten, so gilt es inzwischen geradezu als »progressiv«, die Nation als notwendiges Thema zu entdecken, die Sehnsucht nach Heimat nicht zu verteufeln als Provinzspießertum.

Soweit der Befund, und wir sollten uns hüten, ihn nur als Ausdruck einer Mode zu verkennen. Das ist er gewiß auch. Aber zu unserer aller Glück und in erheblichem Maße nicht nur. Andererseits darf nun nicht wiederholt werden, was in der Vergangenheit an der Tagesordnung war: das Interpretationsmonopol auf unsere Begriffe durch eine bestimmte und also begrenzte politische Gruppierung oder philosophische Richtung.

»Heimat« und »Nation« können nicht, denke ich, »progressiv« oder »reaktionär« definiert und verbindlich gemacht werden: es kommt vielmehr und nach wie vor darauf an, ihre Existenz oder ihren Verlust als eine prägende Realität zu erfahren. *Erfahrung* definiert sie und nicht das jeweilige ideologische Vor-Urteil, das sich erfrecht, ein Nachdenken darüber, je nach taktischer Laune, zu gestatten oder zu verbieten.

Erfahrungen also. Drei grundlegende sind im Zusammenhang zu nennen: die der Eltern- und Großelterngeneration, die aus ihrer Heimat vertrieben wurde, die man zum Verlassen zwang, die flüchtete; die Erfahrung meiner Generation im anderen Teil der Nation, die die tödliche Gespaltenheit derselben vor allem auch als politische Unterdrückung und Spaltung erlebte, sich in der Widerstandshaltung dagegen wiederfand und deshalb doppelt bezahlte: mit längeren oder kürzeren Gefängnisaufenthalten und dem anschließenden Preis der Freiheit, der im gespaltenen Deutschland immer noch Heimat heißt; schließlich die Generation nach mir und besonders die hiesige Hälfte: der das materielle Zuviel der Industriegesellschaft ein Zuwenig an Sinn bedeutet, die – was ich vor allem als Metapher verstanden wissen möchte – die Expansion des Betons als existentielle Bedrohung der landschaftlichen und urbanen Restrefugien versteht, die also auf bisher vielfach übersehene oder nicht ernst genug genommene Art und Weise so etwas wie Heimat-Verlust erfährt oder zu erfahren glaubt.

Sie sehen, ich bin immer noch bei der Beschreibung des Befundes und vermeide Wertungen. Aber, und dies ist das Merkwürdige im besten Sinne des Wortes, diese scheinbar so unendlich verschiedenen Grund-Erfahrungen provozieren ein Gemeinsames: »Sehnsucht nach einer sicheren Landschaft«, wie Friedemann Berger einmal formulierte, als es galt, das Werk des auch für mein Schreiben maßgeblichen Dichters Johannes Bobrowski zu charakterisieren.

Wir sollten deshalb, meine ich, diese Formulierung als ein Stich-Wort nehmen, weil es – wenn es um *die* Fragen geht, die unser Thema enthält – eine große Plausibilität zu besitzen scheint: »Sehnsucht nach einer sicheren Landschaft« – das heißt dann aber auch:

Diese menschliche Ur-Sehnsucht, der Sucht nach Halt im Gehaltenen, diese Sehnsucht ist nicht nur geblieben, hat nicht nur, paradox gesagt, »überwintert« in all der Wohlstandswärme im Westen und unterm Verfolgungseis im Osten, sie ist nach dieser gesamtdeutschen Mischung aus Glück und Unglück stärker hervorgetreten als je zuvor. Das Elend der deutschen Zustände ergreift nicht mehr nur das Gemüt zu Weihnachten, es wird begriffen mit dem Kopf – und das täglich. Aus dem Jubiläumselend wird das alltägliche Elend, aus der Feiertagsbestürzung die anhaltende geistige Rebellion. Nüchterner konstatiert: Es ist zwar Zeit vergangen, viel Zeit – aber diese Sehnsucht eben nicht. Und die Redensart, daß die Zeit Wunden heile, mag stimmen für diese und jene oberflächliche Verletzung – »die Wunde namens Deutschland«, wie Walser es auf den Begriff brachte, diese tiefe Wunde hat sie – und ich sage es aufatmend – offensichtlich *nicht* geheilt, wo es doch andererseits lange so aussah, als sei ein Reden über diese Wunde, in welcher Form und aus welchem Anlaß auch immer, bestenfalls versponnener Anachronismus, ansonsten aber reaktionäres, den Frieden gefährdendes Palaver unverbesserlicher Revanchisten, um einmal den O-Ton Ostberliner Propagandazentralen anklingen zu lassen, der sich schädlicherweise auch hier breitgemacht hatte. Dabei will ich ganz und gar nicht abstreiten, daß es das bei manchen Leuten hierzulande wohl auch war – von der SED-eigenen Deutschland-Demagogie der fünfziger und sechziger Jahre allerdings ganz zu schweigen.

Aber ich für meine Person, ich habe – das Denken und die Sprache betreffend – keine Berührungsängste: nach welcher Seite hin auch immer. Wir müßten ja verstummen, wollten wir uns auf solch Abwägen einlassen.

Souveränität des Denkens – gerade in dieser Frage – scheint mir die wesentliche Voraussetzung zu sein, das Problem nicht nur geistig, sondern letztlich auch historisch und das heißt strategisch zu bewältigen. Was in meinem Falle – um nicht mißverstanden zu werden – nun ganz und gar nicht *die* Konsequenz mit sich bringt, daß der geistige Wiedereinstieg in die deutsche Geschichte, das Bekenntnis und der Wille zur gemeinsamen Nation, einhergeht mit einem Ausstieg aus der deutschen Gegenwart. Die so notwendige »Sehnsucht nach einer sicheren Landschaft« auch in nationalem Sinne bedeutet für mich jedenfalls nicht die Geringschätzung oder gar Aufgabe der relativ sicheren politischen Landschaft der parlamentarischen Demokratie Westdeutschlands. Im Gegenteil: Das zutiefst legitime offensive Nachdenken über die Zukunft Rest-Deutschlands und damit der grundsätzlich intakten Nation schließt für mich die prinzipielle Bejahung der gesellschaftspolitischen Rahmenbedingungen West-Deutschlands als *verbindliches Zukunftsmodell* für ein wiedervereinigtes Gesamtdeutschland mit ein.

Nun könnte man kontern und sagen, da ist er wieder, der so elend gescheiterte deutschlandpolitische Ansatz der fünfziger Jahre, das betrügerisch-selbstbetrügerische nationale »Lösungsmodell« eines Konrad Adenauer, dem ein Historiker wie Golo Mann in seiner »Deutschen Geschichte des 19. und 20. Jahrhunderts« eine »gewisse Unehrlichkeit« bescheinigt hat. Aber dieser Vorwurf kann nicht treffen. Mich jedenfalls nicht. Denn wenn auch nicht alles falsch ist, was da im Zusammenhang über Adenauer gesagt wurde, und es wurde ja auch von eigenen Parteifreunden gesagt – die radikal daherkommende, in Wirklichkeit aber sehr oberflächliche Alternative: »Neutrales Deutschland« ist mit Sicherheit nicht nur ebenso falsch, sondern vor allem: sie ist demokratiefeindlich und deshalb gemeingefährlich. Und zwar in dem Sinne, den Kurt Schumacher – der für *mein* deutschlandpolitisches Denken verbindliche Sozialdemokrat – gemeint hat, als es darum ging, die sowjetischen Einheits-Offerten energisch zurückzuweisen, indem er exakt beschrieb, was dabei herauskommen würde: nichts anderes nämlich als »die Einheit einer sowjetischen Provinz«. Schumacher war ein leidenschaftlich national denkender Mensch und Politiker, aber nicht minder war er ein leidenschaftlicher Verfechter der freiheitlichen Demokratie. Und genau diese Geisteshaltung – die für mich eine höchst vorbildhafte ist –, sie verbot es ihm, einen im Kern deutschnationalen Lösungs-Zauber für die zerhackte Nation mitzumachen. Zumal: Es wäre ja immer auch eine Lösung auf Kosten aller übrigen osteuropäischen Völker, die dann endgültig eingepfercht wären zwischen einem begrenzt souveränen Neu-Deutschland und dem unbegrenzten Imperialismus der Sowjetunion. Schumacher hat das damals erkannt, und seine Analyse stimmt im Prinzip immer noch. Das unterscheidet im übrigen sein Nachdenken über Deutschland grundlegend vom vorlauten Gerede zum Beispiel jenes SPD-Mitgliedes, das aus seiner diplomatischen Rolle eines »Ständigen Vertreters der Bundesrepublik Deutschland in der DDR« – die zu Recht beendet ist – eine neue Rolle ableitet: die des ständigen Allein-Vertreters in Sachen Deutschlands Zukunft.

Meine Partei, ich sage es offen, ist schlecht beraten mit solch einem Berater, der in seiner Über-Schläue (auf Einzelheiten einzugehen, ist hier nicht der Ort) vor allem für *die* zum gefundenen Fressen und zur Gaudi zugleich geworden ist, mit denen er so überflüssig oft falsche Gemeinsamkeit zelebrierte, Sekt trank und Hasen schoß. Die Gaudi »Gaus« ist aber nicht zuletzt deshalb mehr bitter als lustig, weil er eben nicht nur ein Memoirenheld ist – das wäre ja zu ertragen und kostete uns allenfalls drei bis vier Zehn-Mark-Scheine –, sondern vor allem ein Baracken-Kapo, denke ich an seine Bonner Parteiposition.

Sie sehen, ich bin unversehens in aktuelle Politikgefilde geraten. Aber das beweist ja nur, wie aktuell unser Thema, das Nachdenken darüber ist. Dennoch: Man mißverstehe mich nicht: Was eben gesagt wurde, ist nicht Klage, auch nicht Anklage, sondern – so verstehe ich meine Sätze jedenfalls – ein Stück Kampf, der mir notwendig zu sein scheint: auch und gerade in diesen Tagen, denn wie auch immer es in Bonn ausgehen mag – meiner Partei stehen gewaltige Klärungsprozesse bevor. Nicht zuletzt dieses Thema betreffend. Die Güstrower Dezember-Bilder waren typische und nicht besondere. Wer uns letzteres weiszumachen versucht, will weißwaschen, stellt Blutbefleckten Persilscheine aus. Aber da sei »Salzgitter« davor und der Geist, der diese Institution als eine legitime erkennt. Denn genauso wie jener fatale Satz nicht stimmt, der da lautet: »Was damals Recht war, kann heute nicht Unrecht sein!«, genausowenig stimmt die aktuelle Auffassung: »Was in der DDR Recht genannt wird, muß auch von uns als Recht akzeptiert werden!«

Nein, ich klage nicht – ich benenne lediglich und schließe mich damit jener Haltung an, die der Schriftsteller Bernd Jentzsch vor einem knappen Jahr sozusagen als kategorischen Imperativ in Sachen »deutsche Frage« für deutsche Schriftsteller formulierte:

»Der Schriftsteller soll nicht über die ›deutsche Frage‹ klagen, er soll keine Bittschriften verfassen, er hat vielmehr die Pflicht, die ›deutsche Frage‹ zu beschreiben, in Gegenworten...« Denn, so

Jentzsch weiter: »...sie ist ein Arbeitsauftrag an die deutschen Schriftsteller in Ost und West, und das Wort ›Arbeit‹ bedeutet bekanntlich vielerlei: Mühsal, Not, Beschwerde, Leid, Bedrängnis und auch: mühseliges Werk.«

Es ist in der Tat ein »mühseliges Werk«, nicht zuletzt, weil es nach wie vor oder vielleicht sogar erst recht »Trauerarbeit« ist, über Deutschland zu schreiben, Menschen-Wege in Deutschland nachzuzeichnen, das Wort zu ergreifen – angesichts einer immer noch tödlichen Wirklichkeit, die einem immer noch oder immer wieder die Sprache verschlägt. Aber leichter und spannungsloser ist es nicht zu haben, unser Werk. Und wenn es denn hilft, die verstümmelnde Heilung zu verhindern, die glatte Tages-Ordnung aufzurauhen, die 1945 festgelegte Europakarte zu durchkreuzen, das Abfinden mit Jalta als Opportunismus zu entlarven – wenn es also der nationalen Neu- und Wiederfindung in hohem Maße dient, dann soll dieser mühselige Dienst als ein selbstbefreiender verstanden werden, als ein Freiheits-Akt. So jedenfalls habe ich mein bisheriges Schreiben nicht nur verstanden, sondern auch erfahren: an mir, am Hörer und Leser, der Gesprächspartner war.

Gewiß, das Wort von der Not, die zur Tugend wird, scheint auf – aber selten, glaube ich, ist weniger Ironie im Wortspiel, als in diesem Fall. Ja, die Not Deutschlands muß zur Tugend seiner Schriftsteller werden. Denn die Not der Nation ist ja vor allem die Not ihrer Menschen – auch wenn wir das eine Zeitlang vergessen hatten: unter dem Deckmantel des Wohlstands hier und der sich trotzig gebenden Resignation dort, die nicht selten mit dem fatalen Argument daherkommt: Wir hungern doch nicht! Dem steht die biblische Weisheit entgegen: »Der Mensch lebt nicht vom Brot allein.« Und: Wer wüßte das nicht besser als die, die das hinter sich lassen mußten, was »Heimat« genannt wird.

Heimat ist zwar immer weniger als Nation, aber sie ist dem einzelnen nicht weniger wert, oft ist sie ihm wesentlicher und wertvoller, liegt sie ihm doch in jeder Beziehung des Wortes *näher* als alles andere an Region auf der Welt. Aber ich meine, hier Gegensätze zu konstruieren, wäre falsch. Heimat ist der Grund des Einzelnen. Die Nation ist der Grund aller: Insofern ist Heimat-Bewußtsein gründendes Bewußtsein, National-Bewußtsein befreiendes.

Wer den Menschen und also sich selbst realistisch einzuschätzen versucht, wird wissen, wie nötig er beides hat, wie konstitutiv für seine eigene Existenz die Dialektik von regionalem Gebunden-Sein und nationalem Gelöst-Sein ist, wie elementar für sein Fortkommen als freier Mensch, das die jeweilige Rückkehr nicht als Niederlage interpretiert, sondern als beständigen Ausgangspunkt erkennt. Der Pädagoge Adolf Diesterweg hat 1835 in einem Aufsatz auf diesen Zusammenhang verwiesen, wenn er sagt:

»Die Liebe zur Heimat ist... eine ganz natürliche, instinktmäßige...«, aber »Wer *nur* seine Heimat, sein Dorf, seine Stadt liebt, ist ein Pfahl- oder Spießbürger... Wer *nur* seine Provinz liebt und die Bewohner anderer deutscher Provinzen als Ausländer behandelt, leidet an der Landsmannschaftssucht, an dem Landsmannschaftsdünkel, an engherzigem Provinzialismus... Über allen... steht der Vaterlandsliebende, der Patriot. Patriotismus ist *praktische* Vaterlandsliebe. Was im Menschen nicht praktisch wird, nicht im Leben sich bestätigt, ist nicht wahrhaft in ihm vorhanden, ist Schein.

Wer sein Vaterland, die Eigentümlichkeiten desselben an Land und Leuten so liebt, daß er *dadurch unfähig* wird, anderen Ländern und Nationen Gerechtigkeit widerfahren zu lassen und sie in ihrem Wert anzuerkennen, trägt einen beschränkten Vaterlandssinn in sich. Es ist *Borniertheit.*«

Das ist die Einsicht, auf die es im Zusammenhang ankommt und die auch für mein Schreiben und Reden über die engere Heimat – heißt sie nun Wismar und/oder Mecklenburg – gültig ist. Heimat-Literatur aus dieser Voraussetzung lebt von der Distanz, und am besten, meine ich, ist äußere und innere zugleich, wenn gelingen soll, was mir vorschwebt: Heimat in die Litaratur zu bringen, damit Literatur Heimat werden kann. Distanz meint hier jedoch nicht Distanzierung, sondern eher und im Kern das Zusammenspiel von Rekonstruktion des Ortes der Kindheit und Jugend, Trauer um seinen Verlust als Ausdruck des Erkennens eines Wertes, der bleibt, und ironischem Kommentar, der die rückwärtsgewandte Utopie verhindert, weil es sie nicht gab, die heile Welt von vorgestern. Aufhellung der Herkunft ist also das Ziel und nicht Verklärung der Vergangenheit. So jedenfalls sollte aus meiner Sicht in der Heimat-Literatur die Heimat zu Wort kommen, damit uns das Wort zur Heimat werden kann, damit sie im Wort überlebt. Bloßes Heimat-Gefühl, diffusseliges Erinnern reicht mir deshalb nicht aus, wenn es um Heimat-Literatur geht – ist mir zuviel im ärgerlichen Sinne, und deshalb natürlich viel zu wenig. Denn Heimat-Gefühl dieser Art ist vor allem eins: es ist austauschbar, und was es an Bildern produziert, erst recht. Nur das *exakte* Benennen dessen, was unseren heimatlichen Grund und damit den grundsätzlichen Verlust ausmacht, kann ihn – im geistigen Sinne – aufheben, ohne ihn – dies sei eingeräumt – zu ersetzen.

Mir scheint es jedenfalls wichtig genug zu sein, diese Dinge so deutlich beim Namen zu nennen, denn Heimat-Literatur – das ist andererseits leider etwas, was viele zu können glauben, aber nur wenigen wirklich gelingt. Heimat-Literatur ist, ich sage es noch deutlicher, immer noch zu sehr ein Feld für Dilettanten – im freundlichen und im kritischen Sinne des Wortes. Wir haben es also, nehmen wir es genau, mit einer sehr heiklen Sache zu tun, die doch so notwendig ist, was alles nicht leichter macht.

Meine Arbeitsmaxime will ich mit folgender These verdeutlichen: Heimat-Literatur – das ist die Provinz als Thema, aber als Thema der Welt. Das heißt: Wir müssen die Provinz aus ihrer Provinzialität herauslösen, um sie beispiel-, also *dauerhaft* zu gestalten.

In diesem Sinne ist Mecklenburg mein Thema, ist Wismar – die Heimatstadt – der zentrale Ort meines Schreibens. In diesem Sinne löst sich aber auch mein Blick von beiden: von der Landschaft und von der Stadt, um sie wiederzufinden in Deutschland, der im Fleisch immer noch zerrissenen, im Geist aber genesenden Nation.

Diese Hoffnung soll formuliert sein – auch auf die Gefahr hin, einer verfrühten das Wort zu reden. Ich kann also die Nation nicht von der Heimat trennen und umgekehrt – und beide nicht von der Welt.

Aber warum auch? Heimat und Nation *in* der Welt sind keine sich ausschließenden Alternativen, sie sind gleichrangige Erfahrungs-Elemente unseres individuellen Seins, die zusammengehören.

Wir leben aus ihnen und sie in uns. So aber überleben wir alle, führt Trennung nicht zum Tode, verwandelt sich Entfernung nicht in Vergessen, wird aus Zweifel nicht Verzweiflung. Mecklenburg ist mir jedenfalls mehr als nur ein blasses Erinnerungs-Bild, das ich an diesem und jenem Feiertag hervorkrame, um festzustellen: Ach ja, da war doch mal was. Als Belege könnte ich jetzt eigene Verse und

Sätze zitieren, aber das Selbst-Zitat liegt mir nicht so. Ich habe deshalb in meinen Büchern gesucht und Strophen gefunden, die mir – so grundverschieden sie in ihrer Sprache auch sein mögen – treffend zu benennen scheinen, was jene geistige Nähe zur Heimat betrifft. Da ist die erste Strophe des Gedichts »Dat plattdütsch Land« von Felix Stillfried:

»Ik weit en Land, wat mi gefüllt, / wat mi gefüllt von Harten, / wat mi in dusend Keden höllt / alltid in Freu' und Smarten.«

Und nun, wobei es sprachlich kontrastreicher nicht geht, ein modernes Bekenntnis zu diesem Land - gedichtet von der Wahl-Mecklenburgerin Sarah Kirsch, die inzwischen auch eine von dort Vertriebene ist und in einem Dorf zwischen Hamburg und Bremen lebt. In ihrem Zyklus »Reisezehrung« finden sich die Verse:

»Ich gedenke nicht am Heimweh zu sterben. / Unauslöschlich hab ich die Bilder im Kopf / Die hellen die dunklen. Ich kann in Palermo sitzen / Und doch durch Mecklenburgs Felder gehn, / Auf gelben Stoppeln schwenkt mir der Bauer den Hut. / Die Schwalben stürzen und steigen vorm Fenster / Vertraute Schatten, sie finden mich / Wo ich auch bin und ohne Verzweiflung.«

Heimat als »geistiges Wurzelgefühl«. Hier wird Eduard Sprangers Satz in unnachahmliche Bilder gebracht. Uns kann vieles im Leben entrissen werden – etwas jedoch nicht: »geistige Wurzeln« und die Bilder, die sie hervortreiben, die Landschaft, in der sie stekken. Wo wir auch sind, wir tragen sie bei uns – es sei denn, wir verstümmelten uns wissentlich selbst.

Dieser Abend scheint mir ein Gegenbeweis zu sein: Die Selbstverstümmelung findet nicht statt, wenn wir nur wollen. Insofern ist Heimat-Bewußtsein vor allem Selbst-Bewußtsein. Dafür plädiere ich. Wir Deutschen haben wieder Grund dazu. Und, wenn ein Spaß erlaubt ist, wir Mecklenburger erst recht, geschieht doch bei uns alles Wichtige erst 100 Jahre später.

Auf dieser Basis sollten wir uns die Nähe zur Heimat erhalten. Auf dieser Basis versuche ich, die Nähe zur Heimat mit Wörtern zu gestalten. Ich bin von Herzen dafür dankbar, daß man mir diese Nähe abnimmt und mich aus diesem Grunde mit dem Johannes-Gillhoff-Preis 1982 ehrt. Denn weder Alter noch bisheriger Umfang meiner literarischen Arbeiten lassen diese Würdigung als selbstverständlich erscheinen. Und so gerät in den Dank nicht zuletzt auch der Gedanke der Verpflichtung, die sich aus der mir zuteil gewordenen Ehre ergibt. Ich hoffe, ihr gerecht zu werden.

Rede aus Anlaß der Verleihung des Johannes-Gillhoff-Preises 1982 durch den Kulturkreis Mecklenburg e. V., Hamburg

Erfahrungen sind keine Feindbilder

Vor über 15 Jahren erschien in Deutschland ein Buch, dessen Titel inzwischen – analytisch-programmatisch, wie er gemeint war – den Charakter einer sprichwörtlichen Redewendung angenommen hat. Ich meine die sozialpsychologische Studie »Die Unfähigkeit zu trauern« von Alexander und Margarete Mitscherlich. In dieser Arbeit, die, laut Untertitel, über die »Grundlagen kollektiven Verhaltens« nachdenkt, wird den Deutschen ein »Verhalten von unbewußt wirksam gewordenen Verleugnungen« attestiert und in der Folge dessen ein »unsicheres Selbstvertrauen«. Die Analyse der Mitscherlichs bezieht sich auf ein von ihnen konstatiertes »Ausbleiben von Trauerreaktionen nach einer nationalen Katastrophe größten Ausmaßes« – untersucht also deutsche Reaktionen auf den Aufstieg und Fall des »Dritten Reiches«. Die Autoren bemerken in diesem Zusammenhang einen »wohlorganisierten inneren Widerstand gegen die Durcharbeitung eines Stückes unserer Geschichte« und in logischer Konsequenz daraus das Entstehen einer fragwürdigen Alternative: »Verjährung ohne Trauerarbeit«. Ein Ergebnis dieses Verhaltens ist die »Relativierung der Moral« – unserer politisch-ethischen Moral, was nicht so sehr ein Vakuum von Moral meint, sondern die Anpassungsbereitschaft des einzelnen an die jeweils herrschende, an die, die sich sukzessive durchgesetzt hat und – unausgesprochen oder verkündet – als verbindliche im gesellschaftlichen Raum steht.

Was ist, wenn der Befund auch nur im Ansatz zutrifft, dagegenzusetzen?

Alexander und Margarete Mitscherlich plädieren am Schluß ihrer Untersuchung für »die Schärfung des Bewußtseins für innere und äußere Realität«, enden also mit einem aufklärerischen Credo.

Ich meine, und damit komme ich zum Anlaß dieser Stunde, daß alles, was eben – natürlich sehr verkürzt – über unsere »Unfähigkeit zu trauern« angesichts des nationalsozialistischen Schreckensregimes gesagt wurde, nicht nur nach wie vor Gültigkeit hat, sondern darüber hinaus – und bedauerlicherweise – in hohem Maße aktuell geblieben ist. Denn diese »Unfähigkeit zu trauern« bezieht sich im Deutschland von heute ja nicht mehr nur auf die Epoche und Ergebnisse des »Dritten Reiches«, unmittelbar gesehen – sie bezieht sich, wie ich meine, auch auf die mittelbaren Folgen: auf die andauernde Teilung der Rest-Nation und das blutige Mal dieser Teilung: auf die deutsch-deutsche Grenze.

Gewiß, diese Sätze mögen auf den ersten Blick im Widerspruch stehen zu der Tat-Sache, die uns hier zusammengeführt hat: zur Tat-Sache, daß ein Mensch namens Jürgen Ritter diese so vermißte Fähigkeit zur Trauer ganz unprätentiös und unspektakulär einer verbohrten und verbockten Gegenwart in den durch Unbetrübtsein getrübten Blickwinkel rückt. Und daß es Menschen und Institutionen gibt, die ihm in zunehmendem Maße dabei helfen, *dieser* Trauer sichtbar, also nicht nur privat, sondern eben auch *öffentlich* Ausdruck zu verleihen.

Aber machen wir uns nichts vor: Die Trauerarbeit des Jürgen Ritter und derjenigen, die ihm dabei helfen, weil sie nicht weniger betroffen sind von ihrem Anlaß, diese Trauerarbeit ist fast ein Sisyphosunternehmen.

Ich will und kann in dieser Stunde nicht auflisten, wie viele Menschen, Stimmungen, Institutionen und gängige Phrasen sich besagter Arbeit in den Weg gestellt haben und – damit verrate ich weder Geheimnisse noch spiele ich Kassandra – auch in Zukunft in den Weg stellen werden, weil diese *fortgesetzte* Trauerarbeit nicht ins jeweilige politische Kalkül paßt. Aber daß es nicht selten, um ein Bild zu gebrauchen, *Festungen* sind, politisch-ideologische Festungen, die hier geschleift werden mußten und müssen, davon dürfen Sie überzeugt sein.

Jürgen Ritter hat mir einmal in einem Brief seine Motive dargelegt, warum es ihn umtreibt, sich im präzisen Sinne des Wortes *ein Bild zu machen* vom blutigen Kern der deutsch-deutschen Realität, der auch nach der nächsten Milliarde DM ein blutiger bleiben wird, weil nicht so sehr Geld-Gier für das täglich sichtbare Drama verantwortlich ist, sondern – in letzter Konsequenz – ungezügelter *Machthunger*.

Jürgen Ritter:

»Ich kann es einfach nicht verstehen, daß 20 km von meinem Heimatort entfernt Menschen deswegen getötet werden, nur weil sie frei sein wollen. Ich kann es einfach nicht verstehen, daß im Herzen Deutschlands Deutsche auf Deutsche schießen und Deutsche die grausamsten und perfektesten Tötungsautomaten installiert haben und laufend weiter ausbauen. Ich kann es einfach nicht verstehen, daß in unserer freien Bundesrepublik Deutschland so wenig Interesse daran besteht, diese Dinge zu sehen und so – wengistens im Bewußtsein – zu überwinden.«

Natürlich könnten nun viele kommen und diesem Jürgen Ritter sagen, daß es doch ganz einfach sei, all das, was er da angeblich nicht verstünde, zu begreifen – die also historische, politische, philosophische und ökonomische, schließlich psychologische Thesen und Fakten zücken wie ein Schwert und mit der hochmütigen Logik des Bescheidwissers zustechen. Aber wer darf dieses Nicht-Verstehen unseres Dokumentaristen denn tatsächlich so naiv interpretieren, wie es erst einmal klingt? Sein in einfachen Sätzen geäußertes Nicht-Verstehen signalisiert doch nichts Geringeres, als die tiefe Verzweiflung desjenigen, der *im Kern* mehr weiß als derjenige, der immer nur Bescheid weiß. Und so gibt es das *kalte Verstehen* des alltäglichen politischen Verbrechens, das sich mit Hilfe einer gut geknüpften historischen Kausalkette aus der Affäre zieht und nicht selten zum komplizenhaften Verständnis verkommt. Und es gibt das *wissende Nicht-Verstehen* des Sehenden, der dem täglichen Schrekken nicht so wendig aus dem Weg geht, sondern sich ihm – in tiefer Trauer und mit großem Entsetzen – wieder und wieder aussetzt und sich den Ursachen dieses Schreckens *so* in den Weg stellt. Der also nicht verdrängt, sondern sich bedrängen läßt vom Bedrängnis.

Mit dem vorläufigen Ergebnis eines solchen radikal individuellen Verhaltens haben wir es in dieser Stunde zu tun: Zivilcourage – ein beliebtes Wort in den letzten Tagen, Wochen und Monaten – war und ist die Voraussetzung dieses *aufklärerischen* Tuns des Jürgen Ritter. Denn es gehört *Zivilcourage* dazu, dem Staat DDR und seinem typischten Charakterzug – der mit krimineller Energie und Perfektion errichteten Grenze – den ungetrübten Spiegel vorzuhalten, wo es doch seit Beginn dessen, was sich – verwischend genug – Entspannungspolitik nennt, immer beliebter wurde, wenn es um eben diese DDR ging, ganz andere Bilder zu zeigen: Was da versucht wurde und wird, war und ist nichts anderes als die mehr oder minder geschickte Retusche eines im Wesen unwandelbaren Systems. Nicht weil man es liebte; wohl aber liebte man den eigenen Erfolg. Und den muß man bekanntlicherweise beweisen können! *Deshalb* die Retusche. *Deshalb* der schäbige Versuch, uns an das alltägliche Verbrechen »deutsch-deutsche Grenze« zu gewöhnen. *Deshalb* das heillose Unterfangen, die innenpolitischen Verhältnisse im anderen Teil Deutschlands *so* auszuleuchten, als ob es kaum noch Gründe gäbe, dermaßen verzweifelt zu sein, daß man die Flucht wagt: durch aber und aber tödliches Gelände.

Statt dessen in diesem und jenem TV-Magazin, in dieser und jener Autobiographie das freundliche Porträt der für dieses tödliche Gelände zwischen den Teilen des Nation Verantwortlichen.

Volkslieder singen könne er, hatte uns Günter Gaus mitzuteilen, als es darum ging, Erich Honecker näher zu charakterisieren. Aber was Gaus in seinem Buch »Wo Deutschland liegt« so oberlehrerhaft-geheimnisvoll »preisgibt«, ist doch nichts anderes als die altbekannte Tatsache von der »Banalität des Bösen«, über die Hannah Arendt ihren großen Bericht schrieb anläßlich des Prozesses gegen Adolf Eichmann in Jerusalem im Jahre 1961. Daß Erich Honecker, und er ist ja nur das im Moment prominenteste Beispiel, ein *deutsches* Gemüt hat und deshalb ausführlich deutsche Volkslieder in kleiner Runde nicht nur anstimmen, sondern auch Strophe für Strophe, wie Gaus entzückt vermerkt, zu Ende singen kann – wer wollte das bezweifeln? Aber soll uns das vielleicht ebenfalls fröhlich stimmen? Nach dem schönen Motto: »Wo man singt, da laß dich ruhig nieder! Böse Menschen haben keine Lieder!« Von diesem tragischen Irrtum, dachte ich, seien wir Deutschen endlich geheilt. Aber das wird dann wohl mein Irrtum sein. Und so halte ich mich denn auch lieber an andere Taten dieses Mannes. An Taten, die er selber stolz vermerkt. Zum Beispiel in seiner Autobiographie »Aus meinem Leben«.

Dort findet sich ein rund zehn Seiten starkes Kapitel unter der Überschrift »Der 13. August 1961«, in dem er seine maßgebliche Rolle am Zustandekommen dessen beschreibt, was Jürgen Ritter in langen Jahren *einsamer* Trauerarbeit ins Bild gebracht hat: der mörderischen Einmauerung von Millionen Menschen Mitteldeutschlands. Von ihm und den anderen dafür Verantwortlichen in unüberbietbarer Primitivität und zugleich höchster Legitimationsnot

»antifaschistischer Schutzwall« genannt. Tatsächlich jedoch nur die stählern-steinerne Bankrotterklärung eines politischen Systems, das für sich in Anspruch nimmt, auf deutschem Boden eine *demokratische* Arbeiter-und-Bauern-*Republik* errichtet zu haben.

Honecker in seinen Memoiren:

»Als ich am Nachmittag des 12. August 1961 zum Döllnsee fuhr, sah ich beiderseits der Straßen, daß sich die Motorisierten Schützenverbände unserer Volksarmee schon in ihren Bereitstellungsräumen befanden. Um 16.00 Uhr unterzeichnete der Vorsitzende des Nationalen Verteidigungsrates der DDR, Walter Ulbricht, die von uns vorbereiteten Befehle für die Sicherungsmaßnahmen an der Staatsgrenze der DDR zu Berlin-West und zur BRD. Am späten Abend, eine Stunde vor Beginn der Operation, trat der von mir geleitete Stab im Berliner Polizeipräsidium zusammen. Anwesend waren die Mitglieder des Politbüros des ZK der SED Willi Stoph, Stellvertreter des Vorsitzenden des Ministerrats der DDR, und Paul Verner, die Mitglieder des ZK der SED Heinz Hoffmann, Minister für Nationale Verteidigung, Erich Mielke, Minister für Staatssicherheit, Karl Maron, Minister des Innern, und Erwin Kramer, Minister für Verkehrswesen, sowie Willi Seifert, Stellvertreter des Ministers des Innern, Fritz Eikemeier, Präsident der Volkspolizei Berlin, und Horst Ende, Leiter des Stabes des Ministeriums des Innern. Um 0.00 Uhr wurde Alarm ausgegeben und die Aktion ausgelöst. Damit begann eine Operation, die an dem nun anbrechenden Tag, einem Sonntag, die Welt aufhorchen ließ.«

So der Täter in vollendeter Sachlichkeit und Klarheit. Wir müssen also nichts unterstellen, dramatisieren, in Hysterie machen. Die Verantwortlichen bekennen sich stolz und militärisch knapp zu ihrer dominierenden Mittäterschaft, die bis heute eine ungesühnte ist. Und so empfängt uns die Barbarei in ihren Salons mit menschlichem Gesicht, handelt mit uns und wandelt, redet vom Frieden und praktiziert gleichzeitig den täglichen Bürger-Krieg. Vor wenigen Tagen zu erleben am Grenzübergang Helmstedt: Zwei Verzweifelte in einem Tanklastzug, die rasende Fahrt durch Schlagbäume, endend an einer Betonwand, ein Dutzend Soldaten feuernd aus ihren Maschinenpistolen auf die ohnehin Gescheiterten.

Ein paar hundert Selbstschußanlagen sind inzwischen zwar abmontiert. Jawohl. Aber der beste Selbstschußapparat ist immer noch: der Mensch. Der gedrillte, uniformierte, prämierte potentielle Mörder. Der marschiert, wenn er den Befehl erhält: »Marschier!« Der schießt, wenn der Befehl kommt: »Feuer!«

Ist damit ein Feind-Bild skizziert? Sind die Bilder des Jürgen Ritter »Feind-Bilder«?

Nur wer ihn und mich, zwei leidenschaftliche Sozialdemokraten, *böswillig* mißversteht, wird das unterstellen. Denn wir brauchen keine Feind-Bilder, um glücklich zu sein oder bestätigt zu werden. Aber wir haben *Erfahrungen*, die sich durch nichts wegwischen lassen. Und diese Erfahrungen besagen: Diejenigen, die eine Grenze nötig haben, wie sie in den Fotos von Jürgen Ritter unübersehbar Gestalt annimmt, offenbaren damit das Wesen ihrer Herrschaft, das Wesen ihrer Macht, das Wesen ihres Selbstverständnisses – ein Wesen, das bereit ist, über Leichen zu gehen, wenn es darauf ankommt. Wer jedoch *so* konsequent dazu bereit ist wie die DDR-Führer, hat sich in einen circulus vitiosus begeben, in eine *unlösbare* Selbstfesselung, in der er sich zum Schluß erwürgt.

In diesem Sinne – und nur in diesem – steht ein solches System historisch zur Disposition. Das heißt: *Abschaffen* müssen es die Menschen *vor Ort*. Wir können und dürfen es nicht, weil das *Krieg* hieße. Aber wir dürfen es auch nicht *stabilisieren*, weil das Mittäterschaft bedeutet und im Widerspruch zu den legitimen Wünschen der Menschen steht, die diesem System ausgeliefert sind.

Was wir zu tun haben, sind deshalb zwei Dinge: Weltweit Rahmenbedingungen zu schaffen, die garantieren, daß erfolgreiche Revolutionen im sowjetischen Machtbereich nicht gleichbedeutend sind mit dem Ausbrechen eines Weltkrieges, sondern den Charakter eines *Entkolonialisierungsprozesses* bekommen. Und zum zweiten: Dokumentarische Trauerarbeit zu leisten, damit uns bewußt wird oder bleibt, wie notwendig für Millionen Menschen östlich der Elbe eben dieser Entkolonialisierungsprozeß ist. Denn wer gibt uns das Recht, Freiheit und materiellen Wohlstand allein und ungestört zu genießen? Nichts und niemand, sage ich. Und uns Deutschen erst recht nicht. Im Gegenteil: Wir haben die historische Pflicht, an einer Fähigkeit des Trauerns und Mit-Trauerns zu arbeiten - nicht zuletzt im Sinne jenes Wortes von Manès Sperber, des Trägers des diesjährigen Friedenspreises des deutschen Buchhandels, der in seinem Essay »Positionen« schrieb:

»Es gibt keine Wahrheit, die wir aus taktischen Gründen verschweigen müßten, keinen Betrug, den wir mit Schweigen, und wäre dieses auch nur vorläufig, übergehen dürften... Sprechen wir also von den Notwendigkeiten und Möglichkeiten unserer Zeit, die durch den Totalitarismus und seine Verderbtheit zwar verdunkelt, aber nicht verwandelt werden.«

Rede zur Eröffnung der Fotodokumentation »Deutsch-deutsche Realität« von Jürgen Ritter am 28.11.1983 in der Spar- und Darlehenskasse Hittfeld bei Hamburg

Die 17. Junis der Zukunft

Polen 1981, ČSSR 1968, Ungarn 1956, Mitteldeutschland 1953 – Jahre danach, oder Jahrzehnte gar, wird vielen aus wenig guten Gründen der Rück-Blick lästig. Das ist vorbei! lautet die fixe Weisheit allenthalben. Und in diesen Tagen ganz besonders. Dagegen steht die Erkenntnis: »Was hinter uns liegt – wenn es *prägend* war – liegt immer noch vor uns!«

Gewiß, Tagesopportunisten und Gewohnheitsprogressive leugnen dieses Grundmuster geschichtlicher Bewegung. Sie lieben den unveränderlichen Fortschritt, der alles legitmiert, was gerade dran oder »in« ist. Das nun ist keine böswillige Unterstellung, sondern fast täglich nachzulesendes, hör- und sichtbares Ereignis. Beispiel eins:

Am 25. Mai 1985 veröffentlichte die sozialdemokratische Wochenzeitung »Vorwärts« eine Kolumne des Chefredakteurs des NDR-Hörfunks, Jürgen Kellermeier, in der wir zum Thema Zukunft der deutschen Nation Auslassungen wie diese finden:

»Es gibt auf der weiten Welt nicht viele politische Ideen, die selbst auf sehr lange Sicht noch unrealistischer wären als die Wiedervereinigung, die Vereinigung von Bundesrepublik und der DDR.« Diese prophetische Erkenntnis eines fortschrittlichen Immobilisten findet ihre Zuspitzung in den Sätzen: »Es gibt hinsichtlich der DDR nicht die Wahl zwischen Einheit und Freiheit. Die Einführung der freiheitlich-pluralistischen Demokratie in der DDR ist um keinen Deut realistischer als die Wiedervereinigung.« Kellermciers Logik: Weil sie die Macht haben, sollen sie sie immer haben. Und der Fortschritt besteht darin, dies nicht nur widerspruchslos hinzunehmen, sondern auch noch positiv zu verinnerlichen, weil: Das dient dem Frieden. Und um den ganz allein geht es. Aber was, bitte schön, ist das für ein Frieden?

Ein freiheitsfeindlicher natürlich. Ein Friedhofsfrieden. Ein Entspannungs-Frieden jedoch nach Kellermeier, der auch Müller, Meier, Schulze oder Bölling heißen könnte. Keller-Bölling vielleicht oder Klaus, der einst Regierungssprecher, Kanzlerberater, dann Ständiger Vertreter der Bundesrepublik Deutschland in der Deutschen Demokratischen Republik war und heute, wenn er nicht in politischen Talk-Shows Gesprächspartner anschreit, unter anderem Essays zur deutschen Frage schreibt. Am 29. April des Jahres konnten wir im wichtigsten deutschen Nachrichtenmagazin, im »Spiegel«, von Klaus Bölling lesen, daß das Verfassungsgebot, »den Wiedervereinigungsanspruch im Innern wachzuhalten und nach außen beharrlich zu vertreten«, nichts anderes sei als ein Ausdruck »westdeutscher Selbstgerechtigkeit« bzw. dieses Gebot habe, wenn man es ernst nehme, keinen anderen Charakter als den einer »verdeckten politischen Kriegserklärung an die DDR.« Also: Das solidarische Freiheits-Gebot als Kriegserklärung!

Ist solch eine Perfidie und Denunziation noch überbietbar? Eigentlich, möchte man denken, eigentlich nicht. Tatsächlich aber doch. Denn all das (und noch mehr) geht einher mit einer zynischen Verfälschung dessen, was gewesen ist, was – zum Beispiel – in jenen Junitagen 1953 real in Mitteldeutschland stattgefunden hat. In der Ausgabe der »Süddeutschen Zeitung« vom 15./16./17. Juni 1985 schreibt der Redakteur Hans Heigert über die Geschichte jenes Tages vor 32 Jahren: »Nirgendwo wurden Menschenmengen niedergewalzt, wurde gar in sie hineingeschossen. Niemand wollte seinerzeit eine nationale Revolution. Nirgends hörte man den Ruf: ›Russen raus!‹... Vorbei das alles...«

Nirgendwo, niemand, nirgends – wird hier behauptet. Apodiktisch. Trotz der Bilder und Berichte, die es gibt und die man kennen kann. Und trotz des sich sofort einstellenden, fast banalen Gedankens: Um in diesem Zusammenhang so allwissend »nirgendwo, niemand, nirgends« sagen zu können, müßte der deutsche Redakteur Heigert in allen 272 Städten und Dörfern Mitteldeutschlands gleichzeitig gewesen sein, in denen es – auch nach seiner Sicht – zu Streiks,

Demonstrationen, Massenversammlungen und ähnlichem kam... Dennoch ist die Sprache des ideologischen Ausschließlichkeitswahns nicht einmal das Schlimmste an Heigerts Kommentar. Viel gravierender, weil *objektiv* falsch, ist die Behauptung: Kein Schuß sei gefallen! Natürlich wurde von sowjetischen Panzern aus geschossen. Natürlich wurden Menschen von sowjetischen Erschießungskommandos füsiliert oder, wie es offiziell und öffentlich hieß: standrechtlich erschossen. Denn natürlich war am 17. Juni 1953 in Mitteldeutschland das Standrecht von der Besatzungsmacht ausgerufen worden, genauer: in 167 von 214 mitteldeutschen Kreisen herrschte der Ausnahmezustand. Und selbst der damalige Ministerpräsident der DDR, Otto Grotewohl, sprach nach der blutigen Niederschlagung der Revolte von 300000 Arbeitern, die sich an Streiks beteiligt hätten.

Sicher, es hätten mehr Tote sein können. Aber auch 30 oder 40 sind zuviel. Es gibt jedenfalls, 32 Jahre danach, kein Recht, sie zu übergehen, ihren Tod, der ein gewaltsamer war, in Abrede zu stellen – zumal zu diesen Toten auch sowjetische Offiziere und Soldaten gehörten, die sich geweigert hatten, auf deutsche Arbeiter zu schießen. Was, nebenbei, belegt, daß es den Befehl dazu gab. Zweitens: Heigert sagt: Es war keine »nationale Revolution«. Nun, eine Revolution vielleicht nicht, denn die Massen agierten spontan, fast unorganisiert und überwiegend gewaltfrei. Aber eine national orientierte demokratische Revolte war das, was sich zwischen Rostock und Chemnitz und am eindrucksvollsten in Ostberlin abspielte, sehr wohl! Da sind die überlieferten Dokumente *eindeutig*. Ein in Strausberg (bei Berlin) verfaßtes und verbreitete Flugblatt der dort Streikenden enthielt einen Forderungskatalog, der sich in variationibus in allen übrigen Streikzentren der DDR wiederholte. Neben geforderter Rede- und Pressefreiheit, neben Lohnerhöhungs- und Normenabschaffungsforderungen, neben der Forderung nach Freilassung aller politischen Gefangenen, gab es drei Forderungen, die den nationalen und demokratischen Charakter dieser Revolte hervorhoben, es waren die Punkte 5, 6 und 7, die da lauteten:

»Freie Wahlen für *ganz* Deutschland«,

»Weg mit den *Zonengrenzen*«,

»Abzug *aller* Besatzungstruppen«.

All das kann man, wenn man es heute noch wissen will, sehr wohl wissen. Doch Publizisten und Politiker wie Kellermeier, Heigert und Bölling – drei Namen von vielen – streiten ab, behaupten kategorisch das Gegenteil der historisch verifizierbaren Wahrheit und denunzieren die, die nicht bereit sind, an der erneuten Liquidierung oder Verfälschung von jüngster deutscher Geschichte teilzunehmen.

Aber sie liefern andererseits mit alldem keinen Gegenbeweis, sondern nur vordergründige Manöver. Ihre Methode verrät ihre Absicht: Das Drängende soll verdrängt werden, das die Not Wendende als unnötig und friedlos erscheinen.

Dennoch – oder gerade deshalb – ist 32 Jahre nach dem 17. Juni zu fragen: Was ist geblieben von diesem Tag? Was ist präsent in den Köpfen der Zeitgenossen von dieser jüngsten deutschen Revolte demokratischer Natur und Tradition – in jungen und alten, in denen von hüben und denen von drüben?

Nun, daß wir immer noch darüber reden, fürchte ich, muß in Deutschland schon als Erfolg verbucht werden, denn das Verhältnis der Deutschen – wenn diese Verallgemeinerung erlaubt ist – zur eigenen Geschichte besteht zuerst und zuletzt im *Verdrängen*! Ganze Verdrängungs-Koalitionen haben sich da gebildet, und Aussteigen aus dem Strom, in dem wir geworden sind, heißt bei uns, also hüben wie drüben, einzusteigen in die tagesneuen Ersatzkanäle. Was wir zu sein haben nach den historischen Zäsuren sind wir deshalb auch immer *ganz*! Aber wer, so frage ich, ist denn schon alle zwei, drei Jahrzehnte wirklich ein ganz anderer? Ich glaube jedenfalls nicht, daß Selbst-Betrug, und von dem war bisher ja vor allem die Rede, daß solch kategorischer Selbst-Betrug eine gute, geschweige denn zukunftsträchtige Methode ist, um mit sich selbst ins reine zu kommen. Weder privat noch national. – Was tun? Ganz einfach: Sehen wir uns um! Lernen wir von anderen, mit der eigenen Geschichte umzugehen: Polen 1980 bis, ja bis in diese Wochen – der Prozeß in Danzig gegen die Spitze des Eisbergs, gegen Michnik, Lis, Frasyniuk, das Ermittlungsverfahren gegen Walesa, sie laufen noch, weil die Genannten und viele andere sich nicht »normalisieren« lassen. Polen 1985 – das ist das Beispiel, wie eine Nation *sich* zusammenhält. Dort gibt man Träume nicht auf wie Moden. Und dies zum wiederholten Mal, wie wir wissen. Nationale und politische Befreiungsbereitschaft Hand in Hand, Kopf für Kopf.

Natürlich: Übersehen wir nicht die Schwächen, die sie ja selbst nicht übersehen. Idealisieren wir nichts, weil sie selbst ja nichts idealisieren. Aber haben wir Ideale wie sie: Das Ideal der Freiheit zum Beispiel. Zum Beispiel das Ideal der Freiheit!

In Polen, ich wage diesen Satz: In Polen ist nie etwas vorbei! In Polen fängt immer alles an! Das können wir nicht nur lernen. Das *müssen* wir lernen, gerade weil es bei all unserer Abneigung, das Vergangene im Blick zu behalten, eine zweite Gefahr gibt: In Zeiten, in denen Rück-Show auf die Fahnen gestickt ist, eine Rück-Besinnungslosigkeit zu entfachen.

Der 17. Juni ist deshalb *kein* Auftrittsdatum für nationalistische Entfesselungskünstler, für alte Reaktionäre und neue Nazis. Es ging, in klaren Sätzen gesagt, um mehr Brot und weniger Fron an diesem Tag. Es ging um authentische Demokratie und gegen den totalen Machtanspruch einer Clique, SED genannt, die im Namen von Marx, Engels, Lenin und Stalin die Zeit der Barbarei in einem Teil Deutschlands unverfroren fortsetzte, das gerade die Barbarei Hitlers und seiner Mittäter hinter sich hatte.

Das einzige, aber *entscheidende* Symbol dieses Tages, weil es den tieferen ideellen Grund der Revolte markierte, war das wichtigste Symbol in der modernen Geschichte Deutschlands: der Dreifarb, wie er zur Entstehungszeit Anfang des 19. Jahrhunderts genannt wurde – die schwarzrotgoldene Fahne. Die Fahne der Revolution von 1848. Die Fahne der Weimarer Republik. Die Fahne der Bundesrepublik Deutschland.

Wir haben allen Anlaß, diese Fahne – ihren Weg und ihre Geschichte, das Geschick ihrer Träger – zu begreifen, zu begreifen im doppelten Sinne des Wortes: also mit *allen* unseren Bewußt-Seins-Möglichkeiten. Denn *sie* ist die Fahne der deutschen Demokratie, die in Deutschland, in den uns verbliebenen Teilen, noch immer nicht selbstverständlich ist.

Die Arbeiter des 17. Juni 1953, die gegen ökonomische Ausbeutung, gegen die blutige Herrschaft der SED und der sowjetischen Besatzungsmacht *gewaltlos* aufbegehrten und mit Gewalt mundtot gemacht wurden, haben diese Fahne vor sich hergetragen und in Berlin auf das Brandenburger Tor gepflanzt.

Wer das vergißt oder leugnet, will diesem geteilten Land und seinen getroffenen Menschen nichts Gutes. Er will nur eins: recht behalten. Und zwar um jeden Preis. Genau diese politische Mentalität aber hat Deutschland schon einmal in ein gigantisches Verderben geführt. Wir dienen uns, unseren Nachbarn und unseren Kindern und Kindeskindern nicht, wenn wir denen folgen, die den selektiven Geschichtsblick predigen und verbindlich zu machen versuchen.

Zugespitzt gesagt: Die Kellermeier, Heigert und Bölling sind um keinen Deut besser als all jene deutschen Politiker, die 1933 im Deutschen Reichstag zwar nicht der Fraktion der NSDAP angehörten, aber gleichwohl kapitulierten und Hitlers Ermächtigungsgesetz zustimmten. Denn wer so verdrängt wie sie, wer so hartnäkkig und zunehmend leugnet, daß der Charakter des DDR-Systems ein zutiefst unmenschlicher ist, wer so zynisch die Verantwortlichen für diese Unmenschlichkeiten – hießen sie nun 1953 Walter Ulbricht oder 1985 Erich Honecker – freispricht, Verständnis für sie fordert und Entschuldigungstrategien entwickelt, der *ermächtigt* sie im nachhinein und für alle Zukunft, *jedes* dem System dienliche Verbrechen als einen *legitimen* Akt zu interpretieren.

Gegen diese neue deutsche Ermächtigungs-Politik und ihre Protagonisten muß vor allem eines gesetzt werden: Das ernste, intensive und öffentliche Nachdenken über diese Nation – über ihre Vergangenheit und Zukunft, über ihre Fehler, Verbrechen und Leistungen und über ihre Helden, die es uns ermöglichen, ein freies, demokratisches und einiges Deutschland einzuklagen und – mit den Mitteln des Geistes und einer *unbrechbaren* demokratischen Gesinnung – zu erkämpfen. Die Frauen und Männer des 17. Juni 1953 sind in diesem Sinne Helden, an die wir uns erinnern dürfen und müssen – so wie an die Geschwister Scholl, an die Männer und Frauen des 20. Juli 1944 und andere Freiheitskämpfer deutscher Zunge. Wer diese Männer und Frauen in *einer* Tradition sieht und begreift, dem geht es *ungeteilt* um Menschenwürde und Freiheit. Wer hier selektiert, die einen vergißt oder gar beide gegeneinander ausspielt, der hat aus der jüngsten deutschen Geschichte nichts gelernt.

Lernen wir also.

Der 17. Juni – unser Nach-Denken darüber, das wiederkehrende Sich-Erinnern an ein *menschenfreundliches* Aufbegehren gegen *menschenfeindliche* Herrschaftsstrukturen in Deutschland – ist insofern Erinnerung an eine *Aufgabe*: Nicht an eine Aufgabe aller diesbezüglichen Hoffnungen. Sondern an die Hoffnung als Aufgabe.

Rede aus Anlaß des 32. Jahrestages des 17. Juni 1953 vor den 13. Musischen Bundesspielen der DJO – Deutsche Jugend in Europa – in Travemünde

Die neue deutsche Ermächtigungs-Philosophie

Das moderne Unglück der Deutschen begann für mich nicht mit ihrer furchtbaren Fähigkeit zu furchtbaren Kriegen, sondern mit ihrer erstaunlichen Furcht vor den glanzlosen Prinzipien und Strukturen des Parlamentarismus und der gewaltengeteilten Demokratie.

Man könnte auch sagen: Die Deutschen sind schon seit langem friedensbereit um jeden Preis: von 1933–1945 um den Preis des Krieges, seit einigen Jahren um den Preis der Freiheit, die andere zu Recht auch für sich beanspruchen: Polen, Tschechen, Slowaken, Ungarn, Letten, Esten, Litauer, Rumänen – um nur einige zu nennen.

Daß es die Deutschen waren, die diese Völker – in einem logistischen Zusammenspiel zwischen den Nationalsozialisten und den Leninisten-Stalinisten – in ihr bis heute andauerndes Unglück stürzten, interessiert die heutigen Deutschen in der Regel nicht, zumal: Das Desinteresse betrifft auch jenen Teil Deutschlands und dessen Menschen, die zwischen Elbe und Oder leben – also *beunruhigend* nahe.

Die kaiserliche Parole von einst, daß Ruhe die erste Bürgerpflicht sei, ist zur Grundtugend dessen geworden, was sich Entspannungspolitik nennt. Das heißt: Ruhe – wir haben es mittlerweile begriffen – ist die erste Entspannungspflicht.

Nun ist es mein Pech und das Pech vieler meiner Freunde, die aus der DDR gekommen sind, daß wir angesichts der dortigen antidemokratischen, totalitären Zustände die geistige und politische Unruhe, den ideellen Aufruhr, als unsere erste und einzige Bürgerpflicht ansahen – nicht zuletzt eingedenk der Tatsache, daß die Ruhe im März 1933, diese trügerische Friedhofsruhe, nur das Vorspiel zu einer grausamen Gesellschaftsordnung war, die, wie wir heute wissen, nie mit Güte und Nachsicht gebändigt, sondern nur mit Feuer und Härte beendigt werden konnte. Feuer und Schwert gegen die DDR will ich nicht. Aber ideelle Klarheit, politische Härte.

Mein Konflikt mit dem VS, dem ich 1979 beigetreten bin, 3 Jahre nach meiner Haftentlassung aus der DDR, hat hier seinen Grund.

Ich nahm an, jene vorhin skizzierte Unruhe sei eine erwünschte, meine Erfahrungskompetenz im Umgang mit einer Diktatur, d. h. meine Erfahrungen als einer, der Widerstand geleistet hat, dies seien bedenkenswerte Einlassungen.

Statt dessen wurde mir klargemacht, daß ich nur störe, daß ich zwar subjektiv zu bedauern sei, aber objektiv sei die Entwicklung schon ein Stück weiter, über mich hinweggeschritten.

Der engagierte Demokrat, der kein GmbH-Demokrat war, war, über Nacht sozusagen, zum merkwürdigen Fossil geworden: ein Kranker, dem die Gutmütigsten gute Besserung wünschten, andere verhängten eine Quasi-Isolation. Ich rede jetzt von der Atmosphäre im Verband deutscher Schriftsteller.

Das mußt du so sehen, hörte ich oft, wenn ich mitgeteilt hatte, was nicht zu übersehen war. Aber das So-Gesehene war dann auf einmal nicht mehr das, was ich gesehen hatte. Da hatte ich das Nachsehen. Ich gebe zu, das alles hat mich überrascht. Nicht, daß ich auch nur im Ansatz erwartet hätte, daß man nahtlos auch meine Schlußfolgerungen aus meinen politischen Erfahrungen zu übernehmen gewillt sei. Aber ich bin doch wenigstens davon ausgegangen, daß mir meine Erfahrungen nicht bestritten würden.

Irrtum. Für eine lange Zeit jedenfalls. Inzwischen gilt das nicht mehr so total. Das Ausharren, trotz der Wut im Bauch, trotz aller Verzweiflung auch, hatte Sinn. Daß wir hier zum zweitenmal zusammensitzen, ist für mich ermutigend.

Ein Teil der Schriftsteller im VS berücksichtigt nun unsere Unruhe, nimmt sie ernst und das, was an handfesten Gründen dahintersteht. Nicht nur in dem Sinne, daß man uns glaubt, was wir berichten, sondern – was mir fast noch wichtiger ist – auch in dem Sinne, daß man begreift: Der Unterschied zwischen dem Alltag einer funktionierenden Demokratie und dem einer funktionierenden Diktatur, ich rede von der DDR und der Bundesrepublik Deutschland, ist kein *gradueller*, sondern ein *prinzipieller*.

Ich denke, daß Schriftsteller in Deutschland, wenn sie über dieses geteilte Land reden, über ihre Situation, über die Bedingungen ihrer

Existenz, genau diesen *radikalen* Unterschied im Kopf und im Wort behalten müssen. Sonst landen sie nämlich dort, wo Bernt Engelmann und andere schon immer gewesen sind und wo – ich sage das besonders in Richtung Freimut Duve und Johano Strasser – die SPD und konjunkturprogressive Teile der Union schnurstracks hinmarschieren: in die Sitzreihen des Deutschen Reichstages vom 23. März 1933, als der Diktator sich das Ermächtigungsgesetz absegnen ließ. Wir wissen, daß die Mehrheit der Demokraten damals zustimmte, d. h. nicht so sehr Hitler zustimmte, sondern die Abschaffung der parlamentarischen Demokratie empfahl, sich dreinfügte in die Umstände, in die berühmten *objektiven*, um – wie wir ja alle wissen und heute erneut gesagt bekommen –, um Schlimmeres zu verhüten.

Nur eine Fraktion widersprach: die sozialdemokratische.

Ich habe in den letzten Wochen vor dieser Konferenz wieder und wieder diese Debatte von damals nachgelesen, und es ist ein Satz von Otto Wels, der mir am aktuellsten zu sein scheint. Wels damals: »Wir Sozialdemokraten wissen, daß man machtpolitische Tatsachen durch bloße Rechtsverwahrung nicht beseitigt. Wir sehen die machtpolitische Tatsache ihrer Herrschaft. Aber auch das Rechtsbewußtsein des Volkes ist eine politische Macht, und wir werden nicht aufhören, an dieses Rechtsbewußtsein zu appellieren.«

Wenn Strasser und Duve sagen, daß Politik im Gegensinne nur im VS gemacht wurde, dann muß ich widersprechen: Bernt Engelmanns antifreiheitliche und damit antigewerkschaftliche Position, wenn es um Ostmitteleuropa ging, war ja lange Zeit nur deshalb so erfolgreich, weil sie Ausdruck des herrschenden *Zeitgeistes* war (und ist), den gerade *die* Partei, der wir drei angehören, zum herrschenden gemacht hat. Es sind führende Sozialdemokraten und die sogenannten »Tauben« der Union, die das pflegen, begründen und radikal durchzusetzen versuchen, was ich die neue deutsche *Ermächtigungs-Philosophie* nennen will!

Es blieb z. B. dem Nachwuchs-Politiker der SPD, Gerhard Schröder, vorbehalten, Erich Honecker, den zweiten Diktator der zweiten deutschen Diktatur, wörtlich: einen »zutiefst ehrenwerten Mann« zu nennen. Wenn Honecker das aber ist, wir ihn jedoch bekämpft haben, ihn und das System, aus dem er Nutzen für sich zieht, das er wie kein anderer zur Zeit repräsentiert, was, bitte schön, sind wir dann gewesen? Mindestens unredlich?!

Zur Stunde geht es darum, die Statisten der SED-eigenen Kroll-Oper, auch »Volkskammer« genannt, in Westdeutschland »angemessen, respektvoll« zu empfangen. Also die Mitglieder eines deutschen Scheinparlaments, die immer wieder nur eines zu sagen haben: nämlich ja!

Wetten, daß – wenn sie kommen –, wetten, daß sich keiner finden wird, der mal schnell das Sofa rausträgt oder die Sessel, wie bei Botha, dem das zu Recht geschehen ist?! Im Gegenteil: Ich sehe schon eine große Koalition der Sesselspender. Die Statisten der sozialistischen Kroll-Oper werden jedenfalls im Licht Platz nehmen dürfen, im Scheinwerferlicht – die Opfer des Systems, das sie repräsentieren, die im Dunkeln, die sieht man wieder einmal nicht.

Zum Schluß: All dies Angerissene hat Wunden hinterlassen, aber natürlich auch Kampfbereitschaft. Insofern bewegt sich der Streit von mir aus gesehen noch im Ring, den ich mir selbst gesteckt habe. Was mich aber beschämt, das ist das Verhältnis dieser IG Drupa und ihrer Spitzenfunktionäre zum verbotenen polnischen Gewerkschaftsbund »Solidarność«. Hier ist die Schmerzgrenze schon lange weit überschritten, die Fassungslosigkeit setzt ein: Ich bitte alle die, die es noch nicht getan haben, nachzulesen, was der ehemalige IG Drupa-Vorsitzende Mahlein zu dieser freien Gewerkschaft und gewaltlosen Bürgerrechtsbewegung zu sagen gehabt hat – nichts anderes als das »Neue Deutschland« und die »Prawda« zusammen.

Das alles schwebt noch im Raum, trotz des korrigierten Telegramms von Saarbrücken. Das ist noch nicht zu Ende diskutiert, auch wenn mir Vormwegs und Buchs Vorschläge sehr aus dem Herzen sprechen, an die »eigentliche« Arbeit zu gehen, an die Literatur. Ja, ja und nochmals ja! Aber nicht mit einer Organisation im Rücken, die zahllosen Kollegen in Ostmitteleuropa mit Worten und Taten in den Rücken gefallen ist. Nicht im Rücken mit den Ermächtigungsfunktionären aller Parteien. Es ist gewiß lästig und auch frustrierend, in Politik zu machen, wenn die Neigung übermächtig ist, nur dem schönen Wort zu dienen. Aber den deutschen Schriftstellern steht – spätestens seit 1945 – eine Pflicht ins Haus, der sie sich niemals wieder entziehen dürfen: die Pflicht, nie mehr unpolitisch zu sein – und auf dieser Basis nie mehr zuzulassen, daß die parlamentarische Demokratie zur Disposition steht. Sie steht aber – wenigstens im Bewußtsein, und das ist ja die erste Stufe der Katastrophe – immer dann zur Disposition, wenn wir bereit sind, Diktaturen Existenzrechte einzuräumen. Dabei müssen sie doch fallen, wo auch immer sie sich aufrichten, denn sie tun dem Menschen weh und zerstören sein Wichtigstes: seine Würde.

Genau hier aber hat Literatur ihren Sinn und ihren Ort.

Rede auf der Konferenz »Die Uneinigkeit der Einzelgänger. Wozu brauchen Schriftsteller einen Verband?« vom 7.–9.2.1986 in Berlin-Wannsee

Besinnung auf Spiel-Räume

Die Stiftung Mecklenburg hat sich vor einiger Zeit entschlossen, im jährlichen Wechsel mit dem Kulturpreis der Landsmannschaft Mecklenburg einen Förderpreis für wissenschaftliche oder künstlerische Arbeiten, die sich – wie es heißt – »der Pflege oder Fortführung der mecklenburgischen Kultur widmen«, zu vergeben.

Im Paragraphen 2 der Vergabe-Richtlinien findet sich am Ende der Zusatz: »Er soll insbesondere an jüngere Bewerber vergeben werden.«

Meine Damen und Herren – kein Zweifel: Es handelt sich bei dieser Angelegenheit um eine höchst löbliche Sache und bei dem erwähnten Zusatz um eine ausgesprochen gute Idee. Dennoch: Diese gute Idee scheint mir zugleich eine längst überfällige zu sein. Warum?

Nun, diese Frage hängt mit einer Reihe von Indizien zusammen, die – mir jedenfalls – seit längerem signalisieren, daß es zwar mit der Pflege der mecklenburgischen Kultur gar nicht so schlecht bestellt ist, daß aber die Fortführung derselben beunruhigenden Kriterien unterliegt. Oder handelt es sich hier bloß um vom Nachdenken befreite Angewohnheiten?

Anders gesagt: Mir scheint, es gibt in unseren Kreisen einen Hang, unter Kulturförderung zuerst und zuletzt so etwas wie ein defensives Absicherungsmanöver zu verstehen: Reuter und Barlach sind bei dieser Aktion, salopp gesagt, bombensicher funktionierende Einheiten; Brinckmann, Gillhoff und Griese nicht viel weniger, Tarnow kann mit Heiterkeitsgarantie angeboten werden – aber wer war Uwe Johnson, als er noch lebte? Wann fiel es uns ein, Walter Kempowski zu ehren? Von wem stammen, sechsmal dürfen wir raten, die unglaublich schönen Verse: »Ich kann in Palermo sitzen und doch durch Mecklenburgs Felder gehn.«? Und Carl Guesmer, was hat der mit mecklenburgischer Gegenwartskultur zu tun?

Die Reihe könnte fortgesetzt werden, verjüngt sozusagen. Aber es soll hier nur bei der Andeutung von Selbstkritik bleiben, denn wir haben ja mit dem heutigen Tag einen handfesten Anlaß, aufzuatmen und gespannt nach vorn zu blicken: Der letzte Satz des Paragraphen 2 erwähnter Vergaberichtlinien ist spätestens seit dem 9. Oktober 1988 11 Uhr Mitteleuropäischer Zeit kein leerer Formelkram mehr, geschweige denn bürokratische Phrase, sondern erstmals erfüllte Forderung: Der angestrebte »jüngere Bewerber« ist gekürt; er heißt Norbert Behnk und wird im nächsten Jahr 40 Jahre alt.

Da sieht man einmal, wie alt man werden muß, um rechtzeitig jung sein zu können.

Sie merken schon, ich will den Ernst der Stunde heiter; die harte Nuß »mecklenburgische Kulturförderung«, die es zu knacken gilt, soll wenigstens vergoldet in die rhetorische Kneifzange. Wir haben zwar keinen Anlaß, uns wegen der Erfindung des Paragraphen 2 zu beweihräuchern, wohl aber haben wir einen Anlaß zu feiern: Norbert Behnk und sein bisheriges Werk, von dem Sie draußen Beispiele in Augenschein nehmen können, sind nämlich keine Verlegenheitslösung, sondern, wenn wir im Wortumfeld von »Manöver« bleiben: ein Volltreffer.

Und das in doppelter Hin-Sicht, also bei genauer Betrachtung: Er ist nicht nur ein Mecklenburger von Geburt her, das kann bedeutungsloser Zufall bleiben, er liebt dieses Land auch noch. Und von dieser stillen, aber intensiven Zu-Neigung des heute 39jährigen, der am 19. Juni 1949 in Wittenburg, also in einem Nest der »griesen Gegend«, geboren wurde, lebt seine Kunst zu einem Großteil.

Daß das Wort »Nest« hier nicht abfällig gemeint ist, daß es nicht für Zweitrangigkeit, sondern synonym für Gegenteiliges steht: für Geborgenheit nämlich, für eine erstrangige Erfahrung mithin, das sollen Äußerungen unterstreichen, die zu finden sind, ein wenig Reklame pro domo sei mir gestattet, in dem Buch »Letzte Tage in Mecklenburg. Erinnerungen an eine Heimat«, das 1986 erschien und auch von Norbert Behnk Aufzeichnungen autobiographischer Art enthält, in denen es u. a. heißt: »... ich liebte diese alten Gemäuer, engen Gassen und kleinen Häuschen, die immer den ganz individuellen Geist der Bewohner ausstrahlten. Immer war ich neugierig als Kind, wenn mir die Großmutter aus der alten zerfledderten Chronik vorlas. Wilhelm, mein Großvater, kramte derweil im Stall herum und hatte dort stets einen ansehnlichen Vorrat an selbstgeflochtenen Kiepen und Körben. Die Weidenzweige schnitt er sich noch immer selbst von jenen Bäumen, die auf Wiesen und an Gräben überall zu finden sind. Einige Hühner kratzten auf dem Hof, und Großmutter war immer stolz, wenn ihre buntgefiederten Italiener regelmäßig gackernd vom Nest geflattert kamen. Ein wunderschöner großer Hahn wurde natürlich auch auf dem Hof gehalten, und jedem von uns tat es schrecklich leid, als er dann doch endlich in den Suppentopf sollte. Sonnabend wurde der kopfsteingepflasterte Platz dann immer mit selbstgebundenen Reisigbesen gekehrt. An der Tür zum Haus standen die ›hölten Tüffel‹, auf denen man immer bei jedem Wetter zum Häuschen über den Hof gehen konnte, sofern es einen dazu drängte. Ein Garten schloß sich hinter den Stallungen an, und hier gab es den ersten Rhabarber, den ersten Salat und die ersten Beeren, und dann war auch noch genug übrig, um tüchtig einzuwecken für den Winter... Als Junge fuhr ich gern mit Großvater auf seine Wiese, wo er dann stundenlang mit der Sense das Gras mähte. Selten nur wischte er sich dabei den Schweiß aus dem Gesicht. In langen geschwungenen Reihen lag dann das Gemisch von vielerlei Kräutern und Blumen und verströmte den Geruch des Sommers. Ich kletterte in den Büschen und Bäumen herum und war ein glückliches Kind. Hier hörte ich das Quaken der Frösche und das Summen und Gezirpe der Insekten. Zur Heueinfahrt wurde die ganze Familie zusammengerufen, und alle waren zur Stelle, wenn der große Leiterwagen beladen wurde. Die Aufgabe von uns Kindern war es dann, das Heu auf dem Dachboden festzutreten, und das Gehopse war schon ein Riesenspaß. Malzkaffee und Zuckerkuchen waren die köstlichste Belohnung für alle. Ging das Jahr zu Ende, war der Schlachter bestellt und in der großen Küche siedete das Wasser in einem riesigen Kessel. Auf dem Hof an einer hölzernen Leiter hing das gekreuzigte Tier in der kalten Winterluft. Die Frauen reinigten die Därme, um sie dann mit der frischen Wurstmasse zu füllen. Hier sah ich auch einmal, wie der Großvater auf dem toten Tier kniete und das frische Blut in einer Schüssel auffing. Seit dem Tage habe ich keine Blutwurst mehr angerührt, und ich war später ganz froh, als ich von den alttestamentlichen Speisegeboten hörte. So hatte das Leben in unserer kleinen Stadt einen festen Kreis im Jahr und sicher eine lange Geschichte...«

Von starker Zu-Neigung Norbert Behnks zu Mecklenburg im Allgemeinen und Wittenburg im Besonderen, sprach ich vorhin, zum Land und Ort der Kindheit, Jugend und des Erwachsenwerdens, und ich sagte zugleich, daß diese Zu-Neigung Behnks zu seiner Heimat Niederschlag in seinem Werk gefunden habe. Doch diese Behauptung muß ich sofort mit einer Warnung versehen, die darauf hinausläuft, daß der potentielle Betrachter Behnkscher Malerei, Graphik und Plastik den Begriff Zu-Neigung, auf dieses Werk bezogen, nicht mit Erwartungen belastet, die es gar nicht erfüllen will.

Behnks Zu-Neigung zu Mecklenburg taucht in seinen Arbeiten, wenn wir so wollen, eher als psychologische Grundierung denn als vordergründiges Motiv auf.

Wer von diesem Werk, das ja noch im Wachsen ist, erwartet, daß es das bezeugte Heimat-Gefühl illustriert, der muß ent-täuscht werden. Die konkreten heimatlichen Motive und Signaturen sind in der Minderheit. Statt dessen dominiert die Hinwendung zu surrealen oder ganz einfach fremden Landschaften, und wer da nur mit dem ersten Blick operiert und keinen zweiten riskiert, wird in der motivischen Hin-Wendung Behnks zum Fremden eine befremdende Ab-Kehr vom Vertrauten sehen und zwangsläufig eine *Verlustmeldung* formulieren, also einer Ent-Täuschung Ausdruck verleihen.

Nein, Norbert Behnk ist in der Tat kein Talent, das sich die Heimat-Provinz ausmalt wie ein Kind den vorgedruckten Malbogen. Sein An-Näherungs-Verfahren ist komplizierter. Man könnte auch von produktiven Um-Wegen sprechen: Die Heimat nicht abzeichnen, nicht kopieren aus der Erinnerung oder von der Postkarte, sondern sie da neu entdecken, wo sie nie gewesen ist.

Das ist kein Wider-Spruch, sondern eine Frage des Blick-Winkels und des Sehen-Könnens. Wir kennen ja alle das Phänomen, daß das besonders Vertraute, ist seine Nähe nur alltäglich, aus den Augen gerät und übersehen wird. Wir sehen uns etwas *über*, und erst die Distanz macht den Verlust spürbar, schafft neue Einsichten und Sichtweisen auf das Vertraute, das nun neu begriffen werden kann.

In dieses Deutungsmuster gehört Behnks großformatiger Öl-

Zyklus, an dem er seit seiner Reise auf die Färöer-Inseln im vergangenen Jahr arbeitet. Drei Bilder, es sind inzwischen weitere entstanden, können Sie draußen sehen und damit einem radikalen Kontrastprogramm zu dem begegnen, was ich vorhin aus den autobiographischen Aufzeichnungen unseres Preisträgers zitierte. Das war ja die verbale Rekonstruktion eines Kindheitsidylls. Da wurde ein enger, aber offenbar schöner Lebenskreis beschrieben. Ein Ackerbürgermilieu, das nicht die fünfziger Jahre widerzuspiegeln scheint, sondern am Anfang unseres Jahrhunderts spielen könnte.

Und doch, meine ich, sind hier Verbindungen erkennbar. Die Färöer-Bilder Behnks haben eine zweite Lesart, einen erinnerungshaltigen Spiel-Raum hinter den gewaltigen Konturen der fremden Landschaft: Jene psychische Grundierung, von der ich vorhin sprach.

Das zitierte Kindheitsidyll formuliert ja zwischen den Zeilen die Erfahrung, daß einer mit sich übereinstimmt, daß er Identität gefunden hat an einem ganz bestimmten Ort, daß er behütet und zugleich frei war. Es ist ganz typisch in diesem Zusammenhang, daß sich diese Freiheit an ganz konkreten Dingen festmachen läßt: an den von Behnk aufgezählten Alltagsarbeiten der Großeltern und dem Mitspielen-Dürfen des Enkels. Das ist präzise Erinnerungsarbeit, die sich unbewußt auszahlt.

Wer die Färöer-Inseln kennt, weiß um ein Element dieses von der Natur scheinbar vernachlässigten Archipels zwischen Island und den Shetlandinseln: die unglaublich saftigen und würzig durftenden Wiesen, die fast das ganze Jahr über an den Basalthängen leuchten und gemäht werden von den Familien der winzigen Dörfer.

Erinnern wir uns an die entsprechende Passage in Behnks Text, und jetzt begreifen wir die Notwendigkeit dieses Zyklus: Auf den Färöern sein heißt für den Maler Norbert Behnk, fern von zu Hause der Heimat begegnen, nämlich sich selbst. Im Fremden dem Vertrauten wiederbegegnen.

Wir haben es also mit einer Affinität, mit Nachbarschaft im Strukturellen zu tun. Und diese Affinität birgt für den Künstler ein Identifikationspotential, das die Erinnerung an die Heimat welthaltig macht, zu einer Welt-Erfahrung werden läßt. Damit ist dann zwar das Ackerbürgermilieu, der Lebens-Kreis von einst, gesprengt – aber die Erinnerung an ihn und damit seine Bedeutung in einem größeren Erfahrungs-Zirkel wesentlich geworden.

Ich formuliere hier gewiß nur eine Möglichkeit, sich diesen Bildern zu nähern, allen Naturmotiven Behnks, die ja auch im graphischen Werk eine Hauptrolle spielen, vor allem in den Radierungen.

Behnks bisheriges Werk ist in seiner Vielfalt natürlich weitaus größer. Ich kann hier nur andeuten und Interpretationshilfen geben für das, was draußen dominiert: die Natur als Thema in einem Œuvre, das noch ganz andere Themen und Perioden kennt, in denen sich natürlich nicht zuletzt politische und biographische Zäsuren spiegeln.

Gehen die graphischen Blätter mit den Dänemark-Motiven und der Färöer-Zyklus vom tiefenpsychologischen Ansatz her in eine Richtung, die in der deutschen Malerei große Tradition hat – nämlich die Naturaneignung durch die Romantik und hier in besonderer Vollendung im Werk Caspar David Friedrichs, dessen Botschaft »die Weite« war, »die bis an das Unendliche heranführt«, und der deshalb nordische Landschaft malte – mit einer Konsequenz, die Italien als Ziel radikal ausschloß –, so knüpfen frühere Arbeiten Behnks, die noch im anderen Teil Deutschlands und damit unter den Bedingungen der zweiten deutschen Diktatur entstanden, an ganz andere Traditionen an: Salvador Dalís und René Magrittes surreale Ent-Zauberungen der Realität spielen damals eine Rolle.

Ein Beispiel für diese Periode ist das Bild »Trügerische Hoffnung« von 1983, auch das können Sie draußen sehen. Eine Apokalypse in Kraplackrot. Das Plateau der Welt: Ein Schachbrett, das rechts in einen Abgrund übergeht und links einen Hain toter Bäume, sonst Symbole des Lebens, zum Grenzstreifen werden läßt. Eine leblose Gegend, über der ein grelles Licht steht, riesige Seifenblasen schweben und blutrote Wolkenformationen drohen. Im Blick hat dieses schreckliche Szenario ein Wesen, das – körperlos – auf einem Thron residiert: Nur eine weiße Hand, wie abgeschlagen, liegt auf der linken Lehne. Die Rückwand dieses dominierenden Herrschaftssymbols aber verlängert sich ins Unendliche und assoziiert zugleich die Zielvorrichtung einer Waffe.

Von Mecklenburg keine Spur in diesem Bild. Aber der Maler hat in Mecklenburg gelebt, als er es schuf. Welche Fremde hat er also in diesem Werk eingefangen? Die einer »real existierenden Diktatur«, die alles ins Entsetzliche verfremdet? Die das Idyll, den natürlich gewachsenen Lebens-Kreis zerstört und dem farbigen Leben in diesem Kreis eine Einheits-Farbe aufzwingt, die stigmatisiert und den Ort als das entlarvt, was er ist: die Hölle.

Norbert Behnk hat 1984 den Staat DDR, die zweite deutsche Diktatur, verlassen und ist mit seiner Familie nach Hamburg, in die zweite deutsche Demokratie gezogen. Dieser Wechsel hatte eine Vorgeschichte. Vielleicht keine heroische, aber eine konsequente: Norbert Behnk hat sich dem Regime zwischen Elbe und Oder verweigert. Er hat einfach nicht mitgemacht, und darum hat man mit ihm einfach das gemacht, was man dort immer mit Nicht-Mitmachern, Spiel-Verderbern und anderen Staatsfeinden zu tun pflegt: Man hat ihn ausgeschlossen von künstlerischen Studienmöglichkeiten, man hat ihn mehrfach festgenommen, mit Haft bedroht, auf offener Straße verschleppt und mit tausend Tricks und Pressionen versucht, zum Spitzel zu machen, man hat ihn – als alles nichts half – in das stehende Heer gezwungen, aber er hat auch da nicht mitgemacht, sondern den Dienst mit der Waffe verweigert und als geächteter Bausoldat die Wut der goldbetreßen Regimediener zu spüren bekommen.

Überlebensgrund in all diesen Jahren hat Norbert Behnk in der Kunst gefunden, die er außerhalb der politisch prostituierten Künstlerverbände produzierte: *seine* Kunst, *seine* Bilder, *seine* An-Sichten von ihren Absichten, *seine* Ab-Sichten gegen ihre Ansichten. Träume und Alpträume entstehen in diesen Jahren; aber auch Menschen-Bilder in der bekannten Farbigkeit und Tradition eines Paul Gaugin.

Nie arbeitet Norbert Behnk unter der Diktatur als sogenannter »Freischaffender Künstler«, immer aber ist er ein freier Künstler in diesen Jahren und Jahrzehnten, der sich nicht verkauft. Er geht zwar morgens zur Arbeit wie jeder andere Staatssklave in Mitteldeutschland auch, abends aber beweist er, daß er kein Staatssklave ist, sondern ein unabhängiger Mensch, der malt, was und wie er will.

Zweiter Überlebensgrund: die evangelische Kirche. »Von der Freiheit eines Christenmenschen« – diese Möglichkeit wird ernstgenommen und nicht opportunistisch interpretiert. Er ist vom Selbstverständnis her nicht Glied einer »Kirche im Sozialismus«, sondern Christ in einer Diktatur. Das ist – als Bewußtseinsübung – ein heikles Unterscheiden, und es hat Konsequenzen – auch für den Künstler.

Von 1980 bis 1984 Versuche, mit Holz, Kupfer, Stahl, Aluminium und Blech zu arbeiten. Plastiken entstehen. Der »Wächter der Freiheit« – eine hohle Blechfigur, die den Titel als Phrase entlarvt. Wächter der Freiheit können nur wir selbst sein, sagt Behnk einmal, sonst können wir die Freiheit vergessen. Eine Pieta entsteht: Der Gekreuzigte, entseelt – was bedeutet das für uns? Anstiftung zur Solidarität mit dem Opfer, zur ethischen Nachfolge? Fragmente einer leidenden Kreatur.

Was diese Jahre auch belegen, ist etwas Grundsätzliches im Entwicklungsprozeß dieses Künstlers: seine Lust am Material, sein Probieren, Ausprobieren von Möglichkeiten, die verschiedene Stoffe und Stile bieten. Der Dreher Norbert Behnk, das ist ja sein erster Beruf, hat ein fast sinnliches Verhältnis zu Metallen, Hölzern und Farben. Handgetriebenes Kupfer, polierte Flächen, maschinenbearbeitetes Metall, gefrästes Holz. Seit seiner Ankunft im freien Teil der noch nicht wiedervereinigten Nation setzt sich diese Lust am Material fort. Nun aber als Student der Hamburger Hochschule für bildende Künste.

Norbert Behnk liebt an dieser Hochschule nur eins: die technischen Arbeitsmöglichkeiten, die sie bietet. Hier kann er Radierungen drucken, Lithographien von Solnhofener Kalkschiefer ziehen, den Stein und die Platte bearbeiten, mit Säuren, Fettkreide und Wachs hantieren – neue Erfahrungen mit der alten Lust am Material, die Ausdrucksvielfalt wird größer.

Dagegen steht die geistige Ödnis an derselben Hochschule. Leere in den Köpfen der meisten Kommilitonen, aggressive Phantasielosigkeit, Epigonales triumphiert, Modisches, Betrug und Selbstbetrug feiern verbale Orgien, das Künstlersein erschöpft sich überwiegend im Tragen auffälliger Kleidung: ein Trauerspiel, an dem er sich nicht beteiligt. Er arbeitet. Wie schon zuvor.

Und so entsteht ein Werk, das sich nie in den Vordergrund modischer Aufgeregtheit drängt, sondern wie ein tragfähiger Lebensgrund heranwächst. Kennzeichnend für dieses Werk ist die bemerkenswerte Tatsache, daß es sich von keiner Stilideologie hat eingrenzen lassen; unbefangen, ja geradezu naiv im besten Sinne, spielfreudigsten Kern des Wortes betreibt dieses Werk über die Eroberung des Materials die Eroberung von Lebensstoff, der sich in Bild und Skulptur zu neuer Gestalt verdichtet, Einsichten ins eigene Sein vermittelt und provoziert.

Dennoch ist Norbert Behnk kein Künstler, dessen Arbeiten auf eine intellektuelle Reflexion des Stoffes zielen. Was er festhalten und beispielhaft machen will, ist dessen existentielle Emblematik und Signatur. Das bedeutet nicht, daß Behnks Arbeiten gedankenlos wären; aber es verhindert Kopflastigkeit. Wenn diese Malerei einer Idee verpflichtet ist, dann ist es die Idee der Freiheit, die ein Stilprinzip sein kann.

Mit ihrer Hilfe sind Spiel-Räume zu verteidigen, in denen ein Leben in Würde nicht nur möglich, sondern entscheidende Voraussetzung ist. Solche Spiel-Räume aber sind eine andere Herausforderung an die Kunst. Keine geringere, sondern eine unendlich chancenreiche.

Wir haben einen Künstler ausgezeichnet, dem dieser Chancenreichtum bewußt ist. Daß er ihn nutzen wird, daran habe ich nicht den geringsten Zweifel. Und daß uns das bereichert, auf diese Gewißheit können wir uns einlassen. Der erste Förderpreis der Stiftung Mecklenburg ist in gute Hände geraten.

Rede zur Verleihung des Förderpreises der Stiftung Mecklenburg an den Maler Norbert Behnk, Hamburg, am 9. 10. 1988 in Bad Bevensen

Grund-Bilder meiner Existenz

Ein Gespräch mit der Zeitschrift »Deutschunterricht«

Herr Schacht, nach Ihren Gedichtbänden gaben Sie mit den »Brandenburgischen Konzerten« Ihr Debüt als Prosaautor. Die sechs Erzählungen um den Menschen Bornholm machen betroffen, nicht zuletzt in Kenntnis der im letzten Sonderheft veröffentlichten Anklage gegen Ulrich Schacht. Aufs neue stellt sich die Schuldfrage – vor allem den Lesern in der ehemaligen DDR...

In meinem Buch »Brandenburgische Konzerte« gibt es eine Geschichte mit dem Titel »Die Internationale«. In dieser Geschichte wird das Thema der Schuldfrage – kurz, aber heftig – durch Bornholm, die Hauptfigur des Buches, reflektiert. Es ist, wenn wir so wollen, ein zorniges, aber nicht ungerechtfertigtes Nach-Denken über alle diejenigen, die draußen leben, in der relativen Freiheit der zweiten deutschen Diktatur, und einfach verdrängen, vergessen oder gar weglügen, daß es in nächster Nähe Menschen in absoluter Unfreiheit gibt, und zwar unschuldige Menschen, vom Regime verfolgte Gewissenstäter oder politische Spiel-Verderber – also Selbst-Bewußte, Nicht-Angepaßte, die letztendlich auch für alle jene mitleiden, die sich dem Regime fügen, ohne ihm zu glauben oder es gar zu lieben... Im Buch denkt Bornholm über diese schweigende Mehrheit, von der er glaubt, daß sie mehr weiß, als sie verschweigt: »Ihre Anwesenheit hier drinnen, das wußte er schon lange, war für die Massen draußen ungefähr so interessant und aufregend wie Mondstaub. Den Tag hatte er sich deshalb schon oft ausgemalt: Wenn sie wieder durch die Gefängnisse und Lager ziehen mußten, von denen sie noch nie etwas gehört haben wollten. All diese Gesichter voller Verzweiflung. Aber nur aus dem Erschrecken darüber, beim Weggucken erwischt worden zu sein. Ich habe das nicht gewußt, hörte er tausendfach. Ich schwör's. Ich habe das, ehrlich gesagt, auch nicht für möglich gehalten. Wir hatten ja auch keinen Fall in der Familie, dann wär's einem vielleicht deutlich geworden. Fernsehen? Na ja, wir waren da eher für die anderen Sendungen, wissen Sie, die nicht so politisch waren. Aber Torte haben Sie gerne gegessen? wollte er dann immer am Schluß fragen. Und auch gewußt, wo es sie gibt, ja? Und dann hätte er nur noch Raus! gesagt. Ein Wort, ein Peitschenhieb. In ihre verwirrten Gesichter. In ihre hingestammelte Antwort. Und noch einmal: Raus! Und: Raus! Und: Raus! Ohne Gnade im Ton hätte er sie in die Ungnade des Bewußtseins entlassen, schuldig geworden zu sein wie schon der Großvater, die Großmutter, über die sie sich erhoben hatten. Sie waren noch schuldiger.«

Ich stelle also im Kopf des Bornholm zum einen eine Beziehung her zwischen dem Schuldig-Werden vieler Deutscher im Dritten Reich, der ersten deutschen Diktatur, und dem in der DDR, der zweiten deutschen Diktatur, um schließlich das Schuldig-Werden vieler Deutscher zwischen 1945 und 1989 als schwerwiegender zu bewerten. Warum? Weil man – im Unterschied zum Nazi-Reich – genau und präzise über die Unterdrückungsmechanismen und ihre Folgen für den einzelnen in der DDR Bescheid wissen konnte: via West-Medien; und weil man andererseits viel weniger als in den Kriegsjahren, also zwischen 1939 und 1945, wo der Volksgerichtshof terroristisch und flächendeckend in Deutschland wütete und der Krieg allmählich, aber konsequent auf Deutschland zurückschlug, mit der Wahrheit in Kopf und Mund an Leib und Leben gefährdet war. Die Theologin Dorothee Sölle hat in den sechziger Jahren den für mich nicht nur plausiblen, sondern eben auch ethisch verbindlichen Satz geprägt: »Nicht informiert zu sein ist eine moderne Form von Sünde.« Dieses Sündig-Werden hätten sich viele Zeitgenossen in Mitteldeutschland ersparen können; aber sie haben einfach, das heißt: im doppelten Sinne, abgeschaltet. Insofern ist der erschreckende Bewußtseins-Stand vieler Menschen in der ehemaligen DDR, was das Wissen um die Wirklichkeit, in der sie gelebt haben, betrifft, auch das Ergebnis eines gigantischen Selbstverdummungsprozesses, für den es an sich keine Ent-Schuldigung gibt. Da solch ein Schuldig-Sein jedoch strafrechtlich nicht relevant ist, muß das im Endeffekt jeder mit sich selbst abmachen. Vielleicht schämen sich ja doch mehr Menschen im geheimen, in ihrem Innern, als ich im Moment für wahrscheinlich halte, und wenn das so sein sollte, dann wissen Sie ja, daß im Himmel mehr Freude herrscht über einen Sünder, der Buße tut, als über zehn Gerechte. Nein, ich bin keiner, der hart über menschliche Schwächen urteilt. Ich habe ja selber genug. Aber was mich all die zurückliegenden Jahrzehnte wirklich empört und zugleich erschüttert hat, war der eher peinlich niedrig angelegte Level der Erpreßbarkeit der Mehrheit durch die Minderheit in der DDR: So wenig waren die großen, humanen Werte etwas wert, daß man sie schon für verhältnismäßig geringe Unannehmlichkeiten – ich spreche ja nicht von Folter oder Todesandrohung, denn da darf man mehr als schwach werden! – schlicht vergaß und bereits am noch lächerlichen Beginn einer Konfrontation seine Würde verlor. Das ist das traurige Thema, über das wir noch lange nachzudenken, zu reden und künstlerisch zu arbeiten haben.

Vier Jahre Freiheitsentzug sind nicht wieder gut- und schon gar nicht rückgängig zu machen. Gab es dennoch so etwas wie Rehabilitierung?

Sie sagen es: Knapp vier Jahre Gefängnis sind objektiv weder gut- noch rückgängig zu machen. Aber mir scheint, daß das gar nicht das, jedenfalls nicht mein Problem ist: Ich denke, es kommt darauf an, mit solch einer Erfahrung subjektiv fertig zu werden, also für sich – so verrückt das klingt – etwas Gutes, das heißt: Sinn-Volles, daraus zu machen. Das wäre dann im Kern auch die eigentliche, unendlich wichtigere Rehabilitierung, als ein von der Gesellschaft zugestandenes Papier, auf dem steht, daß zu Unrecht verfolgt wurde. Das ist in letzter Konsequenz nichts anderes als ein Verwaltungsakt im juristischen Bereich, der mehr aussagt über die geschichtliche Lage oder das politische System, das diesen Akt vollzieht, als über die Innenwelt des Betroffenen, mit der dieser Betroffene in Zukunft leben muß. Ich bin also immer schon ein Gerechtfertigter vor diesem Verwaltungsakt, der nur noch – aus welch edlen Motiven oder historischen Bedingungen heraus auch immer – hinterherhinken kann. Ich will damit nichts abwerten, zumal die jahrzehntelang von der SED-Führung in die Bundesrepublik (West-)Deutschland verkauften politischen Häftlinge in den allermeisten Fällen formaljuristisch durch die jeweilig zuständigen Generalstaatsanwaltschaften von Hamburg bis München rehabilitiert und auch materiell entschädigt wurden. Diese Gesellschaft und ihre Gerichte hatten es aber im Prinzip überhaupt nicht nötig, sich derartig für die Folgen der SED-Verbrechen in die Verantwortung zu begeben. Daß sie es taten, ist, wie ich meine, ein Ausdruck der hohen politischen Kultur – zu der ein feines und funktionierendes Rechts- und Unrechts-Bewußtsein und eine daraus resultierende Fürsorgepflicht gehören –, die diese zweite deutsche Republik seit langem auszeichnet.

Was bedeutete für Sie Rehabilitierung?

Ich habe nicht auf dieses Papier gewartet, um mich im Recht zu fühlen. Ich habe immer laut und vernehmlich gesagt, wie einst Liebknecht auch: »Mein Zuchthauskittel ist mein Ehrenkleid!«. Ich bin allerdings sehr dankbar dafür, die Kraft gehabt zu haben, diese durchaus härtere Form von Selbstprüfung und -behauptung erfolgreich überstehen zu können.

Wie kam es 1976 schließlich zu Ihrer Amnestierung?

Ich bin 1976 nicht amnestiert worden, sondern – in deutschen Diktaturen, welcher Couleur sie auch seien, geht es immer auf perverse Weise korrekt zu – vorzeitig »wegen guter Führung« und auf eigenen Wunsch in den Westen entlassen worden. Dasselbe Gericht, das mich haßerfüllt und gehorsam zu sieben Jahren verurteilte, entließ mich gehorsam und haßerfüllt in den freien Teil Deutschlands, als die Menschenhandels-Abteilung des Ministeriums für Staatssicherheit der DDR dieser Karikatur von Gericht den Befehl dazu gab, obwohl das Strafziel eben nicht erreicht war, denn ich habe ja nie widerrufen bzw. den Widerstandskampf im Gefängnis fortgesetzt, was bekannt war.

Können unsere Leser aus den neuen Bundesländern jetzt Ihr Buch auch vollständig lesen, das heißt, ist es im Buchhandel erhältlich?

Das liegt allein an den Buchhandlungen dort. Wenn ich in Wismar, Berlin oder Leipzig bin, achte ich natürlich darauf, und ich bin mir in einigen Buchhandlungen dieser Städte auch schon selbst begegnet, wenn Sie so wollen.

Allerdings habe ich dabei auch gesehen, was ich zuvor schon hörte oder las, daß Koch- und Reisebücher, Krimis der schwächeren Sorte oder überhaupt Trivialliteratur einfach beliebter sind als die Bücher von Jürgen Fuchs, von Friedhelm Mäker oder eben auch Ulrich Schacht... Ich weiß nicht, ob das die Fortsetzung des Verdrängens mit anderen Mitteln ist oder nur simpler Nachholbedarf. Aber ich könnte mir meine literarische Anwesenheit im östlichen Teil Deutschlands wesentlich intensiver vorstellen, gar kein Zweifel.

In Ihrem im Herbst gesendeten Fernsehfilm stehen Sie in einer live-Szene Ihrem früheren Richter gegenüber. Bevor auf sein Verlangen die Kamera abblendet, hört man eine Art Schuldgeständnis – was bewegte Sie in diesem Moment?

Über diese Begegnung schreibe ich gerade ein Buch, dessen Arbeitstitel »Der Garten des Richters« lautet. Als dieser Richter seine Schuld mir gegenüber eingestand, da habe ich das wie aus einer ganz großen Ferne gehört, obwohl ich fast hautnah neben ihm stand. Ich habe diese Begegnung überhaupt in einer außergewöhnlichen, nicht-pathologischen Art von Schizophrenie erlebt – vielleicht, um nicht verrückt zu werden? Denn eigentlich müßte einem ja das Hirn platzen in solchen Lebens-Augenblicken: vor Wut über das Angetane, vor Freude über den Sieg über den Täter, vor Lust auf Rache. Aber meine ethischen Maximen, denen ich zu folgen versuche, wurzeln in den ethischen Normen des Christentums, und da heißt es – sehr mißverständlich für viele: »Liebe deine Feinde!« Diese ungeheuerliche Forderung hat für mich immer nur den Sinn gehabt, dem möglichen Feind nicht schon *vor* der Schlacht aus dem Weg zu gehen, sondern *nach* einem Sieg über ihn, human, mitmenschlich mit ihm umzugehen. Ich halte das für die schwierigere Übung, wenngleich ich mir darauf nicht das geringste einbilde. Wenn ich nicht subjektiv zur Vergebung fähig bin, um die mich dieser Mann gebeten hat, dann kann ich es lassen, mich auch nur annäherungsweise als Christ zu verstehen. Es ist übrigens kein Widerspruch, wenn ich gleichzeitig sage, daß dieser Mann sich natürlich einem rechtsstaatlichen Verfahren zu stellen hat, in dem ich zur Aussage über sein Verhalten im Prozeß gegen mich bereit wäre. Dies ist die Pflicht, die sich aus meinem Selbstverständnis eines Bürgers im Sinne des citoyen ergibt, dessen Rechts-Bewußtsein der Hauptgarant für die Existenz der res publica, also der offenen Gesellschaft, ist.

In Ihren von uns ausgewählten Gedichten kreisen die Schlußpointen von »... bin ich vielleicht schon ein Fremder« bis zum »Wort: Heim-Weh« um die Kluft von Deutschland nach Deutschland. Ist für Sie diese Kluft nach der Einheit überwunden?

Formal ist die Teilung der Nation überwunden. In der Substanz wird sie noch lange nachwirken. Ich glaube allerdings, daß das ein natürlicher Prozeß ist, dem auch Chancen innewohnen: Wir haben wieder – in allen sechzehn Bundesländern Deutschlands – Grund zum Nach-Denken. Schmerzhaften Grund, glückhaften. Nicht das es diesen Grund, diese Gründe, nicht auch schon vorher gegeben hätte. Aber vorher konnte man ihnen geschickt bis zur Besinnungslosigkeit ausweichen. Der politische Status quo war in beiden Teilen Deutschlands ja seit langem für die Mehrheit immer auch ein individueller, und dic Politiker haben das mit ihrer – je und je verschieden begründeten – Status-quo-Ideologie nur noch zementiert. Die historische Immobilität, die da als letzte deutsche Tugend gepriesen, gefordert und gefördert wurde, lag den Menschen wie Blei in den Köpfen und beschwerte und vergiftete dort alles, was über den Spaltungs- und Mauer-Horizont der Jalta-Doktrin hinauszublicken wagte. Also: Ich möchte einerseits, daß diese Kluft, diese mentale, ökonomische und historische Differenz, bald verschwindet – nicht zuletzt aus dem nüchternen Aspekt heraus, daß soziale Gefälle großen Ausmaßes immer demokratiegefährdend sind, zumindest aber in Deutschland als demokratiegefährdend empfunden werden sollten. Andererseits erhoffe ich mir vom Vorhanden-Sein dieser Differenz ein spannenderes Geistes-Leben in Deutschland; das Aufbrechen und Zerschlagen der einen wie der anderen Seilschaften im Kulturbetrieb, den präziseren künstlerischen Verweis auf die Kraft und die Bedeutung des Individuums und des Individuellen für den zukünftigen Weg nicht nur dieser Nation sowie eine Fülle von Erfahrungen und Bewährungsproben, also Lebens-Möglichkeiten im sprudelnden Sinne des Wortes, von denen ich momentan noch gar nichts weiß.

...»Resignation in den Gesichtern der Menschen hier« (so Ihre wiederholte Feststellung) sicher auch darüber, daß Leute im öffentlichen Dienst, mit denen auch Sie Ihre Erfahrungen gemacht haben, bleiben, andere aber gehen mußten.

Was die belasteten Leute im öffentlichen Dienst betrifft, so ist das bei wirklichen Tätern meines Erachtens nur eine Frage der Zeit: die dritte deutsche Demokratie wird dieses Problem rechtsstaatlich lösen, eher früher als später. Der künftige Rechtsfrieden in dieser Republik hängt jedenfalls nicht zuletzt von einem konsequenten Vorgehen in dieser Frage ab. Gerade deshalb ist es wichtig, daß wir als Öffentlichkeit das Problem im Auge behalten, das heißt: uns konkret engagieren, wenn es um die diesbezügliche Aufarbeitung der Vergangenheit geht. Kein Kaufhausdieb kann mehr belangt werden, wenn die kriminellen Haupt- und Neben-Täter des SED-Regimes nicht zur Verantwortung gezogen werden. Daß den Politikern dieser Maßstab bewußt bleibt oder, falls sie verfrüht Harmonie- und Verdrängungsgesänge anstimmen, wieder ins Bewußtsein rückt, dazu bedarf es unserer Aufmerksamkeit und Streitbarkeit zum richtigen Zeitpunkt. Wir müssen mithin unser Interesse an diesen Dingen bewahren. Inter esse bedeutet: Dazwischen-Sein.

Ihre Gedichte – so zumindest meine Erfahrung – beeindrucken stark. »Fahrtenschreiber«, um ein Beispiel zu nennen, weckt gleich eine Reihe von Assoziationen, auch zu C. F. Meyers »Spätboot«. Das ist natürlich subjektiv... Gibt es eine literarische Tradition, namentlich in der Lyrik, der Sie sich besonders verbunden fühlen?

Ich freue mich darüber, daß meine Gedichte Ihnen etwas zu sagen haben, denn meinem künstlerischen Selbstverständnis nach bin ich zuerst und zuletzt Lyriker. Das Arbeiten am und mit dem einzelnen Wort, der Verdichtungs-Prozeß, der das Eigen-Erfahrene zu einer neuen (sprachlichen) Wirklichkeit werden läßt, die Mit-Teilung des Eigenen wird, also den anderen erreichen kann, dies alles bestimmt auch meine Prosaversuche, meine Filmarbeit oder die essayistischen Texte. Und von hier aus ergeben sich natürlich auch literarische Traditionen, denen man sich zugehörig fühlt oder, wenn man ganz kühn oder vielleicht gar eine Spur größenwahnsinnig ist, die man auf einer neuen Höhe fortzusetzen, weiterzuentwickeln versucht (ich bin jetzt ganz unvorsichtig, wenn ich das so ungeschützt sage). In der Lyrik spielen für mich Peter Huchel, Johannes Bobrowski und Paul Celan eine gewaltige Rolle – wobei ich Huchel liebe, Bobrowski schätze und Celan mit einer gewissen Fassungslosigkeit bewundere. Für mich sind das übrigens drei gleich-wertige Formen der Nähe, keineswegs komparative. Diesem Dreigestirn folgt die Reihe derer, die ich immer wieder einmal und immer wieder auch mit Gewinn lese: Georg Trakl, Marie Luise Kaschnitz, Günter Eich, Erich Arendt. Hinzu kommen die Italiener Montale, Ungaretti und Quasimodo; die Spanier Jiménez, Jorge Guillén und Alberti. Wenn man aus der ersten und der letzten Gruppe eine Stil-Tradition herauspräparieren wollte, dann käme man sicherlich sehr schnell zu dem Ergebnis, daß meine Lyrik in der Tradition des reduktionistischen, mit Metaphern und rhythmusbrechenden Mitteln operierenden Gedichtes steht. Es reizt mich einfach, mit immer weniger Wörtern immer mehr zu sagen. Und es reizt mich darüber hinaus, Grund-Bilder meiner Existenz auf immer neue Weise, das heißt: zu *anderer* Zeit, obwohl ich derselbe bin, zu wieder-holen. Nicht um in schöner Sprachlosigkeit oder Monotonie zu enden, sondern um das Wesentliche meiner Existenz zur Sprache kommen zu lassen, meinem Sein eine Stimme zu geben, die unabhängig sein kann von meiner Stimme.

In diesem Jahr geben Sie einen Essayband mit dem Titel »Gewissen ist Macht« heraus, handelt es sich dabei ausschließlich um Aufsätze von Ihnen?

Der Band heißt exakt: »Gewissen ist Macht. Notwendige Reden, Essays, Kritiken zur Literatur und Politik in Deutschland.« Alle Texte, die er enthält, sind von mir, und diese Texte sind, obwohl einige schon vor zehn Jahren geschrieben wurden, höchst aktuell. Warum? Weil ihr Autor sich von den Status-quo-Ideologen in Deutschland niemals hat Wünsche und Phantasie beschneiden oder sich das Mögliche als unmöglich hat ausreden lassen. Das von mir vor zehn, fünf oder zwei Jahren als möglich Gesehene ist jetzt schon über ein Jahr *wirklich*.

Denken Sie an mein Gedicht »Tagtraum in B.« aus dem Band

»Lanzen im Eis«.

Das Verrückte daran ist allerdings, daß es meiner Überzeugung nach überhaupt keine Kunst war, die Entwicklung, wie sie nun hinter uns liegt, vorauszusehen. Es war vielmehr eine unglaubliche »Kunst«, sie *nicht* zu sehen. Insofern versammelt dieser Band Gegen-Reden, alternative Versuche und Hinweise außer der Reihe. Es sind Texte, die von Analyse *und* Angriff leben, das Zornige nicht scheuen, das Bissig-Polemische lieben; aber dann sind es auch Texte, die die Zuneigung zur verlorenen Heimat – ohne falsches Pathos – bekunden oder zu gewonnenen Büchern: von Paul Gratzik bis Uwe Johnson, von Hartmut Lange bis Peter Hamm. Im Bereich des Literarischen liegen mir die Verrisse offenbar nicht so, wenngleich es sie auch gibt. Aber wen es da trifft, soll hier nicht verraten werden.

Wir danken Ihnen für das Gespräch.

(November 1990)

III KRITIKEN

»Jeder kann bezeugen, daß die Lust am Text nicht sicher ist: es ist nicht gesagt, daß derselbe Text uns ein zweites Mal gefallen wird; es ist eine brüchige, durch Stimmung, Gewohnheit, Umstände verwitterte Lust, es ist eine prekäre Lust… daher die Unmöglichkeit, über diesen Text vom Gesichtspunkt der positiven Wissenschaft zu sprechen…«

Roland Barthes, 1973

Mut zum Zweifel

Über Bernd Wagner

Der Mann, dies vorab, ist eine Entdeckung, und nicht nur, weil (scheinbare) Dürre im Gefolge von (scheinbarem) Kahlschlag die Szene kennzeichnet: die Literaturszene der DDR. Der Fortgang vieler großer Namen aus jenem in diesen Teil der Nation hat der hiesigen Kritik die Blickrichtung nach dort, wenigstens bis zur Stunde, verstellt, und ein hin und wieder doch noch erfolgender »Blick zurück im Zorn« erfaßt fast ausnahmslos die potentiellen Abwanderungs-Kandidaten. Auf der Strecke bleiben Namen, die im Kommen sind, obwohl sie am Ort des Geschehens bleiben. Namen, die für die Kontinuität unverfügbarer oder sich zunehmend der Verfügung entziehender Subjektivität stehen – in einem politischen System, das Selbst-Bewußtsein immer noch als Bedrohung erkennt und nicht als Bereicherung. Selbst-bewußt sind sie denn auch, die Verse und Sprüche jenes 1948 in Wurzen geborenen Sachsen Bernd Wagner, der bis 1976 den Lehrerberuf (Deutsch/Kunsterziehung) ausübte und im selben Jahr im Ostberliner Aufbau-Verlag mit dem Prosaband *Das Treffen* debütierte, zu dem der Lyriker, Prosaist und Lektor Friedemann Berger ein Nachwort schrieb.

Zweite Erkenntnis – schon im Titel des Bandes spricht sich aus, was ein Großteil der Verse charakterisiert: Mut zum Zweifel. Es ist vor allem, so darf man wohl unterstellen, der Zweifel an der verordneten »ersten Erkenntnis«: *»Die großen Dinge werden ohne dich getan. / Es ist unnötig, daß du aufschaust: / Du siehst nichts.«* Bittere Einsichten also, die uns beim Lesen solcher Sätze in den Kopf geraten. Einsichten in Vorgänge ohne Aussicht: *»Es ist unnötig, daß du mit dem Fuß zuckst, / im Schlaf: / man wird dich in Kenntnis setzen.«*

Möglich gemacht wird das vor allem von jenen, die *»In der golde-*

nen / Mitte« leben, *»im Schnittpunkt / der Linien«*; die *»Auf der Schwelle gelebt«* haben, *»Zuhaus in keiner Zeit«*; die *»tot gewesen, bevor / der Tod kam«*.

Das ist moralistisch, gewiß; aber wer die Verhältnisse kennt, in denen Wagner lebt, versteht seine eindeutige Rede gegen Opportunismus, Gedankenferne und Oberflächlichkeit sehr gut. Nicht, daß derartige Verhaltensweisen DDR-Spezifika wären – sie sind vor allem menschliche. Doch ermöglichen gerade sie es, daß *»Nach dem Sturm« »In den besonders betroffenen Gebieten« »Feuerwehr und Polizei / die Ordnung wieder«* herstellen; *»Die Motoren beginnen sich zu drehen / die Filmprojektoren zu surren / die Kaffeemühlen zu schlagen. // In den Radios geht das Licht an / und nach einer Weile der Stille / beginnen die Sänger wieder zu singen.«* Das, was hier lakonisch benannt wird, ist der fatale Gang jeder »Normalisierungspolitik«, die dem fehlgeschlagenen Versuch der Veränderung gesellschaftlicher Verhältnisse folgt – wo auch immer. Jedenfalls läßt sich das assoziieren. Der Lyriker Johann Wolfgang Goethe wußte schon vor langer Zeit: »Der Drang einer tiefen Anschauung erfordert Lakonismus.« Und Bernd Wagner selbst ist es, der in einem Gespräch zwischen jungen Lyrikern der DDR (abgedruckt in den »Weimarer Beiträgen« 7/79, S. 46) bekennt: »... während wir, was in den sechziger Jahren in der DDR passierte, eigentlich schon als Außenstehende und nicht als Träger dieser Sache erlebten. Für mich war interessant, wahrscheinlich weil es aufregender war, was in der ČSSR passierte... in Frankreich... in Westberlin...«

Das Aufgeregt-Sein Wagners angesichts dieser konkret genannten Ereignisse muß lange vorgehalten haben, ist bis zur Stunde Grundgestus seiner Gedichte. 1975 schreibt er das Gedicht *Böhmen*, das wohl zu den besten des Bandes gehört. Die Verwendung von Gestalten aus dem biblischen Mythos auch in diesem Gedicht signalisiert vor allem eins: die Schwierigkeit beim Schreiben der Wahrheit. Und doch kann von Sklaven-Sprache keineswegs die Rede sein, denn das brutale Ereignis, in diesem Fall ein Brudermord, kommt zur Sprache: *»Kain, im Herzen des zerrissensten Teiles / dieser Erde, erschlug Abel.«* Der das sagt, sagt von sich, dem melancholischen »Kapuzineräffchen«: *»Ich bin ein Einzelgänger. / Mein Arsch ist nicht rot. / Durch den Urwald schreie ich selten. // Ich bin zur Dressur ungeeignet. / Ich lasse mich nicht gern lausen.«* Und dann: *»Ein Krieg müßte kommen, sagt der Pavian. / Ich würde sitzen und heulen.«*

Wagner, der Gedichte- und Sprüche-Schreiber, klopft also keine. Seine Metaphern und Genitiv-Konstruktionen, die nicht alle vor Originalität strotzen, sind nicht Ausdruck von Flucht ins Nebulose, Unkonkrete, sondern Mittel zum Zweck legitimer Verallgemeinerung, die – so paradox es auch klingt – die eigenen konkreten politischen Verhältnisse ausspart und so in die bitter-kritische Benennung mit einbezieht.

Überzeugend verwendet er die rhetorische Form des »Gebets«, scheut sich nicht einmal zu »predigen«: *»Uns ist kein Retter geboren. / Der Heiland ist uns abhanden gekommen.«* Das ist Theologie des Zweifels, kaum naßforscher Atheismus. Das ist »Zweite Erkenntnis«, die sich immer wieder zurückgeworfen weiß auf sich selbst: *»Wir können auf niemand die Schuld schieben. / Außer auf uns. / Wir können auf niemand die Unschuld schieben. / Außer auf uns.«* Solche bitter-harten Verse zerschlagen jedes nur nachbetende »Beten«, und zu Bruch geht hier vor allem die politische Metaphysik einer staatlich festgeschriebenen Geschichtsphilosophie. Optimismus, die daraus resultierende, gängiggängelnde Forderung an alle Künstler zwischen Elbe und Oder: in diesen Gedichten wird sie nicht eingelöst. Andere Vokabeln herrschen vor. Andere Wörter, weil andere Erfahrungen: »Tod« zum Beispiel. Und »Blut«. Und »Salz«. Und »Asche«. *Vereisung* heißt ein Gedicht. Das danebenstehende *Vineta.* Wagner durchstreift das »alternde Rom«, in dem selbst die »Irrtümer verbraucht« sind; beschreibt einen »Aschermittwoch«, an dem *»alle im Schnee* (frieren) */ der sich / in ihre stehenden Schuhe frißt«.* Da ist es keine Überraschung, wenn er auch noch einen »Jahrmarkt« erlebt, den er verläßt *»mit klebrigem Mund / von den viel zu süßen Äpfeln«*, weil er sich zuvor *»Im Kreis«* gedreht hat *»bis zur Erschöpfung; / auf dem Schimmel / auf dem Rad / in der Todesrakete«.* Diese Pointe ist mehr als makaber. Und auch seine Widmungsgedichte – auf Majakowski, Scardanelli und Büchner – weisen in diese Richtung.

Keine gemütliche Welt also, die sich dem Leser auftut. Unsere alltägliche vielmehr, real erlebbar, Stunde um Stunde. Zu ihr gehört zum Beispiel ein scheinbar so banaler Gegenstand wie *Die Tür. Sieben Sprüche* widmet Wagner ihr, drei davon, zitiert, mögen den

Hunger auf alle wecken: *»Die Tür ist verschließbar. / Eine Möglichkeit, ein- oder auszusperren.« »Die Tür ist eine Hoffnung, / über die du dir keine Illusionen machen sollst.« »Die Tür ist mehr als ein Symbol. / Sie ist vor allem die Tür: konkret und einschlagbar.«*

All das ist denen gesagt, die noch »nicht unglücklich genug« sind, die immer noch zugeben: »Wir haben Einsehen.« Es sind jene, die sich nicht umsehen, denn *»Erkenntnis läßt erstarren zu Salz, und Salz / ist nütze zu nichts. Sagt Lot.« »Sei«* also *»blind! Nur der Blinde sieht nichts.«* Und begibt sich nicht in Gefahr, um dann doch darin umzukommen: *»im luftleeren / Zentrum des wandernden / Tornados: / werden dich alle Kugeln treffen«.*

Das ist, in treffsichere Sprache gebracht, die klare. »Zweite Erkenntnis« des zweiunddreißigjährigen Dichters Bernd Wagner. Das ist seine Warnung und Botschaft, die uns dennoch nicht ganz im Dunkeln zurückläßt: »Mai«- und »September«-Gedichte bewahren eine Spur Licht. Selbst »F.«, der Frühling, wird angekündigt und der Leser aufgefordert: »Bereitet ihm einen Empfang!« Aber die naive Fröhlichkeit auf den ersten Blick entlarvt sich nach der »Zweiten Erkenntnis« des Gedichts als An-Spruch und Auf-Forderung ohnegleichen: *»Schon legen die Toten die Ohren / an die Rinde der Erde und lauschen – auf euch, Freunde. Auf F. / Ihr seid F.«* Ich glaube, Bernd Wagner kann an seinem eigenen An-Spruch gemessen werden. Denn daß er »ein Mensch« ist, »Von der trotzigen, der zweibeinigen Sorte«, das glauben wir ihm nicht nur. Das hat er bewiesen. Mit diesem Buch.

Das zweite Seil

Über Thomas Erwin

I

Nein, es ist ein nicht zu bestreitendes Faktum: Um junge, aufstrebende Talente in Kunst und vor allem Literatur wird sich in der DDR intensiv, ja regelrecht *wachsam* gekümmert: mit allzeit offenen Augen und Ohren. – Da fällt mit Sicherheit nichts durch, was auffällt: dieser junge Poet dem *einheitlichen* Jugendverband FDJ, jener einem hinreichend saturierten Mitglied des *einheitlichen*

Schriftstellerverbandes der DDR, der dritte schließlich dem für die *politische Einheit* zuständigen Ministerium für Staatssicherheit.

Freilich: Hier, am Beginn möglicher Karrieren, beginnen auch schon die wesentlichen Unterschiede in den sich fortsetzenden Lebensläufen der so oder so Betroffenen. Denn wo der eine – vielleicht im Rahmen eines generös finanzierten Poetenseminars – vom Stellvertretenden Kulturminister empfangen wird, wird der andere – freundlich, aber deutlich ermahnt – gerade noch *auf*gefangen; und während man diese beiden in der scheinbar großzügigen Umarmung eiskalt erdrückt – sie also frühzeitig korrumpiert –, sieht sich der Dritte schlicht und ergreifend *ein*gefangen: von Mitarbeitern eben jenes Ministeriums, das sich um die Sicherheit des Staates DDR rund um die Uhr zu kümmern hat – einer Sicherheit, die sich, wie in phrasenreichen Drohreden immer wieder vom zuständigen Minister behauptet wird, ärgsten Bedrohungen und hinterhältigsten Anschlägen ausgesetzt sieht. Unter anderem in Form von Gedichten. Und spätestens hier hört denn auch der seit 1971 von höchsten Machthabern der DDR verdächtig oft proklamierte Spaß an »künstlerischer Vielfalt«, an sich abzeichnenden originellen »Handschriften« recht schnell auf: *Der* junge, unbekannte Poet oder Künstler, der – über-mutig – die Gefolgschaft prominenter widerspenstiger Kollegen und Vorbilder antritt, kann fortan mit allem rechnen, nur nicht mehr mit einem Platz an der Hofkünstler-Sonne der volkseigenen Republik – für junge Literaten winkt und leuchtet da zum Beispiel ein Studium am Literaturinstitut »Johannes R. Becher« in Leipzig. Sein Platz ist fortan, wenn er nur unbekannt genug ist, in der *einheitlichen* Bildungsstätte aller nachhaltig renitenten DDR-Bewohner: im Gefängnis. Benutzbare Paragraphen – nach der Strafrechtsänderung im Jahre 1979, die speziell auch unbotmäßigen Schriftstellern galt – stehen reichlich zur Verfügung, um aus maßvollen Anklägern maßlos Angeklagte zu machen.

II

Einer dem es (zum Zeitpunkt der Rezension) vor Wochen so erging, der – nachdem sein erstes Buch zur Veröffentlichung in einem bundesdeutschen Verlag freigegeben worden war – von einer Stunde zur anderen verhaftet wurde, dieser junge Mann soll hier mit seinen Gedichten vorgestellt werden. Daß dies grundsätzlich möglich ist, haben wir vor allem dem Piper Verlag, München, zu verdanken, der es – in mehrfacher Hinsicht – gewagt hat, die erste Gedichtsammlung eines Neunzehnjährigen der literarischen Öffentlichkeit zu präsentieren. Der Name des Debütanten: Thomas Erwin. Seine bisherigen Lebensstationen sind schnell aufgezählt: 1961 in Berlin geboren, Grundschule, Erweiterte Oberschule bis 1979, Abitur, aufgrund bester schulischer Leistungen brillante Karriereangebote (u. a. Diplomatenschule Moskau), von 1976–1978 FDJ-Funktionen, die er dann niederlegt, möchte Japanologie studieren, Ablehnung, weil keine mehrjährige Armee-Verpflichtung vorliegt, nach dem Abitur Arbeit im Pergamonmuseum, Ostasiatische Sammlung. Hat zu dieser Zeit einen großen Freundeskreis um sich gesammelt.

Um es gleich vorweg zu sagen: Das Wagnis, die Gedichte dieses jungen Mannes zu veröffentlichen, hat sich mehr als gelohnt: Denn es liegt ein Buch vor, das sich nicht lediglich dadurch legitimiert, daß es so *aussieht* wie ein Buch, sondern das in der Mehrzahl Gedichte enthält, die deutlich werden lassen: Ein Talent ist in den Raum der literarischen Öffentlichkeit getreten, das die Kraft hat, sich weiterzuentwickeln. Ansätze, ja fertige Beweis-Stücke einer originären poetischen Haltung sind ablesbar vorhanden, und dies vor allem ist es ja, was in Debütantensammlungen deutlich werden muß, wenn sie eine Berechtigung haben sollen. Das naturgemäße Noch-Epigonale in Teilen, das überdeutlich an »verschlungenen« Vorbildern Orientierte oder ganz einfach Schwache nimmt allenthalben den breiteren Platz ein in derartigen Präsentationen, zumal dann, wenn dem Autor, wie in diesem Fall, noch keine zwanzig Jahre Leben als Erfahrungsreservoir zur Verfügung stehen. Doch hier, im Biographischen, beginnen eben schon die gravierenden Unterschiede zu hiesigen Altersgenossen, die sich ebenfalls in Poesie versuchen – Lebensläufen, in denen nichts Dramatisch-Wesentliches passiert, entspringen Gedichte, in denen genauso wenig geschieht, und der Beobachter wird gelangweilt mit fad-geschwätzigen Redseligkeiten über alles und nichts, die formlos dahinplätschern und sich zu allem Überdruß auch noch Gedichte nennen. Natürlich, fairerweise kann dies nicht nur als Vorwurf gemeint sein, es hätte dann ja die absurde Konsequenz, politisch-repressiven Verhältnissen anderswo dankbar zu sein, weil sie permanent echte Talente provozieren und produzieren. Aber andererseits steckt tatsächlich ein gutes Stück Wahrheit in jenem Satz von Bernd Jentzsch, der einmal schrieb: *»Es hängt wohl doch mit den Biographien zusammen, wenn Gedichte etwas über das Leben zu sagen haben.«*

III

Viele Gedichte Thomas Erwins sagen in diesem Sinne etwas über das Leben aus: über *sein* Leben in der DDR, über Leben im anderen deutschen Staat schlechthin und somit über Leben grundsätzlich. Und trotzdem heißt das nicht, daß wir es bei dem Band *Der Tag will immer Morgen bleiben* mit einer versifizierten Autobiographie des Autors zu tun haben, geschweige denn mit einer rhythmisierten Soziologie der Herrschaftsverhältnisse in der DDR. Das plakative, drastische Selbst-Bildnis fehlt völlig. Auch begegnen wir kaum dem unmittelbar-dröhnenden Schrei, erleben in keinem der Texte einen Dichter, der sich das Hemd aufreißt und demonstrativ auf vorhandene Wunden weist. Statt dessen wird uns mit sparsamster Geste ›zugeflüstert‹: *»Verzweiflung // ist / zu wissen – / ein Meer müßte ich trinken, / um meinen Durst stillen zu können«*. An diesem und dem folgenden Textbeispiel werden gleich mehrere Eigenheiten der Lyrik Thomas Erwins deutlich: Zum einen bevorzugt er das epigrammatische Gedicht, das er manchmal so virtuos handhabt, daß die Pointe nicht im Schluß steckenbleibt, sondern von dort zurückspringt auf die Überschrift: *»Von Büchern // Kindern Kirschen schenken / und schimpfen / wenn sie Kerne spucken.«* Zum anderen sind viele dieser Gedichte – indem immer wieder Natur als Metapher und Thema, assoziativ oder deskriptiv, durchbricht – jener Tradition verpflichtet, die, umstritten genug, »Naturlyrik« genannt wird. Daß das, auch bei diesem Autor, kein Zufall ist, darauf hat Heinz Piontek schon 1972 im Vorwort zu seiner Anthologie *Deutsche Gedichte seit 1960* sehr einfühlsam und hellsichtig hingewiesen: *»Während bei uns das Verhältnis zur Überlieferung gebrochen, ja neurotisch feindselig ist, halten nicht wenige der DDR-Lyriker die Traditionen hoch. So hat die Naturlyrik dort nicht ausgespielt, gerade Nachwuchsautoren gewinnen ihr noch frische Muster ab. Aber alle poetischen Äußerungen sind mit Zeitgeschichte oder politischer Gegenwart gesättigt.«* Gewiß, hier spielen mit Sicherheit Tarn- und Flucht-Momente sowie Verfremdungs-Effekte eine nicht unwesentliche Rolle; die Natur-Metapher hat Aufgaben der Fabel übernommen, ist immer auch Ausdruck von Sklaven-Sprache – aber eben nicht nur: Was die Natur-Metapher zusätzlich kennzeichnet, ist die ihr innewohnende Möglichkeit, philosophische Grunderfahrungen zu reflektieren und zu transportieren – letztendlich umzusetzen auf die poetische Ebene eines ästhetisch-sprachlichen Erkenntnismodells im Gewande eines sinnlich greifbaren Mythos: *»Wachsen // Sehnsucht, bittres Blättergrün / eines Baumes, der gepflanzt / Erde ist die Last des Haltes / draufgeschaufelt mit dem Spaten / der Erfahrung heißt.«* In einem Zyklus, der sich »Mecklenburger Reise« nennt und deutlich längere Gedichte enthält, wird diese Funktion noch klarer. Allerdings werden gerade an einigen Natur-Gedichten des Bandes (im Unterschied zu den durchweg gekonnten, mit verblüffenden Pointen gekrönten Epigrammen) die Noch-Schwächen des Lyrikers Thomas Erwin deutlich: Rhythmisch motivierte syntaktische Verknappungen, die jedoch nicht Harmonie und Verdichtung einbringen, sondern eher hölzernholprige Verse, die kaum gewollt aussehen; eine Adjektiv-Flut, die an expressionistische Unkontrolliertheit erinnert, Wortdrechseleien, die mehr monströs als neu sind, und nicht zuletzt ein paar komisch-pathetische Verse wie zum Beispiel in dem Widmungsgedicht *»Für Kawabata Yasunari / Die Qual / der befreienden Schönheit, / denn / er fand sie / in Einsamkeit«*. Das ist gewiß gut gemeint und dennoch zu wenig, weil zu platt. Aber zugleich ermöglicht die Minderheit der schwachen Texte in diesem Band, daß die starken Seiten seines Autors um so deutlicher hervortreten. Hier hat einer seinen Kunze, Bartsch und andere nicht nur gelesen (und dann lediglich schlecht nachgemacht), hier hat einer vor allem von ihnen gelernt und es verstanden, auf seiner Talent-Basis vorhandene Bestände originär zu bereichern: Messerscharf werden gesellschaftliche Verlogenheit und individueller Opportunismus seziert, werden die Mechanismen repressiver Macht und die Brüchigkeit hohler ideologischer Fassaden entlarvt, wird In-Humanität als systemerhaltendes System erkannt und denunziert: *»Ruhm-Reich / ist geschaffen worden hier / Morgengrauen dauert länger / denn der Sonnenaufgang / der beleuchtet allzu hell / unsre Morgenfrostgetöteten.«* So wird bei Erwin aus der ideologischen Phrase »Morgen« (das bessere Morgen, »Dem Morgenrot entgegen« usw.) – durch entlarvende Verknüpfung mit negativ belasteten Vokabeln wie

»Grauen« und »Frostgetöteten« – wieder ein Stück aufrichtige Sprache, die nun schonungslos schlimmste Realitäten benennt – Realitäten, in denen die Sprache nicht nur und immer wieder mißbraucht, sondern auch, wenn es nützlich erscheint, »getötet« wird: *»Folgepflicht / Wer A sagt, / sage auch B / so / kann man / Menschen / zum Schweigen bringen.«* Das ist, wohltuenderweise und wohl auch nicht zufällig, konjunktivisch gesehen – zu Resignation ist also kein Anlaß, was nicht heißt, daß es in diesen Gedichten nicht auch Momente gibt, die dem entsprechen, was Resignation genannt werden könnte:

»Bericht / Vier Wände beschränken den Lauf / der Boden ist noch nicht Grund / und kein Dach schützt.«

Vorherrschend ist aber etwas anderes: der Gestus des Widerstandes gegen all die erkannten und registrierten Un-Menschlichkeiten im »gewöhnlichen Sozialismus«: *»Du, ich weiß nicht mehr weiter! – / Dann mußt du schon sehr viel wissen.« / »Der verbrennt sich noch das Maul! – / Na, hoffentlich speit er dann Flammen.«* Thomas Erwin stellt in und mit seinen Gedichten einem »Ruhm-Reich« Fragen, die es als Infragestellung empfinden muß. Aber er stellt sie nicht naiv, nicht aus einer pubertären Protesthaltung heraus – in ihm ist etwas anderes abgelaufen, ein Prozeß, den er »Ernste Spielerei« nennt: *»Früher / habe ich Ausrufezeichen geglaubt / dann / habe ich einen Punkt gesetzt / jetzt liebe ich Fragezeichen / Ausrufezeichen.«* Dieses Gedicht zählt für mich zu den Glanzstücken des vorliegenden Bandes, und es ist, wie alle, ermöglicht worden durch eine Haltung, die – nicht weniger glanzvoll pointiert – in folgendem Dreizeiler benannt wird: *»Jugend // Wenn die Erfahrung / den Willen / noch nicht besiegt.«* Thomas Erwin macht zur Zeit Erfahrungen, die zum Ziel haben, seinen Willen zu brechen, der ihn alles das, was hier vor uns liegt, denken, schreiben und sagen ließ. In jenem Gedicht, das dem Buch den Titel gab, gibt es einen Vers, der lautet: *»aber dein Ich lasse postieren vor Posten«*. – Thomas Erwin hat in diesen Tagen, Wochen und Monaten die harte Chance, seinem eigenen eindringlichen Vers und dem darin enthaltenen An-Spruch gerecht zu werden – im Angesicht der Posten und Vernehmer der »Staatsunsicherheit«, wie er seine heutigen Be- und früheren Überwacher in einem Gedicht mit ätzender Schärfe nennt. Aber es gibt die Hoffnung, daß er seinen bisherigen Weg konsequent fortsetzt, weil (nicht nur) in einem seiner Gedichte überdeutlich wird, *wie* nüchtern und zugleich engagiert er angetreten ist: *»Nicht Traumtänzer, / Seiltänzer nenne mich, / wenn du mich nennst // zählte nicht Ausrufezeichen / hinter / deinen / um Gottes oder sonstwessen willen / tiefen Abgründen // spanne ein zweites Seil.«*

Wort-Wege durch Deutsch- und Konsumland

Über Jürgen Fuchs

I

Wolf Biermann, Freund und Förderer auch des Schriftstellers Jürgen Fuchs, hat 1977 einen inzwischen recht berühmt gewordenen Satz über den *Menschen* Jürgen Fuchs gesagt: »Sanft ist er, wie alle echten Radikalen.« Der, dem dieses Wort galt und nach wie vor gilt, saß zum Zeitpunkt, an dem es geäußert wurde, schon rund drei Monate beim Ministerium für Staatssicherheit in Ost-Berlin in Untersuchungshaft, und Biermanns pointierte Charakteristik erreichte die deutsch-deutsche Öffentlichkeit in einem Vorwort zum ersten Buch seines Freundes, das *Gedächtnisprotokolle* hieß und enthielt, die minuziös eine nur scheinbar absurde Treibjagd rekonstruierten: die Observierung und Verfolgung des kritischen Kommunisten und DDR-Bürgers Jürgen Fuchs durch funktionierende Figuren der herrschenden DDR-Kommunisten XYZ. Fuchs, dieses »unvermischte DDR-Produkt«, wie Wolf Biermann ihn auch noch nannte, verlor mit zunehmender Erkenntnisfähigkeit die Bereitschaft, vorschriftsmäßig zu leben und zu schreiben *(»Nach Schablone und / In Schönschrift«, Gedächtnisprotokolle)*, und so wurde sein Weg, eben weil er den Vor-Schriften nicht mehr entsprach, in doppeltem Sinne ein *vorgeschriebener*.

Fuchs' »Glück« im Unglück, das allerdings kein unerwartetes war, (1974 erscheint in der DDR- Anthologie *Auswahl 74* sein Gedicht Scheinwerfer, in dem es u. a. heißt: *»Und ich nehme ihnen die Sicht / Ein wenig: // Nicht unsichtbar / Nicht zu übersehen / Mit mir müssen sie rechnen«)* – dieses »Glück« war die Prominenz seiner Freunde. Ihre und die von ihnen mobilisierte Solidarität bewahrte ihn vor der Endkonsequenz: Prozeß und langjährige Haft. Indem sie auch den Fall Fuchs rasend schnell öffentlich und international machten, verhinderten sie einen langwierig-tragischen Fall von vielen. Im August 1977 konnte *und mußte* Jürgen Fuchs die DDR verlassen: mit Frau und Tochter, die ihm folgten, sowie etlichen Seiten *Vernehmungsprotokollen* – im Kopf, versteht sich. Unter diesem Titel erschienen sie 1978 ebenfalls bei Rowohlt: Fuchs' bisher bedeutendstes Buch, wie ich meine – ein Stück deutscher Dokumentar-Literatur, das bleiben wird.

II

Inzwischen liegen zwei weitere Bücher des Autors vor, beides Gedicht-Bände. Im September 1979 erschienen in Protokoll-Nachfolge *Tagesnotizen*. Im Januar dieses Jahres folgte dann der Band *Pappkameraden*. Aber was sich hier, formal und auf den ersten Blick gesehen, als beachtliche schöpferische Potenz und Kontinuität eines Dichters darstellt, ist bei näherem Hinsehen ein ziemlich widersprüchlicher Prozeß, der für manchen Freund Fuchsscher Poesie enttäuschende Momente mit sich bringt. Gewiß, Jürgen Fuchs ist, wie noch jeder Künstler, durch nichts verpflichtet, bestimmte Erwartungshaltungen unverändert oder überhaupt zu befriedigen: Voraussetzung und Kriterium seines Schreibens ist vor allem er selber. Nur müßte er, meine ich, inzwischen anerkennen, daß vieles von dem, was ihn *hier* und *heute* zum Schreiben treibt, legitimerweise und zu einem großen Teil Ansichts-Sache ist. Ganz im Unterschied zum Erfahrungs-Stoff, der jenen Kreis betrifft, den er verlassen mußte. An diesem Punkt wird, so glaube ich, ein gewisser Bruch im lyrischen Schaffen von Jürgen Fuchs mehr als deutlich. Es ist nicht so sehr ein formal-ästhetischer, sondern einer, der ins Thematische greift: Fuchs hat, überspitzt gesagt, den sicheren Grund der Erfahrung verlassen und ist in und mit vielen Texten auf das dünne Eis der Meinung geraten. Dies kündigte sich übrigens schon in seinem ersten Gedichtband an. Es setzt sich fort in seinem neuesten Buch sowie in Verlautbarungen in der Öffentlichkeit – zuletzt während des 7. Bremer Literaturgesprächs, das unter dem Motto »Metternich und die Folgen: Schreiben im deutschen Nachherbst« stand, und an dem Schriftsteller teilnahmen, die *»unter Verhör in beiden deutschen Staaten überlebt haben«*. Diese Gleichheitszeichen-Meinung, wie ich sie nennen würde, mag ihren wesentlichen Grund haben in der unbezweifelbar kompromißlosen Menschlichkeit des Dichters Jürgen Fuchs, der sich mit Verfolgten schlechthin solidarisiert, so auch mit dem hierzulande inhaftierten Schriftsteller Peter Paul Zahl: *»11.5.78 / Einer sagte gestern im Fernsehen: Jetzt fangen / Sie wieder mit dem Fall Peter Paul Zahl an, / den haben wir ja nun diskutiert, im PEN- / Club, an der Universität, ich weiß nicht wo. / Und dann winkte er ab, als sei der schon / erledigt, mit einer Handbewegung erledigt. / Gestern, im Fernsehen, auch wenn er heute / noch lebt, was sein kann.« (Tagesnotizen).* Was mit so einem Text aber auch deutlich wird, ist ein gewisser Vorbehalt gegenüber einer rationalen politischen Analyse, ist ein *»thematischer Opportunismus«*, der nicht nur mit Liebe zum verfolgten Nächsten erklärt werden kann. Dieser Text hängt mit einer ideologischen Vorentscheidung zusammen, die natürlich legitim ist, aber deshalb nicht weniger hinterfragbar. In dieselbe Reihe gehört auch ein Gedicht wie »GORLEBEN«, gehört jener Text, der mit den Worten beginnt: *»TROTZ EINDRINGLICHER APPELLE DER IM BUNDESTAG VERTRETENEN PARTEIEN …«*, und der sich mit der Problematik in Dachau streikender Zigeuner befaßt. Mit dem selektiven Aufgreifen derartiger Probleme, die im Gesamtbild der hiesigen Gesellschaft durchaus zur Debatte stehen, wird immer wieder aus engagiertem Gestus ideologische Stilisierung, die dann zwangsläufig korrespondiert mit Texten, die ein »Aufatmen« des Dichters zur Sprache bringen: in Paris, in Schweden, in Dänemark. Erst an diesen Orten nämlich, so lesen wir, kann er, wenigstens für den Moment, die bittere Wirklichkeit aus zweierlei-einerlei Deutschland hinter sich lassen. Erst in Schweden zum Beispiel: *»Zerbrachen die Wände meiner Zelle / Der Ölsockel / Die Tür / Der Spiegel über dem Waschbecken« (Tagesnotizen).* Berlin-West, der Ort, in dem er wohnt, ist dagegen nur eine *»kleine Insel / Aus Flitter und Stein«*, die deshalb nicht Rettung sein kann, weil ringsum kein Wasser, sondern *»mein Zuhause«* ist. Diagnose und Prognose, die hiesige Gesellschaft und sein entfremdetes Leben in ihr betreffend, sind dagegen niederschmetternd: *»ICH WEISS / Wir werden sterben / In diesen Kaufhäusern … Denn diese Welt ist aus Stein / Und wir haben nicht / Ihre Kälte.«* Diese beiden Gedichte gehören zweifelsohne zu den stärksten aus dem Band *Tagesnotizen*, und sie erklären ein wenig die manchmal so schmerzhaft-absurd erscheinende Fremdheit des Dichters gegenüber diesem Teil der Nation, den ich, aus wichtigen Gründen, den besseren nennen würde.

III

Aber mit alldem wird deutlich: Nicht sentimentale Selbstergriffenheit, sondern existentielle Betroffenheit steht am Beginn Fuchsschen Schreibens, ist das wesentliche Fundament geblieben. Dieser Umstand nun provoziert eine Sprache, in der zwischen den Zeilen kaum etwas durchgeht. Wer hier sucht, kommt selten auf seine Kosten: Metaphern, Doppel-Deutigkeiten finden sich kaum. Fuchs redet statt dessen bewußt ein-deutig, weil ihm das Ein-Deutige bewußt ist: nicht als imaginär-kafkaesker Alptraum, sondern als äußerst bedrückende Erfahrung, die er mit seinem geographischen Standortwechsel keineswegs hinter sich gelassen hat. Im Gegenteil: Jetzt drückt ihn doppelte Last. Und je länger er hier lebt, um so deutlicher wird ihm die Vergangenheit, kommt das hoch, was Kindheit und Jugend genannt wird – Heimat –: aber nicht als schwärmerisch-pathetische Veranstaltung, sondern als Verlust-Meldung in mehrfacher Hinsicht. Daß Fuchs so empfindet, darf als gesichert gelten. Der Schmerz in seinen Gedichten, die in ihrer Mehrzahl nüchtern getarnte Elegien sind, wirkt nicht aufgesetzt oder gepflegt. Es ist ein elementarer Schmerz, Ausdruck einer täglich gespürten und täglich registrierten Zerrissenheit, die er allerdings mit vielen Menschen in Deutschland teilt.

Weil hier, wie mir scheint, der Grund seines fortgesetzten Schreibens liegt, muß noch ein Blick auf den formalen Aspekt dieser Lyrik geworfen werden, die, wie schon gesagt, kaum zur sentimentalen Gefühlsduselei gerät: Fuchs benennt statt dessen, was in ihm brennt, mit einem gewissen protokollarischen Lakonismus, Ellipsen herrschen, das banale Alltagsdetail als provokatorische These, die surreale Welt der realen Dinge, die uns zu beherrschen versuchen – ja, manche Texte, vorwiegend im Band *Pappkameraden*, mutieren unversehens zu statistischen Perioden – aber, und hier muß Krolow, der in seiner Kritik von »Registerarien« sprach, widersprochen werden: Aus Fuchs' statistischen Perioden werden nur selten ermüdende Statistiken, und das hängt mit Sicherheit mit dem Erlebnis-Stoff, den sie transportieren, zusammen. Fuchs' neueste Gedichte, das soll zugegeben sein, sind – rein äußerlich – vielen Texten der Theobaldy und Co. nicht unähnlich. Aber wer vergleichend liest, wird gewaltige Unterschiede feststellen: hier zumeist fades Geschwätz über alles und / oder nichts, dort die verfolgende Erinnerung brutalster Existenzbedrohung, die nur mühsam Worte findet: *»JETZT BIN ICH RAUS, JETZT / Kann ich erzählen / Wie es war / Aber das / läßt sich nicht erzählen.«* –

Wer jemals den DDR-Alltag genossen hat, über Jahrzehnte hinweg, der wird ihn schmerzhaft wiedererkennen in diesen Büchern; seine ideologische Penetranz und Verlogenheit, seine kulturelle Fadheit, seine kleinbürgerliche Brutalität – in Schule, Beruf, Universität, Armee, im Gefängnis. So gesehen, haben diese Gedichte nicht zuletzt auch soziologische Beweiskraft, sie sind aufrichtig in ihrer radikalen Kritik an politischen Verhältnissen, die radikal unterdrücken und den krummen Gang des Menschen zur Norm erheben.

Fuchs' Texte und Gedichte sind, wenn ihre Tiefe charakterisiert werden soll, zwar nicht doppeldeutig – wohl aber doppelbödig. Wer diese Gedichte oberflächlich liest, kommt unweigerlich in der falschen Erkenntnis-Etage zum Stehen. Langweiligkeit macht sich breit, wo es doch tatsächlich um Wort-Wege geht, die aus bedrohlichem Grunde nicht mehr zum saloppen Kurzstrecken-Spruch verkümmern: *»Es wird Krieg geben.«* Wem dieser erschreckend eindeutige Satz nicht zum interpretativen Fixpunkt wird, zu dem alle Fuchsschen Wort-Wege hinführen, der hat nicht begriffen, worum es diesem Schriftsteller im Kern geht.

Die gültige Metapher Herbst

Über Uwe Grüning

Im Schriftstellerlexikon der DDR habe ich ihn vergeblich gesucht, den Dichter Uwe Grüning, was damit zusammenhängen mag, daß ich keines finden konnte, das nach 1976 erschienen ist. Aber auch so ein aktuelles Kompendium wie die *Kleine Geschichte der DDR-Literatur* von Wolfgang Emmerich, 1981 in der Sammlung Luchterhand herausgekommen, weiß nichts von diesem Autor, der jedoch ungeachtet solchen lexikalischen Nichtvorhandenseins bis zur Stunde vier Bücher erscheinen ließ. Alle vier – zwei Lyrik- und zwei Prosabände – brachte der Ostberliner Union Verlag heraus – Stammhaus immerhin so bedeutender deutscher Gegenwartsautoren wie Johannes Bobrowski, der 1965 starb, und Friedemann Berger, der Kennern hierzulande durchaus ein Begriff ist, weil er schon seit vielen Jahren in wichtigen westdeutschen Literaturzeitschriften und Lyrik-Anthologien präsent ist.

Ein total Unregistrierter ist der Schriftsteller Uwe Grüning in diesem Teil der Nation dennoch nicht: Paradoxerweise wurde vor rund einem Jahrzehnt in jener bei Kindler erschienenen Literaturgeschichte *Die Literatur der DDR* unverhältnismäßig ausführlich auf ihn eingegangen, obwohl zum damaligen Zeitpunkt lediglich einzelne Gedichte und eine Prosaprobe veröffentlicht worden waren.

Konrad Franke, der diese – durchaus umstrittene – Literaturgeschichte der DDR schrieb, wußte eine Menge Kritik an diesem Dichter und seinen Gedichten festzumachen und er schloß seinen Artikel über Uwe Grüning mit den Worten: »noch bleiben nur einzelne Zeilen, einzelne Bilder als überzeugend in Erinnerung«.

Sie müssen, so meine ich, immerhin so überzeugend gewesen sein, daß Konrad Franke ihren Schöpfer nicht übersehen konnte. 1972 findet man Uwe Grüning dann mit Gedichten in der berühmten Anthologie *Das Wort Mensch* vertreten, die der seit 1976 in der Schweiz lebende ehemalige DDR-Lektor und Schriftsteller Bernd Jentzsch nach zähem Ringen mit der Ostberliner Kulturbürokratie im Mitteldeutschen Verlag herausbringen konnte. Ein Jahr später erschien im Benziger Verlag Zürich/Köln die Anthologie *Lyrik aus der DDR*. Herausgeber war der Literaturwissenschaftler Gregor Laschen, der den Dichter Uwe Grüning ebenfalls nicht übersah und zwei Texte von ihm in die Sammlung mit aufnahm.

Dennoch bleibt es dabei: Uwe Grüning ist hierzulande wahrscheinlich nicht einmal so etwas wie ein »Geheimtip«. Nicht zuletzt deshalb soll hier über ihn gesprochen, auf sein Schreiben hingewiesen werden, weil das, was er zu sagen hat, in wesentlichen Teilen an-spricht und Hinweise gibt, die wiederum auf ihn selbst verweisen – und so jene Dialog-Atmosphäre hervorbringt, die ernstzunehmende Literatur von je her ausmacht: Literatur als authentische Mit-Teilung statt geschwätziger Beredtsamkeit.

Grüning, der sich uns in Lyrik und Prosa solcherart mitteilt, ist deshalb zuerst und zuletzt auf nichts anderes festgelegt als auf sich selbst – im Sinne jenes Wortes von Volker Braun, der auf dem VIII. Schriftstellerkongreß der DDR sagte: »Es kommt darauf an, daß

Subjektivität objektiv von Belang ist.« Denn in dieser scheinbaren Begrenzung liegt, wenn sie nur konsequent betrieben wird, zugleich ihre Aufhebung, der sprachliche Grenz-Übertritt sozusagen: Wer authentisch über sich selbst spricht, über sein ichbezogenes So-Sein, seiner je und je erkannten Grund-Befindlichkeit Sprach-Gestalt verleiht, wächst über sich hinaus, verläßt und vergibt sich im Wort über sich an andere – auf daß er sich wiederfinde: *Spiegelungen* also. Ein Schlüsselwort, wenn es um die Literatur dieses Dichters geht – und nicht zuletzt: der Titel seines neuesten Gedichtbandes, der 1981 erschien. Um diese Sammlung soll es zuerst gehen, danach um seinen ebenfalls 1981 herausgekommenen Prosaband *Hinter Gomorrha*, der zehn Erzählungen enthält.

Aber bevor wir uns in die Grüningsche Sprach-Welt begeben, noch ein paar nötige Angaben zur Biographie des Dichters, der 1942 in dem Dorf Pabianice bei Lodz geboren wurde. Von den Konsequenzen deutscher Kriegslust erfaßt, verschlug es ihn zusammen mit seinen Eltern später nach Mitteldeutschland, wo er in einem Dorf bei Glauchau in Sachsen aufwuchs. Von 1960–1966 studierte er an der Technischen Hochschule in Ilmenau Fertigungstechnik und arbeitete später – inzwischen promovierter Diplomingenieur – als Fachschuldozent in Jena. Seit kurzem wohnt Uwe Grüning im vogtländischen Greiz – jenem Ort, in dem Reiner Kunze bis zu seiner Ausreise in diesen Teil der Nation lebte.

Erste Gedichte erschienen von Uwe Grüning Ende der sechziger Jahre, rund zehn Jahre später liegt sein erster Gedichtband vor: *Fahrtmorgen im Dezember*. Der nicht unbekannte DDR-Lyriker Heinz Czechowski schreibt dem Debütanten ein zehn Seiten langes Nachwort, in dem es abschließend heißt:

»Dieser Auswahlband der Lyrik Uwe Grünings ist nur ein Ausschnitt eines begonnenen Dialogs, der zu jenen ›aufgebrochnen Gesprächen‹ gehört, die hinweisen auf unser Leben, ein ›Leben, stet, um zu bleiben / eine Spanne Frieden bei uns‹.«

Ein Jahr später legt der Dichter die romanhafte Erzählung *Auf der Wyborger Seite* vor: die Geschichte einer zerbrochenen Liebe, in der – als sie begann – der Gedanke an ein mögliches Scheitern nicht auftaucht, weil Zeiten beginnender Zweisamkeit den irrigen Glauben einschließen: »*ein* Mensch nur könne uns das Glück geben und nur *ein* Mensch könne es uns fortnehmen«. Der *Lyriker* Grüning kommentiert solche Erfahrung mit den Versen: *»Anders ist es gewachsen um uns / als wir es säten.«*

Das signalisiert Entfremdung, suggeriert die Erkenntnis, daß zwischen jeweils Gewolltem und daraus Gewordenem nicht selten Abgründe klaffen, in die der Mensch täglich stürzt, also im wahrsten Sinne des Wortes zugrunde geht, ohne jedoch physisch zu sterben. Diese Grund-Befindlichkeit ist es, die sich wie ein schwarzer Faden durch Grünings Lyrik zieht. »Herbst« ist die gültige Metapher für diesen Dichter, wenn es um den Menschen geht, um die Geschichte des einzelnen – und aller:

»Am Westhang
Pfadlos. Das herbstliche Licht
beginnt sich zu trüben.
Kahl liegt
vor sturmbehauenen Stämmen der Hang.
Irden der Schmetterlingswind,
das gelbende Mal seiner Feuer.
Eine Lähmung hat uns befallen:
Zu Zeugen werden die Dinge.
Die Kelche, herbstzeitlos,
das bittere Gelb junger Birken:
Sie wissen nicht, daß der Tod
so vergänglich ist wie das Jahr,
sie fürchten – so töricht sind sie –
der Wintererde
dunklen, todstarren Schoß.«

Aber »Pfadlosigkeit«, sinkendes Licht und jene »Lähmung« der Stunde sind nur Versuche des Niederschlagens: »der Tod« ist vergänglich, und in einem anderen Gedicht, »Bergahorn« überschrieben, geschieht gar Gegenteiliges, das Natur-Bild wird Hinweis, Spiegel-Bild – bringt statt Lähmung Bewegung, Veränderung ins scheinbar trostlose Spiel:

»Ach, ich wußte noch nicht,
daß es Herbst geworden ist
auf den Gebirgshängen,

Zeit – aus der Verborgenheit
mutig herauszutreten
in seinem eigenen Kleid.«

Und doch kann diese Selbst-Aufforderung nur ein Aktiv-Werden sisyphos'scher Qualität nach sich ziehen – das Gedicht *Herbstklar*, in dem davon gesprochen wird, daß selbst die Sonne *»an der unerkannten / Furcht des Novembers erkrankt«* sei, endet in der schier aussichtslosen Einsicht:

»Alles, auch das Geringste,
ist ein Gefangener.
Und es wacht über sich selbst,
damit es nicht fliehe.«

Gewiß, der Herbst und seine Stimmungen sind in der Lyrik schon seit langem keine Sensation. Bei Uwe Grüning erstaunt allerdings die Konsequenz und Intensität, mit der diese Metapher als Leit-Bild und Leidens-Bild eingesetzt und durchgehalten wird. Nie jedenfalls hatte ich den Eindruck, hier stilisiere einer allen Jammer dieser Erde und gebrauche ein als gerade passend empfundenes Bild inflationär. Im Gegenteil: Mit fast jedem erneuten Einsatz dringt er tiefer ein in den Vor-Gang, der ihn durchzieht, und kreiert so ein Innen-Welt-Bild, das gleichzeitig Außen-Welt beschreibt – ohne jedoch dem Eindruck objektiver Welt-Anschauung zu verfallen. Grünings lyrisches Ich benennt nur, was es sieht – hält also nichts feil, und schon gar nicht das möglicherweise Erwünschte – von wem auch immer.

So gerät, ich kann es nicht anders sagen, Wahrhaftigkeit ins Spiel, die – mit einem großen Sprach-Vermögen ausgestattet – nicht nur unter ästhetischen Gesichtspunkten von Bedeutung ist.

Uwe Grüning, in einem Gespräch mit der Wochenzeitung des Kulturbundes der DDR »Sonntag« nach seiner »Lebenshaltung« befragt, antwortet:

»Die Welt ändert sich für mich innerhalb meiner persönlichen Erfahrungen, meiner Leseerfahrung, meines Erkenntnisgewinns. Ich möchte so sagen, es geht um ein sensibles Verhältnis zur Welt. An der Welt interessiert mich, was mich bewegt. Meine Erfahrungen mit der Welt sind mir zuerst immer Erfahrungen mit Menschen, also mit Leid, Gleichgültigkeit, Güte und Kraft; aber auch Erfahrungen mit Natur, mit Kunst. Mein Schreiben aus ihnen heraus ist mir zugleich produktive Möglichkeit, der Gleichgültigkeit, dem Leid oder Unglück entgegenzustehen – wenigstens für mich und hoffentlich auch für einige Leser...«

Wer sich so umfassend dem stellt, was Leben genannt wird, gerät unweigerlich über den Rand der Gegenwart hinaus: Leben und Welt sind dann zugleich auch ihre Geschichte, sind Gestalten aus naher und grauer Vor-Zeit, sind Quelle von Mythen und Legenden, die – wenn es um uns, den Menschen geht – mehr aussagen als irgendeine exakte Formel oder ideologische Definition, der es nicht um Erkennen, sondern um Verfügbar-Machen und Berechenbarkeit geht.

So wird aus dem historischen Topos der exemplarische Vorgang von unaufhörlicher Beweiskraft und aus dem Mythos, den Grüning eher als einen Archetypus versteht, das Vor-Bild. Das aber ist ihm ein »lyrikgemäßes Uralt-Bild«. Viele solcher Uralt-Bilder lassen sich deshalb in Grünings Lyrik finden. Er ist vertraut mit ihnen, mit dem Mythos, weil er ihm in letzter Konsequenz Beweis-Kraft zutraut. Und besonders im biblischen Mythos findet er Gestalten und Vorgänge, die ihn an- und aufregen, in denen er sich und uns erkennt, letztendlich »spiegelt« – ohne daß sich der Vorgang im eindimensionalen Abmalen erschöpft: denn *»Es ist eine Zeit...«*, sagt der Dichter,

»da Formen zu Staub werden,
der irdene Töpfer aber im Abend steht...

da aus den Fenstern der Stadt
die Engel zurückkehren
als Sterne gen Himmel.

Und auf dem fernsten Berge
wird Mose den Herrn fragen,
ob dies die Hänge schon seien
des verheißenen Lands.«

Der Mythos als Beweis und Ort dauernder Fragen und dauernden Fragens – angesichts von Grenz-Situationen, in die wir immer wieder geraten. Dann aber auch der historische Topos, der näherliegt, eindeutiger den Bezug zur Gegenwart herstellt und doch nicht zur plakativ-vergleichenden Polit-Gebärde verkommt, sondern zuerst und zuletzt auf *uns* zielt – wie in Grünings Gedicht *Der Auszug der Salzburger*, das die Vertreibung von 20000 österreichischen Protestanten durch den Salzburger Erzbischof Graf Leopold Anton im Winter 1731/32 thematisiert:

»Zu widerrufen das Grün, das die Erde erdenkt:
Eismale starren –
zerklirren wird sie das Licht.
Fortzuziehn über die Berge:
ein schwarzes Rinnsaal
unter nächtlichen Firnen – der Weg.
Auszuziehn, zu vernichten,
was Heimat in uns hieß.
Einen Scherben Wahrheit
im Geröll vergraben,
das Siegel den Enkeln zu geben
für eine Welt,
die uns nicht mehr begreift.
Fortzuziehn über die Berge.«

Sinn finden in der Niederlage – nicht nur den Sieg des »Dennoch«. Das ist die Botschaft dieses Gedichts. Grüning umkreist dieses Thema in vielen Gedichten, für mich am eindrucksvollsten in jenem über den Fall der protestantischen Festung *La Rochelle 1628*, in dem es mit brutalem Realismus heißt:

»Der Hunger,
ein Verbündeter jedweden Untergangs,
bricht die Wälle.«

Aber was dann kommt, ist die Überwindung dieser kalten und deshalb zu einfachen Wahrheit:

»Hinter den Hügeln,
hinter geschleiften Mauern erhebt sich
die unbesiegte, die ewige Stadt.«

Da kommt eine Haltung ins Spiel, die wohl »Glauben« genannt werden muß. Ein »christlicher Dichter« ist Uwe Grüning deshalb zwar nicht, aber es werden doch sehr enge Bindungen an christliche Werte und Lebenseinstellungen deutlich. Religiosität scheint auf, und Religion, so sagt Uwe Grüning denn ja auch in jenem schon erwähnten Interview: »Religion baut für mich nicht nur auf Ethik, sondern auf lebende Erfahrung – die zu verkraften, zu verarbeiten der Mythos, das Archetypische im Leben, Orientierungshilfe ist.« In seinem Gedicht *Christnacht* heißt es antithetisch, das Spannungsfeld einer solchen Grund-Haltung absteckend:

»Christnacht
Die längste Nacht,
die uns auf Erden geblieben ist:
Abgründe. Taubenflug über Meere.
...
O daß es Zeit sei! Lautlos
kommt über Berge die Nacht,
die letzte Nacht,
die uns auf Erden geblieben ist.«

Acht Kapitel enthält dieser Band. Es gibt Liebeslyrik, dann ein ganzes Kapitel Widmungen: an Paul Celan, an Yasunari Kawabata, Porträtgedichte über den dänischen Religionsphilosophen Sören Kirkegaard, über Paul Gaugin, ein elfstrophiges ist gar dem Dichter und Philosophen Friedrich Nietzsche gewidmet – in diese Texte sind Zitate montiert, Fragmente aus Briefen und anderen Dokumenten der Besungenen. Schließlich finden wir eine Fülle von Gedichten, die in die Gruppe der Naturlyrik gehört. Hier steht Grüning ganz eindeutig in der Tradition von Peter Huchel und Johannes Bobrowski.

Im Gegensatz zu Uwe Grünings Lyrik, die zwar auf ein beachtliches Talent mit originärem Stimmvermögen verweist, andererseits aber auch noch deutlich Qualitätsschwankungen belegt, sind die zehn Geschichten seines Prosabandes *Hinter Gomorrha* sprachlich durchweg ausgereifte Arbeiten und thematisch geradezu sensationell. Mir jedenfalls ist bis zur Stunde in der DDR-Literatur nichts Vergleichbares bekannt, und ich wünschte mir deshalb, daß diese Erzählungen recht schnell auch in einer westdeutschen Ausgabe erscheinen könnten.

Worin aber besteht nun das Außergewöhnliche in Grünings Geschichten? In der – dort, wo sie gedruckt wurden – nicht alltäglichen Tatsache, daß sie Parabeln, Grotesken, Satiren und phantastische Fragmente mit einer ausgesprochen anti-utopischen Intention sind; und so klingt es noch harmlos, wenn ein gutmeinender ostdeutscher Kritiker diese Geschichten »zehn nicht geheuere Texte« nennt – Texte, die übrigens allesamt in den sechziger Jahren entstanden sind, wie in dem essayistischen Nachwort von Brigitte Kahl mitgeteilt wird. Aber erst 1981 erreichten sie die literarische Öffentlichkeit.

Wer allerdings die kulturpolitischen Verhältnisse in der DDR kennt, die offensichtlich immer noch unter dem Motto »Zuckerbrot und Peitsche« stehen, wundert sich darüber nicht so sehr. Aber angesichts der vorliegenden Grüningschen Texte kann einem schon wieder angst werden, denn just in dem Jahr, in dem sie erscheinen konnten, gab es erneut Angriffe gegen Literatur, die nicht der sozialistisch-realistischen Norm entspricht. Den Angreifern geht es dabei, wie könnte es anders sein, besonders um »einige Tendenzen in der jungen Prosa«. In einem im vorigen Jahr in der Zeitschrift *Temperamente. Blätter für junge Literatur* gedruckten Aufsatz von Marianne Krumrey heißt es bedauernd und zugleich in altbekannter Manier, die den denunziatorischen Unterton einschließt:

»Die Fortsetzung sozialistisch-realistischer Tradition der DDR-Literatur durch neue Schriftstellergenerationen erfolgt offensichtlich nicht automatisch. Wo kein Einfluß sozialistischer Positionen erfolgt, sind Einflüsse anderer weltanschaulicher Richtungen geradezu begünstigt... Dabei drängt die Vorliebe für parabolische und phantastische Überhöhung, Skurrilität, fabulierfreudige Sprachexperimente das erkennende und gesellschaftlich eingreifende Moment der Literatur in den Hintergrund, und es wird oft vorschnell einer überkommenen Literaturphase zugerechnet.«

Die Vor-Denkerin Krumrey kommt deshalb zu dem bedrohlichen Schluß: »Unzufrieden kann man sein mit der mangelnden Historizität in der Betrachtung unserer Gegenwart, über den oft intellektuell eingeengten Blickwinkel, die ungenügende Anwendung der marxistischen Denkmethode über Ideengehalte, die hinter literarischen Vorleistungen und dem Niveau gesellschaftswissenschaftlicher Erkenntnis zurückbleiben.«

Soweit, so schlecht – könnte man sagen und wieder einmal Böses ahnen für die junge Literatur in der DDR. Aber vielleicht macht diese eine kulturpolitische Krähe doch noch keinen entsprechenden Winter, und wir werden auch in Zukunft mit Literatur aus dem anderen Teil der Nation konfrontiert, die den dieser dogmatischen Position innewohnenden Kriterien nun ganz und gar nicht entspricht.

So jedenfalls verhält es sich mit Uwe Grünings vorliegenden Geschichten *Hinter Gomorrha*, die als Parabeln daherkommen und als Grotesken, von nichts anderem geprägt als intellektueller Fabulierlust, die sich durchaus nicht im Abstrakten verliert, sondern sehr wohl eine sinnlich-poetische Dimension ins Wort-Spiel bringt – und gerade deshalb so nahe dran ist an Wirklichkeit und Zeit: hüben wie drüben.

In der Erzählung *Die Hecke* zum Beispiel, der ein biblisches Motto aus dem Alten Testament (Prediger 6,12) vorangestellt ist, das zweifelsohne eine Schlüsselfunktion hat, gerät ein Professor der Physik in das Dorf seiner Kindheit, das von einer imaginären »Hecke« und wuchernden Ruten nicht nur *über*wuchert, sondern geradezu stranguliert wird: Zunehmende Isolation und Ab-Geschnitten-Sein bestimmen die Szenerie, Verlorenheit in einem alles Leben überflutenden Dschungel, der nur noch ein paar rückwärtsgewandte Licht-Blicke zuläßt – Erinnerungen an die Kindheit des Professors, die eine glückliche, sinn-nahe war. Ein Alptraum kafkaesken Zuschnitts das Ganze, der sich aber nicht als solcher entlarvt und so seine Wirklichkeit aufhebt, sondern bis zur Endkonsequenz als Realität durchlebt wird: die der Tod ist. Alles aber beginnt geradezu idyllisch:

»Der Tag ist schön. Ich liebe die Septembernachmittage mit ihrem gebrechlichen Licht. Sie sind der Nachhall des Sommers, wenn der Himmel unter der noch warmen Sonne verblaßt: ein mildes Blau,

ein friedsamer Abschied. Ich bin nicht mehr ratlos. Die Ontarioäpfel hängen gelb zwischen den Blättern. Das Kartoffelkraut steht hoch über den Furchen und beginnt sich an seinen Spitzen zu bräunen. Ein fruchtbares Jahr, ein gesegnetes Jahr ...«

Und genau in diesem Moment – mitten in der Idylle – bricht sie ab, die scheinbar heile Welt, kommt das eigentliche, das Grund-Thema ins Sprach-Spiel:

»Ein Jahr, das dahingeht heiter und hilflos wie die Menschen, die gleich mir im Dorf zurückgeblieben sind. Für den Winter wird unser Vorrat noch reichen. Über den Winter werden wir kommen. Und dann? Ich liebe die Septembernachmittage mit ihrem gebrechlichen Licht... Wovor soll ich mich fürchten? Zu wünschen ist wenig geblieben – zu hoffen nichts.«

Der Professor hat den Kampf gegen die Sinn-Losigkeit des Lebens bereits aufgegeben, sagt von sich:

»Ich hatte mich bereits ergeben, als ich zurückfuhr ins Dorf. Jetzt bin ich hier, um zurückzugehen bis in die Kindheit. Was soll dann der Kampf? Je sinnloser ein Leben ist, desto versöhnlicher sein Ausgang.«

Zugegeben, das ist eine herbe Philosophie, die Uwe Grüning seinen Negativ-Helden da verbreiten läßt – aber ist es deshalb auch eine unrealistische oder gar inhumane? Denn die Fähigkeit des Menschen, zu sich selber kommen zu können, ist hier zwar nur um den Preis des Todes möglich – aber gerade dieser so bittere Aus-Gang provoziert die Frage, ob jedes Menschen-Leben naturgemäß verfehlt sein muß?! Der Report desjenigen, der sich verfehlt zu haben glaubt, weil er alles erreicht hat, was er erreichen konnte, ohne jedoch etwas zu besitzen, ist bitter, aber ehrlich:

»Meine Stärke ist es gewesen, zu tun, was gerade Sitte war. Jetzt bin ich allein, gänzlich allein, und habe ein Recht darauf, zu tun, was mir beliebt. Und das wäre? – Nichts zu tun. Träumereien an französischen Kaminen zum Beispiel, Märchen, die Mutter uns vorgelesen hat, zwar nicht an Kaminen, dafür aber bei Kerzenschein, wenn die Dämmerung kam. Ich erinnere mich an den reichen Mann, der alles bekam, was er wünschte, und später erst merkte, daß er in der Hölle war.«

Dieser Mann findet am Ende seines Lebens all seine Arbeit sei Betrug gewesen und fragt sich:

»Bin ich verantwortlich, daß alle sich so willentlich betrügen ließen – ich selbst auch?«

Und seinen Koffer – mit all den mitgebrachten Orden, Urkunden und Medaillen –, ihn wird er nicht mehr öffnen. Er blickt zurück auf *erfüllte Träume und zerbrochene Hoffnungen*. Die Zeit, die ihm noch bleibt, nutzt er aus, um sich den Orten seiner Kindheit zu nähern: dem Wald, einem Teich, auf dem er sein stolzes Korsarenschiff schwimmen ließ, der Kirche, in der er den Kantor Bach spielen hört, ein Wirtshaus, das Polizeirevier, das von den Hütern der Ordnung verlassen ist, schließlich die Schule. Er trifft seinen alten Lehrer, einen Greis, der ihm ins Gesicht sagt:

»Ah, der Professor, der hohe Herr, das Wunder unseres Dorfes, jetzt auch hinter der Hecke. Ich habe immer gesagt, aus dem Jungen wird nichts. Und ich habe recht behalten.«

Am Ende, als der Professor unter der zugewucherten Hecke sanft in den Tod gleitet, ist nichts von all den Widersprüchen und Sinnlosigkeiten, die sein Leben so absurd gemacht haben, aufgelöst – aber er stirbt, als Selbst-Zufriedener, rauschhaft erlöst:

»Es ist Zeit, sich in die Wiege zu legen und Mutter zu bitten, mich zu schaukeln. Kein süßer Traum, kein bedrohlicher. Das Leben wird langsam herausgelassen aus dem Beutel, darin es gefangen war. Wir brauchen uns nicht zu regen, es befreit sich von selbst. Ich spüre, wie es über mir schwebt, mich verläßt. Das ist die Weisheit der Hecken. Das ist ihr Vermächtnis. Und es bleibt mir nichts mehr zu tun, als zu sagen, daß alles zum besten war.«

Die Erzählung *Die Hecke* berichtet vom Scheitern der individuellen Utopie, der des einzelnen Menschen. Und dieses individuelle Scheitern ist die Voraussetzung für das Scheitern jeder kollektiven Utopie. In der Erzählung *Die Vollendung des Menschen* gestaltet Grüning genau diese Fortsetzung: die Insel der »Vollendung«, die nichts anderes ist, als die Horror-Ordnung lebender Toter, die von sich nur noch sagen können:

»Wir kennen keine Geschichte. Und wenn ich sage, unser Leben fließe gleichförmig dahin, so war auch das ein Irrtum: Unser Leben strömt nicht, es ruht. Und wir, in der Mitte stehend, kennen weder Wandel noch Tod. Daß wir uns ändern werden, glaube ich nicht... Die Gleichheit aller ist eines der beiden auch in unserer Welt gültigen menschlichen Ideale, wenngleich sie erst bei uns ihre Wahrheit ge-

funden hat. Wie könnten Menschen gleich sein, die von jeweils anderen Gedanken beherrscht werden, deren Körperwuchs und leibliches Aussehen zutiefst unterschieden ist? Alle Ungleichheit zeugt von Zeit. Seitdem wir die Zeit überwunden haben, sind auch die Distinktionen zerfallen. Wir wissen, daß alle Bedürfnisse enden, ja alle Unzufriedenheit stirbt, sobald die törichte Ansicht von der Veränderbarkeit widerlegt ist. Wir haben sie widerlegt.«

Grünings Insel der »Vollendung« ist eine Welt des schönen Scheins, ein wüstes Paradies, in dem die Menschen gesichts- und ich-los, sprach-los und so ohne Hinwendungsmöglichkeit zum Nächsten unendlich vor sich hinvegetieren: in einer heilen Welt der Heillosigkeit, die die Hölle ist.

Das erinnert an die von Orwell und Samjatin beschriebenen Zukunfts-Welten, und es gehört wohl eine ganze Portion Mut dazu, an dem Ort so klar über diese Dinge zu schreiben, wo Uwe Grüning das tut. Andererseits sind Utopie und Anti-Utopie ja zuerst und zuletzt »Orte in uns« und also überall möglich, und wenn es im Nachwort heißt: »Grünings Absage an eine Utopie ist jedoch kein einfacher Zivilisations- und Endzeitpessimismus, sie ist anders und so prinzipiell begründet, daß der Vollendung des Menschen eine Art interpretatorischer Schlüsselfunktion zukommt. Protestiert wird, summarisch gesagt, gegen die Verdrängung von Negativerfahrung als ›seelisch produktiver Lebenskomponente‹. Erst im Durchleben auch des Leids findet der Mensch seine Authentizität«, dann meint das vor allem, daß nicht der Tod die Antithese zum Leben darstellt, sondern der Stillstand, die Erstarrung, das »in sich verharrende satte Unangefochtensein«. Und genau dieses Pseudoglück, das blendet und abstumpft, ist das eigentliche Un-Glück, denn es bedeutet Bewegungslosigkeit, Verkümmerung und »tot-Sein« im eigentlichen Sinne des Wortes.

Die Geschichten Uwe Grünings können in diesem Teil der Nation mit Sicherheit verstanden werden. Sie treffen zwar auf andere gesellschaftliche Rahmenbedingungen, die gerade das zu verhindern versuchen, was man eine »kollektive Utopie« nennen könnte. Aber der Mensch in diesem Rahmen ist der gleiche wie der, den Grüning vor Augen hat. Das macht seine Prosa auch für uns wichtig.

Lachen im Tränenfluß

Über Uwe Kolbe

Als Wolf Biermann im November 1976 auf hinreichend bekannte Art und Weise aus dem Staat, in dem er leben wollte, hinausmanövriert wurde, zog das einen Vorgang nach sich, der aus dem nicht weniger bekannten Abgang vieler bedeutender Schriftsteller und Künstler aus der DDR bestand und der hierzulande recht bald als ein »künstlerisches Ausbluten der DDR« eingeschätzt wurde. Das Bild bot sich gewiß nicht nur an, es traf wohl auch zu. Für den Moment jedenfalls. Auf Dauer gesehen, konnte es jedoch nicht stimmen, übersah es doch den auf den ersten Blick recht banal anmutenden Tatbestand, daß Menschen nicht nur gehen, sondern auch kommen – nachwachsen also. Mit anderen Worten: Man übersah die Möglichkeit des künstlerischen, besonders aber des literarischen Nachwuchses, den nicht einmal ein Politbürobeschluß verhindern könnte. Auch in der DDR nicht. Inzwischen sind fast sechs Jahre ins geteilte Land gegangen, und bei ungeteiltem Blick hinüber läßt sich ausmachen: es hat so etwas wie eine Re-Generation stattgefunden, es gibt Namen, die man nennen muß, weil sich mit ihnen Beachtliches verbindet: ernstzunehmende Literatur nämlich, die von offensichtlich aufrecht Lebenden geschrieben wird, denen trotz (oder vielleicht gerade wegen?) gleichbleibend widriger politischer Umstände das poetisch-aufrichtige Wort nicht im Hals steckenbleibt und die deshalb sagen, was sie denken – weil sie nicht übersehen, was sie sehen, nicht verdrängen, was ihnen und anderen widerfährt. Zu diesen so nicht gerade bequem Lebenden gehört der 1957 geborene Lyriker Uwe Kolbe; und sein Einstieg in die offizielle Literatur-Szene der DDR fand in eben jenem Jahr statt, das ein so selten grelles Schlaglicht auf diese Szene warf. Aber nicht der Zeitpunkt ließ Kolbes Debüt ein wenig spektakulär geraten, sondern der Ort war es: in ihrem sechsten Heft 1976 ließ die Redaktion der Zeitschrift *Sinn und Form* (herausgegeben von der Akademie der Künste der DDR) fünf Gedichte Uwe Kolbes und drei von Frank-Wolf Matthies (der inzwischen in Westberlin lebt) erscheinen. Erkämpft hatte dieses ungewohnte Forum für Debütanten Franz Fühmann, der in einem seitenlangen Vor-Wort »ein paar Gedanken zu zwei jungen Dichtern« äußerte, die streckenweise geradezu emphatisch gerieten. Der Grund: »Anstatt Geläufiges vorzuweisen, wagen sie, sich selbst so kompromißlos zu sagen, daß ich, ihr unbekannter Leser, angerührt und betroffen bin ...«, denn, so Fühmann weiter: »Im Schwall des Angebots schreibender Jugend vermag ich leider meist nichts Anderes zu sehn als das Präsentieren jenes Richtigen, von dem Goethe sagte, daß, wenn die Poesie weiter nichts biete, es dort keine sechs Pfennige wert sei. – Heute, in der Masse, wahrscheinlich kaum vier.« Fühmann, davon konnte man damals ausgehen, mußte mehr kennen als nur jene acht Gedichte, die seinem leidenschaftlichen Plädoyer dann folgten, denn es waren Texte, die zwar aufhorchen ließen, aber doch nicht ganz ausreichten, um ihren Verfassern derartig pralle Lorbeerkränze zu flechten. Inzwischen sind wir alle klüger und informierter, inzwischen sind jenem Debüt Bücher gefolgt: von Frank-Wolf Matthies vier; von Uwe Kolbe, um den es hier geht, bislang zwei: beides Lyrikbände, die im Ostberliner Aufbau-Verlag erschienen. In der edition suhrkamp Neue Folge kam nun eine Lizenzausgabe des ersten Gedichtbandes heraus, der den Titel trägt: *Hineingeboren, Gedichte 1975–1980.* Knapp einhundert Texte enthält er, dazu ein Nachwort Fühmanns, das jenes Vor-Wort von 1976, nun ganz auf Kolbe gerichtet, fortsetzt – und schon an dieser Stelle sei gesagt: Der Anwalt Fühmann hat mit all seinen »Ecce poeta!«-Ausrufen durchaus nicht übertrieben, sondern wohl nur einen notwendigen Kampf gekämpft, der einem außerordentlichen Talent galt. *Hineingeboren* – dieser Titel ist kaum nur ein realistisch-lakonischer Hinweis auf den gesellschaftlichen Ort, an dem sich der Autor immer wieder findet oder auch nicht. Das gleichnamige Gedicht benennt vielmehr mit kargen Naturbildern ganz unpathetisch die traurige Art und Weise, wie man an eben diesem Ort existiert: als ein Gespaltener, im Gegensatz Lebender. Die antithetisch geordnete Zweistrophigkeit des Gedichts unterstreicht diesen Befund nur noch, der alles offen und eine vordergründige Synthese nicht zuläßt: *»Hohes weites grünes Land, / zaundurchsetzte Ebene. / Roter / Sonnenbaum am Horizont. / Der Wind ist mein / und mein die Vögel. // Kleines grünes Land enges, / Stacheldrahtlandschaft. / Schwarzer / Baum neben mir. / Harter Wind. / Fremde Vögel.«* Gewiß, diese Verse beschreiben eine existentielle Grund-Befindlichkeit, die auf den ersten Blick überall erfahren werden kann. Aber Kolbe redet keinem abstrakten »Geworfensein« das Wort, sondern wird konkret, wenn die »zaundurchsetzte Ebene« umkippt in eine »Stacheldrahtlandschaft«. Ein Wort, das Bände spricht und auf den politischen Rahmen verweist, in dem sich alles abspielt. Ein Rahmen, in dem *»die Sonne / Zerstampft«* wird *»von Horizontmauern«*, ein Rahmen, in dem es nichts nützt, *»den Tee zu trinken oder rumzurennen, / zu reden um Entwicklungsmöglichkeit. / Es hält mich nichts an einem fest, nirgend / kann mich etwas halten, / solange mir die Augen offen... Dabei weiß ich genau, / welcher Stahlschrank mich beherbergt / und welche Lade mich umschließt.«* Und dennoch: Kolbes Vers verkommt nie zum Vehikel politischer Thesen, dazu ist er zu geistreich, Ironie scheint auf, wenn auch zumeist bittere – Formenreichtum ist zu registrieren: vom epigrammatischen bis zum erzählenden, balladesken Gedicht. Reime kommen vor, Gedichte in Groß- oder Kleinschreibweise, mit oder ohne Interpunktion stehen nebeneinander – und fast alles ist rhythmisch, nichts wird doktrinär oder inflationär gesetzt. Trakl und Benn könnten als Vor-Bildner erkannt werden, aber wenn ja, dann gewiß nicht nur im Formalen – ein paar Welt-Anschauungen treten da schon sehr deutlich aus manchen Strophen, nicht zuletzt in einigen Liebesgedichten, von denen es nicht wenige gibt in diesem Buch. Die Fülle verweist auf den Plural des wieder und wieder angestrebten Zieles, das doch kaum erreicht wird: *»Ich liege neben dir danach / ...Gemeinsamer Höhepunkt immer / Trifft Einsame zwei.«* Uwe Kolbes Gedichte sind Mitteilungen eines Menschen, der sich und seine Um-Welt mit höchster Intensität erfährt und davon Notiz nimmt. So entstehen Tag-und-Nacht-Bücher, die sich mit Versen füllen, die den Leser nicht gleichgültig lassen – mich jedenfalls haben viele betroffen gemacht. »Wir leben mit Rissen in den Wänden« lautet einer mit einer möglicherweise schon woanders vorgekommenen Metapher. Aber die Frage, die dann kommt, schlägt zu: »ist es dir aufgefallen?« Sensibel sein für die Risse, die uns umgeben, die uns durchziehen, in die wir stürzen können – die Botschaft des Uwe Kolbe ist nicht unaktuell, wenn sie denn eine ist. Doch in einem Gespräch zwischen jungen Lyrikern, geführt 1979 in Leipzig, bekennt dieser Uwe Kolbe: »Ich schreibe lieber aus Rissen heraus.« Das ist mit Sicherheit nicht billige Koketterie eines Altklugen mit dem, was Weltschmerz genannt wird, wohl aber der aufrichtig-trotzige Kommentar eines Erfahrenen, der in einer »Stacheldrahtlandschaft« gelernt hat, »noch im Tränenfluß« lachen zu können.

Die kostümierte Rebellion

Über Paul Gratzik

Daß neue Literatur *aus* der DDR nicht unbedingt gleichbedeutend ist mit neuer Literatur *in* der DDR – dies ist ein kulturpolizistischer Tat-Bestand, den man inzwischen und salopp gesprochen einen »alten Hut« nennen muß, weil ihn sich – ungeachtet seines schäbigen Aussehens – die Kulturpolizei des zweiten deutschen Staates nun zum wiederholten Male auf ihren sturen Kopf gestülpt hat. Genauer gesagt: Das Roman-Manuskript eines bekannten DDR-Schriftstellers hat zwar nicht die Zensur dieses Staates passieren können, wohl aber dessen todernst gesicherte Grenze. Der Roman, dem diese inzwischen ebenfalls nicht mehr so ganz neue Behandlungsweise widerfuhr, heißt *Kohlenkutte*. Sein Schöpfer: Paul Gratzik.

Wer ist dieser Paul Gratzik, der sich nun in einem Boot wiederfindet mit solchen wichtigen DDR-Autoren wie Wolfgang Hilbig, Lutz Rathenow und Gert Neumann, denen ihrerseits schon vor geraumer Zeit und aus bekannten Anlässen die Ehre widerfuhr, zwar *noch* nicht Heimat-, wohl aber *schon* Öffentlichkeit-Vertriebene zu sein? Denn bis vor kurzem war unser Autor nicht nur ein DDR-öffentlicher, sondern auch ein hochoffiziell geehrter Literat: Zusammen mit Volker Braun wurde er am 17. März 1980 mit dem ranghöchsten Literaturpreis der DDR, dem Heinrich-Mann-Preis der Akademie der Künste, ausgezeichnet. Aber ein genauer Blick auf die Biographie des so Geehrten vermag denn doch zu verdeutlichen, warum der Schriftsteller Paul Gratzik an diesen Punkt des Sich-Verweigerns, und der Roman *Kohlenkutte* markiert ihn in gestochener Schärfe, geradezu kommen mußte, ist es doch ein Punkt *in* und nicht nur *vor* oder *hinter* ihm.

Paul Gratzik wurde am 30. November 1935 im schlesischen Ort Lindenhof / Kreis Lötzen als Sohn eines Landarbeiters geboren. Der Junge erlernt den Beruf eines Tischlers, arbeitet danach als Bauarbeiter im Ruhrgebiet, kehrt nach Ostdeutschland zurück, setzt die Bauarbeitertätigkeit in Berlin und Weimar fort, geht schließlich in einen Braunkohletagebau in Schlabendorf. Von 1963–1966 studiert er am Institut für Lehrerbildung in Weimar und arbeitet bis 1971 als Erzieher im Osterzgebirge. Zwischendurch, 1968, widerfährt ihm die Ehre, am Leipziger Literaturinstitut »Johannes R. Becher« studieren zu dürfen. Doch diese Ehre dauert nicht lange: Gratzik und ein Kommilitone, der heute ebenfalls nicht unbekannte Schriftsteller Martin Stade, müssen gehen! Was war geschehen? Darüber hat Siegmar Faust in seinem autobiographischen Bericht *In welchem Lande lebt Mephisto? Schreiben in Deutschland* berichtet, und es scheint mir wichtig zu sein, diese traurige Anekdote zu zitieren, weil sie – ein Stück Staatserfahrung des Paul Gratzik beschreibend – auf realistische Kernsegmente seiner Roman-Groteske *Kohlenkutte* verweist:

*»Schön brav begann unser Studium mit dem obligatorischen Ernteeinsatz in einer LPG. Während die Mehrheit tagsüber Kartoffeln lesen mußte, um dann die Abende in der einzigen Dorfschenke zu verbringen, durften unsere Kommilitonen Martin Stade und Paul Gratzik des Nachts die Kartoffeln zu Schweinefutter dämpfen. Während der zehnten zwölfstündigen Nachtschicht erlaubten sie es sich, zwei Stunden von ihrer Arbeitszeit in der Kneipe zu verweilen. Was sich daran anschloß, war so weltbewegend, daß man es nur mit der allgemeinen politischen Lage in Europa erklären kann. Und wie war die Lage? Angespannt … An den Prager Frühling wird man sich bestimmt noch erinnern … Die Bonzen ahnten … Schlimmes und spielten schon ziemlich verrückt … Als sich Ulbricht gar aus irgendwelchen nichtigen Gründen mit Max Walter Schulz, dem Direktor des Literaturinstituts, anlegte, schien das ganze Institut in Gefahr zu sein. Und dann mußten natürlich Beweise erbracht werden, daß von diesem Institut nicht ebensolche Gefahren ausgingen wie von den Schriftstellern in der ČSSR. Genosse Schulz stand stramm und gehorchte. Die weltpolitische Lage erfordere dies, war seine ständige Rechtfertigung … gegen Martin Stade und Paul Gratzik (*wurden deshalb*) Disziplinarverfahren mit dem Ziel angestrengt, beide vom Studium auszuschließen … Und das Niederträchtigste war, daß uns übrigen Studenten in diesem makabren Schauspiel die übelste Rolle aufgezwungen wurde. Das hatten wir nun davon, daß uns Genosse Schulz als seine Kollegen betrachtete. Dieser wollte die Entscheidung nicht alleine fällen, sondern alles sollte schön demokratisch geschehen, also mit Abstimmung … Bei der Abstimmung über Stade und Gratzik ging eigentlich alles recht glatt über die Bühne … Der einzige, der (*sie*) noch etwas hinauszögerte, war Frank Beyer, eine Berliner Type, die vor allem Gratzik verteidigen wollte. Doch am Ende*

hoben wir alle einstimmig unsere Pfötchen, wenn auch mit gesenktem Blick.«

Diesen vollendet un-vollendeten Abgang von der Leipziger Kaderschmiede für sozialistisch-realistische Schriftsteller-Funktionäre hat Paul Gratzik auch noch mit anderen, inzwischen berühmten Autoren gemeinsam: zum Beispiel Sarah Kirsch und Kurt Bartsch; oder zumindest bekannten wie Gerti Tetzner, Andreas Reimann, dem schon erwähnten Martin Stade und Gert Neumann.

Von 1971 bis 1974 arbeitete Paul Gratzik als freischaffender Schriftsteller, ging aber ab 1974 wieder in die Produktion und ließ sich als Teilzeitarbeiter im VEB Transformatoren- und Röntgenwerk Dresden beschäftigen. 1977 verließ er Stadt und Job in Richtung Berlin: das Berliner Ensemble nahm ihn als Autor unter Vertrag.

Begonnen hatte Gratzik mit Theaterstücken, die Probleme der Jugenderziehung und der Arbeitswelt auf die Bühne brachten, ohne daß sie Erfolge wurden wie etwa Plenzdorfs Stück *Die neuen Leiden des jungen W.* 1977 erschien im Rostocker Hinstorff- und anschließend im Westberliner Rotbuch-Verlag sein erster Roman: *Transportpaule*. Ein Buch, das durchaus kritisch-ironisch und partiell mit deftigem Realismus Arbeitsalltag und den Alltag der Arbeiter in der DDR beschreibt, ohne jedoch in entscheidende Tabuzonen vorzustoßen oder ideologisch verbindliche Grenzen zu überschreiten. Das machte das Buch für die offizielle DDR-Kritik annehmbar, und der kantige Held des Buches wurde flugs zu einer der »sympathischsten Arbeiterfiguren« erhoben, die die DDR-Literatur in letzter Zeit zu bieten gehabt hätte. Denn was Gratzik mit dieser Figur und dem ganzen Buch gelungen sei, so der Kritiker Joachim Hannemann in der Zeitschrift des Schriftstellerverbandes *Neue Deutsche Literatur*, 9/77, ist:

»Probleme unseres Alltags zu benennen und, ohne daß die Konkretheit des Beispiels aufgelöst wird, Allgemeines und Nachdenkenswertes sichtbar zu machen. Daß das in einer heiter-ironischen Distanz geschieht, die nicht aus einer kritisch-zweifelnden Haltung resultiert, sondern vom Standpunkt grundsätzlicher Identifizierung mit den Problemen unseres Alltags erfolgt, ist wohltuend gegenüber skeptizistischen Zügen, wie man sie bei manchen Prosadebüts der letzten Zeit findet.«

Es ist müßig, darüber zu spekulieren, ob Paul Gratzik nach dieser Umarmung durch die lizensierte Kritik die Absicht merkte und verstimmt wurde – er wird sich jedoch mit Sicherheit aufrichtiger verstanden gehört haben aus dem Munde von Fritz Rudolf Fries, der im Rahmen jener schon erwähnten Heinrich-Mann-Preis-Verleihung die Laudatio auf Braun und Gratzik hielt und beiden attestierte, sie schrieben wie kein Dritter in diesem Lande »aus der Mitte des Landes heraus, aus ihrem unaufgehobenen Widerspruch«, und der einige Sätze zuvor besonders Paul Gratzik prophezeit hatte, daß man »in ein paar Jahren« sagen könne, »daß seine Prosa unsere Gegenwart für die Zukunft durchsichtig macht.«

Die »paar Jahre« sind vergangen, und Fries' nüchtern formulierte Vorausschau hat sich, wie ich meine, nicht nur erfüllt, sie hat sich über-erfüllt: *Kohlenkutte* ist ein Roman über die gegenwärtige und damit auch über die vergangene und zukünftige DDR, und sie gerät mit ihrem Alltag in diesem Roman wie unter ein unbestechliches Elektronenmikroskop, das ein oberflächlich durchaus ansehnliches Objekt durchsichtig macht, es auflöst in groteske, häßliche, auf- und abschreckende, von tödlichen Krisen betroffene Einzelteile und -momente.

Ich habe den Eindruck, daß dieser Roman mit brennender Wut, die schöpferische Leidenschaft ja geradezu voraussetzt, geschrieben wurde, und daß wir es deshalb mit einem »wutentbrannten« Stück Literatur zu tun haben, das – um im Bild zu bleiben – hochauflodernd eine hoffnungslos-dunkel erscheinende Staats-Szenerie erhellt. Aber es ist eben keine abstrakte, kafkaeske Ordnungs-Unwelt, die sich da im Schattenriß abzeichnet, sondern eine, die unbarmherzig immer wieder bei ihrem Namen genannt wird: Deutsche Demokratische Republik. Und noch etwas wird ins flackernde Licht dieser Prosa gezerrt. Die Voraussetzung jener konkreten Staats-Szenerie: der Mensch wie er ist, und der deutsche im besonderen: als perfekter Herrscher. Und als perfekt Beherrschter. Ins Licht gerät deshalb auch dies, insistierend und unausweichlich: Die Feigheit der Beherrschten, Un-Beherrschte zu sein oder es wenigstens sein zu wollen. Und so verkommt in Gratziks Buch der Revoltierende zur tragischen Witzfigur, auf und mit der man Geschichte macht. Gegen ihn natürlich. Sein Blut fließt zum Schluß auch nicht aus der »durchlöcherten« Brust auf einer Barrikade, sondern lediglich vom Stumpf seines linken kleinen Fingers, den ihm ein rotierendes Kreissägenblatt – die Maschine – abgeschnitten hat. Aber Kohlenkutte, dem dieses lächerlich-schmerzvolle vorläufige Ende widerfährt, ist dennoch keine lächerliche Figur, über die sich Gratzik zynisch erhebt. Er hat ihm Momente der Würde gelassen und so, wenn auch sehr versteckt, Hoffnung placiert – Hoffnung an einem Ort, an dem Gemeinheit zwischen den Menschen, Resignation, Lüge, Ausbeutung, Mord und Totschlag zu triumphieren scheinen. – Wer also ist dieser Kohlenkutte? Und was erfahren wir von ihm und über ihn?

Nüchtern notiert: Ein einunddreißigjähriger Mann, der Tischler gelernt hat und am Beginn des Romans in Dresden in einer Fabrik als Blechzuschneider arbeitet. Sein Name: Fritz Rodschinka. Er ist verheiratet mit einer Frau, die als Chefsekretärin in einem Museum beschäftigt ist. Gemeinsam haben sie eine achtjährige Tochter, die Rodschinka über alles liebt. Er hat ein Hobby, das er nicht weniger liebt: ist ein Bilder-Jäger. Sein Jagd-Werkzeug ist eine japanische Kamera, die hervorragende Dias macht, die Rodschinka zu Vorträgen zusammenstellt, damit herumreist – im eigenen Auto, versteht sich – und sich so zusätzlich Geld verdient. Die Familie Rodschinka wohnt zu alledem auch noch in einer Neubauwohnung. Fritz ist zwar nicht in der Partei, aber bei den Kampfgruppen latscht er schon mal mit. In der Wohnung steht alles, was man haben muß: Waschmaschine, Farbfernseher usw. Und das wäre sie denn auch schon, die heile Welt des Fritz Rodschinka. Ja, wenn sie das wäre!

Hinter dieser Kulisse sieht es anders, verdammt anders aus. »Für die Welt«, heißt es an einer Stelle, »glänzte die eheliche Sonne«. Aber für Rodschinka und seine Frau ist es schon lange dunkel geworden, sie bilden, wie er einmal sagt, nur noch so etwas wie eine »feindliche Gemeinschaft«, weil es im Intimsten, im Sexuellen, schon lange nicht mehr stimmt. So zieht ihn außer der Tochter und den Bildern auch fast nichts mehr nach Hause, sein Haus oder Heim ist ohnehin nur die »Betonwohnung«, Teil des »Leubener Gettos«.

Die Geschichte beginnt an einem Tag, an dem Rodschinka nicht gearbeitet hat, weil er – im Auftrag auch der Kollegen – eine Kollegin besucht, die im Gefängnis in Waldheim sitzt. Sie hat im Suff eine russische Krankenschwester überfahren:

»Die Geschenke, die er mitnahm, waren nicht von der Gewerk-

schaft bezahlt. Sein Schichtleiter lief mit einer Sammelliste herum. Die sonst nichts gaben, legten zwei Mark hin, die aber gewöhnlich drei Mark zahlten, reichten fünfzig Pfennige, nach Möglichkeit jeden einzelnen über die Maschinen. Aber geben gab jeder. Das Fahrgeld bezahlte Rodschinka allein. Die Frau daheim würde nichts merken, denn auf seinem heimlichen Konto besaß er etwas über dreitausend Mark... Als er die Bahn verließ, ging er, wie in den letzten Jahren immer öfter, nicht hinauf in seine Zweieinhalb-Zimmer-Wohnung, sondern in eine Gaststätte unweit des Leubener Gettos, um in Ruhe weiterzugrübeln. Da ihn hier fast jeder kannte, störte ihn keiner. Das war der und der, der ist in Ordnung, der hat heute seinen Moralischen... Das einzige in seinem Schädel jetzt war die Frau daheim. Und gegen diese Frau stand sein Haß auf, mit der gesamten Energie, zu der Rodschinka fähig war. Er biß die Zahnreihen aufeinander und verfluchte seine Stadt, weil sie keinen Puff erlaubte, in dem er für Geld und Worte sich mit einer Frau versorgen konnte. Ihm schien diese Ehe mit der Frau daheim gräßlicher als das Gefängnis um Wally...«

Rodschinka steigert sich, wenn es um diese seine Frau geht, in Gesprächen mit seinem Ich, das er »seinen inneren Bruder« oder »Bruder Innerlich« nennt, bis hin zu Mordphantasien, vor denen er dann aber doch zurückschreckt, weil er – und hier geht Gratzik über den Ehekonflikt hinaus – aus seinem Innersten heraus nicht so unmenschlich sein kann wie ihn die Um-Welt haben will. So ist also zwischen beiden nicht einmal die endgültige Katastrophe möglich. Es gibt Szenen, fürchterliche Erniedrigungs-Bemühungen, aber keine Beziehung mehr, kein Verstehensversuch, und am sprachlosesten sind sie, wenn sie sich anschreien, mit Worten quälen wie mit Folterinstrumenten. Zwischen dem ersten und zweiten Teil einer nächtlichen Sauftour Rodschinkas mit einem homosexuellen Wirtschaftsbonzen, dessen Schwester und seinen Strichjungen, kommt es zu einer dieser harten Szenen:

»Sie sagte, vielleicht sogar etwas kläglich, ohne die ihm vertraute Aggression: ›Ich habe aus dem Fenster gesehen. Treibst dich schon mit Schwulen rum... Sowas nennt sich Arbeiter: Aber geh! Renne zu deinen Schwulen, wenn eine anständige Frau dich nicht halten kann. Jetzt habe ich dich erkannt. Jetzt weiß ich alles!‹ ›Wo‹, wollte Rodschinka, die Türklinke loslassend, wissen, ›wo lebt hier 'ne Frau?

Sieh in den Spiegel, du Schlampe, wie du ausschaust.‹ ›Sieh du in den Spiegel, du Vieh, wenn du mich nicht ansehen kannst. Wie du dastehst! Hosenstall offen, die Augen gleichmäßig rot durchblutet. Bist ja betrunken.‹«

Weil sie ihm nicht aus dem Weg geht, schleudert er sie gegen die Flurwand, und als sie wieder hochkommt, schreit sie ihn an, daß er die Wohnung verlassen solle:

»›Diese Wohnung‹, brüllte Rodschinka, ›ist mir! Habe sie nicht bloß bezahlt, sondern auch dreihundertzwanzig Stunden nach Feierabend dafür auf dem Bagger gehangen, bevor du Falsche mich geheiratet hast. An dem Tag nämlich, als wir uns verlobten, hast du dich schon mit einem anderen geknutscht. Aber ich Dunsel ließ mich von dir greifen. Wozu‹, gurgelte er im Überzorn, ›hast du mich geheiratet? Wegen dieser Wohnung? Wegen des Scheiß-Autos? Wegen dieser Pranken? Oder damit die Kleine einen Vater hat? Was ist dir dein Mann? Hast du deine Votze zum Kaffeekochen in diese verfluchte Ehe gebracht?‹«

Der so zu seiner Frau spricht, ihr mit gemeinstem Vokabular Defizite an Zärtlichkeit vorwirft, hat gerade einen prachtvollen Beischlaf mit einer ihm völlig Fremden hinter sich, weil er selber nicht mehr fähig ist, die Zärtlichkeit zu geben, die er verlangt. Seine Frau holt sie sich, und dies eben auch nicht in aller Unschuld, schon lange von ihrem Chef, mit dem sie pompöse Auslandsreisen macht, die sie sogar in kapitalistische Metropolen führen – Dienstreisen also, auf denen sie sexuell dient und sich bedienen läßt nach allen Regeln der Liebeskunst, und außerdem bringt es ihr auch noch mehr als sexuelle Befriedigung ein: Prämien, Posten, Urlaubsplätze. Diese Ehe ist tatsächlich nur noch eine »feindliche Gemeinschaft«, aus der Rodschinka fliehen muß – und flieht, so oft, wie er kann.

Im Verlaufe der Geschichte kommt ihm ein Ortswechsel von Dresden nach Berlin zur Hilfe, der sich aus dem Umstand ergibt, daß Rodschinkas Betrieb um einen Tischler gebeten wird, um einer Tischlerbrigade in einem Werk in Berlin-Schöneweide, die chronisch unterbesetzt ist, auszuhelfen. Rodschinka fährt, bei sich trägt er einen ominösen Rumtopf, den er in der vergangenen Nacht mit den Homosexuellen geleert hat, und in dem nun von Stund die ihm wichtigsten Habseligkeiten aufbewahrt werden. Rodschinka ist froh über diesen Ortwechsel, froh darüber, daß er wieder tischlern

kann, denn er findet seinen Beruf eigentlich gar nicht so schlecht, und dennoch wird ihm schlecht dabei:
»Blech und Blech und wieder Blech, das ist zuviel. Darum habe ich beschlossen, meine Umgebung zu besehen, ob die anderen auch so blöde sind wie ich. Man muß den Menschen heutzutage alles beweisen, sonst glauben die nischte mehr. Denn der deutsche Arbeiter hat sich zu oft bescheißen und gegeneinander ausspielen lassen. Aber ich werde wie absichtlich abgelenkt davon. Schwindelig wird mir, wenn ich darüber grüble, warum die Russen und Amerikaner zig Jahre nach dem verlorenen Krieg immer noch in Deutschland klucken. Aber meine Mutter war Ostpreußin und Vater Sachse, und wenn ich von beiden nichts geerbt habe, doch eins garantiert: meinen Dickschädel! Die, die uns heutzutage regieren, denken, wir Arbeiter sind so zahm und blöde, wie wir aussehen. Aber laß die man denken, wenn sie überhaupt denken. Und vielleicht wissen die gar nicht, warum sie uns regieren. Das ist vielleicht nur eine Mechanik, so ein Blechband, das unendlich abrollt. Aber wie wird das sein, wenn wir es mal abschneiden und ein neues beginnt abzurollen? Und ich stehe dann wieder da und glotze wie ein Ochse vorm neuen Tor und merke nur: Irgendwas läuft wieder falsch! Wann wird das endlich sein, daß wir Völker keinen Napoleon oder Stalin haben müssen?«

An diesem Dialogstück wird deutlich, was Gratzik fast virtuos beherrscht: das mühelose Entwickeln einer dumpfen, instinktiven Antihaltung gegenüber eingefahrenen Lebensbedingungen in, wenn auch assoziativ-fragmentarisch, klare politische Fragen und Gedankengänge. Was sich im Kopf Rodschinkas, also im Gespräch mit seinem »Bruder Innerlich« abspielt, ist im Grunde genommen nichts Geringeres als der Beginn einer Revolution, die ja immer im Einzelnen beginnt. Zumindest ist es eine Ahnung von Revolution. Daß sie nicht ausbricht, spricht nicht so sehr gegen den, dem sie fast den Kopf zerreißt, sondern viel mehr gegen die Verhältnisse, die mit aller Macht diese notwendige Revolution immer wieder in den Kopf zurückschlagen: und wenn dabei die aufmuckenden Köpfe rollen! Die scharfkantige Erinnerung einer der Gratzikschen Romanfiguren an den 17. Juni 1953 läßt da nichts im unklaren:

»Der Tischler von der Bandsäge sagte: ›... Ohne kritisches Wissen sind wir erschossen wie Robert Blum. Erst nacktes Faktenwissen bringt uns vielleicht die Macht. Ich habe am siebzehnten Juni neun-

zehnhundertdreiundfünfzig in Leipzig unsere Befreier aus Panzern in Menschen reinknallen sehen. Von da an begann ich deutsche Geschichte zu studieren. Nun ahne ich: Alles Geschwätz über Freiheit, Edelsein und Deutsche Einheit ist Nonsens... Du willst nur nicht wahrhaben, du Meister von uns allen, was wir von diesem Sozialismus kriegen. Wenn wir stille sind, nichts, reißen wir das Maul auf, Gummizelle oder Knast.‹«

Gewiß, die Sprache Gratziks mag nicht unbedingt und nahtlos die Sprache der realen Tischler und Blechschneider in der DDR sein. Aber es sind mit Sicherheit ihre Gedanken, die Gratzik damit zur Sprache bringt. Und so geraten ihm die Figuren und Helden seines Stückes auch nicht zu Vehikeln, die blasse Politlosungen verkünden und durch den Roman stelzen wie platte Anziehpuppen. Das Gegenteil geschieht: Gatzik gelingt es immer wieder, vor allem wenn es so ernst wird wie eben, sie in groteske Situationen zu treiben, die nicht selten Slapstickcharakter annehmen und mir, ich gestehe es, Lachtränen in die Augen getrieben haben. Natürlich bleibt einem dann anschließend das Lachen wieder im Halse stecken, was es ja wohl auch soll. Dennoch sorgt die Sprach- und Bildkomik dieses Romans, die sich von dem bitteren Hintergrund nicht erschlagen läßt, für einen Lesegenuß, der mir dieses Stück Literatur zum wichtigsten der DDR-Literatur hat werden lassen – nach Volker Brauns *Unvollendeter Geschichte*.

Höhepunkt des Romans, um auch darauf noch einen Blick zu werfen, ist zweifelsohne der Auftritt der irrsinnigen Berliner Tischlerbrigade, zu der Rodschinka ja nun für einige Zeit gehört, im Ost-Berliner Devisenhotel »Metro«. Hier rollt eine Revolte im Karnevalskostüm ab, die so ernst gemeint ist, wie sie mit grandios-kritischem Witz daherkommt. Was Gratzik da aufzuzeigen versucht, ist bestimmt nicht der Faschings-Mut wildgewordener Kleinbürger, sondern – nach genauerem Hinschauen – eine Verzweiflungs-Tat. Nicht mehr. Und nicht weniger. Und daß jeder der Beteiligten andere Motive mit ins blutig-ernste Vergnügen bringt, ändert nichts am Front-Charakter, den diese Szenen bekommen, denn das schier Un-Mögliche und Un-Denkbare geschieht, wenn auch nur für kurze Zeit: neun Beherrschte geben sich als Un-Beherrschte, und ihre Rebellion beginnt mit dem Verkleiden. Ein Köpenicker Frackverleih gibt einiges her, so daß wir es danach mit einer köstlichen

Metamorphose zu tun haben: Aus acht Tischlern und einer Tischlerin, die gerade Prämie bekommen haben und mit dem wertlosen Geld nur in schlechten Kneipen fades Bier kaufen und saufen können, aus diesen neun Proletariern werden nun »Sänger des Königlichen Chores Amsterdam« mit ihrer Dolmetscherin, ganz in Pelz gehüllt, die im besten Hotel der Stadt fressen und saufen wollen, und zwar das Beste vom Besten, und das kommt aus dem Westen – in diesem Laden:

»Dann saßen die Herren und ihre Dolmetscherin etwas steif, aber würdig in unbequemen Sesseln, und der Kellner und die Serviererin arbeiteten, wie sich das gehörte: unauffällig und flott. Rodschinka sah die Serviererin Strümpfe, die mit Haltern hochgehalten wurden, tragen. Das jagte seine Bilder wer weiß wohin... Als Bani mit den zwei üblichen Worten ›haben Sie einen Wunsch‹ beginnen wollte, sagte sie: ›Es gibt nichts in der Hauptstadt der Deutschen Demokratischen Republik, das wir Ihnen nicht bieten können. Probieren Sie's nur.‹ ›Dann eine rasierte Punz mitten auf diesen Tisch‹, sagte Bani. Sie ging. Und die Holzarbeiter kosteten, kauten und schluckten und waren, die meisten von ihnen zum erstenmal in ihrem Leben, voll guter Dinge. Bani aß nach dem letzten Artischockenherzchen eine Federaster aus der Tischvase. Als weder Serviererin noch Kellner böse reagierten, sondern lächelten, fraß er auch die anderen beiden Astern, von denen die eine lila, die zweite weiß in dieser heimlichen Runde geschimmert hat.«

Rodschinka, der dies alles mitmacht und mitansieht, und die Runde wird verrückter und verrückter, er schaut weg:

»Nicht, weil er sich genierte, sondern nicht glaubte, was er sah. Und es geschah dennoch.«

Die kostümierte Rebellion endet, wie sie enden muß. Einer der Tischler im Frack, den sie den Stotterer nennen, gerät in der pompösen Hoteltoilette zusammen mit Rodschinka an einen Mann vom Staatssicherheitsdienst, der das Spiel der beiden durchschaut hat und sie zum unauffälligen Mitgehen auffordert. Der Stotterer nutzt die Gelegenheit und schlägt dem Sicherheitsmann dermaßen ins »Hollywoodgebiß«, daß der zwischen zwei »Pißbecken« fällt und liegen bleibt, und sagt dann:

»Das hat mir wohlgetan. Alles Pack von Helsinki... Jetzt geht alles seinen sozialistischen Gang...«

Der Stotterer weiß, daß er in den Knast kommen wird. Aber das will er auch. Denn er weiß ebenfalls, daß er nur über den Knast in den Westen kommen kann, wo seine einzige Verwandte, seine behinderte Schwester lebt, die ihn braucht und zu der man ihn dennoch nicht läßt.

Am nächsten Morgen, nach einer Nacht auf der Polizei, sind sie dann bis auf die Tischlerin und den Stotterer alle wieder im Betrieb, beginnt der *»Krach von der aufheulenden Hobelmaschine und der zischenden Bandsäge so totalitär, daß Menschen nichts zu sagen hatten, höchstens sich anzuschreien«*. Aber die Ruhe, die deshalb entsteht, ist keine echte, sondern eine schmerzvolle: Rodschinka sägt sich unter ihrer Herrschaft den linken kleinen Finger ab. Bani, der Meister, kommentiert das Geschehene knapp, aber treffend:

»Das hier ist schlimmer als Krieg. Leg' deinen Arm auf meine Schulter.«

Paul Gratzik hat einen Roman geschrieben, der denen höllisch im Kopf brennen muß, die tagtäglich behaupten, sie hätten zwischen Elbe und Oder ein Friedensreich errichtet. Aber das reichte noch nicht aus, ihn zu loben, zu feiern. Daß es ein höchst kunstvolles Wort-Feuer-Werk ist, das ist es, was das Preisen des *Kohlenkutte* so rechtfertigt.

Das Paradies als morbide Landschaft

Über Wolfgang Hilbig

Der Fall ist ein besonderer. Und dennoch typisch. Besonders typisch jedenfalls für die seit dem Machtantritt Erich Honeckers in der DDR zunehmend herrschenden kulturpolitischen Bedingungen, die der Germanist Manfred Jäger mit der Formel von der »pragmatischen Willkür« außerordentlich präzise charakterisiert hat. Was sich allerdings an konkreter Realität im Einzelfall dahinter verbirgt, hat in den letzten Jahren wohl kaum ein anderer DDR-Schriftsteller so erbarmungslos intensiv erfahren wie der heute in Ost-Berlin lebende Dichter Wolfgang Hilbig. Da ist zuerst der Umstand, daß es ihn bis zum November 1980 offiziell gar nicht gab: Erst im sechsten Heft der Zeitschrift *Sinn und Form* des Jahrgangs 1980 erfuhr die Öffentlichkeit im zweiten deutschen Staat (allerdings in begrenztem

Umfang, der sich aus der begrenzten Auflagenhöhe der Zeitschrift ergibt), daß ein Dichter dieses Namens *überhaupt* existiert. Acht Gedichte ließen sich finden; dazu auf der letzten Seite des Heftes die äußerst karge biographische Notiz: »Wolfgang Hilbig, geboren *1941*, arbeitet als Kesselwärter in Berlin.« Daß es von eben diesem Wolfgang Hilbig seit 1979 einen Gedichtband mit dem Titel *abwesenheit* gab, war der Öffentlichkeit der DDR als Sachinformation offensichtlich *nicht* zuzumuten, denn – und dies die Erklärung für eine derartige Enthaltsamkeit – der Band hatte sein Lebenslicht im westdeutschen S. Fischer Verlag erblickt und war in der Folge von der Literaturkritik mit großer Aufmerksamkeit und partiell ungehemmter Bewunderung aufgenommen worden. Der westdeutschen Aufmerksamkeit folgte stehenden Fußes die ostdeutsche: in Form von 2000,– DM Geldstrafe wegen »Devisenvergehens«. Ein entsprechendes Gesetz macht es der herrschenden Klasse der DDR möglich, aus nichtgenehmigten Veröffentlichungen im westlichen Ausland einen strafrechtlich relevanten Akt in der DDR zu machen: Die Preis-*Verleihung* als Preis-*Verlangung* – der repressiven Phantasie scheinen in der DDR kaum Grenzen gesetzt zu sein. Zumal Wolfgang Hilbig in diesem Falle noch »Glück« im Unglück hatte: 1978 war der Dichter für Wochen hinter den Mauern einer U-Haft-Anstalt des Ministeriums für Staatssicherheit verschwunden. Als sein in der Bundesrepublik lebender Freund, der Schriftsteller Siegmar Faust, davon erfuhr, machte er mit dem Journalisten Dr. Karl Corino im Hessischen Rundfunk eine Sendung über ihn, »und siehe: ein Wunder geschah. Hilbig wurde, was sonst nie vorkam, ohne Anklageerhebung aus der Untersuchungshaft entlassen und verzog kurze Zeit darauf, nachdem ihm sogar Haftentschädigung angeboten worden war, nach Ost-Berlin«. Siegmar Faust sorgte auch dafür, daß erstmals Gedichte von Wolfgang Hilbig gedruckt wurden, u. a. in der von Heinrich Böll, Günter Grass und Carola Stern herausgegebenen Zeitschrift *L 76*, die Faust mit einem Essay einleitete, in dem er Auskunft über Leben und Schicksal seines hart arbeitenden Dichter-Freundes – eines wirklichen Arbeiter-Dichters – gab, der aus Meuselwitz bei Altenburg stammt, in einer Bergarbeiterfamilie aufwuchs, Bohrwerksdreher lernte, seine Wehrpflicht absolvierte, als Werkzeugmacher, Heizer und Erdbauarbeiter schuftete, schließlich 1967/68 in einem Leipziger »Zirkel schreibender Arbeiter« auftauchte und Gedichte präsentierte, die offenbar werden ließen: Hier war ein außerordentlich begabtes, originäres lyrisches Talent im Lande, das über eine eigene Sprache verfügte, die sich von den Traditionen moderner Weltpoesie nährte und nicht von den kümmerlichen Reimereien der kümmerlichen Klassiker des »sozialistischen Realismus«. Logisch, daß der Mann im Zeitalter des Bitterfelder Verfolgungs-Weges mit solchen Talent-Proben sehr bald »suspekt« war.

Aber er paßte sich weder an, noch ein, sondern zog sich zurück, las allerhöchstens einmal im Freundeskreis, flüchtete in Alkohol-Exzesse und traumatische Arbeits-Bedingungen, die er später als »Sklavenstatus« apostrophieren wird – und so findet radikale »abwesenheit« statt. Bitternis, Verzweiflung und mondöde Einsamkeit prägen denn auch seine Verse, die dennoch und zu seinem Glück Schrei genug sind, daß er nicht untergeht in all dem Elend, und die vielleicht gerade deshalb in vielen Stücken zu großer, dauerhafter Dichtung emporwachsen: *»sommer winter jahrhunderte kommen vorüber / uns berühren sie nicht sehr uns verweilen / im rauch der rasenden wartesäle einmal / weinen ein paar mal lachen und lauschen / wenn vor dem fenster ein betrunkener / wie verrückt einen namen schreit.«*

Franz Fühmann hat dieser Dichtung eine mitreißende »imaginäre Rede« gewidmet, die im Oktober 1982 in der in München erscheinenden Zeitschrift *Merkur* erschien und in der es u. a. heißt: »Ich würde... einfach zu berichten beginnen, daß eine Stimme in mein Dasein getreten, von der überwältigt man sofort weiß, daß man sie nicht mehr vergessen kann. Ein Klang, den man vorher noch nicht vernommen; Rhythmen, Bilder, Verse, Strophen; Gefüge aus Worten, die uns bestürzen... Ein Arbeiter hat diese Zeilen geschrieben... Er ist hier nicht anwesend. Seine Abwesenheit quält; sein Anwesendsein wird Schwierigkeit bringen: Er ist ein Dichter. Er heißt Wolfgang Hilbig.«

Von diesem Dichter gibt es inzwischen auch einen Band mit Erzählungen. *Unterm Neomond* heißt er und wurde ebenfalls in der Collection S. Fischer herausgegeben. Zwölf Texte (geschrieben zwischen 1968 und 1980) unterschiedlicher Form und Länge vereint der Band; aber sein Titel signalisiert schon die durchgängige Atmosphäre, in der das zumeist monologisch erzählte Geschehen bedrükkend Gestalt annimmt: unterm Neu-Mond. Schlagen wir ein Lexikon auf, so erfahren wir, daß »kurz vor und nach Neumond das sog. aschgraue Mondlicht sichtbar (wird)«. Und wir begreifen: Hilbigs Titel-Wort, das am Ende der 1973 entstandenen Geschichte »Herbsthälfte« auftaucht, ist keine Metapher, die Diffus-Romantisches beschreibt, sondern ein exaktes Stich-Wort, das zwielichtige Realität meint, der es – wenn wir die Texte gelesen haben – dennoch nicht an Eindeutigkeit mangelt. Dabei sind diese Prosastücke in ihrer Sprachstruktur ganz und gar nicht unkompliziert: Schachtelsätze, nicht endenwollende Perioden, die ganze Seiten überströmen, scheinbar wildgewordene Interpunktionsriten, die eine Syntax hervorbringen, die Sinn-Zusammenhänge auflöst, verwirrt und auf die Semantik des einzelnen Wortes, der begrenzten Begriffs-Kombination zurückverweist, um – so glaube ich – an sprachlich-gedankliche Ur-Sprünge zurückzugelangen. Und so fehlen – der Hilbig'schen Sprach-Psycho-Logik folgend – auch nicht pathetisch klingende Formeln des Aus- oder An-Rufens, Gestammeltes, Stakkatohaftes – eingebettet in innere Monologe, die nicht selten im Gewande der exakten Beschreibung von Außen-Welt daherkommen. Hilbigs konsequent, d.h. radikal autobiographische Benennung morbider Seelen- und Real-Landschaften geht so fast immer über in sprachliches Trümmer-Gelände: Das fragmentarische Schildern entspricht dem geschilderten Fragment. Das Ich in diesen Wirklichkeits- und Sprach-Bruchstücken ist immer Hilbigs Ich – ein höchst authentisches also.

Aber diese im Kern thematische Einfalt ist natürlich keine einfältige Thematik: Hier spricht sich einer aus, der – wie im Kreis getrieben – nicht begreifen kann, warum gerade er ein immer wieder im Kreis Getriebener ist, der aber genau dadurch ein doppelt Getriebener wird: von den gesellschaftspolitischen Verhältnissen, ihren Exponenten und Exekutoren und von seinem Nach-Denken über diese Verhältnisse und sein darin Verwickelt- und Getrieben-Sein. Es ist somit ein teuflischer Kreis-Lauf, in den Hilbigs Prosa den Leser mit hineinzieht – ein Kreislauf aus kafkaesken Tag- und Alpträumen, die jedoch leider nicht nur erdacht oder erahnt, sondern alltäglich erlebt sind. Dennoch schwanken Hilbigs Geschichten ständig zwischen Er-Leben und Er-Ahnen. Der letzte Satz des kurzen Textes *Bungalows* weist darauf hin: *»Vielleicht sind diese Ge-*

schichten wahr und es gibt sie und sie kommen, ich weiß nicht.« Freilich hebt die Scheinrelativierung das zuvor Geschilderte nicht auf, eher begreift man das Gegenteil: Die Ahnung basiert auf der Gewißheit, das zurückliegende Erlebnis steht immer wieder bevor, weil die Verhältnisse die Wiederholung wiederholbar machen – in teuflischer Permanenz.

In *Bungalows* schildert der Ich-Erzähler eine herbstlich-verlassene Gegend an einem See, an dessen Ufern Bungalows stehen: *»...so nennt man diese elenden Hütten, errichtet aus den Brettern gerahmter Preßpappe...«*. Aber die von Satz zu Satz wachsende *»Verödung dieses Ortes«* treibt den Einsamen in Einsamkeits-Phantasien, die sich – mit mörderischen Geschichtsassoziationen angereichert – zu Angst- und Verfolgungs-Phantasien steigern: Der Ich-Erzähler *»erinnert«* sich an Bilder aus Afrika, auf denen Weiße in ihren Bungalows von *»Scharen schwarzer Gestalten«* angegriffen werden. Aber dieser Vergleich scheint nicht zu treffen, und so blickt er noch einmal realistisch auf die kleine, herbstliche Welt, in der er sich *»nach Einbruch der Dunkelheit in dünnen Badesandalen aus Gummi«* bewegt. Doch nicht lange und die Realität verändert sich erneut unter seinem Blick. Er weiß: *»Die Gegend hier ist unwegsam«*, auch abgeschnitten: Man kann sie nur mit einem Schiff erreichen, denn sie liegt *»am Ende des Sees, und die Stadt ist weit«*. Plötzlich der Gedanke: *»Irgendwo auf einer Insel im See hat man Spuren einer unendlich weit zurückliegenden Zeit entdeckt... Die Hunnen, wüste Kriegerhorden aus fernen Teilen Asiens, sollen auf ihren verheerenden Feldzügen bis in diese Gegend gedrungen sein, mordend und plündernd...«*. Unter dem Eindruck dieser geschichtlichen Assoziation verändert sich nun unaufhaltsam alles: Der Wald nahe den Bungalows geht über in urwaldähnliches Gelände, in Morast und Sumpf und – die Ausweglosigkeit wird total –: *»Es gibt keinen Weg durch diesen Wald, es gab noch nie einen, wozu auch, denn hinter diesem Wald kommt für Ewigkeiten wieder Wald, Sumpf, Wasser, ebenso weglose, unbekannte Strecken weiter.«* Aus der nächtlichen Real-Landschaft wird eine zeitlose Traum-Landschaft, die sich zum Alptraum steigert, in dem geräuschlos die mörderischen Gestalten vergangener Zeiten auftauchen und auf den, der das sieht, zukommen: *»unbemerkt und lautlos... von allen Seiten.«*

Man könnte Hilbigs Erzählungen als Traum-Protokolle abtun, als rausch-gezeugte Texte. Aber selbst wenn das partiell dem Schöpfungs-Zustand nahekommt: Sie bleiben dennoch im Kern reale Gleichnisse einer zynisch-nüchternen Realität, die ein von dieser Realität Erschöpfter zu Papier gebracht hat. Daß dies so ist, dafür sprechen drei weitere Texte, die von Form und dramaturgischem Aufbau her ganz anders geartet sind: analytisch der eine und vom Format französischer Essays; überschaubar und stringent erzählt der zweite; gesellschaftskonkret und – eine singuläre Erscheinung – dialogisch gestaltet der dritte. Ihre Titel in der Reihenfolge: *Die Arbeiter. Ein Essai*, *Er*, *Der Heizer* – die umfangreichste Erzählung des Bandes.

Mit dem Versuch *Die Arbeiter*, der 1975 entstand, ist Hilbig nach meiner Auffassung einer der bedeutendsten deutschen Essays der Gegenwart gelungen: Nicht abstrakt-soziologisches Gefasel, kein ideologisch programmierter »Jargon der Eigentlichkeit« kennzeichnet ihn, sondern eine subjektive Erlebnis-Sprache, die sich nicht scheut, das Erlebte, das ein Erlittenes ist, ins Schlag-Licht eines Gleichnisses zu rücken und das losgelöste Gleichnis ins konkrete Erlebnis zurückzuführen. So gerät der Gegenstand dieses Essays in die Zange zweier Blick-Winkel und wird schärfer gepackt als mit jeder anderen Methode. Gegenstand ist der »Arbeiter« als Klasse. Aber – und dies das Bemerkenswerte – nicht so sehr als unterdrückte Klasse, sondern als *kollaborierende* (in der DDR). Diese ganz spezielle (deutsche) Arbeiter-Klasse, deren *Verhalten* (im ambivalenten Sinne des Wortes) Hilbig seziert, paktiert mit den *»Ingenieuren«*, die im Auftrag der *»Betriebsleitung« (»dieses sich nach oben verjüngende Büro, das das bedeutendste ist«)* agieren und funktionieren. Der Pakt der Un-Gleichen richtet sich gegen die »Heizer«, die im Keller, im Untergrund, das Feuer am Brennen halten, Dampf machen – mit veralteten Anlagen, schmutzig, ausgepowert und schweigend, denn die »Heizer« machen manchmal ohne zu fragen Pause, oder die verrotteten Anlagen streiken – und dann sinken die Temperaturen, es wird kalt, der Arbeitskreislauf stockt, und die »Arbeiter« beschweren sich bei den *»Ingenieuren«* über die »Heizer«, obwohl ihnen, wie der Essayist andeutet, die »Ingenieure« doch eigentlich ferner stehen müßten. Aber im Gegen-Satz zu den *nur »schweigenden Heizern«*, die in Wirklichkeit

»Gedankenarbeit« leisten, sind die »Arbeiter« schlicht *»sprachlos«*. Sie haben den Kampf gegen die *»Sprache der Ingenieure«* verloren und werden für diese ihre *»Sprachlosigkeit«* bezahlt: *»Geld ein Ersatz für Sprache…, für jedes blanke Wort eine trübe, abgegriffene Münze.«* Hilbigs Klassen-Analyse (der DDR) kulminiert in der Frage ohne Fragezeichen: *»Sind die Arbeiter wirklich diese eingeebneten, tonalen Monstren. –«* Ein vernichtender Satz.

Aber Hilbig ist kein Kathedergelehrter, der bloß *über* etwas schwadroniert. Hilbig denkt in diesem brillanten Essay nach über den Kampf der Klassen, den er jahrzehntelang am eigenen Leibe erfahren und der ihn deshalb zutiefst geprägt hat. Daß der »Arbeiter« dabei nicht gerade großartig davonkommt, die historisch angeblich »progressive« Klasse sich als zutiefst korrumpiert, erledigt und feige erweist – das ist die eigentliche Erkenntnis, die allerdings nicht triumphierend verkündet wird, sondern in Trauer. Aber wahrscheinlich deshalb endet dieser Versuch auch nicht am skizzierten »Ende«, sondern verweist auf den (wiederholbaren) Anfang des Ausweges aus der Misere: *»…wenn unsere Hirne sich nur darauf verstünden, dieses Ganze, das so stark als Tatsache vor uns erscheint, in einen Standpunkt des Erfolges für uns, die Arbeiter, umzumünzen, was uns als Befreite und endlich aufgerichtet inmitten aller Arbeit stehen ließe.«*

Hilbigs Kritik des »Arbeiters« ist jedoch immer auch eine Kritik der Arbeits-Bedingungen, des Produktionsmilieus, das den Arbeiter von sich entfremdet, ihn zur Maschine degradiert. Auch oder gerade in der DDR. Aber wie ihn finden, den Aus-Weg? Wie soll er gelingen, der Auf- und Aus-Bruch, wenn die sicherheitspolitischen Strukturen der Gesellschaft so sind, wie Hilbig sie in der beklemmend prägnant erzählten Geschichte *Er* schildert? Es ist die Geschichte einer nur scheinbar absurden Treibjagd, in die einer gerät, ohne zu wissen warum. Und so endet, was als simpler Spaziergang begann, schier unausweichlich mit einer Festnahme und Entführung hinter *»große eiserne Tore… vielleicht für lange«*. Natürlich kommt einem, hat man diese Geschichte gelesen, Kafkas »Prozeß« in den Sinn. Aber zur epigonalen Fingerübung verkommt Hilbigs Text durchaus nicht. Im Gegenteil: *Meisterschaft* schimmert auf, die den *Lehr*meister nicht verleugnet. Kafkas Parabeln waren Vorwegnahmen; Hilbig *beweist* Zustände, die real existieren, durch ein absurd erscheinendes Vergleichspartikel. Dies *nach* Kafka zu können, verweist auf Talent.

Daß man an diesem Talent auf die Dauer auch in der DDR nicht vorbeikommt – und die Erzählungen im II. und III. Kapitel steigern sich noch in Qualität und Spannung: so die Gefängnis-Geschichte »Johannis« und zum Schluß »Der Heizer«, in der die Symbol-Gestalt aus dem Essay zur konkreten Revolte kommt –, dafür gibt es seit kurzem einen neuen Beleg: Im Mitteldeutschen Verlag Halle-Leipzig erschien Ende 1982 die von Manfred Jendryschik herausgegebene Kurzprosa-Anthologie *Alfons auf dem Dach*. Sie stellt auch eine Geschichte Hilbigs vor. Ihr Titel: *Die Beschreibung*. Und auch diese Arbeit ist, ebenso wie die hier angezeigten, kompromißlos in Form und Inhalt und enthält in nuce die Überlebens-Philosophie ihres Schöpfers: *»Ich suchte mich zu erinnern, ob mich jemand gewarnt hatte, ganz sicher hatte mich jemand gewarnt, aber wer war es, und was hatte die Warnung gemeint; niemals, glaubte ich zu wissen, konnte ich begreiflich machen, daß Warnungen an mich keinen Sinn hatten, da ich sie nicht verstehen konnte.«* Die Überlebens-Philosophie des Dichters Wolfgang Hilbig ist eine klassische: die Philosophie der Unverfügbarkeit. Vielleicht nicht um jeden Preis. Das weiß man vorher nie. Aber um den Preis der bisher geforderten ganz bestimmt. *»Hilbig«*, schrieb Dieter Bub im »stern« 27/82, »besitzt weder ein Auto noch eine Stereoanlage. Einziger Luxus ist ein kleiner Schwarzweiß-Fernseher, den er oft bis zum Sendeschluß nutzt... Der unerwartete Erfolg erschreckt ihn eher, als daß er sich darüber freuen könnte. Immerhin: Als Vierzigjähriger verdient er sein Geld zum erstenmal nicht als Heizer, sondern als Schriftsteller. Ein paar hundert Mark im Monat. Mehr braucht er nicht zum Leben.« Geld, Besitz, Karriere sind *ihm* kein »Ersatz für Sprache« wie den Arbeitern, über die er nicht hochmütig herzieht, deren »Sklavenstatus« er jedoch schonungslos zur Sprache bringt und *das*, was solchem Sprechen *dort* blüht und blühen kann, wo es gewagt wird: in der DDR – dem »ersten Arbeiter-und-Bauern-Staat auf deutschem Boden«.

Poetische Für-Sprache
Über Heinz Czechowski

Kein Geringerer als Günter Kunert war es, der in letzter Zeit wiederholt auf den in Leipzig lebenden Schriftsteller Heinz Czechowski aufmerksam machte und ihn dabei als einen »der hierzulande zu Unrecht unbekannten Lyriker der DDR« bezeichnete. Kunerts deutlicher Fingerzeig – der vordergründig als bloße Freundschaftsgeste mißverstanden werden könnte – ist nicht zuletzt auch aus diesem Grunde vom Rezensenten als Impuls aufgegriffen worden, sich mit dem bis zur Stunde vorliegenden lyrischen Werk des Heinz Czechowski erneut und näher zu beschäftigen. Zumal: Die Gelegenheit war günstig, denn 1982 erschien im Leipziger Reclam-Verlag nun auch von diesem Poeten einer jener sympathischen Lyrik-Auswahl-Bände, die es zuvor – aus höchst unterschiedlichen Anlässen – auch schon von Volker Braun, Sarah Kirsch, Günter Kunert, Reiner Kunze und weniger wichtigen Autoren gegeben hatte. Czechowski gab seinem Band den lakonischen Titel: *Ich, beispielsweise*. Aber während des Lesens der darin versammelten Gedichte wird schnell klar: Dieser Titel ist nichts anderes als die rigorose Formulierung eines Programms, das nicht Ausdruck von Privatmythen oder gar hermetischer Egozentrik ist, sondern ganz im Gegenteil: konsequente Hin-Wendung zum sprachlosen Nächsten meint, poetische Für-Sprache also. Das 139 Seiten starke Bändchen enthält 107 Gedichte, entnommen den vier bisher erschienenen Lyrikbänden Czechowskis, deren Titel – in chronologischer Folge notiert – lauten: *Nachmittag eines Liebespaares; Wasserfahrt, Schafe und Sterne; Was mich betrifft*. Alle diese Bände erschienen im Mitteldeutschen Verlag Halle-Leipzig – der zuletzt erwähnte im Jahre 1981. Sein Titel korrespondiert auffällig mit dem der Auswahl, die hier vorgestellt werden soll: einer – wie schon bemerkt – radikalisierten Variante, die jedoch einer Entwicklung entspricht, die in den Büchern Czechowskis von Mal zu Mal deutlicher zum Tragen kommt. Aber bevor wir uns das vom Autor für gültig befundene vorläufige Ergebnis seiner knapp zehnjährigen Arbeit am Gedicht näher ansehen, soll auf ihn selber eingegangen werden: auf die biographischen Stationen Czechowskis, die – wie noch bei jedem ernstzunehmenden Dichter – das elementare Moment der poetischen Existenz darstellen.

Geboren am 7. Februar 1935 in Dresden als Sohn einer Beamtenfamilie, erlebt er fast auf den Tag genau ein Jahrzehnt später den apokalyptischen Untergang seiner Heimatstadt im barbarischen Bombenhagel anglo-amerikanischer Flugverbände. Es erscheint nur natürlich im unausweichlichen Sinne des Wortes, wenn festzustellen ist: Dieses furchtbare Geschehen bildet die Grund-Erfahrung des Menschen und Dichters Heinz Czechowski und damit ein unabstreifbares Thema und Trauma seines Schreibens. Gedichte über das brennende Dresden, über verbrannte Menschen ziehen sich wie ein flammendroter Faden durch alle seine Lyrik-Bände und damit auch durch die Reclam-Auswahl. In einem Gespräch, das im Anhang des Bandes abgedruckt ist, sagt Czechowski in diesem Zusammenhang: *»Das Eindringen von Bombenflugzeugen in einen Kindheitstraum... das... war natürlich... eine Welterfahrung... eine tragische, eine vom Tod betroffene... Ein Schock, niemandem von den Jüngeren zu wünschen, aber teuer genug bezahlt, so daß man davon reden kann: das Miterleben jener Katastrophe, jener Zäsur, die weltgeschichtlich war. Ich habe nicht Geschichte gemacht, Geschichte hat mich gemacht. Das ist eine Grunderfahrung, auf die ich leider nicht verzichten kann...«*

Nach dem Kriege erlernte Czechowski den Beruf eines graphischen Zeichners und Reklamemalers und war danach als technischer Zeichner tätig. Von 1958 bis 1961 studierte er am Literaturinstitut »Johannes R. Becher« in Leipzig und war anschließend – bis 1965 – als Verlagslektor tätig. Später lebte er als freischaffender Schriftsteller und wurde 1971 literarischer Mitarbeiter der Bühnen der Stadt Magdeburg – eine Tätigkeit, die er 1973 wieder beendete. Heinz Czechowski lebte lange Zeit in Halle; inzwischen wohnt er in Leipzig. Neben den schon erwähnten vier Lyrikbänden, die 1962, 1968, 1974 und 1981 erschienen, gab er mehrere Lyrik-Anthologien heraus. 1968 besorgte er eine Auswahl aus dem Werk des Lyrikers Erich Arendt, 1970 eine Hölderlin-Anthologie. Es gibt zahlreiche essayistische und literaturkritische Arbeiten, die überwiegend in der renommierten Zeitschrift »Sinn und Form« erschienen. Eine Auswahl versammelte er in dem Band *Spruch und Widerspruch*, der 1974 die Öffentlichkeit erreichte.

Czechowski ist seit Beginn seiner schriftstellerischen Laufbahn in der DDR ein wohlregistrierter Mann, ob dabei allerdings immer ein wohlgelittener – wenngleich es an lobenden Interpretations- und Katalogisierungsversuchen nie gefehlt hat –, kann getrost bezweifelt werden, dazu hat er sich denn doch zu gravierend und immer wieder eingemischt in die kulturpolitischen Auseinandersetzungen der zurückliegenden Jahre. Zwar nicht als spektakulärer Dissident – aber mit seinen Gedichten tauchte er noch in jeder inkriminierten Lyrik-Anthologie auf, hieß sie nun gar mit dem Schlußvers eines seiner Gedichte *In diesem besseren Land* oder ging es schlicht um eine *Saison für Lyrik*, zu der er u. a. das Gedicht *Der Morgen* beisteuerte, in dem die Verse stehen:

»Wer möcht' so leben auf die Dauer,
Angst im Nacken?
Noch mit der Zeitung kommt
Der Schrecken in die kleinste Kammer.
Die Liegenden sind aufgestört.
Durch hohe Fenster, über Ebnen weht
Verbranntes Haar.«

Es ist bekannt, in welch grotesk-brutales propagandistisches Trommelfeuer diese Anthologie, ihr Herausgeber und die wichtigsten Autoren gerieten. Einer von ihnen war Heinz Czechowski, und er mußte sich von dem viertklassigen Parteidichter (und Blut-und-Wut-Reimer) Uwe Berger indirekt sagen lassen, daß sein »Klassenstandpunkt« nicht klar sei, was durchaus einer handfesten Denunziation gleichkam. Czechowski hat sich letztlich aber davon nicht beeindrucken lassen. Seinem Gedicht von damals hat er, wenn wir so wollen, die Treue gehalten: Wir finden es in dem Buch, um das es hier geht. Es gehört offensichtlich zu den Gedichten, die er nach wie vor für gelungen hält. Was aber charakterisiert für ihn ein solches, ein »gelungenes« Gedicht? Czechowskis diesbezügliche poetologische Konsequenz liest sich so:

»Aus dem gelungenen Gedicht aber spricht die konkrete Wirklichkeit, die sich nicht in einen Kanon pressen läßt.«

Denn es geht ihm, wie er betont, um den *»Gehalt an Wahrheit«* im Gedicht, der für ihn vom Grad *»der aufgenommenen Wirklichkeit«* abhängt, *»die letzten Endes«*, so Czechowski weiter: *»... nichts anderes sein kann als eine möglichst genaue Brechung der Widersprüche unserer Epoche ... und dies jenseits von Sprachklischees und gängigen Regelungen ...«*

Czechowski, der schon 1966 federführend an der berühmten Lyrik-Debatte der FDJ-Hochschul-Zeitschrift *Forum* beteiligt war, die dann mit drakonischen Maßnahmen abgewürgt wurde, äußerte jene eben zitierten Gedanken in einem Beitrag unter der Überschrift »Es geht um die Realität des Gedichts!«, mit dem er in die 1972 erneut aufgebrochene Auseinandersetzung zwischen Lyrikern und Parteipoeten und –Germanisten eingriff und eindeutig Stellung bezog: auf seiten der kritischen Dichtergeneration um Adolf Endler, die am pseudoliberalen Beginn der Honecker-Ära die überraschende Gelegenheit nutzte und – nach jahrelanger Zwangspause – wieder einmal in die geistige Offensive ging. Aber unabhängig vom zurückliegenden Anlaß sind Czechowskis Sätze eben doch viel mehr als nur Formulierungen einer zeitbezogenen Polemik: Sie sind, wie mir scheinen will, grundlegende poetologische Äußerungen, die für Czechowski nach wie vor Gültigkeit haben; Maßstäbe schließlich, an denen er sein eigenes Werk gemessen sehen will und die sich auf Inhalt und Form des Gedichts gleichermaßen beziehen. Wird Czechowski ihnen gerecht? – Dies soll an Beispielen belegt werden, die aufzeigen, wie ein Dichter in zunehmendem Maße das Ausrufezeichen aus dem Auge verliert, sich dem Fragezeichen aussetzt und sich so der »konkreten Wirklichkeit« zwischen Elbe und Oder nähert und damit seiner ureigenen, indem er mit böse ironischem Lakonismus konstatiert:

»ICH BIN PAUSENLOS AUF ACHSE GEWESEN,
Habe die Dörfer gesehn in der Lausitz
Und auch Großsteinberg bei Leipzig, wo mir ein cleverer Mann
Seinen Landsitz zeigte und auch den Steinbruch,
In den senkrecht die Felsen
Ins Wasser stürzen – und nicht nur die!
Ja, du mein gutes sauberes Ländchen: hinter den Wäldern
Stehn die Fabriken, Rauchsäulen
Stützen den Himmel und Flüsse durchziehn dich,
Von Ölen und Abfällen schwarz. Endlich
Ist mein Verhältnis zu dir
So, wie es sein soll: ganz unsentimental…
…Immer wieder
Wenden sich meine Gedanken, unbeständig

Wie dieser Sommer, treiben sie mich
Hinaus auf die Straßen, Freunde
Suche ich auf, spreche mit ihnen
In unvollständigen Sätzen
Über den Zwiespalt, der dieses Land
Innerhalb seiner Grenzen geteilt. In welcher Währung
Werd ich bezahlt? Welche Liebe
Wird mich erreichen? All meine Briefe
Schreibe ich schließlich und endlich
An mich.«

Wer sich allerdings herausnimmt, so schonungslos realistisch Wirklichkeit ins Gedicht hereinzunehmen, wer – in einem anderen Gedicht des Bandes – feststellt:

»Nichts ist eingelöst
Von allen Versprechen: ...
Allzu sicher der Zukunft
Glaubten wir unsern
Propheten ...
Aber kein Gott,
Kein Kaiser und kein Tribun
Führt uns aus dieser Gegenwart,
Die unser Kreuz ist.«

und wer das auch noch *Credo* nennt, also Glaubens-Bekenntnis – der macht sich verdächtig, setzt sich Fragen ganz anderer Art aus, auf die er eine Antwort zu geben gezwungen wird. Doch auf denunziatorische Fragen gibt der Dichter nur noch eine:

»Unwirsche Auskunft

Irgend etwas
Muß ich falsch gemacht haben, denn schon
Zeihen mich unverbesserliche Pessimisten
des Pessimismus. Freilich,
Mein Wohlstand ist unermeßlich: Ich nenne
Eineinhalb Zimmer mein eigen, auch
Fahr ich ein Auto älterer Bauart und schlafe
im Wechsel mit mehreren Frauen.
Erträglich scheint mir der Zustand
Meiner Gesundheit: Ich lebe

Mit meinen Krankheiten
In einem erträglichen Ein-
Vernehmen. Was also wollt ihr von mir?...«

Mit diesem Gedicht endet der Band. Welch eine Entwicklung Czechowski zurückgelegt hat bis zu diesen raffiniert-dialektischen, ätzend-ironischen Versen, die ihren wirksamen Lehrmeister Brecht weder verleugnen wollen noch können, darauf verweist das Gedicht *Frühe*, das die Auswahl miteröffnet und auf einen ganz anderen Traditionsbezug deutet, auf den Czechowski – ungeachtet aller übrigen Verwandtschaften – außerordentlichen Wert legt: auf Peter Huchel. Diesen Dichter und sein Werk sieht er im Zentrum seiner poetologischen Bezugsfiguren. *»Huchels Gedichte«*, sagt Czechowski, *»ließen mich eine Wahlverwandtschaft spüren, weil ich durch sie die Landschaft meiner Kindheit... sehen und fassen lernte...«* Damals, 1962, klingt das bei ihm so:

Der Fluß im Rauch der Frühe.
Der graue Nebel verweht.
Am blassen Himmel die grüne
Sichel des Mondes. Der Tag aufersteht
Im Rollen sehr ferner Züge.
Damit wir es nicht vergessen,
Woher wir gekommen sind,
Duldet der Tag keine Lüge:
Zwischen verbrannten Steinen
Blüht gelb der Ginster im Wind.«

Auf den ersten Blick könnte man meinen, daß dieses frühe Gedicht Czechowskis – ganz im Unterschied zu den jüngsten – noch eine naivstarke Optimismustendenz durchzieht. Aber bei näherem Hinsehen entpuppt sich dieses Gedicht als ein einfaches, an Naturbildern herausgearbeitetes Gleichnis für die dauerhafte Nähe von Leben und Tod, von Bedrohung und Befreiung – »der Tag«, der »keine Lüge« duldet, bringt gleichermaßen beides ans Licht: das Symbol der Vernichtung und das Symbol des Lebens. Ihre Nähe zueinander ist hautnah und deshalb unübersehbar. Dahinter verbirgt sich ein zentrales Motiv des Dichters und gibt sich zugleich als ein ursprüngliches zu erkennen: Schreiben *»gegen die Vergeblichkeit«* – im Wissen darum, daß *»täglich ein neues / Damoklesschwert über unsere Köpfe / Gehängt wird«*, wie es in dem Gedicht *Sic transit gloria mundi* heißt. Vor diesem inneren Spannungsfeld müssen die meisten Gedichte des Bandes gesehen und gelesen werden. Sie signalisieren die ständige Zerreißprobe, in der Czechowski steht und die er glaubwürdig zu vermitteln weiß.

Wenn Czechowskis Gedichte charakterisiert werden sollen, dann fallen zwei Momente auf, die einander eigentlich auszuschließen scheinen: funkelnde Skepsis in dialektisch-rhetorischer Manier und an das Naturbild gebundene, subtile Reflexion, was ein weiteres Mal beweist, daß die »Aufhebung des Naturgedichts in der Lyrik der Gegenwart« tatsächlich nur im westdeutschen Bereich der deutschen Gegenwartsliteratur stattgefunden hat. Gewiß, auch bei Czechowski (und anderen DDR-Lyrikern) trifft man nicht mehr auf das gänzlich ungetrübte Idyll: Ökologische Kritik gerät auch bei ihnen zunehmend in den Vers – angesichts einer Wirklichkeit, die Umweltschutz nur auf dem Papier kennt. Aber dennoch bleibt das Motiv Natur, das Natur-Bild, im Rahmen einer anderen Kritik als verschwiegen-redendes Gleichnis höchst attraktiv und deshalb erhalten: »Natur« nicht als anklagendes Opfer, sondern als entlarvende List, wenn es um politische Strukturen und Bedingungen geht, die prinzipiell tabu sind. Czechowskis Gedichte zu lesen, lohnt: Sie sind in ihrer Mehrzahl geistvoll und radikal, also geschickt und ehrlich – ein dauerhafter Kommentar zu einer vergänglichen Wirklichkeit, die auch DDR heißt. Aber nicht nur.

Ausweg Galgen-Humor

Über Lutz Rathenow

Hermann Kant, der Präsident des staatlich ausgehaltenen Schriftstellerverbandes der DDR, ist bekannt für seine Fähigkeit, nicht ohne eine gewisse Brillanz die Unwahrheit zu sagen, wenn es um die reale Lage der Literatur in der DDR geht. Denn Zweck seiner diesbezüglichen rhetorischen Übungen ist noch jedesmal nicht die kritische Ent-Deckung der kulturpolitischen Mechanismen seines Staates und wie der Schriftsteller darin zu stehen oder zu liegen kommt, sondern eine geschickte Retusche dieses Teils des DDR-Herrschaftsapparates, an dem Kant wie kaum ein zweiter Autor partizipiert. Folgerichtig konnte man deshalb auch auf dem IX. Kongreß des Schriftstellerverbandes der DDR, der vor einiger Zeit stattfand, Sätze aus dem Munde Kants hören, die höchst akzeptabel klangen und dennoch schlicht gelogen waren: »Es geht nicht um eine angenehme Beleuchtung der Verhältnisse, sondern um deren Beleuchtung«, schmetterte der Präsident mit Verve in den festlich drapierten Saal. Wer den Kongreß allerdings genau verfolgte, später die sogenannten Diskussionsbeiträge las, mußte feststellen, daß hier nur erneut die Uraltriege der gutbezahlten »Beleuchter« am Werk war: die Wirklichkeit des schönen Scheins triumphierte. Von wirklich ausgeleuchteten Verhältnissen dagegen keine Spur. Was andererseits zu erwarten gewesen war, denn für all jene Literaten der DDR, die Kants rhetorische Forderung ohnehin und ohne besondere Aufforderung ernst nehmen, für sie hatte man in dieser Inszenierung keine, nicht einmal eine besondere Verwendung. Einer von ihnen, der 1952 in Ostberlin geborene Lutz Rathenow, legte Ende 1982 sein zweites Buch vor – und auch dieses hierzulande. Denn Rathenow gehört jener Gruppe von DDR-Autoren an, die zwar noch nicht Heimat-, wohl aber schon Öffentlichkeits-Vertriebene sind, und neuerdings aufgetauchte, spärliche Kompromisse ändern im Kern nichts daran. Sein erstes Buch – *Mit dem Schlimmsten wurde schon gerechnet* – erschien 1980 im Ullstein Verlag. Es enthielt Prosa, die die Kritik beeindruckte, hinterließ also Spuren, weckte Aufmerksamkeit für nächste Arbeiten. Mit dem Band *Zangengeburt* stellt sich nun der Lyriker Rathenow vor, der dem interessierten Zeitgenossen allerdings schon des öfteren in dieser und jener westdeutschen Zeitschrift und Anthologie begegnet ist. Ein Teil des Bandes bietet also Wieder-Begegnungen, was der Sache selbstverständlich keinen Abbruch tut, sondern vielmehr die Chance erhöht, zu erfahren, was vom verstreut Publizierten haftengeblieben ist.

Ein wenig erschwert Rathenow diese ambivalente Re-Konstruktion jedoch, weil er, wie es in einem Nachsatz heißt: »Einige bereits in Anthologien veröffentlichte Texte… in veränderter Form aufgenommen…« hat. Mir will scheinen, daß diese Notiz nicht nur auf den Prozeßcharakter seines Schreibens hindeutet, sondern auch ein Stück Unsicherheit, Unentschiedenheit im Formalen kommentiert, das dem Leser dieser Gedichte nicht verborgen bleibt. Dennoch bleiben genügend Texte, die ihren Inhalt formal adäquat transponieren, die den vorgefundenen Stoff aufheben im doppelten Sinne des Wortes und so »dem Augenblick Dauer verleihen«, der selektiven Sachinformation die Chance geben, umfassendes künstlerisches Gleichnis zu werden. Rathenow erreicht dies, indem er – wie so viele schreibende Generationsgenossen in der DDR – kompromißlos auf dem Boden der Tat-Sachen bleibt, die ihn umgeben und einen Namen haben, der zum Glück über das Kürzel »DDR« hinausreicht, also auf die unbegrenzte Souveränität des Autors inmitten begrenzter Verhältnisse verweist. So dominiert zwar auch in diesen Gedichten die konkrete politische Provinz, in der sich ihr Verfasser vorfindet, und reduziert sie dennoch nicht darauf: *»Gegen mein Stemmen / ins Leben gezerrt«* (»Zangengeburt«) – das zielt eben über den unmittelbaren Ort hinaus, meint den Ort des Lebens schlechthin: also die Welt. Aber nicht nur in diesem existentialistischen Sinne sind Rathenows Gedichte »welthaltig«. Das lyrische Ich erfährt sich losgelöst immer wieder im Konkreten und somit als Gebunden-, als Bedroht-Sein. In dem Gedicht *Buckow am See* heißt es: *»Hier kann man sitzen / die Wolken betrachten. Zwei Stunden / oder drei, ohne Angst / auf der mit Raketen bepflanzten Erde.«* In Rathenows Versen kommt, Stück für Stück, das getrübte Idyll zu Wort und nicht die idyllische Betrübnis, die einen Teil der deutschen Gegenwartslyrik so unglaublich belanglos sein läßt. Auch das bei Ideologen aller Couleur beliebte »Idyll« »ewiger Wahrheiten« gerät ins Visier dieser Gedichte: *»... Wer nimmt sich das Recht / zu erklären: Unser Platz im All stehe fest! / Das hält kein Planet aus... / ...jahrhundertein jahrhundertaus / dieselbe Sonne vor Augen. Das langt mal – dann / brechen wir aus und brechen wir auf: Suchen / uns neue Bahnen.«* Doch damit ist dieses – *Verkündigung* überschriebene – Rathenow'sche »Lob des Zweifels« nicht zu Ende. So historisch-optimistisch läßt es sich nach Brecht eben doch nicht mehr an der grundsätzlichen Aussichts-Losigkeit vorbeizweifeln. Der Suche nach »neuen Bahnen« folgt im Gedicht nämlich nichts Traumatischeres als die Flucht *»in die Fesseln anderer / Sonnen«*. Herrscht also auch hier die totale Skepsis, das Gefühl, den Boden unwiderruflich unter den Füßen zu verlieren? Ja und nein. Denn wer den potentiell möglichen Unter-Gang der Welt noch ironisch zu »fassen« vermag (*»... Zum Glück ist der Abgrund / grundlos – so fallen wir lange«; Weiter leben*), der hat sich und damit auch sie noch nicht aufgegeben. Wer die überzeugenden Verse findet: *»Schön ist das Gehen / ... Oben ein Himmel / Zum Aufsehn: Ungefesselte Wolken / Sternreiche Perspektiven. Und vor dir / Die Stadt, unvergittert: Auf sie zu / Laufen, rennen – bis einem die Luft / Ausgeht. Atmen ist schön«*, der hat noch nicht kapituliert. Der setzt Bewußt-Sein gegen Real-Sein, um es – natürlich – zu überwinden: wenigstens im Wort. Das dann mehr ist als nur Dahin-Gesagtes. Das vielmehr Aus-Druck jener Gegen-Haltung ist, die Camus im »Mythos von Sisyphos« so begreifbar rekonstruierte. Vor diesem Hinter-Grund gibt es auch bei Rathenow den »glücklichen Menschen«, der sich als Wesen zwischen den Träumen erkennt, die *»Gewächse / aus Schmutz und Licht«* (*Tonlos*) hervortreiben; der »durch die Träume« hindurch nach weiteren Träumen sucht und sie plötzlich und fernab von den modischen Zentren der Zeit in einem Kloster im Rila-Gebirge findet: *»Hier / Könnt es sein: am Anfang / Der Quell – / wir trinken / Und was das ist: die Sonne / Schmecken, was das heißt: Leben / Mit mehr als der Hoffnung / Auf kommende Zeiten – / das / Ist hier zu erfahren«n.*

Rathenows beste Gedichte haben Poesie und ironischen Biß zugleich. Sie lassen gesellschaftliche Totalität ins Sprach-Bild und geben dennoch Überlebens-Refugien Raum (*Die Zunge zieht sich nicht zurück*), um die Herrschaft der totalitären Sprache aufzubrechen. Sie sind ver-rückt im Sinne des Grotesken und treffen in der Ver-Zeichnung die reale Kontur des in den Blick-Winkel geratenen Objekts. Sie konstatieren und kommentieren den politischen Ort ihres Entstehens unretuschiert: *»Die Mauer wächst längst ins Fleisch.«* (*Ruth sagt aus*); charakterisieren die Verantwortlichen dafür geradezu ätzend exakt: *»... Orden bis an die Knie geschichtet, er watet darin ... / ... Er hört / seine Rede und versucht sich zu umarmen.«* (*Narziß*) – und resignieren dennoch zu keiner Zeit: *»... Nur Mut!, künftige Prügel / locken ... / Gitter, die dich befrein ... / ... Gefesselt an deine Zukunft / lebst du. Hier«*. Daß dem Adverb kein Punkt folgt, ist deshalb Programm und nicht Zufall. Der Galgen-Humor als Ausweg. »Unsere Literatur ... ist Nachricht vom

Stand der Dinge hier und anderswo«, sagte Hermann Kant auf jenem zu Anfang erwähnten Kongreß. Recht hat er, der Herr Rhetor, falls er damit auch die Gedichte Lutz Rathenows meinte. Aber das können wir getrost bezweifeln.

Tages-Ordnung Tod

Über Uwe Saeger

Der 1948 im vorpommerschen Ueckermünde geborene DDR-Autor Uwe Saeger ist ein ausgesprochen fleißiger Schriftsteller: Seit 1976 – dem Jahr, in dem sein erster Erzählungsband veröffentlicht wurde – erschienen, neben mehreren Theaterstücken, vier weitere Bücher von ihm: der Roman *Nöhr*, die Erzählungen *Warten auf Schnee, Sinon oder Die gefällige Lüge* und nun der Prosaband *Einer hat getötet*. Dennoch ist dieser Autor hierzulande bisher kaum zur Kenntnis genommen worden – obwohl sich die Beschäftigung mit allen seinen Arbeiten lohnt, gehören diese Bücher und Stücke doch zum Interessantesten, was zur Zeit in der DDR an Literatur veröffentlicht wird. Es sind dabei nicht so sehr eventuell geschickt verklausulierte politische Sensationen, die Saegers Bücher auszeichnen, sondern auffälliger ist die Beharrlichkeit eines kritischen Realismus, mit dem dieser Autor gefundene Wirklichkeit in »erfundene Wahrheit« umschreibt. Das heißt: Sowohl Thematik als auch ästhetische Umsetzung lassen das bisherige Werk Uwe Saegers wichtig für uns werden. *Einer hat getötet* – seine neue Sammlung von Erzählungen, im Buchverlag Der Morgen erschienen, vereinigt fünf Geschichten, die – wie noch alles, was Saeger bisher schrieb – in der DDR spielen, ihren Alltag zum Gegenstand haben, und zwar aus einer Perspektive, die ziemlich nahe am Boden des Geschehens bleibt, also auf dem Teppich des »real existierenden Sozialismus«, der bei Saeger ein ziemlich abgewetzter und fleckiger ist. Auf ihm geht man nicht weich und gedämpften Schrittes durchs Leben, seine Farben leuchten nicht. Zweifelsohne bringt diese Grundposition Saeger in der DDR zwar Beachtung ein, aber durchaus keine Lorbeeren, sondern Aufmerksamkeit im Sinne von ärgerlich-kritischer Anfrage.

Kein Zufall deshalb, wenn Uwe Saeger kürzlich in einem Interview der Ostberliner Wochenzeitschrift *Sonntag* mit dem Hinweis konfrontiert wurde, seine Arbeiten »verhandelten« zwar »generell ›DDR-konkret‹«, was ein Vorzug sei – doch die Gestaltung der Vorgeschichte und Anfänge »der neuen Gesellschaft« blieben er und andere Vertreter der »jungen Autorengeneration« schuldig. Sie würden die Gesellschaft immer nur »nach vorn hin messen, nach dem Ideal«, die »Größe des bereits Geleisteten« aber rücke »selten ins Blickfeld«. Uwe Saegers Antwort auf diese indirekten Forderungen fiel eindeutig aus:

»Was Sie da... formulieren, ist ja von anderer Stelle schon wieder und wieder als Forderung ebenso wie als Vorwurf formuliert worden. Warum also nicht die Größe des Erreichten? Warum immer den Stift auf der Wunde, ohne des schönen Körpers gerecht zu werden? Niemandem geschieht ein Werk eben so und irgendwie, sondern es entsteht immer aus einem Leben heraus, einer Erfahrung, einem Wissen und, das sollte man nicht gering schätzen, einer Ahnung von Zukünftigem. Man muß Kunst, und insbesondere Literatur, annehmen als ein Signal; sie weist über den konkreten Jetztfall immer hinaus auf Mögliches, da werden Warnungen ebenso angezeigt wie Hoffnungen. Ich bin überzeugt, daß der gegenwärtige Stand der Literatur meiner Generation ein völlig normaler, folgerichtiger ist, nur muß man bereit sein, sein Urteil unvoreingenommen zu bilden und auch für die Gesellschaft gelten zu lassen, was man im Urteil für einzelne gern in Anspruch nimmt, daß nämlich auch sie immer verbesserungsbedürftig ist und daß... wir noch immer die Subjektivität, die Persönlichkeit als Meßlatte für die Verwirklichung von Ideologie nehmen.«

Das ist zweifelsohne eine selbstbewußte Positionsbestimmung, die über die Fixierung poetologischer Kriterien zwangsläufig hinausreicht, ohne deshalb gewissermaßen in einer Anti-Pädagogik zu erstarren: Wenn Saeger Fatales, Brutales und Banales zu Geschichten verdichtet, schonungslos menschliches Fehlverhalten und prekäre gesellschaftliche Strukturen im doppelten Wortsinn entdeckt, dann doch an keiner Stelle mit Zynismus und Häme, nie über den Tätern und Opfern stehend, sondern eher und im Ton mitleidend, mitzweifelnd. Mithin: Saegers Geschichten sind nicht nur ernüchternd, sie haben auch einen wehmütigen Zug, eine Dimension von Trauer, die – ohne es wortreich auszusprechen – Sehnsucht nach Gegenteiligem weckt und wohl auch wecken soll. »Mitten im Wald«

heißt eine von ihnen, und sie erzählt auf vierundzwanzig Seiten die Geschichte eines neunzehnjährigen Arbeiters, der als Lorenfahrer in einer Lehmgrube tätig ist. Er kann der Enge seines Dorfes und der Häßlichkeit seines verfetteten Körpers nicht entkommen und verfällt nicht zuletzt aus diesen Gründen dem Alkohol. Die Geschichte lebt vom inneren Monolog dieses Micha, der – physisch fast am Ende – während seiner Lorenfahrten in ländlich-schönem Gelände mit Hilfe von Träumen und Selbstvorwürfen auszubrechen versucht – aus der einschnürenden Fürsorge seiner geschiedenen Mutter, aus den erniedrigenden Hänseleien seiner Alterskameraden im Dorf, die ihn in der Kneipe mit Hilfe von Bier, Schnaps und Würfelspielen, die er immer verliert, zum allseits verlachten Dorftrottel degradieren. Kein FDJ- oder Parteifunktionär taucht an diesem Ort auf, nicht einmal ein volksnaher LPG-Vorsitzender oder ein arbeiterfreundlicher Gewerkschaftsvertreter spielt den erlösenden Deus ex machina – Regen und Tränen fließen, von keinem getrocknet, und deshalb fließt – wieder und wieder – das Bier, sind die Nächte kurz, beginnen die Morgen mit quälenden Magenschmerzen und Selbstvorwürfen:

»Auf dem geraden Stück Gleis, das Micha jetzt vor sich hatte und das die übermannshohe Kiefernschonung durchschnitt, fiel ihm die Sonne ins Gesicht, so daß er die Augen beschatten mußte, wollte er bis zur Biegung kurz vor Wrassow hinuntersehen; aber von Krotz keine Spur. Er fuhr langsam auf das Ausweichgleis, stellte den Diesel ab, hockte sich auf das Aufstiegsbrett und rauchte. Er schwitzte. Unter der breiten umlaufenden Speckfalte über seinem Gürtel sammelte sich das Wasser und näßte durch das Hemd. Ich muß ja blöde sein, dachte er wieder, nur so'n blöder Hund wie ich hält's aus bei diesem Stumpfsinn, ist ja schlimmer als die acht Jahre Schule. Über der Schonung vor ihm lärmten zwei Eichelhäher, zuweilen sah er sie aufsteigen und mit frischem Lärm wieder einfallen. Eine Zeitlang achtete er darauf, döste dann aber vor sich hin, vergaß sogar die Zigarette. Er wurde sehr müde. Die Nacht muß ich unbedingt ausschlafen, dachte er noch, darf nicht trinken, weiß auch nicht, warum ich nicht mehr schlafen kann nach 'n paar Bier, und das mit neunzehn – neunzehn – bin ich überhaupt schon mal neunzehn gewesen, und am besten wär, ich könnt überhaupt aufhörn mit dem Trinken, aber was hab ich weiter als 'n Gang in die Kneipe oder am Wochenende in die Stadt…«

Während einer dieser Erschöpfungs-Pausen wird Micha von Robert, einem 91jährigen Dörfler aufgestört, der Pilze sammelt und ihm strahlend erzählt, daß am selben Tag seine Enkelin kommen wird – aber nicht allein, sondern mit ihrem Mann und einem Kind, und beide hat er noch nie gesehen. Sie kommen aus Kiew, denn die Enkeltochter ist etwas Besseres geworden als die meisten anderen Jugendlichen des Dorfes, eine Studierte, und das macht den alten Mann sehr stolz. Für Micha ist das aber nicht nur eine belanglose Dorfneuigkeit, sondern die Nachricht trifft ihn wie ein Fausthieb: als Junge hat er Roberts Enkeltochter, wie er sagt, »verdammt gern gemocht«. Aber dann hat das Dorf seine Sensation und die Geschichte ihre dramatische Wendung: Roberts Enkeltochter kommt zwar wie angekündigt – doch mit einem schwarzen Mann und einem schwarzen Kind. Angesichts dieser Tatsache zerreißen sich die Einheimischen schier die Mäuler, man grinst, amüsiert sich und spekuliert, wie die beiden es wohl miteinander trieben. Auch Micha beteiligt sich an diesem kleinbürgerlichen Klatsch und Tratsch – doch nicht aus frivolem Amüsement, sondern aus tiefer Verletztheit heraus. Die steigert sich, als er nach einer nächtlichen Zechtour von seinem Fenster aus mit ansehen und anhören muß, wie sich Irmeken, die Jugendliebe, ihrem schwarzen Mann hingibt – so leidenschaftlich und lustvoll, daß Micha am Ende aus der Position des unfreiwilligen Voyeurs in die Nacht des restlos Vereinsamten stürzt, der »eine nie gekannte Erbärmlichkeit« in sich spürt, so daß er nur noch weinen kann. Aber damit ist Saeger noch nicht am Ende seiner Geschichte angelangt. Seine raffinierte Dramaturgie läßt hier zwar Michas Ende durch eigene Hand als eine Möglichkeit langsam reifen, doch dann taucht Robert wieder auf – auf den Gleisen der Lorenbahn, die Micha fährt, so daß der stoppen muß und den Alten anbrüllt, ob er denn taub oder blind sei. Aber der Alte sagt nur:

»Warum fährst'n mich da nicht übern Haufen... sei du doch taub und blind und fahr drauf zu! ...Du, sagte Micha, was is'n mit dir? Hast du ihn gesehn, fragte Robert, ihren Mann? Nein, sagte Micha, wir warn gestern abend wieder bei Erna, aber ich weiß Bescheid. Robert setzte sich dort, wo er gestanden hatte, zwischen die Schienen. Dann also, sagte er, wenn du Bescheid weißt, dann fahr drauf zu, wenn du weißt, wer ich bin und warum noch, dann fahr!«

Natürlich schleppt Micha ihn zur Seite, arbeiter weiter und läßt

Robert im Wald verschwinden. Am Nachmittag regnet es, wird die Arbeit härter und härter, die Einsamkeit unerträglich. Wind und Kälte schmerzen, im Kopf tauchen die Bilder der vergangenen Nacht auf, die nackten Körper der sich Liebenden – und dies alles treibt Micha von seiner Lok, in den nassen Wald. Er will fort von all dem, was ihn peinigt, will den Ort verlassen, an dem er *»denken muß, daß er nich weiß, was Leben is, was 'n Leben überhaupt is«*. Und je mehr er sich von diesem Ort entfernt, um so fröhlicher, ja glücklicher wird er fast und eine Phantasmagorie holt ihn ein, überfällt ihn, wirft ihn ins nasse Gras unter triefenden Bäumen: Irmeken kommt in sein Zimmer, kommt über ihn. Aber der Blick in diesen verrückten, traumhaften siebenten Himmel einer absurden Hoffnung wird urplötzlich auf schreckliche Weise verstellt: Micha blickt keinem anderen als dem alten Robert unter die Schuhsohlen, der sich in einem Baum aus Scham über die vermeintliche Schande der Enkeltochter erhängt hat. Die Wendung zum Banalen hin ist nur noch eine Sache von wenigen Zeilen: Michas Arbeitskollege Krotz kommt durchs Gestrüpp, findet die beiden und ist – nein, nicht erschüttert über den Selbstmord des Alten, sondern erfreut, daß es nicht Micha ist, der sich aufgehängt hat, weil Krotz sonst wieder eine Arbeitskraft weniger zur Verfügung gehabt hätte. Mit dem Abschneiden des Toten wird auch die Geschichte abgeschnitten. Alles bleibt offen, die Moralpredigt aus. Wir können uns einen Reim darauf machen oder auch keinen. Saeger jedenfalls hütet sich, den Fall zu werten. Ihm kommt es, wie er an anderer Stelle einmal gesagt hat, vor allem darauf an, »die Dinge, die Verhältnisse so genau zu benennen, daß sie Gültigkeit erhalten«. Gültigkeit ist in diesem Zusammenhang sicherlich nur ein bescheideneres, nüchterneres Wort für Glaubwürdigkeit. Ein hohes Maß von Glaubwürdigkeit aber ist es, was die Saegerschen Gestalten und Ereignisse auszeichnet. Indem er die psychischen Mikrostrukturen präzise erfaßt, Handlungsorte in ihrer Begrenztheit detailliert nachzeichnet, gelingt es ihm, die gesellschaftlichen Makrostrukturen, in denen das alles möglich ist, deutlich zu machen, ohne sie ausdrücklich in den Vordergrund zu rücken. So wird Wirklichkeit transparent, werden Behauptungen überprüf- und durchschaubar. Der Tod spielt in diesen Geschichten eine große, fast möchte man sagen: die Hauptrolle, selbst wenn nicht nur Menschen in diesen Geschichten zugrunde gehen, sondern – wie in der Titelerzählung *Einer hat getötet* – ein Tier, genauer gesagt: eine alte Bärin in einem Zoo. Günter Einer, Ingenieur und Leiter des Betriebes für Stadtwirtschaft erhält an einem Himmelfahrtstag, dem Herrentag, eine Nachricht vom Direktor des Stadt-Zoos, in der dieser ihm mitteilt, daß die Bärin Ursula im Sterben liege und er sie ihm zum Abschuß freigäbe. Es wird bald deutlich, daß der Zoo-Direktor dies nicht aus purer Freundlichkeit tut, sondern handfeste Gegenleistungen im Zusammenhang mit der Beschaffung von Baumaterialien für eine Tigerabteilung erwarten darf. Einer hatte zwar vor, diesen Tag mit Freunden auf einem Pferdewagen zu verbringen – es ist ja Herrentag. Doch nun bricht die Tötungslust des Mitgliedes des Kreisjagdkollektivs durch, das Jagdfieber – denn viele hatten gehofft, diesen Abschuß durchführen zu dürfen, aber nur ihm, Günter Einer, ist es jetzt gegeben. Also gibt er den für ihn »größten Tag im Jahr« hin, pfeift auf die Herrenpartie und begibt sich auf Umwegen zum Zoo, wo schon alles vorbereitet ist: die Volkspolizei sichert das Gelände, da ja eine Schußwaffe in Gebrauch kommt; der Direktor erwartet ihn, und auch Krupkat, Kriegsinvalide und ehrenamtlicher Mitarbeiter des Zoos, ist da. Er ist der einzige Kritiker der erbarmungslosen Szenerie:

»... er stand da, den Körper schief über die Prothese gebeugt, die Krücke wie ein ungehorsames Dreibein seitwärts auf den Boden gestemmt, und beachtete Einers zum Gruß hingestreckte Hand nicht. Ihr könnt sie nicht in Ruhe lassen, murmelte er, sie hat doch nur Stunden noch, die Nacht noch.«

Dann schießt Einer. Aber er zielt schlecht. Die Bärin ist erst nach dem dritten Schuß tot. Saeger beschreibt nichts anderes als eine stümperhaft-brutal durchgeführte Hinrichtung. Er verknüpft sie im übrigen immer wieder mit Hinweisen auf die christliche Bedeutung des Tages und auf christliche Symbole. Einer hat sich zwar als Schütze blamiert, der Direktor ist ungehalten, ein Zoolehrling erbricht sich, die Polizisten drehen betreten ihre Mützen, doch:

»Er bedauerte nicht, was geschehen war, seine Deprimiertheit wurzelte in der allgemeinen Enttäuschung. Er hatte alles großartiger erwartet, nicht so kleinlich.«

Und dann gehen alle wieder zur Tagesordnung über. Es darf erneut gelacht werden, und der Direktor kommentiert den Abschuß mit der Schützengrabenweisheit:

»Wir gehen alle diesen Weg, Franz!«

Aber Franz, der Kriegsversehrte, weint und antwortet:

»›... das hatte sie nicht verdient, so abgeschlachtet zu werden, sie lag doch im Sterben, kam schon lange nicht mehr in Fahrt, fraß nicht, aber ihr... auf eurem Papier lebt ja nichts, ihr macht einen Strich und fertig, und dann kommt einer und ballert einem das Herz entzwei. Mir hast du ins Herz geschossen.‹ Krupkat wandte sich gegen Einer, fast hob er die Krücke zum Schlag.«

Später wird die Bärin ausgewaidet, hackt man ihr Tatzen und Kopf ab, um sie als Trophäen präparieren zu können. Einer nimmt noch die Bärenleber an sich und hat, wie er sich sagt: *»erstmalig das Gefühl, doch etwas Großes vollbracht zu haben«*, denn keiner von denen, die er kennt, wird je ein solches Erlebnis verbuchen können. Der Direktor verteilt Gläser, es gibt Schnaps, Witze werden erzählt. Der Abend endet für den stümperhaften Schützen triumphal bei Freunden, die auf ihrem Grundstück an einem Fluß ein Saufgelage abhalten:

»Einer sang und soff, daß sie allesamt das Staunen bekamen. Und zum erstenmal gewann er, und sie veranstalteten es seit Jahren schon, das Um-die-Wette-Pissen, bei dem er sonst nie viel zu bestellen hatte.«

Dazu gibt es gegrillte Bärenleber. Einer wird zwar von einem der Jungen ganz kurz als ein »simpler Schlächter« bezeichnet, aber das stört die »prächtige Stimmung« nicht weiter. Alles endet in Volltrunkenheit und mit stieren Blicken. Am Morgen wacht Einer auf, mit Herzschmerzen und Schluckbeschwerden im Hals, um festzustellen, daß man ihm auch noch die Bärentatzen aus dem Kofferraum seines Autos gestohlen hat. Einer ärgert sich – dennoch endet die Geschichte für ihn mit den Sätzen:

»Über der Laubenkolonie am anderen Ufer schälte sich aus dem Frühdunst die Kontur der Sonne. Ein schöner Tag stand in Aussicht.«

So geht der beginnende Tag zur gewöhnlichen Tages-Ordnung über. In ihr müssen sich Saegers »Helden«, die in diesem Buch allesamt traurige Gestalten sind, zurechtfinden oder untergehen: von eigener Hand, weil sie diesen Zustand und jene Krankheit nicht mehr aushalten können, oder moralisch, weil sie ihr Menschlichkeitspotential auf ein Minimum reduziert haben, um Karriere zu machen. Diese Geschichten könnten betrüben, wenn man nicht begreift, daß sie – selbst noch in der zynischen Pointe – Warnung,

Signal sein wollen. Nicht so sehr Lehr-Stücke, sondern eher Schreckschüsse. Saegers kritischer Realismus, der sprachlich nicht immer das ästhetische Niveau großer Partien durchhält, ist ungeachtet dessen ein überzeugender Versuch, der Gefahr zu entgehen, »daß Sprache versagen könnte«. Er ist damit ein Beweis für Saegers in jenem zu Anfang genannten Interview erwähnte Arbeitsmaxime, »noch direkter, härter, noch mehr an Detail, an ›unbearbeiteter‹ Wirklichkeit« in den eigenen Schaffensprozeß einzubringen.

Kompromißlos in der eigenen Zeit

Über Peter Huchel

Rund dreieinhalb Jahre nach dem Tode Peter Huchels legt der Suhrkamp-Verlag die *Gesammelten Werke* des Dichters vor. Herausgeber der knapp eintausend Druckseiten in zwei Leinenbänden ist der in Neuseeland lebende Literaturwissenschaftler Axel Vieregg, dem Huchel 1974 in einem Brief bescheinigte, »ein Interpret« seiner Lyrik zu sein, »der den richtigen Schlüssel« besäße, »um verborgene Türen zu öffnen«. Huchels Äußerung ist im Zusammenhang um so höher zu bewerten, als er Zeit seines Lebens immer wieder deutlich gemacht hat, wie skeptisch er allen Interpretations- und Selbstinterpretationsversuchen seiner Lyrik gegenüberstand: »Dem Autor ist es nahezu verwehrt, den gewonnenen Sprachraum auf jene Distanz zu verlassen, die für eine Selbstinterpretation Voraussetzung wäre.« Diese Einstellung, gründend in der Erkenntnis: »Jeder, der schreibt, weiß, wie schwer es ist, dem Schweigen ein Wort abzuringen«, ließ eben auch nicht die professionellen Exegeten von Literatur ungeschoren, besonders dann nicht, wenn politische Vereinnahmung drohte, wie im Falle der 1953 in der DDR erschienenen Huchel-Biographie von Eduard Zak, vor der Huchel andere, u. a. den Freund Ludvik Kundera, nachdrücklich warnte. Diese Abwehrhaltung schloß jedoch keineswegs die Bereitschaft aus, Hilfestellung zu geben, ging es um die Übertragung Huchelscher Gedichte in fremde Sprachen. Darüber gibt die Mehrzahl der 21 Briefe, die – neben bisher unbekannten Hörspielen, Filmszenarien, verstreut publizierten Prosastücken und Reden – in Band 2 der Ausgabe (*Vermischte Schriften*) zu finden sind, Auskunft. Besonders die acht Briefe an L.

Kundera belegen Huchels Interesse, semantische und ethymologische Erklärungen mitzuteilen. Daß wir insgesamt so wenig Briefe von Huchel vorfinden, liegt nicht nur daran, daß er eingestandenermaßen ein zurückhaltender Briefeschreiber war, sondern auch an der teilweisen Vernichtung seines umfangreichen Privatarchivs im Jahre 1963 durch lokale Behörden der DDR, die den kurz zuvor von SED-Funktionären wie Alfred Kurella und Otto Gotsche geschaßten ehemaligen Chefredakteur von *Sinn und Form* zusätzlich drangsalierten. Was Jahre später, im Zusammenhang mit der endlich gewährten Ausreise in den Westen, wiedererlangt werden konnte, waren kümmerliche, in Teilen bis zur Unkenntlichkeit verschimmelte Papierreste. Huchel hat – das belegen die aufgenommenen Interviews – nie rachsüchtig oder haßerfüllt über jene Jahre der totalen Isolation und bürokratischen Schikane in der DDR berichtet und dennoch Namen genannt, Situationen beschrieben, die letztlich nicht nur für sein Schicksal charakteristisch waren. Lediglich einmal, in einem 1977 mit DPA geführten Gespräch, bezeichnet er die DDR polemisch als »Schrotthaufen«, als einen Staat, in dem man zehn Jahre leben müsse, »um zu wissen, was dort los sei«. Eine Äußerung, die zur radikalen Kontrastwertung wird, denn im selben Interview charakterisiert er die Bundesrepublik Deutschland als den »freiesten Staat, den es überhaupt auf der Welt gibt«. Huchel ist, wenn es um seine politischen Ansichten über Deutschland geht, bestimmt nicht auf diese euphorisch klingende Formel zu reduzieren, es gibt in anderen Interviews Skeptischeres, Ironisches. Aber es schwingt ein Grad von Erfahrungsrealismus mit, den der Dichter schon früher und auch in Bezug auf seine Lyrik vehement für sich in Anspruch genommen hat. Das Festgelegtwerden auf den »Naturlyriker« hat er immer abgelehnt. Auch ließ er sich nie in die naturmagische Dichterschule einordnen, dem Kreis um »Die Kolonne« zuschlagen – Lehmann, Krolow, Eich waren in Sachen Dichtkunst nicht Vorbilder oder Weggefährten, sondern dann schon eher ein Trakl, den Huchel während seines ersten Auslandsaufenthaltes in Wien (1926) »immer wieder« gelesen hat, oder der Expressionismus, die Mystiker des Mittelalters, schließlich die Mythologie des Alten und Neuen Testaments. Mit dem Abdruck des (rekonstruierten) ersten Lyrikbandes *Der Knabenteich*, den Huchel kurz vor Erscheinen im Jahre 1933 zurückzog (1955 wiederholt sich das mit dem Buchprojekt *Malaya* in der DDR), und der Aufnahme aller verfügbaren unveröffentlichten Gedichte aus dem Nachlaß, ist es nun endlich möglich, den Entwicklungsprozeß des Dichters Station um Station nachzuvollziehen. Unschätzbar in diesem Kontext natürlich der kommentierende Apparat der Herausgebers, der zudem eindrucksvoll die editorische Zusammenarbeit mit Monica Huchel, der Witwe des Dichters, belegt. Was am *Knabenteich* auffällt, ist – bei allem Noch-Epigonalen – die schon stark erkennbare Eigenständigkeit und Kraft des Versuchs, sich dichterisch eine Welt anzueignen, der sich der Dichter nicht nur ausgesetzt, sondern auch zugehörig fühlt. Eine religiöse (nicht christliche) Grundierung läßt sich von diesem ersten Band bis zum letzten, der *Neunten Stunde* (1979), konsequent ausmachen, die die Erfahrung kosmischer Kälte und Gottverlassenheit, natürlichen Allein-Seins und den Moment der Geborgenheit in vertrauten (Kindheits) Orten und Menschen spannungsvoll in sich vereint, auch wenn letztere Erfahrung mit den Jahren zunehmend abnimmt. So immer kompromißlos in der eigenen Zeit lebend, lief und schrieb Huchel den jeweils offiziellen »Zeiten« nie hinterher. In diesem souveränen Sinne war er immer auch ein politischer Dichter, der mit einer zutiefst unpolitischen Sprache das leidende Individuum Gestalt annehmen ließ und die geschichtlichen Prozesse, denen es ausgeliefert war, einprägsam ins (Natur-)Bild brachte. Die poetische Präzision, mit der ihm das gelang, hat ihn zu einem der größten deutschen Dichter werden lassen. Schmal, karg und schön ist dieses Werk und sein humaner Grundgestus unübersehbar. Deshalb muß es ein reiches Werk genannt werden.

Spaltungen

Über Uwe Johnson

Das ist schon etwas Eigen-Artiges: Ein Debüt aus dem Nachlaß. Oder: Mit einem Anfang enden. Oder noch besser: Mit einem Anfangswerk ein Gesamtwerk vollenden, das als vollendet erkannt wurde vor dem Erkennen des vollendeten Beginns. Der Suhrkamp Verlag hat uns diesen – ja, fast sagenhaften – Fall beschert: mit Uwe Johnsons *Ingrid Babendererde – Reifeprüfung 1953.* Alle Spekulationen über diesen ersten Roman des Dichters können nun beendet werden.

Was für ein Anfang! Natürlich, die ganz fixen Interpreten haben ihr Urteil schon ausposaunt: Dieser Text sei allenfalls gut für die »Johnson-Philologie« und also »mit Recht unterdrückt« gewesen, und das erinnert nun wieder an jene gewiß nicht abfällig gemeinte, aber dennoch deminutiv klingende Charakterisierung des Romans durch W. M. Guggenheimer im Jahre 1964 als »Johnsons frühe Schülergeschichte«. Immerhin war damit korrekt wiedergegeben, worum es sich handelt. Es ist die früheste literarische Arbeit Uwe Johnsons (die erste Fassung wurde im Winter 1953 geschrieben); es geht um Schüler (im Sommer 1953 an einer mecklenburgischen Oberschule), und es ist eine Geschichte, denn da wird schon handfest erzählt. Aber zugleich wird Zeit-Geschichte, die auch in diesem geographischen Winkel Welt-Geschichte war, ins Bewußtsein gerückt und *so* ins Wort geholt, daß man sich wundern muß über vieles: über die poetische Kraft, die hier am ersten Werke war, und über den Mut dessen, der diese Kraft hatte, das Gesehene, Geschehene und wohl am eigenen Leib Erfahrene auch noch zu Papier zu bringen.

Gewiß, was uns heute, in Leinen gebunden vorliegt, ist die vierte Fassung der Romanidee. Aber selbst die war bereits 1956 fertig und wurde damals von Johnson – politisches Tauwetter war für eine ganz kurze Zeit auch in der DDR angesagt – nicht nur dem Professor Hans Mayer in Leipzig zur Begutachtung überreicht (Johnson studierte bei ihm), auch der Ostberliner Aufbau-Verlag erhielt das Manuskript und andere mitteldeutsche Verlage. Die Ablehnungen folgten reihenweise. Hauptsächlich verlangten die Lektoren eine »Vertiefung des gesellschaftlichen Hintergrundes«, was nun schlicht die klassische Chuzpe dieser Unternehmen ist, denn gerade die konsequente Einführung des gesellschaftlichen Hintergrundes macht dieses Buch (über die sprachlich-poetischen Qualitäten hinaus) so brisant.

1957 geht das Manuskript dann dem Suhrkamp Verlag zu. Suhrkamp selbst »juckt« es zuerst, das Buch zu machen, auch W. M. Guggenheimer setzt sich dafür ein, schließlich liest Siegfried Unseld es – und der ist dagegen. »Vehement«, wie er jetzt im Nachwort zum Roman schreibt und deshalb so selbstkritisch, weil ihm heute klar ist, daß hier eben doch der gültige Anfang Johnsonschen Schreibens vorliegt: mit all seinen sprachlichen und erzähltechnischen Eigensinnigkeiten, die später zu Recht seinen Ruhm begründen.

Später »begann« eben alles mit den *Mutmaßungen über Jakob* und endete mit der Vollendung der *Jahrestage*, in deren Zentrum, ganz a-provinziell gesehen, die Frage Ingrid Babendererdes nach ihrer Flucht steht: »Wann hat Mecklenburg eigentlich aufgehört?« – und damit, so wissen wir, das Daheimsein des Menschen Uwe Johnson, der wie alle seine Heldinnen (und diese erste eben auch) vertrieben wurde und flüchten mußte aus dem, wie er 1977 zum wiederholten Male bekannte, »wohin ich in Wahrheit gehöre, das ist die dicht umwaldete Seenplatte Mecklenburgs von Plau bis Templin«.

Auskunft über beides – über den Grund des Dortseinwollens und Gehenmüssens – gibt der vorliegende Roman: Mai 1953 in der imaginären mecklenburgischen Kleinstadt Wendisch Burg (das ist in der Realität Johnsons Güstrow), die Abiturklasse der Gustav-Adolf-Oberschule, die heilen Elemente einer norddeutschen Landschaft, die zerstörerischen der neuen politischen Verhältnisse, die der natürlichen Skepsis der Schüler immer mehr die Luft zum Atmen nehmen.

Ingrid Babendererde, die Lehrerstochter; Klaus Niebuhr, der Sohn hingerichteter Widerstandskämpfer gegen die Nazis; Jürgen Petersen, Kind eines im Krieg gefallenen, nazibegeisterten Kleinunternehmers – dieses Dreieck steht im Mittelpunkt der Handlung, die sich immer enger konzentriert auf die Auseinandersetzungen zwischen Staat und Junger Gemeinde. Psychoterror ist gegen sich bekennende junge Christen angesagt und gegen die, die das, aus welchen Gründen auch immer, nicht mitmachen wollen.

Klaus und Ingrid machen nicht mit. Zunächst eher spöttisch-distanziert als gegenengagiert – bis es nicht mehr geht und Ingrid eine Rede in der Aula der Schule hält, die ihr den Schulverweis einbringt, das Überwachtwerden durch den Staatssicherheitsdienst. Klaus, der sie schon lange liebt, solidarisiert sich. Sie fliehen, wie schon etliche Mitschüler zuvor. Zurück bleibt Jürgen, der gemeinsame Freund, ein hoffnungsloser Idealist des Sozialismus und doch der SED nicht so untertan, daß er auch noch die Freunde verriete: Er verhilft ihnen zur Flucht nach Berlin.

Johnsons Roman zeigt ein brüchiges Kleinstadtidyll jener Jahre, alten Untertanengeist und neue Aufsässigkeit, Liebe zur Natur dieser Gegend und zu ihren Menschen, und er zeigt das mit einer sprachlichen Präzision und einer feinen, im Idiomatischen verwurzelten Ironie, die wir nicht anstehen, meisterhaft zu nennen. Erfaßt werden, ganz unpathetisch, vor allem die seelischen Spaltungen, die des Einzelnen, der Familien, einer Stadt, eines Landes. In der Provinz zwar. Aber welche wäre für ein Größeres beispielhafter als die Johnsonsche?

Kein Blatt vor dem Mund

Über Christiane Grosz

Redewendungen, die der bildhafte Ausdruck uralter Erfahrungen sind, unterscheiden sich nicht unwesentlich vom Gehalt flotter Redensarten, die wir leichtsinnig dahinsagen, wenn die Sekunde es verlangt. Redewendungen enthalten und bestechen deshalb auch durch eine geradezu programmatische Beweiskraft. Redensarten dagegen mögen über polemische Schlagkraft verfügen – überzeugen, auf Dauer, können sie nicht. Eine dieser kräftigen Redewendungen im Deutschen ist das Wort: daß einer kein Blatt vor den Mund nimmt. Daß einer also, Variation darauf: Fraktur redet. Oder schlichter: seine Meinung sagt.

Ein Gedichtband aus der DDR ist vorzustellen, der mit dieser Redewendung spielt, in negativer Verkehrung behauptet, er hätte ein *Blatt vor dem Mund* – so der Titel –, und dennoch oder gerade deshalb auf 106 Seiten Lyrik und Fotos präsentiert, die weder ein Blatt vor dem Mund noch Scheuklappen vor den Augen haben. Schöpferin dieser erstaunlichen Versammlung ist die 1944 in Berlin geborene Christiane Grosz, die in ihrem achtzeiligen Titelgedicht lakonisch mitzuteilen weiß:

»Das Blatt vor dem Mund / Ein Schatten der Haut // Das Blatt auf der Schulter / Dem Wind anvertraut // Von Mund und Schulter / Griff das Blatt der Wind // Der offene Mund / Zeigt wie zahnlos wir sind«

Nun, auch wenn am Schluß dieses Gedichts selbstkritisch »wir« gesagt wird, der Text signalisiert unverstellt: Die Lyrik der Christiane Grosz ist weder »zahnlos« noch nimmt sie ein »Blatt vor den Mund«. Im Gegenteil, wer diesen Band aufmerksam liest, seine mit elf Fotos angereicherte Kompositionsstruktur durchschaut, wird dem Urteil des Schriftstellers Wolfgang Trampe folgen können, der über diese Lyrikerin und ihre poetischen Arbeiten u. a. sagt:

»Da ist die Freiheit der Schreibenden, die erworben, nicht von allein auf sie zugekommen ist. Sie nimmt das Erfahrene, Erlebte, will nah den Dingen sein, die sie zu ihren Dingen macht, zu einer vertrauten Welt und Umwelt... Tastend – nicht nach dem Weg, den man gehen könnte... Tastend nach Tiefen, Untiefen, nach der wirklichen Erfahrung dessen, was sie vor sich aufgebaut hat.«

Aber bevor wir diesem Poesie gewordenen »Tasten nach Tiefen, Untiefen«, »nach der wirklichen Erfahrung« anhand von Stücken aus dem Band folgen, ein Blick auf die notierten biographischen Eckdaten der Lyrikerin: 1944 im untergehenden Berlin geboren, besucht Christiane Grosz von 1950 bis 1960 die zehnklassige polytechnische Oberschule; anschließend – bis 1963 – absolviert sie eine Töpferlehre und danach ein zweijähriges Spezialstudium für Regie. Von 1965 bis 1970 arbeitet sie an einem Kindertheater und studiert gleichzeitig an der Hochschule für Bildende und Angewandte Kunst in Berlin im Abendstudium Grafik. Seit 1970 ist sie freiberufliche Keramikerin. 1978 erscheint ihr erster Gedichtband *Scherben*, im selben Jahr das Kinderbuch *Eule Max und Basta*, drei Jahre später die *Geschichte für Kinder: Putz Munter.* Der neue Gedichtband enthält achtundsiebzig Gedichte, die in drei Kapiteln zusammengestellt sind: »Stück Biografie«; »Eindruck«; und »Wiederbelebung«. Alle drei Kapitelüberschriften entsprechen Gedichttiteln, denen somit eine gewisse zentrale Bedeutung zukommt: kompositorische, innere Verweisungszusammenhänge zeichnen sich ab. Den Band prägt also nicht die Aneinanderreihung des zufällig Entstandenen, sondern prozessuale Momente werden deutlich, Motivwiederkehr, das dauerhaftere Umkreisen offensichtlich dauerhafter Probleme, worauf nicht zuletzt Gedichttitel wie *Erfahrung I* und *Erfahrung II* verweisen oder *Stück Biografie I* und *Stück Biografie II*. Das mag auf den ersten Blick den Eindruck von Statik hinterlassen. Aber wer nachliest im Sinne des Wortes, erkennt, daß sich hinter dieser Art von Wieder-Holung nichts anderes verbirgt als der radikale Versuch der Autorin, dem eigenen Grund – der ja auch als Mit-Grund gravierender Lebensprobleme erkannt wird – nicht nur auf die flüchtige Spur, sondern eben auf den Grund zu kommen:

»Stück Biografie II

Jahre wollte ich ein nettes Mädchen sein / Das die Welt mit einem Knicks / Im Gleichgewicht halten kann. / Jetzt verrate ich all meine Geheimnisse. / Und wenn ich mir den Mund zunähte / Beendeten meine Hände die begonnenen Sätze. / Verraten, verkauft, vergeben mich / Ein Tonschimmer in verstaubten Ecken. / Weggeblasen die Ratschläge mit der Hand / In den Wind geschlagen. / Unter der Haut ein Riß in dem man / Mit zwei Fingern das Rot / In Bewegung halten muß / Daß es nicht gerinnt / Daß es hervorpocht stoßweis / Aber nicht verläßt den Kreislauf.«

Angesichts solch bohrender Selbsterforschung, die so ganz und gar nichts mit privatistischer Nabelschau oder »neuer Innerlichkeit« zu tun hat, gewinnt die Schlußstrophe aus dem gleichnamigen Gedicht *»I«* eine besondere, ambivalente Bedeutung:

»Ich schreibe / Bevor ich alles vergesse / Und mir etwas ausdenken müßte / Um zu schreiben.«

Denn dieser Satz ist natürlich nicht reduzierbar auf ein poetologisches Statement, sondern zielt auf mehr: Er meint das Mit-sich-identisch-sein-Können und -Wollen über die Veränderung hinaus und erteilt der biographischen Verdrängung und illusionären Konstruktion, die eigene Zukunft betreffend, eine nüchterne Absage. In diesem Zusammenhang kommt eine Grund-Haltung ins Spiel, die die Lyrik dieser Poetin schlechthin prägt: *das Zusichselberkommen, um auf andere zugehen zu können.* Wer sich nicht ausweicht, dem gerät Menschliches in den Blick – das Menschliche des Fremden, das Leid des anderen.

Und so finden sich viele Gedichte in diesem Band, die mit seziermesserhafter Schärfe die Oberfläche des politischen Gemeinwesens DDR durchdringen und Schichten des alltäglichen Schreckens bloßlegen, des alltäglichen Erschreckens, der alltäglichen doppelten Moral besonders auch im Politischen – die sich also auf die Wirklichkeit der geschönten Statistiken und phrasenreichen Programme nicht einlassen, sondern den eigenen Augen, sprich »Erfahrungen« mehr trauen. Gewiß, Christiane Grosz klagt nicht pathetisch an – es geht, je politischer es wird, um so kryptischer zu –, aber sie weicht eben auch nicht aus, riskiert die Benennung dessen, was sie sieht, bietet nicht Lösungen an, sondern konstatiert, zumeist mit ironischem Lakonismus.

Da ist einmal das Thema der verlassenen, unterdrückten Frau. Hinzu kommt das der gescheiterten Liebe, das in vielen Gedichten auftaucht, die ausgesprochen Autobiographisches zur Sprache bringen. Aber ungeachtet der überzeugenden Eindringlichkeit, mit der dieses Sujet immer wieder umkreist wird, gerät Christiane Grosz doch niemals in die Tonlage eines aggressiven Feminismus, der prinzipiell und kompromißlos denunziert – sie verfällt also nach der Enttäuschung nicht der dogmatischen Selbsttäuschung, sondern ihr Hunger nach Liebe bleibt bestehen, ihre Sehnsucht danach findet immer noch Worte.

Somit hat die Medaille »Liebe« für diese Lyrikerin immer noch zwei Seiten. Sie wirft sie nicht weg wie eine abgegriffene, wertlose Münze. Ein anderes zentrales Thema: das sozialkritische Moment dieser Lyrik, das sich partiell und kryptisch nicht scheut, sogar in politische Kritik einzumünden. Als radikalstes Beispiel soll hier das Gedicht *Erfahrung II* zitiert und anschließend darauf eingegangen werden:

»Ich fühlte, daß ich mich anlehnen wollte / Gegen die Haltsuchenden. / Ich erfuhr in diesem Jahr: / Angst vor zwiedüsteren rotsamtenen / Quartieren mit Zuckerstücken / In einer Biertulpe und Lustschrei aus / Durchgangszimmern mit Intershopgeruch. // Ich höre wieso Moral? Ökonomie! / Und erinnere mich an das Bild Francos / In der Zeitung denkend an Lorca / An Renn an Auden. / Ein warmer Regen Blutorangen / Stürzte vom Himmel. // Was ich verlor: Eine Lüge / Und eine Hingabe an ein sich selbst / Verbrennendes Ich. / Was ich gewann: Entwurzelte Worte / Und hautdünne Zärtlichkeiten hingebettet / In Schneeregen der Hinterhöfe / Erregter Suche nach sich selbst – / Die erfahrenen Verletzungen nicht / Weiterzugeben.«

Es gibt noch weitere Gedichte, in denen das Wort »Intershop« auftaucht, in denen westliche Konsumtitel als Ingredenzien einer östlichen Lebensweise denunziert werden, die im Widerspruch zur politischen Alltagspredigt steht und deshalb unübersehbarer Ausdruck einer Doppel-Moral ist und sich zynisch, aber treffend »Ökonomie« nennt. Doch ganz davon abgesehen: Die schärfste politische Anklage, die mir seit langem in einem Gedicht aus der DDR unter die Augen gekommen ist, befindet sich in der zweiten Strophe des eben zitierten Gedichts, in der sich das lyrische Ich *»an das Bild Francos / In der Zeitung«* erinnert. Dem westdeutschen Leser wird das alles wohl kaum etwas sagen – aber dem wachen mitteldeutschen deshalb um so mehr: Die bittere Kritik der Christane Grosz zielt auf jenen Vorgang in der DDR vor rund zehn Jahren, als anläßlich der Aufnahme diplomatischer Beziehungen zwischen Spanien und der DDR im Zentralorgan der SED, »Neues Deutschland«, ein Bild Francos und ein Porträt Spaniens abgedruckt wurden, das den eben noch als »faschistisch« titulierten Staat auf der iberischen Halbinsel als Hort reinster Menschlichkeit erscheinen ließ.

So bietet dieser Lyrikband vor allem Realistisches bis Resignatives: Wie erfahren viel über die Schattenseiten im anderen Teil Deutschlands – und wieder einmal wird klar, warum Literatur in der DDR, wenn es darauf ankommt, so gefragt ist, so gelesen wird: Weil sie Botschaften und Informationen transportiert, die sonst keinen Ort in der Öffentlichkeit haben.

So ist es nur konsequent, wenn es in dem Gedicht *Nacht* heißt: *»Hell ist nur der Horizont / Und der Traum vom Leben«*. Den morbiden Wort-Bildern der Christiane Grosz entsprechen die ausgesuchten Fotos: ein verendeter Schwan am Strand, ein tristes Neubauviertel, Mülltonnen, Gleise, die im Nichts wuchernder Sträucher enden, Gesichter von alten Menschen, die im Zusammenhang mit grotesken Gesten stehen. Und dennoch: In all der wortgewordenen Un-Heimlichkeit gibt es Verse, die einem restlosen Ausgeliefertsein widerstehen – natürlich auch sie nicht ohne ironischen Beiklang. Aber es gibt sie:

»Das Gute ist gut / Und unerschütterlich / Bei einigermaßen / Gutem Willen.«

Ende eines Reisebegehrens

Über Erich Loest

Es gab Zeiten, da nannte sich der Schriftsteller Erich Loest H. Walldorf. Und seine Romane, Krimis zum Beispiel, spielten im Westen – zum Beispiel in London. Loest saß damals aber in Leipzig, schön aufbewahrt hinter der Mauer und ohne Chance, sie überwinden zu können. Das Ergebnis solchen gewaltsamen Entferntseins von relativ nahen Reisezielen waren Romane, die nur jenen Lesern präzise vorkommen konnten, die ebensowenig über die Mauer durften wie ihr Autor.

Inzwischen lebt Loest im Westen, und er ist gereist: querweltein. Darüber gibt es lesenswerte Reisefeuilletons. Die im Westen entstandenen Romane aber spielen in Leipzig. So auch sein neuester: *Zwiebelmuster*, der das Thema von *Es geht seinen Gang* und *Völkerschlachtdenkmal* nicht im Sinne einer Trilogie, wohl aber unter dem Gesichtspunkt eines zeitgenössischen Epos mit verschiedenen Helden fortsetzt.

Da Loest ein fleißiger Mann ist, brauchten wir auf diesen dritten Teil nicht lange zu warten. Das ist der Vorteil. Der Nachteil: Es scheint dem neuen Roman einiges von der Sinnlichkeit abzugehen, die die beiden vorangegangenen auszeichnete. Ein wenig trocken geht es zu im neuen Buch, zumindest in der ersten Hälfte, und vielleicht war es ja auch nur das Thema, das Loest dazu gebracht hat, noch nüchterner und gradliniger, ohne sprachtechnische Finessen oder avantgardistische Kunstgriffe zu erzählen als bisher.

Leipzig zu Beginn der achtziger Jahre. Hans-Georg Haas, promovierter Historiker, Autor populärwissenschaftlicher Werke, seit gut drei Jahrzehnten in der Partei, möchte nun endlich auch einmal erfahren, wie das ist, wenn man mit einem Paß in der Hand, sagen wir, in Richtung Mittelmeer abdampft. Kläre, seine Frau (48), Direktorin eines großen Kaufhauses, ebenfalls Genossin und in dieser Kombination Vorzeigefigur der parteigelenkten Medien, versteht diesen Wunsch ihres Mannes nur zu gut: Auch ihr ist längst bewußt geworden, daß eine erfolgreiche Karriere in dieser Gesellschaft nicht unbedingt identisch ist mit dem, was man den Sinn des Lebens nennt. Beide jedenfalls sind in einer Verfassung, die ihnen sagt: Wir haben uns lange genug als zuverlässig erwiesen. Und wir erwarten deshalb Vertrauen. Wir möchten ein Stück Welt sehen, nicht immer wieder Prag, Budapest und höchstens einmal den Kaukasus oder Kuba. Sie wollen eine Westreise, das höchste Privileg, das dieser Staat zu vergeben hat.

Loests Figuren leiden unter dem Syndrom des Eingesperrtseins. Sie spüren – je älter sie werden –, daß ihnen etwas Wesentliches fehlt: die Freiheit, reisen zu können. Damit ist ein Jahrhundertthema angeschlagen, das Loest auf seine Weise bewältigt: Mit den Mitteln einer realistischen Dialogprosa, die ausführlich das System des gewöhnlichen Sozialismus in der DDR realistisch vor Augen führt, das Groteske der Situation deutliche werden läßt. Eine gewisse Schnitt-Technik, die Loest virtuos handhabt, intensiviert den Eindruck.

Zu Beginn des Romans sieht auch alles hoffnungsvoll aus. Haas und seine Frau sollen eine Reise auf einem Handelsschiff der DDR erhalten, nach Südamerika, wie er es sich wünscht und vorstellt. Aber schnell macht ihm ein Funktionär klar, daß es wohl ins Mittelmeer gehen würde, was Haas geradezu gleichgültig ist, denn »er wußte ein Dutzend Länder und einhundert Städte, die er verzweifelt gern besucht hätte«.

Sein unbezähmbares Reisebegehren sichert Haas mit einer altbewährten Methode ab: Er verspricht, über das Land, in das er fahren darf, ein Buch zu schreiben. Vielleicht einen Roman über Griechenland zur Zeit des Obristenregimes, und während hinter den Kulissen, im Entscheidungslabyrinth des Partei- und Staatsapparates, noch die Gespräche laufen, ob und wohin Haas denn überhaupt fahren dürfe, beginnt er diesen Roman zu schreiben. Eine Widerstandsstory, die aber nicht gelingen kann, weil er wieder einmal über ein Land schreibt, in dem er nicht gewesen ist. Was Haas im Handlungsverlauf erlebt, sind Vertröstungen, Zielortverschiebungen, Achselzucken, Bedauern. Das Katz-und-Maus-Spiel, für das kein Verantwortlicher greifbar ist, findet einen ersten Höhepunkt, als Haas und seine Frau, Pässe und Reisekoffer in den Händen, in Rostock erfahren, daß ihr Schiff schon ausgelaufen ist.

Über mehrere Stationen erlebt Haas nun immer wieder, was es heißt, zu spät zu kommen. Am Ende, als sich die große Reise reduziert hat auf eine Fahrt nach München und eine Lesung bei der DKP, steht nicht das aufatmende Durcheilen der Sperranlagen im Bahnhof

Friedrichstraße, sondern ein Nervenzusammenbruch desjenigen, der zu erleben gehofft hatte: *»Jetzt das verwirrende Glück einer lang ersehnten Reise, es würde verjüngend wirken, Energien freisetzen!«* Er reist nicht in den Westen, sondern kommt in die Nervenklinik. Weinkrämpfe und absonderliche Verhaltensweisen prägen ihn fortan. Zum Schluß darf er ein Buch über Meißener Porzellan schreiben.

Um ihn herum gruppieren sich weitere Konflikte, die, im Zusammenhang gesehen, ein sehr präzises Bild der gesellschaftlichen Realität der heutigen DDR zeichnen: Haas' Tochter Marion (19), renitente Studentin in Ost-Berlin, liebt einen in West-Berlin lebenden Holländer. Dieses Verhältnis wird von Mitarbeitern der MfS erst beobachtet und dann zerstört. Haas' Sohn Torsten, Soldat der NVA und Fotograf, führt einen risikoreichen Lebensstil in diesem Unternehmen, indem er unter anderem eine Offiziersorgie der Warschauer-Pakt-Armeen fotografiert. Aber am Ende ist auch er integriert wie seine Schwester. Schließlich Kläre, Haas' Frau, die Mustergenossin: Ihr Konflikt mit der Partei – sie kündigt, weil man ihr keinen unbezahlten Urlaub genehmigen will – wird »gelöst«, indem man die privat zwar zweifelnde, nach außen hin jedoch bewährte Genossin zu einer Funktionärin für Kaderfragen auf Bezirksebene macht.

Auf der Strecke bleibt jemand, den Haas in den fünfziger Jahren aus ideologischen Gründen mit fertiggemacht hat – Kloßner. Er stirbt, ein ernüchterter Alkoholiker, dem Rehabilitation nicht gewährt wurde.

Wer Loests Lebenslauf kennt, weiß, wieviel von ihm selbst in dieses Buch eingeflossen ist. Aber es ist keine Autobiographie, sondern die Biographie einer ganzen Generation, die, in Gefangenschaft gehalten, schizophren wurde und diesen Zustand als Normalzustand empfindet, ohne davon überzeugt zu sein. Es ist die Irrsinnsfahrt »Hoch auf dem roten Wagen«, den sie selbst ins Rollen gebracht hat.

Herr und Knecht in preußischer Prärie
Über Volker Braun

Ein Roman ist das nicht. Eine amüsante Lektüre schon. Was nicht heißt, daß wir es mit leichter Kost zu tun hätten. Eher kostet es Kraft und Geduld, den *Hinze-Kunze-Roman* des 46jährigen prominenten DDR-Schriftstellers Volker Braun zum Amüsement werden zu lassen. Was wiederum kein Widerspruch ist, sondern provokative Konsequenz einer Text-Realität, die mehr verlangt als »nur« einfaches Lesen-Können: voraussetzendes (Mit-)Wissen nämlich, das eben kein Anmerkungsapparat am Schluß des Buches nachreicht.

Was Volker Braun uns mit seinem neuen Buch serviert, ist ein so anspielungsreiches, oder um es bildlich zu sagen: um kein scharfes Gewürz verlegenes Sprach-Menü deutscher Schreib-(Koch-)Kunst, daß es nicht verwundert, wenn schon im Vorfeld der Premiere ein professioneller und gefürchteter Literatur-Abschmecker der DDR, der stellvertretende Kulturminister Höpcke, einen 7-Seiten-Kommentar in der Ostberliner *Weltbühne* zur Sache schrieb.

Volker Braun, man weiß es seit langem, ist für die DDR-Kulturpolitiker ein heikler Fall, und mit dem muß man umgehen. Der Minister zog sich aus der Affäre, indem er eine Selbstcharakterisierung des Textes durch den Autor nutzte und bestätigte: dies sei »ein komischer Essay«. Nun hat Braun aber an diesem »komischen Essay« verzweifelt lange gearbeitet, was die Sache viel weniger komisch macht als sie, in welcher Fassung auch immer, daherkommt: 1968 hatte das Schauspiel *Hinze und Kunze* umstrittene Premiere, 1983 erschienen dann – formal den Keuner-Geschichten Brechts nachempfunden – die *Berichte von Hinze und Kunze*; jetzt also der Roman. Doch komisch ist das alles eben nicht, denn hier hält einer – gegen alle gesellschaftlichen und eigenen Widerstände – an einem Stoff fest, der ihn umtreibt: Hinze und Kunze waren und sind keine mitteldeutschen Beliebigkeitshanseln, sondern – auf eine vertrackt abstrakte und konkrete Weise zugleich – Proto-Typen der Gesellschaft DDR, und ihr Umgang miteinander charakterisiert haarscharf mehr als eben nur diesen Umgang und seine Formen – er decouvriert die gesellschaftlichen Verhältnisse, in denen beide sich – handelnd oder behandelt – bewegen (müssen): im vorliegenden Falle hautpsächlich in einem Auto, denn Hinze ist ein ehemaliger Dreher, der nun einen hohen Funktionär chauffiert, und Kunze ist dieser Funktionär.

Ihre Dialoge während verschiedener Fahrten durch Berlin und die DDR sind Kabinettstücke deutscher Satire, der Groteske insgesamt geben sie das nicht zu brechende Rückgrat: *»KUNZE: Du stehst dahinter? HINZE: Völlig, ich komme fast nicht mehr vor.«* Braun kann und will den Sprachartisten nicht verleugnen, und so ist er nur logisch, wenn er sprachtechnisch überhaupt der »einfachen Wahrheit« adieu sagt, weil sie ihm, übrigens schon lange, nicht mehr genügt und statt dessen mit einem komplizierten Geflecht aus verschiedenen Textformen (Dialoge, Reflexionen, rhetorische Sprachgesten, eine perfekte Eingreifdramaturgie des Ich-Erzählers, ideologiekritische Sentenzen, Zitatcollagen – so finden sich zwei hochprovokative Aphorismen von Reiner Kunze im Text –, ironische Paraphrasierungen von politischen Phrasen und Kampfliedern usw.) einfach die Wahrheit zu sagen versucht.

Kunze ist dieser Wahrheit nur nahe, wenn er hinter oder neben Hinze im Auto sitzt. Er weiß das und versucht, sie aus Hinze herauszukitzeln. Aber Hinze ist geschickt: er weicht aus, antwortet provozierend mit den gültigen Phrasen, indem er sie neu montiert oder verkürzt zitiert, ist also nie faßbar – beide sind zwar miteinander verbunden, aber nur »im gesellschaftlichen Interesse«. Das ist die Standardformel, die Zwangsbasis nicht aus Freiheit, nur aus Notwendigkeit: *»Freiheit, wie schmeckst du? Wie kommt man auf den Geschmack?... Ich sage dir, Mensch... es schmeckt alles nicht! Es muß gefressen werden. Das ist die Freiheit.«*

Freiheit als Lebens-Wert? Das kommt bei Hinze nicht gut an. Jedenfalls sagt sein Erfinder über ihn: »Wir kennen Hinzes Neigung, ein einverstandener Mensch, bevor ein Machtwort fällt.« Also werden beide erbarmungslos gezeichnet: *»Der Herr und sein Knecht ritten durch die preußische Prärie...«* Sie sind »Freunde«, denn *»es war ihr zweiter Beruf, zu welchem sich hierort ein jeglicher qualifizierte, der im ersten bestehen wollte«*.

Ihnen zur Seite und gegenüber stehen Frauen: Hinzes Lisa und Kunzes Trude. Die erste eine selbstbewußte, nicht korrumpierbare Berliner Schnauze; die zweite eine kleinbürgerliche Funktionärs-Gattin, die in Plüsch und Nippes ihr sozialistisches Biedermeier-Dasein fristet. Kunze betrügt sie nach Strich und Faden, jeder Frau stiert er nach, schnappt sie sich in Gedanken und in der Realität. Höhepunkt dieser Gier nach Sex, die auch Geborgenheitsdefizite meint: Kunzes Besuch in einem Reeperbahn-Bordell während einer Dienstreise (ohne Hinze, versteht sich) nach Hamburg. Hier geht Braun über von einer Kritik seiner Gesellschaft zur Kritik der Männergesellschaft schlechthin. Ökonomische Theorien reichen eben nicht aus, um die großen und kleinen Konflikte der Menschheit zu erklären oder auch nur im Ansatz zu verstehen.

Wovon aber träumt dieser Volker Braun eigentlich noch, wenn er so rücksichtslos Masken abreißt, Kulissen umstößt, Phrasen entlarvt? Träumt er überhaupt noch von einer Alternative? In seinem Essay über »Rimbaud«, der eben erschien und den er einen »Psalm der Aktualität« nennt, träumt er sehr wohl: vom kommunistischen Ideal der Commune. Da stocken wir und denken: Es sich schwer zu machen, kann Ausdruck ehrlicher Verzweiflung sein. Aber ebenso abgrundtiefe Furcht vor dem Verlust eines abgöttisch geliebten Ideals. Brauns Ideal, das signalisiert auch sein neuestes Buch, ist dieser (Ur-)Kommunismus; der Grund seiner Verzweiflung die regierenden Kommunisten. Eine sinnvolle Symbiose erwächst daraus nicht, eher eine sinnwidrige Trotz-alledem-Identifikation. Braun weiß und (be-)schreibt das. Wir lesen es ihm nach: Angerührt und befremdet von soviel glanzvoll agierendem und zugleich groteskem Anachronismus.

Die vollendete Utopie

Über Fritz Rudolf Fries

Dies ist nicht der erste »Nachlaß«, den der in der DDR lebende Schriftsteller Fritz Rudolf Fries »entdeckt« hat und zur Veröffentlichung freigibt. Aber brachte er 1974 noch *Biografische Nachlässe zu den Fantasien meines Großvaters* unter dem Titel *Das Luft-Schiff* heraus – also kunstvoll verknüpfte Informationen und Recherchen zu einer (fiktiven) Familiengeschichte des Autors –, so haben wir es in dem neuen Roman mit nichts Entfernterem als »Fragmenten« aus der Epoche »nach dem Letzten Krieg« zu tun, die »Aufgefunden und herausgegeben« wurden »von einem Nachfahr in späterer Zeit«.

Dieser Nachfahr und Herausgeber stellt den von ihm entdeckten Papieren eine kurze Anmerkung voran, in der er mitteilt, daß es die jüngste Aktion »Entrümpelt Eure Böden und Köpfe!« gewesen sei, die den merkwürdigen Fund ans Tageslicht gebracht hätte. Gleichzeitig relativiert er den Informationswert der Aufzeichnungen, indem er dem unbekannten Chronisten »schriftstellerische Ambitionen« unterstellt, die ihm ins Geschichtsschreiber-Handwerk gepfuscht hätten, denn »was er überliefert, findet sich in keinem unserer Geschichtsbücher«. Dennoch hat »Alpha 19-05-35«, so der Name des Herausgebers, diesen subjektivistischen Bericht mit »oberster Druckgenehmigung« veröffentlichen dürfen, und zwar in »Sonnenstadt im Jahre des Heils 07«.

Spätestens hier, auf der zweiten Seite des Romans, wird klar, wo wir uns befinden: in einem utopischen Roman, der den Nicht-Ort, an dem seine Helden versammelt sind, nicht nur in eine erste, sondern in die vollendete Zukunft verlegt. »Sonnenstadt«, der Lebensort des Herausgebers »Alpha 19-05-35« (mit diesem Zahlencode, seinem Geburtsdatum, bringt sich Fries auf versteckte Weise selbst ins Spiel), ist der nicht näher beschriebene Lebensraum der Menschen nach einer zweiten Katastrophe, die im Schlußfragment der Chronik angedeutet wird. Um die Zeit nach der ersten Katastrophe, der »Letzte Krieg« genannt, geht es aber zuerst, um die Vorstufe von »Sonnenstadt« also, um die entscheidende Etappe auf dem Wege in die vollendete Utopie.

Fries gestaltet diese Vorstufe dermaßen prägnant und mit einer schwebenden Spannung, daß er sich die Beschreibung des vollendeten Schreckens ersparen kann: ein Andeutungsrahmen genügt. Man weiß, wenn man die Ereignisse im Zuge der *Verlegung eines mittleren Reiches*, so der Titel des Romans, begriffen hat, wohin der Hase läuft, vor allem aber: warum er genau in diese Richtung laufen mußte.

Was sich nun, merkwürdig sachlich-technokratisch, »Verlegung eines mittleren Reiches« nennt, ist nichts anderes als die Errichtung einer neuen Diktatur auf dem Gebiet einer besiegten – nach einem Atomkrieg. Mit den Siegern sind jedoch nicht nur fremde Sitten und Gebräuche über die Besiegten gekommen, sondern – ausgelöst durch den Kernwaffenkrieg – auch ein »Klima-Umsturz«, der Flora und Fauna radikal verändert: Während das Leben der Menschen stagniert, wachsen Pflanzen und Bäume ins Unermeßliche, steigt die Hitze ins Unerträgliche.

Die Sieger haben die Herrschaft allerdings mit bekannten Parolen übernommen: Es geht wieder einmal um »die siegreiche Revolution«. Wie die im Detail auszusehen hat, bestimmen natürlich die Militärs, Funktionäre und Ideologen aus dem »Reich der Mitte«, das die »Vereinigten Armeen« geschlagen hat.

Die Lage ist typisch für eine Nachkriegssituation: Es gibt zwar viele Zeichen der neuen Macht – »Sternengeld«, Parolen auf Rollbildern, Soldaten in Uniformen ohne Rangabzeichen, Erschießungen und einen Schauprozeß –, aber wenig zu essen. Die krankhafte Üppigkeit der verseuchten Natur steht in einem scharfen Kontrast zur prekären Versorgungslage. Gerade deshalb beherrscht sehr bald der Alltag der Kollaboration das Bild, in dem der Chronist eine Hauptrolle spielt, denn er und sein Freundeskreis – durchweg Intellektuelle, die zum Teil an privilegierter Stelle in der beseitigten Gesellschaft gedient haben – versuchen, sich mit der neuen Macht zu arrangieren, werden von ihr gebraucht und eingesetzt.

Nun ist ihr Mitmachen nicht gerade übereifrig, eher diskutiert man im subtropisch wuchernden Garten subtil die Philosophie der Besatzer, beobachtet sich und das Geschehen, geht zu dieser und jener Veranstaltung, weil man zu dem Schluß gekommen ist: »Klug war am Ende nur, wer überlebte. Ich bekannte mich rückhaltlos zur neuen Ära der Kwan-yins.« Aber einer von ihnen, der früher Remann hieß, Maler und Fast-Mediziner war, macht auch auf der administrativen Ebene mit: stellt sich, nun Zi genannt, dem Besatzungsgeneral Li-weng und dem geheimnisvollen Funktionär K'uang zur Verfügung, wird – optisch und ideologisch – die beherrschende Figur der postapokalyptischen Szenerie, die sich mehr und mehr in eine normale verwandelt, mit zwischenmenschlichen Strukturen und Verhaltensweisen, wie sie schon vorher bekannt waren.

Die ambivalent schillernde pädagogische Diktatur der Besatzer verändert nichts Wesentliches. Erst recht dann nicht, als klar wird, daß sie nicht alles besetzt haben, daß es in nächster Nähe Gebiete gibt, in denen sich altvertrautes Leben – mit wachsendem Wohlstand, den alten kulturellen Bedingungen und entsprechenden Lebensgewohnheiten – erhalten hat. Nun blickt alles nach »Zinsendorf«, in dem die vergangenen Wunder Wirklichkeit geblieben sind.

Einige flüchten. Ein Propagandakrieg entbrennt. Zum Schluß kommt es zu einer Brandkatastrophe. Die Chronik bricht ab.

Fries hat einen Roman geschrieben, der – mit Versatzstücken der maoistischen Kulturrevolution drapiert – nicht Endzeitgeschehen beschreibt, sondern Gegenwart. Alle politischen Konflikte der Gegenwart, die uns bewußt sind, bestimmen in diesem Roman das »Klima«. Und Fries verfremdet auch nur fragmentarisch: Es bleiben genug konkrete Anhaltspunkte dafür, damit wir wissen, wo die verhandelte Geschichte wirklich ihren Ort hat: Hier und jetzt, denn »die Welt geht schon lange in die Irre«, der Pyrrhus-Sieg der Utopie ist eine alte Sache. Und stürzen uns unsere Träume nicht gerade deshalb »immerzu in eine bodenlose Zukunft«?

Wundmale

Über Guntram Vesper

In seinem 1982 erschienenen Gedichtband *Die Inseln im Landmeer* fragte der Lyriker Guntram Vesper: *»Was / wird aus einem Land, wenn / sein Gedächtnis krank ist / und was bedeutet ein Mensch, der / keine / Erinnerung hat.«* Der Punkt am Ende verweist darauf, daß hier nicht so sehr gefragt, sondern vielmehr ein Zustand konstatiert wird, den man vielleicht bewußte Bewußtlosigkeit nennen könnte.

Vespers Lyrik ist seit langem ein Gegenprogramm dazu, und auch sein neuer Gedichtband *Frohburg* setzt sein Schreiben gegen das Vergessen und Verdrängen konsequent fort. Nun würde Vesper damit allerdings nur einem politischen Modetrend folgen, wenn es ihm allein um das Erinnern heillosen Alltags während der Zeit des Dritten Reiches ginge, also um die poetische Rekonstruktion des Lebens unter den Bedingungen des »gewöhnlichen Faschismus«. Aber Vesper ist nicht der Mann, der selektive Erinnerung pflegt. Er klammert die Jahre fortgesetzter Diktatur in der DDR nicht nur nicht aus, sondern rückt sie ins Zentrum seines Schreibens, und so wird sein Geburts-, Kindheits- und Jugendort, die sächsische Kleinstadt Frohburg, von Gedicht zu Gedicht mehr zur Metapher für die Kontinuität einer deutschen Gemütsverfassung, die dem Unnormalen, dem täglichen Terror einer faschistischen oder kommunistischen Diktatur, die Gestalt des Normalen verleiht: *»Wolkenlos.*

Heiß. Die Dörfer / machten das erste Heu. // Altmarkt die Bude / stand morgens in Flammen / Mutter hat es gesehen. // Man warf auch Papier aus dem Fenster / die Panzer kamen // zehn Mann an die Wand, die Bauern / luden noch auf.« Dieses Gedicht zielt auf die Geschehnisse des 17. Juni 1953 und es trägt den Titel *Der Riß durch die Erinnerung*. Was an ihm deutlich wird, gilt für fast alle Gedichte des neuen Bandes: Das lakonische Notat, das den historischen Vorgang präzise festhält, provoziert nicht den Schrei oder plakativen Protest, sondern eine Trauer, die fassungslos genannt werden muß. Es ist dies, wenn wir weitere Gedichte lesen – z. B. *Das Dröhnen in den Ohren* –, eine Trauer, die nicht nur den anderen meint, sondern sehr radikal auch den Dichter dieser Verse mit einbezieht. Denunziatorisches geht deshalb diesen Gedichten über uns, unsere Vergangenheit und Gegenwart völlig ab. Statt dessen legen sie Wundmale frei, die uns alle zeichnen: Verhaftungsszenen vor und nach 1945, Gesichter von Ertrunkenen und Ermordeten, Gesichter von Zuschauern, Opfern und Tätern, und über allem die Gleichgültigkeit der jeweiligen Jahreszeit: Leid unter der Sonne, das ist kein Widerspruch, sondern die Bedingung, es zu übersehen. *»Wir wissen und / haben gewußt.«* heißt es bei Vesper, und deshalb sind die Aufständischen von Budapest *»tot / schon nach einer / Woche.«* Vespers Fähigkeit zu trauern ist Voraussetzung seiner Fähigkeit zur Poesie.

Gegen-Rede
Über Bernd Jentzsch

Bernd Jentzsch gehört zu den deutschen Autoren, die – gemessen an den Ritualen des Literaturbetriebes – bisher wenig veröffentlichten; aber dieses Wenige hat – gemessen an der Mehrzahl der Produkte besagten Literaturbetriebes – Gewicht. Spätestens mit dem Lyrikband *Quartiermachen*, der 1978 erschien, hat er die Voraussetzung erfüllt, einer der bedeutendsten Lyriker der deutschen Gegenwartsliteratur genannt zu werden; spätestens seit diesem Gedichtband aber gibt es auch einflußreiche Kreise der literarischen Szene, die ihn schneiden, weil ihnen manche seiner poetisch-politischen Wortmeldungen gegen den Strich gehen.

Daß Bernd Jentzsch sich von diesem subtilen Affront jedoch nicht beeindrucken läßt, daß er den Themen seines Bandes *Quartiermachen* auf der Spur bleibt, sie konsequent fortschreibt, das belegt sein vor kurzem in der Pfaffenweiler Presse erschienenes, bibliophil gedrucktes Lang-Gedicht *Irrwisch*.

Dieses märchenhaft klingende Wort steht vor allem synonym für ein besonders »munteres Kind«, setzt – auf den Autor bezogen – Selbstcharakterisierung fort, die in *Quartiermachen* mit der naiv-trotzigen Formel vom »großen Lausejungen« begann, dem »Weggehetzten«, dem die Welt auf schmerzhaft-überraschende Weise »ins Herz gesprungen« war. Anspielungen auf seinen persönlichen Weg seit der Biermann-Ausbürgerung 1976, die Jentzsch in der Schweiz überfiel und seinen öffentlichen Protest herausforderte. Danach konnte der Dichter, von Haft bedroht, nicht mehr in die DDR zurückkehren.

Fortan betrieb Jentzsch konsequent poetische Trauerarbeit, stellte sich – Vers um Vers – dem »Schnitt durchs Land«, der für ihn ein »Schnitt durchs eigne Fleisch« ist. Auch in *Irrwisch* benennt er, was ihn in die Knie drückt: *»auf dem Buckel ein Bündel / Toter Zwillinge, die zucken und gebärden sich, / Als wären sie noch am Leben, die halbierten Vaterländer... sie vermehren sich / Schnell nach jeder Badekur, und die gevierteilten Städte... Wie heißt die eine, aus der ich gefallen bin? / Sprich lauter, ich kann nichts verstehen, / Die Fangschüsse, die Volltreffer, die Tellerminen / Aus dem Staatshaushalt...«*

Dieses Gedicht ist Selbstgespräch und Ansprache zugleich; es ist, paradox formuliert, ein sprachlich hochdisziplinierter Redeschwall, ein Wort-Leporello des Schreckens und der Trauer, wenn es um deutsche Gegenwart geht, ein leidenschaftlich-verhaltenes Plädoyer für Zärtlichkeit, Liebe und Phantasie, wenn es um Gegenmittel gegen die geht, die es uns *»Gegeben* (haben) *zu Berlin, den siebzehnten Juni, und immer / Gegeben zu Prag, den einundzwanzigsten August«*, die es dem »Pfarrer in Flammen« gegeben haben, in dem »Irrwisch« seinen Bruder erkennt.

Irrwisch ist letztlich eine virtuose poetische Gegen-Rede gegen den Ungeist des Vergessens, Verdrängens, Verschweigens – Eigenschaften, die in Deutschland eine bedrohliche Tradition haben und schon wieder zu verbindlichen Tugenden gemacht werden.

Leben zwischen den Fronten

Über Wolfgang Hilbig

Der Dichter Wolfgang Hilbig bleibt sich treu. Schon in seinem ersten Gedichtband, *abwesenheit* (1979), dominierten die Themen Tod und Nacht, irrte die Befindlichkeit des lyrischen Ich zwischen seelischer Versehrtheit, Leben am Rande des physischen Verfalls und einer politischen Um- und Über-Welt hin und her, die jene psychischen und subjektiven Grenzen mit ihren objektiven, steingewordenen Mauern schier maßlos verstärkte. Und auch der neue Gedichtband – *die versprengung* – wird von alldem bestimmt.

Diese ungebrochene thematische Fixierung Hilbigs auf eine existentielle Morbidität, die nicht zu verwechseln ist mit der mondänen Morbidität des Wohlstands- und Saison-Poeten, ist aber vor allem deshalb interessant, weil Hilbig sie unter radikal verschiedenen gesellschaftlichen Umständen aufrechterhält: Der Dichter lebt – ausgestattet mit einem DDR-Reisepaß und einem westdeutschen Literaturstipendium – seit einiger Zeit im hessischen Hanau.

Doch bei aller Wieder-Holung im Thematischen: Hilbigs neue Gedichte spiegeln sehr wohl auch die andere Erfahrungsdimension: das Leben *zwischen* den Fronten, und nichts deutet daraufhin, daß die befristet gewährte Freizügigkeit im geteilten Land den Dichter ruhiger schlafen läßt. Nun ist da eine neue Beunruhigung: mit dem Sich-Entfernen-Können vom Ort alter Alp- und hoffnungsvoller Zukunftsträume (*monolog vier* erinnert an den Prager Frühling) verbindet sich die Erfahrung, daß der Dichter auch *sein* Thema hinter sich ließ: »fern unserm thema das uns längst verlor«.

Steht das nun aber nicht im Widerspruch zu der Behauptung von der Kontinuität Hilbigs gerade in dieser Hinsicht? Ich denke nicht, denn mir scheint, daß Hilbig bei seinem Thema geblieben ist; allerdings betrachtet und erfaßt er es nun aus einer anderen Perspektive. Der Heizungskeller des Arbeiters, die verrußte, stickige Hölle (und Metapher) des entfremdeten Menschen, wie sie uns in vielen Texten Hilbigs evoziert wurde, sie hat er hinter sich gelassen, ohne sie aus dem Sinn zu verlieren, denn nun wird sie konfrontiert mit der »neue(n) wirklichkeit des wegs«, auf dem das »angenehme« geteilt wird, wo es Bonbons gibt, Sandwichs, Kekse. In dem Gedicht *eine art abschied* fragt der Dichter: *»ist das nun freiheit: diese zuge-*

schraubte flasche«, und es schwingt – unausgesprochen – die Erkenntnis mit, daß sie das wohl nicht sein könne.

abwesenheit, das war ja noch eine, wenn auch negative Variante von Anwesenheit. Hier herrschte noch der fast direkte Bezug zur Wirklichkeit, die umgab, vor; *die versprengung* jedoch dokumentiert eine Existenzweise, die von zerstörendem und zerstörtem Entfernt-Sein bestimmt wird. Es werden nicht mehr nur Brüche registriert, sondern zerfetzte Bestandteile. Das betrifft sowohl die politischen Räume als auch die philosophischen, das Innen- und Außenleben des Dichters. Schizophrenie als letzte Klammer, aber auch als Tradition, als Verhaltensmodell: Das Beispiel Heine in dem Gedicht *revenant*; hier identifiziert sich Hilbig ein weiteres Mal radikal als Zerissener.

Der neue Gedichtband Hilbigs lebt aber in ästhetischer Hinsicht von der menschenfreundlichen Unwilligkeit des Autors, die Rätsel, die ihn umgeben, denen er ausgeliefert ist, aufzulösen. Die Klage »ich kann so viel dinge nicht mehr deuten« ist zugleich eine *sinnvolle* (Erkenntnis-)Methode, auf die – für mich eines der schönsten des Bandes – das Gedicht *die sommersee* mit den Versen hinweist: *»es ist nicht wahrheit zu scheiden / aus den rätseln es fängt aber / das rätsel selber zu singen an / wenn mittags die küste überstrahlt«*.

Der Dichter Wolfgang Hilbig bleibt sich treu. Die großen Metaphern dieser Lyrik sind nach wie vor: Züge, der Tod, dic Nacht, Spiegel, der kalte Schweiß, Mauern und Steine. Es sind, wie der Dichter wieder und wieder andeutet, rauschgezeugte Bilder der Sehnsucht und Einsamkeit, in denen jedoch nicht die Verwirrung ihres Schöpfers dominiert, sondern die Welt, die von solchen mörderischen Realitäten vibriert.

Schöne Heimat Gomorrha

Über Peter Hamm

Es sind in den letzten Jahren eine Reihe von leichtfertigen Reimern und naßforschen Jargon-Monteuren zu lyrischen Superstars ernannt worden. Ihre Namen sind inzwischen so geläufig wie unwichtig. Peter Hamm gehört nicht zu ihnen. Seine Gedichte belegen vielmehr, daß das Gegenteil von leichtfertig nicht unbedingt schwerfällig sein muß, sondern, wenn es gelingt, vielleicht »nur« ernsthaft ist.

Nein, Hamms zweite Gedichtsammlung mit dem Titel *Die verschwindende Welt* ist tatsächlich zuerst und zuletzt eine Zumutung – allerdings keine, die uns niederdrückt, sondern eine, die herausfordert. Hamm wendet nämlich zwischen seinen Versen einen Satz aus Lukács »Ästhetik« ins Gegenteil, der ihm vor 20 Jahren noch als Motto für das Nachwort seiner Lyrikanthologie *Aussichten* gedient hatte: »Der Weg zur wirklichen Ausbildung und Selbsterkenntnis des Menschen geht über seine Eroberung der Außenwelt.« Hamms neuer Lyrikband notiert exakt die Stationen eines Gegen-Weges, der die »Selbsterkenntnis des Menschen« über die Eroberung seiner *Innenwelt* rekonstruiert und zugleich proklamiert, und das geschieht nun in einer beeindruckend einfachen, fast weisen Sprache, der es durchweg gelingt, sich auf das Wesentliche zu reduzieren, ohne sich im Abstrakten zu verlieren.

Am Beginn dieses Gegen-Weges steht aber nicht so sehr eine Verwundung, sondern eher das Gegenteil: eine *Verwunderung*, für die Hamm das Wort »Staunen« setzt. Doch Hamms lyrische Begriffswelt speist sich nicht zuletzt aus dem christlichen Wortfundus, und so ist es nur konsequent, wenn er jenes »Staunen« zum »Sakrament« erhebt, das »Bis zuletzt« bleibt.

Nachzulesen ist das in dem Gedicht *Vor einem Jugendbild* – ein Schlüsselgedicht, denn hier entdeckt sich ein erwachsener Mensch wieder als vierzehnjähriges Kind, das – *»Getauft, / gefirmt, / versehen mit jedem Segen, allen / Sakramenten.«*, *»zwischen Buchshekken / im Forstamts-Garten, / ahnungslos, allwissend.«* – *»allen Verheißungen«* entgegenstürmt: *»Und plötzlich liegt / das verheißene Land / hinter ihm.«*

Mit dieser Erkenntnis einer paradoxen Vertreibung aus dem Paradies, die Zäsurcharakter hat, steht eine andere Erkenntnis in unlösbarem Zusammenhang: die der paradoxen Armutserfahrung eines (relativ) Reichen, der die Welt kennt: *»Schön war nur, / was zu besitzen / ihm nicht gelang.«*

Aber das sind eben Erkenntnisse *nach* einem Leben in *»Gomorrha, der alten / schönen Heimat«*, und diese Verse markieren eine andere ethische Dimension Hammscher Lyrik: Sie kultiviert nie den inzwischen wohlfeil zu habenden Ekel vor der Zivilisation, sondern gibt ein Erstaunen zu Protokoll, das voller Trauer das eigene Verhaftet-Sein in den doppelten Entfremdungsprozeß benennt: *»die Abwesenheit von allem nimmt zu«*, *»Ich schaufle / mein Grab // und will / nicht hinab.«*

Und so sind diese Gedichte nicht zuletzt von einem massiven Todes-Bewußtsein durchdrungen: Aus morbiden Gebäuden in versunken-fern wirkenden Landschaften, die zu Metaphern für den Zustand der Welt werden, *»dringt (nichts) / als das Vergehen der Zeit«*, und sichtbar schwebt über allem ein Satz von Hamms Lieblingsdichter Pessoa: »Ich bin gescheitert wie die ganze Natur.« Resümee angesichts solcher Erkenntnislage: *»Meinen Hoffnungen / bin ich entkommen, / noch nicht meinen Verlusten.«* Doch die Deutung auch dieser Einsicht *»liegt, wie immer, / allein bei uns.«* Am Ende registrieren wir ein Sich-Ergeben, ein Nichtstandhaft-Sein-Wollen, wenn es um die beschriebene Welt geht.

Dennoch vermeidet Peter Hamm jegliche vordergründige Versöhnung mit dem Unausweichlichen, der Gegen-(Kreuz-)Weg mutiert nicht zur metaphysischen Fluchtschneise, und es gibt auch keinen wiedergefundenen Gott. Aber die Sehnsucht danach, sie gibt es schon.

Ein Fisch geht eigensinnig über Land

Über Jürgen K. Hultenreich

Sein bisher gedruckt vorliegendes Werk wiegt ganze 100 Gramm, und eine Schachtel »Handelsgold«-Stumpen ist mindestens dreimal so dick wie der erste Lyrik-Band des 1948 in Erfurt geborenen Dichters Jürgen K. Hultenreich, der seit Juni 1985 in West-Berlin lebt. Aber im Unterschied zu den properen Glimmstengeln, die Hultenreich immer zur Hand hat – »Zigarre, du mein brauner Schatz« –, »brennen« die Gedichte seines Bandes *Langsam rückwärts ist eine kräftige Gangart*, erschienen im Basis Verlag, Berlin, wesentlich länger. Vorausgesetzt: Man findet Geschmack an dieser Sorte.

In der DDR gab es da auch in Hultenreichs Fall eine unüberbrückbare Differenz zwischen bemühten Lektoren und jenen unbekannten Wesen im kulturpolitischen Überbau, die so wirkungsvoll kontraproduktiv in die Arbeit gefährlicher Bittsteller eingreifen: den Zensoren.

Auch Hultenreich lernte die Macht der anonymen Scherenschwinger kennen: 1981 hörte er, daß die DDR-Literaturkritikerin Dorothea von Törne Gedichte für eine Anthologie junger Poesie sammelte. Er schickte ihr zwanzig Texte, vierzehn davon nahm sie an. Doch später mußte sie ihn wissen lassen, daß lediglich vier Gedichte in die Anthologie kämen, denn leider sei der Verlag »anderer Meinung« als sie.

Es handelte sich bei diesen vier Gedichten um die »politisch schwächsten«, sagt Hultenreich.

Vogelbühne heißt die Sammlung, die lange brauchte, ehe sie 1983 schließlich das Licht der Öffentlichkeit erblickte. Texte von Sascha Anderson, Lutz Rathenow und Rüdiger Rosenthal gaben dem Unternehmen einen Hauch von Sensation. Aber bei dem Hauch blieb es denn auch. Für Jürgen K. Hultenreich jedenfalls war es zugleich der erste und letzte Auftritt auf einer volkseigenen Bücher-Bühne. Denn man wußte schon lange, daß es sich gerade bei diesem Poeten um einen jener »schrägen Vögel« handelte, auf die zutraf, was die Herausgeberin sibyllinisch im Vorwort notiert hatte: »Vorlieben für bestimmte Flugrouten sind seit Jahren zu erkennen, wichtige Markierungspunkte dagegen scheinen aus dem Blickfeld geraten zu sein.«

Hultenreichs »bestimmte Flugroute« war nichts anderes als ein »Weg aus der Ordnung« – so der Titel eines Films, den sein Freund, der Regisseur Heiner Sylvester, 1983 illegal in Ost-Berlin drehte. 1985, Sylvester war inzwischen in den Westen Deutschlands gegangen, sendeten die III. Programme der Nordkette den subversiven Streifen, der drei Figuren der nonkonformistischen Poetenszene vom Prenzlauer Berg ins Blickfeld rückte: den in Ost und West bekannten Fühmann-Zögling Uwe Kolbe, den bis dahin nur in der DDR aufgefallenen Lyriker und Prosaisten Bernd Wagner (seit wenigen Wochen auch er im Westen) sowie den hüben und drüben fast unbekannten Jürgen K. Hultenreich.

Wenn der Unbekannte in diesem Film mit seinen Texten und Äußerungen den beiden anderen den Rang ablief, dann deshalb, weil man sofort spürte, daß Hultenreich den »Weg aus der Ordnung« der DDR schon zu einem Zeitpunkt beschritten haben mußte, als er dieser übermächtigen Ordnung noch allein gegenübergestanden und seinen heiklen Stand-Punkt durchgehalten hatte.

Es war der Stand-Punkt dessen, der sich beharrlich weigerte, »den Ausweis zu zücken, um nachzuweisen, ein Hund zu sein«. Es war der Stand-Punkt dessen, der früh schon an einen der ganz Großen der deutschen Literatur geraten war: an Schiller – den er nicht auf Befehl auswendig lernte, sondern mit naiver Leidenschaft entdeckte, las und ernst nahm: Der Mensch »kommt zu sich aus seinem sinnlosen Schlummer, erkennt sich als Mensch, blickt um sich her und findet sich – in dem Staate«.

Hultenreich zitiert diese Sentenz aus Schillers Briefen *Über die ästhetische Erziehung des Menschen* frei, nimmt eine neue Zigarre, zündet sie an und sagt: »1966, während meiner Lehre als Gebrauchswerber im ›Centrum‹-Warenhaus, unternahm ich meinen ersten Fluchtversuch, über die ČSSR, wurde erwischt, kam zurück nach Erfurt, in die U-Haft. Verhandlung nach zwei Monaten, der Richter fragte: ›Was lesen Sie?‹ ›Schiller!‹, sagte ich und dann noch: ›Wenn Hitler den Krieg gewonnen hätte, säßen Sie heute auch hier, aber in anderen Roben.‹«

Der Staatsanwältin reicht das, um Hultenreich psychiatrisch untersuchen zu lassen. Der Arzt jedoch findet nichts Krankhaftes an ihm, warnt ihn aber vor weiteren Äußerungen dieser Art und deutet an, es gäbe Paragraphen, die brächten ihn fürs ganze Leben in die Anstalt.

Die gefährliche Posse endet mit einer Strafe auf Bewährung. Hultenreich fragt später in einem Gedicht: *»Woran denkt man eigentlich als erstes, / wenn man an Sibirien denkt?«* und notiert in einem anderen: *»In mir drin brach sich / der Oktober 49 sein feistes Genick.«*

1968, das Jahr, das so viele prägte, aber nicht unbedingt mutiger machte: *»Wir werden langsam DIE, vor denen wir uns / in unserer Jugend warnten.«* Doch dieser Poet will nicht sein eigener »Hinterbliebener« werden: »Meine Nächte heißen: DURCH!«, sagt er sich in der poetischen Rekonstruktion und verklärt damit nichts, erfaßt nur – sarkastisch, ironisch, selbstkritisch und: ja, auch elegisch – Stationen einer Biographie, die seine eigene ist – Markierungspunkte einer Anti-Karriere: Der Junge, der die vormilitärische Ausbildung verweigert, eine Gebrauchswerberlehre abschließt, in den

Westen zu flüchten versucht, das Gefängnis erfährt, ein Bibliothekarstudium erfolgreich beendet, als Berufsmusiker arbeitet; der Mann, der sich psychiatrisieren läßt, um nicht zur NVA-Reserve zu müssen; der Versandarbeiter, Paketzusteller, Drehbuchautor, Hilfsarbeiter.

Dazwischen Lektüren: Schiller, Freud, C. G. Jung, Nietzsche, Kafka, Camus – von ihm weiß er das Wichtigste: »Immer auf der Seite der Leidenden sein, nie auf der Seite derer, die es veranstalten.«

Seit dem 18. Geburtstag Versuche, das Leben schreibend zu begreifen. Vier gedruckte Gedichte in fünfunddreißig Jahren, Lesungen allenfalls in privaten oder kirchlichen Kreisen. Aber der Provinzler stielt den Stars des halboffiziellen Undergrounds Ost-Berlins während einer Lesung auf dem Kirchentag 1985 mit seinen sarkastischen Versen – Hultenreich spricht leise von »knallharten Texten« – die Show, die so ernst ist, daß sich die begeisterten Zuhörer anschließend von ihm »verabschieden«, nachdem sie *das* gehört haben: *»Leise rieselt der Schnee / ›Wohin fliegen WIR?‹ fragt der Innenminister. / ›Raus!‹ antwortet das Flugzeug. / Und MICH hat man wieder mal dagelassen, mit der / Begründung: SIE? SIE MÜSSEN ALS FISCH NICHT / ÜBER LAND WOLLEN! / Mit NANU? ist DAS nicht abgetan. Es wundern sich auch / die 200 Pauken aufm Alex, die von 200 blauen Trommlern / mit Gummiknüppeln bearbeitet werden. / Die SINFONIE DER TAUSEND muß sitzen zum Fest ...«*

Wie kommt man mit so einer Biographie hier an? »Illusionslos«, sagt Hultenreich, »aber danach kanns nur besser werden. Weil ich in der DDR immer auf der Stelle stand, kommt mir hier jeder Schritt wie ein 100-Meter-Lauf vor.«

Das ist weit entfernt von jedem Hurra-Optimismus. Die Skepsis bleibt, ohne die der Spaß am Lebens- und Wort-Spiel, der Hultenreichs Gedichte in unnachahmlicher Weise funkeln läßt, nur flacher Jux wäre. Hultenreich, der passionierte Schachspieler, will »immer einen Zug besser sein als der Gegner«, sagt er und meint damit auch sich: *»Seite für Seite umgeblättert die / Gesamtausgabe meines Gesichts. / Bis zum Epilog, zum Register, zum / letzten Punkt. In den Ohren Gras / dreißig alter Frühlinge ... / Blicke, wie Vergangenheiten. Ausgestiegen aus allen / Gesichtern. Wohin des Wegs, / mein Fuß? Etwa ins Gebirge?«*

Dieser Poet provoziert ein Lachen, das einem beim zweiten Lesen vergeht.

Brot und Kräuter schneiden

Über Christa Wolf

Wer wollte bezweifeln, daß die Reaktorkatastrophe von Tschernobyl, geschehen im April 1986, ein Anlaß zum Nachdenken ist? Aber worüber? Wer wollte leugnen, daß dieses bedrückende Ereignis Fragen provoziert? Aber an wen? Und wer wollte in Abrede stellen, daß es legitim und sinnvoll ist, dieses fallbezogene Nachdenken und Fragen zu Papier zu bringen? Aber zu welchem Zweck?

Christa Wolf, die wohl populärste deutsche Gegenwartsautorin, hat über Tschernobyl nachgedacht, hat ihr Nachdenken durch »tiefgründige« Fragen vorangetrieben und das Ergebnis zu Papier gebracht: *Störfall* heißt ihr neues Buch, und es versammelt, laut Untertitel, *Nachrichten eines Tages.*

Was aber bietet uns dieses Tagebuch wirklich? Nachrichten über Tschernobyl und seine Ursachen? Mitnichten. Statt dessen: die Mystifikation dieses historischen Ereignisses und seiner konkreten Gründe.

Man mag der Autorin, für einen Moment jedenfalls, zugutehalten, daß sie dieses Dokument einer Verwirrung schon im Juni 1986, also keine zwei Monate nach dem Tag der Katastrophe, begonnen und im September desselben Jahres abgeschlossen hat. Doch genau hier muß wohl auch die Kritik einsetzen. Denn die geringe zeitliche Distanz hat verheerende Folgen, schließt ein Mininum an Information über die *gesellschaftspolitischen* Ursachen von Tschernobyl ein und verführt die Autorin genau deshalb, ein Maximum an metaphysischen Spekulationen aufs Papier zu bannen.

Das Ergebnis: ein längerer Notizzettel, dessen Text zwischen banalsten Tagebuchnotaten wie *Aufstehen. Herumlaufen. In die Küche gehen, etwas mit den Händen tun. Brotschneiden. Kräuterhacken«* und bedeutungsschwer daherkommenden Einsichten plattester Art changiert: *»Wieder einmal, so ist es mir vorgekommen, hatte sich das Zeitalter ein Vorher und Nachher geschaffen.«*

Und wie verhält es sich dazwischen, möchte man ironisch fragen.

Nun, dazwischen steht Christa Wolf in der Küche ihres mecklenburgischen Hauses – brät sich ein Ei, putzt Salat, kocht Spinat, telefoniert, sinniert, zitiert (Märchen, Goethe, Brecht), telepathiert (mit ihrem Bruder, der sich zu diesem Zeitpunkt einer Gehirnoperation unterziehen muß) und paraphrasiert, ohne daß konkrete Titel genannt werden, westliche Literatur zum Thema: Der Mensch – ein Irrläufer der Evolution.

Es geht mir in diesem Buch, offen gestanden, entschieden zu »kosmisch« zu und deshalb entschieden zu wenig »irdisch«. Tschernobyl? Das ist doch nicht so sehr eine Katastrophe der »Gier« und »Lust« des Menschen, alles zu zerspalten, zu zerstören, sondern Tschernobyl ist zuerst und zuletzt die ganz konkrete Katastrophe eines ganz konkreten, »real existierenden« Systems, weiteres Indiz der Dauerkrise einer Gesellschaft, die keine wirksame Kontrolle der Macht und deshalb keine wirkliche Humanität kennt. Das hat nichts mit einem Freund-Feind-Denken aus prähistorischen Zeiten zu tun, sondern mit geschichtlichen Erfahrungen bis in diese Tage, die zu leugnen mehr als sträflich wäre. Über diesen »Störfall« jedenfalls hätte Christa Wolf nachdenken können. Aber dann hätte sie konkret, präzise werden müssen und zum Beispiel die Mauer durch Deutschland nicht lyrisch-metaphysisch eine »Abgrenzungs-Zeremonie« nennen dürfen, sondern schlicht ein Mordinstrument.

Nach den ästhetisch und moralisch überzeugenden Büchern *Kein Ort. Nirgends* und *Nachdenken über Christa T.* gibt es jedenfalls keinen Grund, Christa Wolf lediglich »Gutgemeintes« durchgehen zu lassen, denn das ist immer noch das Gegenteil von ernstzunehmender Kunst, und die können wir von Christa Wolf allemal erwarten. Nicht weil wir auf provokante Weise unterhalten werden wollen, sondern weil wir der Kunst nach wie vor den Rang eines Wahrheitsträgers zuerkennen.

Das Märchen Mecklenburg

Über Sarah Kirsch

Sarah Kirsch ist, wir wissen es längst, eine Poetin reinsten Wassers, selbst wenn sie sich in prosaische Gefilde begibt. *Allerlei-Rauh* heißt ihr neuestes Buch, das sich rein äußerlich als Erzählung tarnt und im Untertitel gar pure Sachlichkeit suggeriert: *Eine Chronik* nämlich.

Dennoch, so meine ich, haben wir es bei *Allerlei-Rauh* zuerst und zuletzt mit einem Gedicht zu tun, mit einem Stück kompromißlos verdichteter Literatur, das zum wiederholten Lesen zwingt, weil eine einmalige Lektüre seinen ganzen Reichtum an poetischem Karat nicht freigibt.

Gewiß, wie schon bei *La Pagerie* oder den jüngeren Gedichtbänden *Erdreich* und *Katzenleben* wird ihr manch ein Kritiker erneut einen angeblichen Hang zum Idyll ankreiden, zum Preziosen, zum künstlich Patinierten, und auftauchen wird auch der Vorwurf thematischer Weltflucht oder sprachlicher Manieriertheit.

Doch geht all das haarscharf an dem vorbei, was Sarah Kirsch' Poesie von Anfang an ausgezeichnet hat: eine, so paradox es auch klingt, märchenhafte Zeitgenossenschaft im Sinne dessen, was nach Bruno Bettelheim das Märchen sehr wohl zu leisten vermag: Es nimmt die »existentiellen Ängste sehr ernst und spricht sie unmittelbar aus: das Bedürfnis, geliebt zu werden, und die Furcht, als nutzlos zu gelten; die Liebe zum Leben und die Furcht vor dem Tode«.

Solche ethische Zielgerichtetheit aber sorgt in letzter (auch sprachlicher) Konsequenz für eine außergewöhnliche Konkretheit, was den geschichtlichen, lebens- wie zeitgeschichtlichen Stoff betrifft, und das gescholtene Idyll im Zusammenhang erscheint dann recht schnell als ein eher psychischer Ort, der das historisch Geschaute und physisch Erfahrene (das politische wie biographische Material also) nicht etwa verklärt, sondern als Fragment erkennt und deshalb neu zusammensetzt: Wirklichkeits-Ausschnitte und Lebens-Bruchstücke nicht als magisch aufbereitete Ersatz-Welt, sondern als schmerzhaft-schöne Teil-Wahrheit.

Allerlei-Rauh, das der Märchensammlung der Gebrüder Grimm entnommene Stichwort – sein Stoff genutzt als Identifikationsmotiv und Reflexionsquelle –, begegnet uns im Werk der Sarah Kirsch deshalb auch nicht zum ersten Mal. Schon 1979, im Gedichtband *Drachensteigen*, kommt es als Kapitelüberschrift und Gedichttitel ins Spiel: autobiographische Metapher und präziser Hinweis auf poetologische Verfahrensmuster in einem. Denn zu diesem Zeitpunkt lebte die Dichterin bereits knapp zwei Jahre im Westen des geteilten Landes – hinausterrorisiert aus vertrauten Landschaftsgefügen und Menschengeflechten zwischen Harz, Ost-Berlin und Mecklenburg.

Letztere Region im geteilten Land liebt sie besonders, was sie schon vor *Allerlei-Rauh* mehrfach bekannt hat, nicht zuletzt mit den Versen: *»Ich kann in Palermo sitzen / Und doch durch Mecklenburgs Felder gehn«* aus dem Zyklus »Reisezehrung« (*Erdreich*, 1982).

Und Mecklenburg spielt auch im vorliegenden Buch die Hauptrolle: als traumhafter Lebensgrund, der zum Erfahrungs-Hintergrund geworden ist; verlorenes Terrain, das nur noch erinnert, in phantastischen oder alplastigen Tag- und Nachtträumen rekonstruiert werden kann – unwiederholbar schön, aber auch unvergleichlich?

Offenbar nicht, denn die Dichterin hat, wovon sie erzählt, nach lokalen Zwischenspielen in West-Berlin, Rom und bei Bremen, nun ein neues Quartier bezogen; ein naturverlorenes Refugium, das sie ebenso bannt wie sein mecklenburgisches Pendent: ein Dorf im nördlichen Holstein, gelegen in flacher Landschaft, nahe der Nordsee, von zahllosen Stürmen gedrückt und einem endlosen Himmel überwölbt, der zugleich ein gigantisches Wolken-Licht-Spiel ist.

»Die Einwohner«, notiert Sarah Kirsch, *»sind von einer natürlichen Vornehmheit ganz durchdrungen, weshalb sie gern jedem seinen einzigartigen Lebensstil zuerkennen.«*

Solche Sätze beschreiben mehr als nur fremde Mentalität; sie halten das Aufatmen dessen fest, der gegenteiligen Verhältnissen entkommen ist.

Mithin, das »Kaleidoskop unser Leben geheißen«, dreht sich für die Dichterin weiter, bleibt stehn und kommt wieder in Schwung – mit Bildern im Gepäck, die »nichts Besonderes« sind, »nur unvergeßlich«.

Bilder, die sich solchermaßen aus der Gegenwart speisen, aber auch aus dem »Kindheitsfilm« und jener Gegend, »wo wir einst lebten« – damit ist hier die DDR gemeint. Doch das politisch eindeutige

Kürzel und seine negative Emblematik tauchen im Text nicht auf; statt dessen präzise Namen und Begriffe, die auf viel subtilere Weise das verlassene poltitische Areal sozusagen dingfest machen, es semantisch ausleuchten und mit Hilfe von Chiffren markieren, die sich im Kontext des verdichteten Erzählens über ein Leben auf doppeldeutschem Terrain von selbst dechiffrieren.

Dieses Leben war weder im Ost-Berliner Wohnsilo, noch im mecklenburgischen Bauernhaus, geschweige denn im schleswig-holsteinischen Refugium ein Existieren in Klausur: weltfremd und -fern; es war und ist vielmehr identisch mit dem bewußten Schritt an die Peripherie der Systeme, um sie genauer in den Blick zu bekommen, der von hier aus ein umfassenderer ist. Die Polis – ob West- oder Ost-Berlin – begrenzt alles; Kommunikation reduziert sich auf die Not-Gemeinschaft: der Verfolgten oder Vertriebenen.

An der Peripherie aber gerät auch die Natur in den Blick; hier wird sie begreifbares Detail, bleibt nicht nur abstrakter Begriff und unbefriedigte Sehnsucht.

Die Namen der Pflanzen, Bäume, Gewässer, Tiere und Jahreszeiten, die Sarah Kirsch zum Klingen bringt, begeistern auch den Leser – selbst noch im Kontext notierter akuter oder universaler Bedrohungen, die diese Dichterin natürlich nicht unterschlägt. Aber sie läßt keine Hysterie zu; verweigert sich modischer Panikmache. Und selbst Christa Wolf, die Gesprächspartnerin in mecklenburgischer und geistiger Nachbarschaft, in diesem Buch auch »Christa Kassandra« genannt, muß sich angesichts einer forcierten Kassandra-Pose ironische Anfragen gefallen lassen.

Am Ende gar, als die Kirsch nach Jahren wieder einmal ins Mecklenburgische zur Wolf reisen darf, schlägt einstige Nähe in Fremdheit und Distanz um: *»Es schien mir nicht mit rechten Dingen zuzugehen, daß die Einwohner wieder bereit waren, vom Kleister der Hoffnung zu zehren, an ein Wunder zu glauben, das ausgerechnet von dort kommen sollte, wo Heinrich Vogeler einstmals in einem Lager verscholl.«*

Die Kirsch, die in Holstein registriert (und im Buch festgehalten) hat, daß gerade der ukrainische Dichter Wassily Stus in eben solch einem Lager, die immer noch existieren, gestorben ist, sie sieht keinen Grund mehr für derartige Hoffnungen, die diesmal »Glasnost« und »Perestroika« heißen.

Irrationales Festhalten an austauschbaren Politikformeln ist ihr keine Tugend mehr; sie plädiert für eine andere, die den Menschen in Rechnung stellt, ohne ihn aufzugeben: *»Der Erdenkloß brauchte, um weiterhin leben zu wollen, viel zärtliche Demut, ein gerüttelt Maß wahnsinniger Zuneigung für seine arme absterbende Welt.«*

Lebens-Ermüdung

Über Hartmut Lange

In einer seiner *Studien zur tragischen Literaturgeschichte* beleuchtete vor über zwei Jahrzehnten der Baseler Germanist Walter Muschg auch »Das Farbenspiel von Stifters Melancholie«; in einer darin enthaltenen Deutung eines der Stifterschen Hauptwerke kommt Muschg zu dem Schluß: Stifter schildere »nicht das gelebte Leben in seiner Fülle und Unruhe«, sondern stelle vielmehr »eine Heilswahrheit abseits aller Konfessionen dar«.

Weit davon entfernt, Stiftersche Buchumfänge zu erreichen, treffen sich die seit einigen Jahren fast kontinuierlich erscheinenden schmalen Novellen des Berliner Dramatikers und Erzählers Hartmut Lange mit jenem Gefühlszustand und seiner literar-ästhetischen Konsequenz, der auch das Œvre Stifters prägt: der radikalen Melancholie des Menschen angesichts der Unheilbarkeit des Risses, der seine Existenz durchzieht.

Langes neueste Annäherung an dieses Thema gewinnt Sprach- und Bildkraft in der Novelle *Die Wattwanderung*, in der das letzte Lebensjahr eines Berliner Buchhändlers namens Andreas Völlenklee eher in Umrissen denn in Details sichtbar wird.

Aber Hartmut Langes literarische Meisterschaft besteht gerade in der Fähigkeit, Substanz und Präsenz seiner Figuren in ihren auf das Wesentliche des Lebenshintergrundes reduzierten Fragen und Verhaltensweisen wachsen zu lassen; Vordergründiges haben sie längst hinter sich. Sie existieren, wenn wir ihnen begegnen, schon geraume Zeit in Übergangs-Zonen, Zwischen-Räumen und Entscheidungs-Schneisen. Ihr Verhältnis zur materiellen All-Tagswelt ist sekundär geworden; was sie primär vorantreibt ist ihre »metaphysische Bedürftigkeit« – und insofern gilt Muschgs Wort von der »Heilswahrheit abseits aller Konfessionen« auch für diese Prosa.

Heilswahrheit, das soll allerdings unterstrichen sein, ist hier niemals identisch mit Heilsgewißheit, denn Heilsgewißheit wäre so ungefähr das letzte, was Lange seinen Figuren und Lesern aufbürden möchte. Statt dessen trifft auf sie mehr oder weniger zu, was er in seinem 1983 veröffentlichten *Tagebuch eines Melancholikers* notierte: *»Melancholie ist ein Ausruhen zwischen zwei Hoffnungen«*, wobei sich solche Hoffnungen eben nicht allein an irdischen Gründen festzurren lassen, ohne daß sie deshalb himmlischen Ab-Gründen entgegenjubeln.

Nein, Langes Figuren leiden – wie ihr Entdecker auch – weitaus radikaler am Leben: sie ermüden an ihm – so, wie der Autor es in seinem schon erwähnten Tagebuch an anderer Stelle ausführlich zu Protokoll gegeben hat: *»Wer Anlagen dazu hat und seine Sensibilität wie einen Seismographen den Erschütterungen des Lebens aussetzt, erfährt früher oder später jenes Gefühl von Ermüdung, das es ihm schwer macht, seinem Dasein lebenswert Aspekte abzugewinnen. Man hat alle Horizonte, die die Hoffnung uns vorgaukelt, umschritten und bemerkt nun, daß man im Kreis geht und daß diese Kreise, da man der Hoffnung nicht mehr vertrauen kann, immer enger werden, und zuletzt kann es vorkommen, daß jedes Interesse am Leben, da es in seinen Wiederholungen schal geworden ist, erlischt.«*

Der Berliner Buchhändler Völlenklee hat solche Anlagen und Sensibilität, die ihn in den Augen seiner wenigen Freunde – Stammkunden seines winzigen Ladens unter einem S-Bahn-Brückenbogen – erst wunderlich, später ein wenig verrückt erscheinen lassen, weil er – so scheint es – sein Leben überdeutlich zu vernachlässigen beginnt. Doch Völlenklee ist nur lebensmüde und zieht – in einem traumatischen Ablöseprozeß von seiner Umwelt, zu der als halbwegs Vertraute seine ehemalige Freundin und ein Schulfreund, der Chef einer psychiatrischen Klinik ist, gehören – die Konsequenzen: eine zweimal in Angriff genommene, sorgfältig geplante Wattwanderung zwischen Amrum und Föhr im ihm völlig fremden, meerweiten Gelände Nordfrieslands.

Sie wird dem angesichts des nahenden Todes eher Verwunderten denn Erschrockenen zum Aus-Weg im wahren Sinne des Wortes. Lange ist er allerdings nicht bereit, diesen Schluß-Punkt für sich allein zu setzen, indem er seine Freundin – die für einige Zeit an eine emotionale Wiederannäherung glaubt – erst einfach, dann gewaltsam mitzunehmen versucht: einer schon in Berlin halb realen, halb halluzinierten grüßenden Gestalt im anachronistischen Arbeiter-Habitus entgegen, von der Völlenklee glaubt, daß sie im Watt auf ihn warte, ohne zu begreifen, daß diese Gestalt, die ihn regelrecht aus dem Leben herauslotst, tief in ihm selber steckt.

Am Ende, da Völlenklee allein und vergeblich in der schnell steigenden Flut der dezemberkalten Nordsee der Ankunft des Un-Heimlichen entgegenharrt, wissen wir, daß das Lebens-Buch dieses Menschen ausgelesen ist.

Deshalb war der Schutzraum in der Klinik seines Freundes und Psychiaters mit Rotwein, Gesprächen und Valium lediglich eine Übergangs-Zone ohne therapeutische Chance. Deshalb verwechselt Ute Sommerfeldt, die an Völlenklees emotionaler Unberechenbarkeit verzweifelte Freundin des Buchhändlers, dessen latent, aber unaufhaltsam wachsende Todeseuphorie mit einem Wiedererblühen ihrer zwischenmenschlichen Leidenschaft – ein fast tödlicher Irrtum für sie. Deshalb begreifen wir am Ende, daß dieser Völlenklee gar kein Selbstmörder ist, sondern ein Sinn-Sucher, auf den zutrifft, was Thomas Mann der Hauptgestalt seiner frühen Erzählung *Der Wille zum Glück* – Andreas Völlenklees letzte Lektüre – am Ende schlicht zubilligt: »Er war eben gestorben; es war die Bedingung zu seinem Glück.«

Mit dem Rücken zur Bühne

Über »Letzte Gedichte aus der DDR«

Eine Lyrikanthologie, die im Untertitel *Letzte Gedichte aus der DDR* ankündigt und im Titel selbst mit dem feuchtfröhlichen Komposita-Doppel *Fluchtfreuden Bierdurst* operiert, kann eigentlich nur Erwartungen auf Politsatire in Versen auslösen.

Insofern sind Titel und Untertitel der vorliegenden Gedichtsammlung irreführend. Aber auch nur insofern. Denn was die zehn Dichterinnen und Dichter der Jahrgänge 1955 bis 1965 aus Berlin, Halle und Leipzig in den 52 Gedichten, die Herausgeberin Dorothea Oehme ausgewählt und der prominente Romancier Fritz Rudolf Fries eingeleitet hat, zur Sprache bringen, sind Lebenserfahrungen in und mit einem politischen System, das als totalitäres Auslaufmodell in den letzten Jahren und Monaten seiner Existenz Wirklichkeit nur noch als Real-Satire produzieren und präsentieren konnte, als übergroßes, aber zusammenbrechendes Marionetten-Theater, in dem krampfhaft die alten Farcen und Grotesken aufgeführt wurden, obwohl ein Teil der Zuschauer den Saal schon fluchtartig verlassen hatte und die Mehrheit in dumpfer Resignation auf die verbrauchten Bilder starrte oder schlicht mit dem Rükken zur Bühne saß.

Daß diese real existierende Untergangs-Gesellschaft nicht wenigen ihrer Mitglieder jedoch alle drei Reaktionsweisen in einer einzigen Verhaltens-Möglichkeit *gleichzeitig* aufbürdete, das wird in Gedichtzeilen wie folgenden überdeutlich:

»wohin / sich hinausdenken aus dem Schlingentunnel« (Volker Dietzel, »Wohin gehen«), oder: *»ich frag mich wie hätten / wir bleiben solln / ohne zu gehn«* (Jörn Hühnerbein, »lehnitz landaufenthalt«), oder: *»Wohin ich seh Reif fällt / Still Land es frieren / Die Anbeter dein lassen auf morgen / Nicht hoffen viel feige Hunde / Schließt du ein, geprügelt, ach wo / Hat man uns / Nicht…«* (Ina Kutulas, »Witterung«), oder: *»Gesetzt den Fall daß ich lüge / weil ich nicht schweigen darf«* (Mario Persch, »Der Stand der Dinge«), oder: *»Ich wäre gern ohne Maske / aber ich kann mich nicht zerfleischen / warum nicht einmal das«* (Mario Persch).

Was zur Sprache kommt, ist der An-Griff eines Systems, das nicht mehr so sehr angreifen kann im offensiven Sinne des Wortes, sondern das die ihm ausgelieferten Individuen (s)einem allmählichen Paralysierungsprozeß unterwirft: der *eigene* Zerfall als letztes Identifikationsangebot.

Natürlich ist Literatur, die das registriert, schon Gegen-Entwurf. Die Dinge des Lebens liegen so sehr am Boden, niedergedrückt auf den größten und zugleich kleinsten gemeinsamen Nenner, der die Ebene der Aussichtslosigkeit ist, daß sich der lyrische Gestus der Klage, der die Rhetorik der An-Klage hinter sich läßt, gleichsam unter der Hand, die das Wort aufs Papier bannt, systemsprengende Auswirkungen erreicht: im Kopf des Dichters und seiner Leser.

In der Psycho-Logik dieses Gedanken-Ganges erfährt deshalb die Klage ihre partielle Überwindung im Erkennen einer ambivalenten Perspektive: *»das angemessene Fleisch / das herauswächst aus dem Blauhemd«* (Volker Dietzel) und zugleich: *»Prometheus du liebe Güte / Kommt mir nicht in den Sinn«* (Andreas Lehmann).

Der Auf-Stand im Ursinne des Wortes erfolgt in Form der Organisierung von Selbst-Bewußtsein, das mit der Kritik der legitimationsideologischen Prometheus-Formel und -Phrase, wie das System sie gebrauchte, zugleich ein realistisches Menschen-Bild entwirft.

An genau dieser Stelle, so meine ich, gewinnt die vorliegende Anthologie programmatisches Gewicht, wie Fritz Rudolf Fries es im letzten Satz seiner Vorbemerkung behauptet. Ob diese »programmatische« Dimension allerdings identisch ist mit dem, was Fries als »utopische Vernunft« bezeichnet, wage ich zu bezweifeln.

Eher geschieht das Gegenteil: Die Mehrheit der Gedichte ist gerade deshalb nicht überflüssig, weil man in der Tat in ihnen etwas »nachlesen« kann, »was diese Gedichte nicht aussprechen«: nämlich eine Kritik eben jener utopischen Vernunft, die im Rückgriff auf anthropologische Grundmuster außerhalb ideologischer Koordinatensysteme liegt.

Insofern sind die Gedichte selbstverständlich »Experimente mit sich selbst gegen die Prosa des Alltags«, wie Fries sagt. Aber sie überwinden diesen prosaischen Alltag mit Hilfe eines anderen Blicks auf ihn, der ein bewußt poetischer ist.

Das Erstaunliche an diesem poetischen Blick ist die geistige und sprachliche Souveränität, der ihn präzise, das heißt ent-deckend und ent-larvend werden läßt. Nicht jedoch verklärend.

Wobei auch die romantisch-revolutionäre Gegen-Pose Ausdruck von Verklärung wäre.

Statt dessen herrscht in diesen Gedichten der Realismus der Revolte, der Blick dessen also, der sich nicht mehr zur Räson bringen läßt, ohne deshalb alles als gleich-gültig anzusehen.

Beispielhaft für diese Position und ihre ästhetische Kraft sind die Gedichte Jörn Hühnerbeins. Sein Gedicht »reise« soll deshalb ganz zitiert sein:

»als ich ankam war morgen / die häuser die hinter den fenstern / noch schliefen hatten die farbe / verendeter wale im sand / und ich wollte für meinen schlüssel / keinen eingang finden // einmal saß ich auf der treppe / einer billigen bar / und zählte die schuhe die / in den

abend entkamen / ich teilte morgens die zahl durch vier / und sah keinen sinn // auf der promenade am traurigen fluß / meinem täglichen weg hatte jemand / den weiser entfernt keiner der wußte / wohin der fluß gerade lief / wie weit der weg mit ihm ging / kam mir entgegen // eine andere nacht verbrachte ich / auf der steinbank am bahnhof / niemand verlangte eine karte / für den winter ans meer / da packte ich meinen kleinen koffer / wie zu einer reise.«

Quellennachweis

Die sinn-lose Freiheit? Zur Präsenzkrise der gerechteren Gesellschaft in den neuen Bundesländern Deutschlands – Zuerst (gekürzt) in: *Die politische Meinung 261*, August 1991, Fromm, Osnabrück 1991, S. 19ff.

Von Deutschland nach Deutschland. Über Prag – In: *europäische ideen* Heft 54/55, Verlag europäische ideen, Berlin 1982, S. 125ff.

Gewissen ist Macht. Motive meines politischen Widerstandes in der DDR – In: Rüdiger v. Voss / Günther Neske (Hrsg.): Der 20. Juli 1944. Annäherungen an den geschichtlichen Augenblick, Neske, Pfullingen 1984, S. 151ff.

Zersetzungsarbeit. Ein Urteil – Originaldokument

Über die Poesie der Demokratie. Marginalien zur politischen Kultur in der Bundesrepublik Deutschland – In: *Die politische Meinung* 215, Juli/August 1984, Fromm, Osnabrück 1984, S. 81ff.

Die Last der zwei Zettel. Frühere DDR-Autoren im Westen Deutschlands – Zuerst unter dem Titel: Sachsen überleben am Tisch des Café Mistral. Deutsche Literatur im Zwischenreich – Ein Streifzug durch die Zirkel früherer DDR-Autoren in West-Berlin; in: *Geistige Welt* Nr. 38 vom 14. Februar 1987, S. I; vollständige Fassung in: *Die politische Meinung* 233 Juli/August 1987, Fromm, Osnabrück 1987, S. 87ff.

Freiheit und Ideologie des Status quo. Der Schriftsteller und die Entspannungspolitik – In: *Die Neue Ordnung* 2/89, Institut für Gesellschaftswissenschaften Walberberg, S. 127ff. (Druckfassung eines Vortrages vor dem Gesamtdeutschen Literaturkongreß »Geist und Macht« des Freien Deutschen Autorenverbandes vom 11. bis 13. November 1988 in Berlin)

Nation, Demokratie und der »Eros des Westens«. Versuch über die Zukunft beider Staaten in Deutschland – In: *Die Neue Ordnung* 12/89, Institut für Gesellschaftswissenschaft Walberberg, S. 449ff. (Druckfassung eines Vortrages auf dem Symposium der Zeitschrift »DDR heute« anläßlich des 40. Jahrestages der beiden Staaten in Deutschland am 21./22. Oktober 1989 in Frankfurt am Main)

Polen oder Der 18. Brumaire des Wojciech Jaruzelski – In: *Wendepunkt* 2/3 1982, Frankfurt am Main, S. 7ff.

Aufruhr in Polen oder CND gleich: Fortsetzung folgt – In: *Spontan* 6/7 1982, Hamburg, S. 46 ff.

Das mögliche Un-Mögliche oder Wissen und Wollen – In: *Rheinischer Merkur / Christ und Welt* vom 15. 9. 1989

Schubladen-Mut oder Die Unwilligkeit zu trauern – In: *Welt am Sonntag* Nr. 32 vom 12. 8. 1990

Wismar – die Tochter Lübecks – Zuerst in: *Deutsche Zeitung / Christ und Welt* Nr. 31 vom 27. 7. 1979; vollständige Fassung in: Ulrich Schacht (Hrsg.): Letzte Tage in Mecklenburg. Erinnerungen an eine Heimat, Langen Müller, München 1986, S. 243 ff.

Erinnerungsblatt an eine Kirche. St. Nikolai zu Wismar – In: *Die Welt* Nr. 196 vom 25. 8. 1987

Lübeck und Wismar. Anmerkungen zu einer Städtepartnerschaft – In: Sonderdruck der Texte zum Kalender 1990 des Gesamtdeutschen Instituts, S. 91 ff.

Die Mauer ist Angst. Erinnerungsblatt zum 13. August – In: *Die Welt* Nr. 187 vom 13. 8. 1983

Wächst ein Baum mitten im Tod. Erkundungen an der innerdeutschen Grenze – In: *Geistige Welt* Nr. 297 vom 21. 12. 1985

Der Hoffende ist menschlicher – In: *europäische ideen* Heft 54/55, Verlag europäische ideen, Berlin 1982, S. 118 ff.

Heimat, Nation und Literatur – Zuerst in: *Geistige Welt* Nr. 247 vom 23. 10. 1982; vollständige Fassung in: Ulrich Schacht (Hrsg.): Letzte Tage in Mecklenburg. Erinnerungen an eine Heimat, Langen Müller, München 1986, S. 267 ff.

Erfahrungen sind keine Feindbilder – Unveröffentlicht

Die 17. Junis der Zukunft – In: *Der Pfeil* Nr. 4/85, S. 9/10 (gekürzt)

Die neue deutsche Ermächtigungs-Philosophie – Unveröffentlicht

Besinnung auf Spiel-Räume – In: Festschrift »Förderpreis der Stiftung Mecklenburg, Sitz Ratzeburg, für 1988«, S. 5 ff.

Grund-Bilder meiner Existenz. Ein Gespräch – In: *Deutschunterricht* 2. Sonderheft, Volk und Wissen, Berlin 1991, S. 63 ff.

Mut zum Zweifel – In: *Neue Deutsche Hefte* 166, Heft 2/1980, S. 387 ff.

Das zweite Seil – In: *Deutschland Archiv* Heft 2/1981, S. 168 ff.

Wortwege durch Deutsch- und Konsum-Land – In: *Deutschland Archiv* Heft 9/1981, S. 988 ff.

Die gültige Metapher Herbst – In: Deutschlandfunk vom 25.1.1982 (Funkmanuskript)

Lachen im Tränenfluß – In: *Frankfurter Allgemeine Zeitung* Nr. 106 vom 8.5.1982

Die kostümierte Rebellion – Zuerst in: Deutschlandfunk vom 9.8.1982 (Funkmanuskript); gekürzt in: *Die Welt* Nr. 48 vom 26.2.1983

Das Paradies als morbide Landschaft – In: *Deutschland Archiv* Heft 5/1983, S. 543 ff.

Poetische Für-Sprache – In: *Deutschland Archiv* Heft 7/1983, S. 755 ff.

Ausweg Galgen-Humor – In: *Die Zeit* Nr. 49 vom 2.12.1983

Tages-Ordnung Tod – In: Deutschlandfunk vom 4.2.1985 (Funkmanuskript)

Kompromißlos in der eigenen Zeit – In: *Die Welt* Nr. 52 vom 2.3.1985

Spaltungen – In: *Die Welt* Nr. 86 vom 13.4.1985

Kein Blatt vor dem Mund – In: *Deutschland Archiv* Heft 6/1985, S. 649 ff.

Ende eines Reisebegehrens – In: *Die Welt* Nr. 214 vom 14.9.1985

Herr und Knecht in preußischer Prärie – In: *Die Welt* Nr. 235 vom 9.10.1985

Die vollendete Utopie – In: *Die Welt* Nr. 276 vom 27.11.1985

Wundmale – In: *Die Welt* Nr. 130 vom 7.6.1986

Gegen-Rede – In: *Die Welt* Nr. 153 vom 5.7.1986

Leben zwischen den Fronten – In: *Die Welt* Nr. 227 vom 30.9.1986

Schöne Heimat Gomorrha – In: *Die Welt* Nr. 278 vom 29.11.1986

Ein Fisch geht eigensinnig über Land – In: *Die Welt* Nr. 42 vom 19. 2. 1986

Brot und Kräuter schneiden – In: *Die Welt* Nr. 113 vom 16. 5. 1987

Das Märchen Mecklenburg – In: *Die Welt* Nr. 77 vom 31. 3. 1988

Lebens-Ermüdung – In: *Rheinischer Merkur/Christ und Welt* Nr. 41 vom 12. 10. 1990

Mit dem Rücken zur Bühne – In: *Die Welt* Nr. 252 vom 27. 10. 1990

Personenregister